郵政民営化の
政治経済学

小泉改革の歴史的前提

伊藤真利子［著］
Mariko Ito

名古屋大学出版会

本書は、一般財団法人名古屋大学出版会
学術図書刊行助成により出版された

郵政民営化の政治経済学

目　次

ii

序　章　郵政民営化と郵便貯金……………………………………………I

　　1　郵政民営化──「問題」としての郵便貯金　I

　　2　郵便貯金の歴史──先行研究の整理　4

　　3　「民営化」とは何か──経済史からのアプローチ　8

　　4　本書の構成　13

第1章　「郵貯増強メカニズム」の誕生 ………………………………17
　　　　　──高度成長期の郵便貯金 (1)──

　　1　高度成長期の郵便貯金の概観　17

　　2　「郵貯増強メカニズム」の形成過程　24

　　3　財政投融資制度の成立と郵貯資金　39

　　4　小　　括　53

第2章　郵便局政策の地域的展開 ………………………………………57
　　　　　──高度成長期の郵便貯金 (2)──

　　1　高度成長期の地域構造変化　57

　　2　神奈川県における郵便貯金の展開　58

　　3　郵便局政策の地域的展開　67

　　4　小　　括　80

第3章　金融構造の変化と郵貯「大膨張」……………………………85
　　　　　──安定成長期の郵便貯金──

　　1　安定成長期の郵便貯金の概観　85

　　2　金融構造の変化　87

　　3　郵貯「大膨張」の要因　95

　　4　小　　括　105

目　次　iii

第4章　金融自由化と「1990年ショック」 ………………………………107
――バブル経済下の郵便貯金――

1　バブルの発生と崩壊　107

2　金利自由化と郵便貯金　115

3　郵便貯金の「1990年ショック」　123

4　均衡予算主義の終焉と国債流通市場の形成　133

5　小　　括　142

第5章　国債問題の顕在化 ………………………………………………147
――長期不況下における郵便貯金――

1　金融の不安定化　147

2　金融制度改革と銀行再編　151

3　国債問題と郵貯「2000年問題」　158

4　小　　括　176

第6章　郵政民営化の政策決定過程 …………………………………181
――小泉改革下の郵便貯金――

1　経済財政諮問会議と郵政改革　181

2　郵貯民営化論と小泉改革　193

3　郵政民営化のフレーム――政策課題と政策対応　210

4　小　　括　223

第7章　郵政民営化の現在と巨大郵貯のゆくえ ……………………229

1　ポスト小泉改革下の政策対応　229

2　ポスト小泉改革下の郵便貯金　241

終　章　郵政民営化とは何だったのか ………………………………257

　　1　小泉郵政改革と郵便貯金　257
　　2　小泉構造改革の歴史的位置　263

　　注　　　273
　　参考文献　313
　　あとがき　337
　　初出一覧　343
　　図表一覧　345
　　索　　引　347

序　章

郵政民営化と郵便貯金

1　郵政民営化——「問題」としての郵便貯金

　日本の郵便制度は，1871 年，駅逓権正であった前島密の建議による国営事業としての創設をその嚆矢とする。その後の長い歴史を経て，小泉純一郎内閣の下，2003 年 4 月 1 日に日本郵政公社が発足，さらに 2005 年 10 月 14 日，「郵政民営化関連 6 法案」が可決・成立し，100 ％ 政府保有株式による民営化が決定した。同法により，2007 年 10 月 1 日に日本郵政株式会社が発足し，郵便局は株式会社郵便事業会社と株式会社郵便局会社に分割され，郵便貯金は株式会社ゆうちょ銀行，簡易保険はかんぽ生命としてそれぞれ再出発することになった。郵政民営化は，小泉構造改革の本丸とされ，「小泉旋風」と称された自民党総裁選挙，参議院における法案否決，衆議院解散と熱狂を生み出したワン・イシューの総選挙にはそれぞれ「郵政」の名が冠され，国民に時代の変化を強烈に印象づけた。小泉改革によって，確かに日本の政治，経済，社会は大きく変わった。しかし，その熱狂の去った後，なぜ日本の郵政事業が改革されなければならなかったのか，なぜそれが構造改革の本丸，「一丁目一番地」であるとされたのかについて，問いを発する者はほとんどいない。郵便局は今も日常の中にあり，すでに「郵政」は民営化されたのだという錯覚さえ覚える。しかし，実情はそう簡単ではなかった。郵政民営化で約束された 2017 年までに日本郵政株式の 3 分の 1 弱の公開売却はなされず，ゆうちょ銀行，かんぽ生

命も約束された完全民営化は実現されなかった。郵政民営化は，したがって郵政改革は，現在も進行中なのである。2019年4月に，政府は同年秋を目安として，保有義務分を超過している日本郵政の株式をすべて売却すると発表したが，このような遅延が生じたのはなぜであろうか。問題の核心は，どこにあるのか。熱狂が醒めたいま，もう一度その歴史的経緯をふまえて冷静に顧みる必要があるのではないだろうか。

　本書では，小泉政権下で推進された郵政改革の政策的核心が郵便貯金改革であったことが現在の問題の原因を形づくったと捉え，郵便貯金の民営化にいたる過程について歴史的アプローチによる接近を試み，郵政改革のもつ意義と限界を明らかにすることを課題とする。戦後郵便貯金については，これまでにも政策課題として取り上げられ，分析されているが，研究が比較的進んでいる戦前期郵便貯金とは異なり，戦後郵便貯金の経済史的研究は思いのほか立ち遅れている[1]。これは，現在に直結している高度成長期以降の経済的事象を歴史と位置づけて歴史学の研究対象とすることに対する学問的慎重さにもとづくものであると思われる[2]。このような意味で，本書はいささか経済史学の範囲を逸脱したものとなるのかもしれない。しかし，戦後70年以上を経過した現在，経済史的研究においても「ポスト高度成長期」を踏まえた検討が必要な時期に来ている。

　郵政民営化の事実経過分析や政策評価，理論的位置づけについては，政治学的アプローチからの優れた研究が多数あり，本書もそれらの研究に多くを負うものであるが，郵便貯金民営化は課題の設定からその一部として扱われる傾向がある[3]。ところが，郵政民営化には郵便貯金という世界最大の国営貯蓄機関の資金をどのように扱うのかという経済政策的な課題が存在しており，小泉改革の中心的課題が郵便貯金にあったことについては，すでに政策にかかわった当事者たちによって語られている[4]。本書は，このような当事者の認識に加え歴史的経緯からも，郵便貯金民営化こそが，意図したこと・意図していなかったことを含め，小泉郵政改革の核心であったとの理解に立っている。

　郵便貯金の民営化に焦点を合わせた研究からは，本書も多くを学ばせていただいているが，それらの研究では同時代における政策課題としての郵便貯金改

革に問題関心を絞っていることから，郵便貯金の歴史的役割とはそもそも何であり，小泉改革によってその何が否定され，何が今後の課題として残されているのかといった時間軸に沿った問いは主題化されにくくなっている[5]。そもそも，なぜ日本だけが他国に類例を見ない巨大な国営貯蓄機関を郵便貯金というかたちで成立させたのか，その必要性はどこにあり，その役割は何であったのかという，郵便貯金民営化に制約を課した歴史的前提を踏まえた分析や時間軸に沿った考察は十分になされていない。ここに郵便貯金民営化分析のエアポケットがある。

郵便為替貯金事業は1875年より開始され，1916年には簡易保険事業が発足している。その後金融2事業は，郵便局ネットワークを通じて飛躍的な発展を遂げ，郵便貯金は世界最大の貯蓄機関にまで成長した。戦後の財政金融は，郵便貯金を抜きに語ることはできない。そのことがまた，郵便事業を含む，日本の郵政のその後の運命を決していくことになった。郵貯資金は，財政投融資を通じ，社会資本の充実やさまざまな政策金融に動員され，日本経済の復興と高度成長を支えた。高度成長期が終焉した後もその役割に変化はなく，財政投融資の原資を供給し続け，さらに日本の財政悪化とともに，急増する国債を引き受けていくことになる。このことが民間金融機関との競合を激化させるとともに，郵便貯金が非効率で大きな政府を支え，巨額の財政赤字を可能にする元凶であるとの認識を生むようになっていった。1990年代，日本の財政経済の構造改革が叫ばれるようになると，1980年代の日本国有鉄道（以下，「国鉄」），日本電信電話公社（以下，「電電」）に続き，郵便事業，郵便貯金事業，簡易保険事業の民営化が問われるようになった。橋本龍太郎内閣が手がけた中央省庁再編により，郵政省は総務省に統合され，現業は郵政公社に移行することとなった。小泉郵政改革はこれだけの歴史的前提の上に進められたのである。

「郵便貯金民営化論」の歴史的前提を問うことは，政策的ないしイデオロギー的立場から議論が戦わされてきた論争点をひとまず歴史の中に置きなおす作業であり，そこで問われていなかったことを含む事柄を総合的に問いなおす作業でもある。本来郵政民営化についての政策判断において，歴史的前提を確認することは当然踏まえられるべき重要な手続きであったはずである。それに

もかかわらず，小泉改革では賛否どちらの側からもその経緯が語られることは
ほとんどなかった。すなわち，歴史的文脈を度外視し，政策が進められたこと
に小泉改革の特異性があったと考えられる。このことは，行政，業界団体，学
会等で検討されてきた郵政ないし郵便貯金，簡易生命保険の課題や問題点，そ
れぞれによって議論を積み重ねてきた郵政改革論や民営化論とは別の次元と異
なる角度から小泉郵政改革の必要性が問われたことを示唆している。

　そこで本書では，まず郵便貯金の歴史にいったん立ち戻り，民営化にいたる
郵便貯金固有の問題を析出することにより，郵政民営化の歴史的前提を明らか
にすることから始めよう。

2　郵便貯金の歴史──先行研究の整理

　日本の近代的為替貯金事業は，1875 年 1 月に郵便為替，同年 5 月に郵便貯
金が創設されたことで始まった。郵便貯金制度については，近代的金融機関が
全国的に未発達な状況のもと，「元来郵便貯金ノ事タル細民ニ貯金ヲ奨励シテ
之ヲ保護スル目的ヲ以テ設ケタルモノニシテ決シテ富民巨額ノ貯金ヲ預カル為
メニ設ケタルモノニアラス」との設立趣旨をもって導入された[6]。国民に簡易
かつ確実な少額貯蓄手段を提供し，日本の所得下層に貯蓄を生み出すことを政
策理念として発足をみたのである。こうした政策理念により，その運用につい
ては安全資産である国債を中心としたため，戦前戦後を通じ，郵便貯金は財政
と金融を結ぶ槓桿として日本経済の不可欠な一環をなしてきた。加えて，戦前
には同資金を大宗とする大蔵省預金部資金がさまざまなかたちで政策的に配分
され，戦後になると，大蔵省資金運用部を経由し，資金の社会的再配分機能を
果たした。郵便貯金は，資金吸収の窓口からその運用の出先までを含め，日本
の政治と経済，社会の結節点をなしてきたといえる。小泉郵政改革は，郵便貯
金の民営化をともなうことにより，というよりもそこに政策の主要ターゲット
が定められたことにより，政府の財政金融制度，政府与党間関係，さらには金
融市場，資本市場まで巻き込むものであり，先行する国鉄民営化や電電民営化

とは比較にならない複雑さと広範な影響を及ぼす可能性をもっていた。

　本書では，設立以来の郵便貯金の歴史を通観する紙幅の余裕をもたない。しかし幸いなことに，戦前期郵便貯金の歴史については，すでに重厚な先行研究の蓄積がある。ここではそれら先行研究を整理することで，戦前期郵便貯金の特徴を析出し，本書の欠を補うこととしたい。

　まず，大内兵衛は，日本の郵便貯金を「没落しつつある中間的階級の零細貯蓄」と研究史上に位置づけた[7]。また，迎由理男は，設立当初の郵便貯金の資金的性格について，明治前半期の郵便貯金が国家的な貯蓄奨励策に支えられ，大半が農民層の零細な貯蓄を集中したとした[8]。このような通説に対し，寺西重郎は，長期階層別構成データにより，郵便貯金が大口貯金を中心とするものであったことを明らかにすることで，その零細性を否定した[9]。杉浦勢之は，寺西の採用する階層別構成データに共同貯金などの集団貯蓄がカウントされている可能性を指摘したが，地方の一次資料を発掘することにより，当初の郵便貯金が地方の所得上層（地主層）を基盤としたものであったとの同一の結論に達している。そして，日清・日露戦争の戦時期における物価および正貨政策の一環である消費抑制のための貯蓄奨励運動，一時賜金や軍費の郵便貯金への振込の必要を通じて，郵便貯金口座が国民各層に一気に広がったこと（大衆性），それらが銀行預金のような商業的資金集積によらない個人貯蓄であったこと（零細性），貯金動向を規定したのは，地方の富裕層の貯蓄であったことを明らかにした[10]。

　続く杉浦の論考は，明治期後半の預貯金市場に所得階層や地域によるセグメントが存在し，郵便貯金と銀行預金とが競合関係になかったことを跡づけた[11]。同論文ではさらに，戦前の郵便貯金は，戦時期に散布された軍費を国家的金融機関の内部に封じることを目指した，需要調整による国際収支政策の一環という政策的要請に規定されつつ，大蔵省預金部を通じ，政策的な資金配分にも活用されていたとされ，戦後の論争において象徴的に使われた「郵政・大蔵の百年戦争」という言葉が，実体的には存在していなかったことが解明された。このような郵便貯金が，安全資産の提供という「公共的な役割」を意識されるようになった契機は，1920年代後半の金融恐慌であった。この点について金澤

史男は，郵便貯金の地域別の動態を分析するなかで，預金部資金原資である郵便貯金増大の要因について検討を行い，金融恐慌を機に安全性を求めて銀行から郵便貯金への資金シフトが生じたことを明らかにしている[12]。

　杉浦は，金融恐慌が勃発した時点でも，依然として預貯金市場に情報の地域的セグメントが存在していたことを地域比較により示している[13]。同論文によると，金融恐慌の激しかった大阪と取引関係が強い西日本の地域では，物理的距離と関係なく銀行破綻直後に郵便貯金への資金シフトが生じた一方，東北ではこのようなシフトが直後には見られず，預貯金者が事後的に銀行破綻を金融のシステミック・リスクとして理解するようになったことで，民間銀行から郵便貯金への資金シフトが生じ，そのことが健全性を維持していた銀行を含め，事後的に東北での金融危機を深めるというプロセスを辿ったとされる。さらに両大戦間期における金融の不安定性を機に，郵便貯金は民間金融機関で担うことのできない安全資産としての公的役割が認識され定着していったと，金澤と同様の結論を得ている。両大戦間期には金融の不安定性によって，民間金融機関では担うことのできない政府金融機関としての公共性を郵便貯金が有しているという国民的コンセンサスが本格的に成立し，戦後の郵便貯金のイメージに引き継がれていったと考えてよいであろう。

　1930年代後半から戦時経済への移行期になると，政府が日銀の国債引受による軍事支出を進めたことにより，膨れ上がる国債の二次的消化とインフレへの対応＝購買力吸収を目的に郵便貯金が動員されていくことになった。筆者は別稿で，銀行動揺が終息した1930年代に，政府が一県一行主義による銀行合同政策を推し進めるとともに，競争制限を目的に戦後へとつながる厳しい店舗規制を強いたのに対し，郵便局の拡張は一貫して進められ，さらに戦時貯蓄奨励運動による梃子入れがなされたことで，郵便貯金が民間金融機関と比べ抜きんでて増大したこと，1940年をピークとして運動に限界が見え始めたため，戦時インフレ下の貯蓄にインセンティブを与えるべく，1941年10月，長期安定的に保有することが有利となる定額郵便貯金（以下，「定額貯金」）が開設されたことを明らかにした。このような戦時統制経済への移行期における金融行政のスタンスや新施策が，戦後の預貯金市場における郵便貯金の動向を規定し

ていくことになった[14]。

　すでに述べたように戦前期郵便貯金の歴史研究に比べ，戦後郵便貯金史についての研究は長らく手薄な状況にあった[15]。そこで，ここでは戦前と戦後の郵便貯金とを比較することによって，その連続と断絶を確認し，戦後郵便貯金の性格を理解するうえでの助けとしたい。

　戦後の郵便貯金と戦前の郵便貯金とは，二つの面において性格を異にしている。一つは，郵便貯金資金の運用面における断絶である。国債への運用を大宗としつつ，大蔵省預金部によって一元化された戦前の郵便貯金は，政策的要請により特殊銀行，国家的金融機関である金庫等に仲介されて国策にしたがった多様なかたちの政策金融に動員される一方，貯蓄奨励のために主に大蔵・逓信・内務の三省合意によって地方還元資金として社会に還流するなどの施策がとられていた。これに対し戦後は均衡予算主義の下で国債新規発行が抑制され，建設国債は郵便貯金資金やインターバンクで消化されたため，公社債流通市場は短期証券，金融債，電電債を除き，事実上機能停止状態に置かれていた。戦前に社会的資金の動員と配分に大きな影響力をもった内務省は，戦後 GHQ によって解体されたため，資金運用部資金の配分は官庁と政党との間で調整され，地域利害や業界利害を反映させるよう変わっていった。長期資金をファイナンスする特殊銀行や，戦時経済を契機に多層に展開することになった金庫等も，その多くが GHQ の指示によって廃止され，これに代わるものとして民間の長期信用銀行が生まれるとともに，政策金融の担い手として新たに公庫が設立されるようになった[16]。また，戦時経済統制のために作られた営団や国策会社，統制会社については，私的独占に該当するとして，GHQ によって解体方針が出され，戦後の価格統制については，公団（Public Corporation）を作ることが求められた。さらに官庁現業部門についても，公社へと再編成することが要請された。この時に郵政事業もその対象となったが，国鉄や電電，専売のように公社化は行われなかった[17]。戦後財政投融資（以下，「財投」）の成立である。このように運用面での変化は，戦後占領によって激甚なものとなった[18]。

　ところで，ストックのみを見るかぎり，郵便貯金は戦前戦後を通じ単調に増加しているだけのように見える。しかし，戦後郵便貯金の中身は戦前とはまっ

たく異なるものに変化していった。敗戦直後の混乱の後，高度成長期に入ると郵便貯金は飛躍的に拡大した。本論で詳述するように，それを支えたのはインフレ経済に強みをもつことを期待されて戦時期に導入された定額貯金であった。定額貯金こそが，戦後の郵便貯金の拡大を規定し，主要な原資として財投の発展ないし膨張を可能にした[19]。日銀による国債引受が厳しく禁じられたことから，郵貯資金は，高度成長期には建設国債を引き受け，社会資本を整備することを通じて経済成長を支え，高度成長期後の国債大量発行の時代には，増え続ける特例＝赤字国債を消化し，国債管理政策の一翼を担うようになった。戦前と戦後の郵便貯金を分かつ二つ目のポイントは，この定額貯金とその性格および動向が，国債政策や公的金融のあり方を規定することになったという点にある。小泉郵政改革の核心をなす郵便貯金民営化を考えるうえで，定額貯金を中心とした戦後郵便貯金の歴史的展開をあらかじめ理解することがきわめて重要となるのはこのためである。

3 「民営化」とは何か――経済史からのアプローチ

「民営化」の語は，経営学者のピーター・F. ドラッカーが最初に用いたとされる[20]。その後，サッチャー政権において当初と異なる文脈で採用され，以降民営化は「官から民」へという新自由主義による政策手法の代名詞として流布してきた。しかし，「新自由主義」という用語自体，必ずしも厳密に定義づけられたものではない。また，民営化の歴史的な位置づけも，はっきりしているわけではない。本節では，この二つの用語について，本書の理解を明らかにしたい[21]。

新自由主義は，1980 年代以降，その担い手の名前を冠し，サッチャリズム，レーガノミクス等と称されながら，新しい政策潮流として先進資本主義諸国を席巻した。それは，第一次オイルショック後の世界的なインフレーションの昂進と世界同時不況の併存＝スタグフレーションという 1970 年代の国際経済環境下で，英米において定式化された政策体系であった。このような政策体系は，

二つの側面から捉えることができる。まず，マクロ・レベルでは，①総需要管理によるケインズ主義的マクロ経済政策を否定し，サプライサイドの経済政策，あるいはマネタリスト的金融政策への転換を図るとともに，②戦後の福祉国家体制を基礎づけてきた完全雇用への政策的コミットメントから撤退し，政府等の公共支出の削減による「小さな政府」を追求するものとして立ち現れた。また，ミクロ・レベルでは，政府による市場への介入を排除する規制緩和や国営企業の民営化，逆進的な減税路線，労働組合の弱体化を含意する「労働力の柔軟化」＝労働政策，福祉政策の見直しと個人の自助努力の推奨を促し，市場メカニズムに委ねるものとして捉えることができよう。それはいうなれば市場と社会の線引きの再検討を求めるものであった。基盤とする理論としては，マネタリズム，サプライサイド経済学，合理的期待形成学派などの新古典派主流経済学，現代オーストリア学派，公共選択学派等の反ケインズ主義的潮流が挙げられ，新自由主義の語はこれらの総称として使われてきたと考えてよいであろう。もっとも，現実の政策は，その国の置かれた経済環境や国際的なポジションによって，それぞれ重点の置きどころが異なるものであり，必ずしも理論に整合するかたちで政策が進められたわけではない。経済制度は歴史的に形づくられるものであり，補完的なシステムに支えられているため，異なる歴史的文脈や歴史環境にあれば，同一の政策が同様の効果を生むとは限らない[22]。しかし，これらの反ケインズ主義の経済学は，普遍的で歴史的条件や社会的条件によって異なることのない政策として，「小さな政府」と「自由な市場」を提起することで現れたという点で軌を一にする。そこで，まずは暫定的に新自由主義をフリードマンに代表されるマネタリズム，ブキャナンに代表される公共選択学派からロバート・ルーカスなどの新古典派主流経済学，そしてハイエクを継承する現代オーストリア学派までの理論をゆるやかにとりまとめた呼称（反ケインズ連合）として捉えておくこととしたい[23]。

　次に民営化の理解については，主要先進諸国の比較実証研究を重ねつつ，現代資本主義の観点から民営化の背景と要因を解明してきた加藤榮一の議論が重要であろう。加藤によれば，第一次オイルショック以降，先進国経済はスタグフレーションを基調とするようになり，構造的赤字を抱えた財政と公企業の再

編が課題とされ，その構造調整の手段として採用されたのが，公企業の民営化，連帯主義的コーポラティズムの解体，福祉国家システムの社会連帯的側面の削除等であったとされる[24]。加藤は，その際，幅広い意味で「民営化」＝プライヴァタイゼーションという言葉が使用されていたことを指摘している[25]。加藤の議論は，世界で最初の福祉国家であるヴァイマール共和国における経済政策が，財政膨張によるインフレーションを生み出し，国際競争力を低下させ，破綻を招いたことへの歴史的問題関心に発したものであったが，現代における反ケインズ主義福祉国家的な新自由主義政策の台頭という事態を歴史的射程で捉えようとするものであった。

　民営化そのものを課題とするものではないが，加藤が問題としていた国際競争力という観点については，日本経済史学の側から，三和良一と橋本寿朗の間で交わされた日本の現代資本主義化の位置づけをめぐる論争でも取り上げられている[26]。両者の論争は，もともとは両大戦間期の日本の経済政策をめぐるものであったが，その現代的な射程としてサッチャリズムとレーガノミクスとの理論的位置づけについての問題関心を秘めていた。この論争の中で注目されるのは，三和が，フィスカル・ポリシーによって生み出されるインフレーションが国際競争力の低下＝国際収支の悪化として現れ，その負の効果を是正するための補完的な二次的政策である「生産力保証政策」＝産業政策がなされることこそが，現代資本主義の政策体系の特徴であるとしたことである。これに対し，橋本は，そのような「生産力保証政策」を日本以外に求めるとすれば，英米では競争力維持のための独占禁止政策くらいしか見当たらないと反論し，三和が日本の産業政策を想定して提唱した「生産力保証政策」を，生産力格差にともなう国家間の政策の差異と捉えなおしている。この論争は論争当事者の橋本の急逝によって立ち消えとなったが，三和のケインズ主義政策の補完としての「生産力保証政策」という視点をポストケインズ主義的体制に敷衍し，橋本の視点を重ねれば，現代における新自由主義政策は，規制緩和による国際競争力の保証政策としてみることも可能であろう。むろんその場合，規制緩和の生産力保証政策としての意味は，独占禁止政策がもつ，既存産業内での競争促進を通じた生産力の増強という趣旨とは異なってくる。政策の目的は，成熟産業か

ら新成長産業への資源の速やかな再配置（構造改革）により，一国の生産力，つまり国際競争力を継続的に維持向上させる全社会的・全産業的なものと理解でき，国際的な覇権交代と産業構造の大転換が同時進行していることに対応（構造調整）し，世界市場に優位なポジションを確保するという課題に応えるものとみることができよう。

　以上，1980年代に加藤榮一，三和良一，橋本寿朗らによってなされた議論は，歴史理論の構築を目的とするものであり，同時代に歴史の前面に登場してきた英国保守党のマーガレット・サッチャー政権と米国共和党のロナルド・レーガン政権，およびその経済政策体系の展開を強く意識したものであった。1990年代になると，アメリカではジョージ・H. W. ブッシュ後継共和党政権を経て1992年にビル・クリントンの民主党政権が，イギリスではジョン・メージャー後継保守党政権を経て1997年トニー・ブレア労働党政権が成立する。両政権ともに，ケインズ主義政策あるいは福祉国家への復帰は目指されず，サッチャー，レーガン政権の経済政策を引き継ぎつつも，それぞれの置かれた問題状況と国際経済における自国のポジションに合わせ，「第三の道」が模索された[27]。競争力強化のための産業政策や，前政権で進められた規制緩和による弊害を緩和する二次的補正政策をパッケージにした「第三の道」を経ることにより，サッチャリズム，レーガノミクスという政策主導者を冠した新自由主義政策は，1990年代から2000年代にはグローバル・スタンダードの支配的政策パラダイムとなっていく。

　2000年代になると，新自由主義思想の源流を探る優れた研究がヨーロッパと日本の経済史研究者によって提出された[28]。雨宮昭彦は，第一次世界大戦後からナチス経済を経て，戦後ドイツ経済に受け継がれたオルド（秩序）自由主義を分析し，仮定の世界にのみ存在する理想的な市場を想定し，完全競争を人為的に演出する経済的自由主義の反自由主義的根拠づけの「逆説」を見出している[29]。また，権上康男と石山幸彦は各国分析の上，新自由主義の概念の構成要素について，その源流から以下の4項目にまとめている[30]。すなわち，①個人の自由は価格メカニズムが機能する自由な市場経済においてのみ保証される（公準）。②市場が有効かつ安定的に機能するには法律・制度の枠組みが必要で

ある（制度的自由主義）。③価格に対して不断に調整される市場経済に現実の社会がつねに適応できるわけではないので，市場と社会との軋轢を緩和するための適切な政策的措置が有用である（社会政策の有用性）。④経済・社会領域への公権力の介入は，特定の形態と一定の量的範囲内において容認される（自由主義的介入）。ただし，アメリカの新自由主義においては，③社会政策の有用性への視点はきわめて薄かったとし，1980年以降の新自由主義は，このアメリカタイプをスタンダードとしていったとする[31]。

　経済史的アプローチにとって重要なのは，第一次世界大戦後に思想的源流をもつとされる新自由主義がなぜ1970年代後半に力を得て，1980年代のサッチャー，レーガン政権として登場したのかという点にある。浅井良夫はその端緒を，1971年のブレトンウッズ体制の終焉による金融のグローバル化に求めている[32]。1970年代後半から各国は資本規制を解除するようになり，変動相場制に移行するとともに投機的な短期資金移動が激化し，世界経済は周期的なバブルと金融危機にさらされるようになった。このことが，ケインズ主義的福祉国家とは異なる新たなタイプの政治介入，すなわち金融危機に対応する救済型の介入を必然化させたとする[33]。以上から浅井は，1970年代前半における成長の負の副産物である公害や社会問題から高度成長や大企業に対する批判が高まり，革新自治体が相次いで成立したことから，1975年国鉄の「スト権スト」を転換点として，1980年代の日本において「先行予防的」に新自由主義的政策への転換が推し進められたとしている[34]。このような指摘の上に，浅井は新自由主義の本質を「グローバリゼーションの環境に適合した国内的・対外的な新たなシステムを構築することにある」とし，「現在の新自由主義をめぐる角逐は，グローバルに拡大した範囲での社会と市場との境界の新たな線引きの過程」と結論している[35]。

　これを1980年代の加藤，三和，橋本の議論と重ねれば，世界的な覇権交代と産業構造の高度化が，通信技術の変革にともなって金融のグローバリゼーションを生み出すと，①政府介入によって成長を促進する新たな政策の必要が高まると同時に，②対外均衡と国内均衡を調整しつつ危機に対応するための協調やルール化が各国に求められるようになり，そして③新自由主義はアメリカ

型の新自由主義政策に収斂し，ベルリンの壁崩壊（1989年），ソ連崩壊（1991年）による冷戦の終焉を経て，1990年代から2000年代にかけ，スタンダードな政策パラダイムとして社会に埋め込まれ，ワシントン・コンセンサスとしてグローバルかつ無差別に各国へ拡張されていくことになったと考えることができよう[36]。

　以上，新自由主義政策の政策眼目を，「小さな政府」とその政策手段としての「均衡財政」あるいは「民営化」，「市場の自由化」とその政策手段としての「規制緩和」および「労働力の柔軟化」，「国際競争力強化」とその政策手段としての「構造改革」の関係性に見出し，先行研究に学びつつ歴史理論からの整理を試みた。本書では，小泉改革の政策的核心が郵政民営化に絞り込まれたことに日本における新自由主義政策の特徴を見出すとともに，郵政民営化が郵便貯金民営化を含むがゆえに課された固有の困難性に注目し，小泉改革の特徴とその意義および限界を明らかにする。なお，小泉郵政改革は，政策当事者を含め，これまで財政投融資との関係で議論がなされてきた。しかし，財政投融資改革はすでに小泉構造改革に先行する橋本構造改革において進められ，小泉内閣成立時には郵便貯金と財政投融資とは一応市場によって媒介されるものとなることが既定とされていた。橋本内閣の中央省庁再編の一環として決定していた郵政公社化を実施しつつ，さらに民営化へ向けて突き進んでいったところに，小泉郵政改革の特徴がある。この過程でつねに水面下で問題とされていたのは，郵貯資金が預託された資金運用部の保有する国債であり，民営化が国債市場に与える影響であった。小泉改革後のアベノミクスとの関係もこの点から見るとき，問題の所在が明らかになる。このため本書では，小泉郵政民営化の歴史的前提を探るという課題から，財政投融資についての分析は高度成長期に限定し，運用面については国債流通市場との関係に問題を絞ることとした。

4　本書の構成

　本書では，戦後郵便貯金の展開について，高度成長期，安定成長期，バブル

経済とその崩壊，長期不況の四つの時期に区分し，預貯金市場との関連だけで
なく，証券市場との関連をも踏まえ，郵便貯金の資金規模がどのように形成さ
れ，いかなる特徴と問題点をもち，財政資金としてどのように活用されるよう
になっていったかにつき実証的に分析する。この作業を通じ，郵便貯金民営化
の歴史的前提がかたちづくられる過程と小泉政権下で実施された郵政民営化の
政策決定過程を検討することにより，小泉構造改革の核心である郵政民営化の
歴史的意味を明らかにする。

　第1章では，高度成長期における郵便貯金の発展要因について，市場要因，
政策要因，制度要因の三つの側面から分析する。当該期の金融システムをめぐ
る動向は，護送船団方式のもとで一見平坦にみえるが，戦後の間接金融優位の
体制成立から1960年代前半の直接金融への移行の胎動，そして1965年をピー
クとした間接金融優位への劇的逆転というダイナミックな動きを内包している。
このような金融・証券市場における変化の過程を通じ，郵便貯金には所得の上
昇とともに戦時期にインフレ対応として開発された定額貯金という特異な商品
を中心に，その増大を規定していく「郵貯増強メカニズム」が構築されたこと
を解明する。

　続く第2章では，第1章で析出した「郵貯増強メカニズム」の中身を制度要
因と空間編成の相互依存の面から考察する。具体的には，神奈川県における郵
便貯金の地域的展開を事例として取り上げ，預貯金市場における郵便貯金と金
融機関の資金吸収力の違いが，市場から独立していた郵便局政策に規定されて
いたことを示す。また，高度成長期の住宅政策の動向から，郵便貯金－大蔵省
資金運用部－財政投融資を媒介することによって，郵便局政策が信書ネット
ワークの拡充による国民便益の拡大にとどまらない経済政策的な意味をもって
いたことを解明する。

　第3章では，「郵貯増強メカニズム」による郵便貯金の増大が，1980年代以
降に郵便貯金内部および外部における制約条件となっていったことを明らかに
する。1980年4月から11月の約8カ月間に2度目となる最高利率8.0％を記
録した際に定額貯金が「大膨張」したことに注目し，それが以降の郵便貯金の
資金的性格とその動向を規定し続けるものであったことを見ていく。この「大

膨張」によって形成された定額貯金の規模こそ，その後に「問題」として取り上げられ，民営化の対象として語られるようになる郵便貯金のコアであった。

第4章では，規制金利下で政策金利が温存されていた定額貯金が，バブル崩壊後の1990年代初頭，自由金利と規制金利が併存する過渡的な段階の金融自由化過程において示した複雑な動向を分析する。ここでは，当該期郵便貯金の資金的性格について，貯金の吸収面と運用面の両面に影響を与えた証券市場の動向も踏まえた検討を行う。また，金融自由化と並行して進行した国債流通市場の成立と展開が，金融の自由化と国際化と絡み合いながら，市場参加者に潜在的な価格リスクを醸成するようになっていった過程を論じる。

第5章では，郵便貯金の資金吸収面における「2000年問題」と，資金運用面で生じた国債問題について検討する。1990年代を通じた長期不況下で，郵便貯金は安全な金融資産を提供することにより規模拡大を続けた。超低金利政策によって郵便貯金の大宗をなす定額貯金に逆ざやが生じ財務が悪化するなか，2001年度の財政投融資改革にともない，郵貯資金は資金運用部資金から切り離され，全額自主運用を開始することになった。ここでは，長期不況からの回復過程での国債問題に焦点を当て，郵便貯金の規模拡大と財務状況の悪化に対し，2003年4月に発足した日本郵政公社がどのような経営方針を打ち出し，対応を図ったのかを検証する。

第6章では，小泉政権下で実施された公社化から郵政民営化までの政策決定過程について，郵政民営化の実現段階における小泉改革の政策責任者であった竹中平蔵大臣と，日本郵政公社が私企業として生まれ変わっていく過程において現場責任者であった生田正治日本郵政公社総裁に焦点を当て，政治と経済を横断した分析を試みる。具体的には，民営化の名の下，小泉首相の強い意思と政治的関心によって改革が実施されたことにより，関係者間にさまざまな考えや目的の違いを生み，その後の民営化に問題を残していったことが描かれる。

第7章では，以上の章での歴史分析を受け，ポスト小泉改革下の政策対応と郵政民営化以後の郵便貯金の動向を確認する。これまでの章と異なり，現在進行形の分析となるが，小泉改革による郵政民営化，本格的政権交代，安倍政権によるアベノミクス，黒田日銀によるクロダノミクスによって，郵便貯金の性

格がどのように変化したか，政策目的の効果はどのように現れ，いかなる問題点を現在に残しているかについて，歴史的視点を活かして示していく。

　最後に，終章では，以上の論述を通して明らかとなった諸事実を整理したうえで，日本において新自由主義政策の典型とされる小泉郵政民営化の歴史的位相を解明し，今後の展望を得る。

　なお，郵政の正史としては，逓信省編纂による『逓信事業五十年史』（逓信協会，1911年），『逓信事業史（全7巻）』（逓信協会，1940〜41年），郵政省編纂による『続逓信事業史（全10巻）』（前島会，1960〜63年），『郵政百年史』（逓信協会，1971年），『郵政百年史資料（全30巻）』（吉川弘文館，1968〜72年）がある。また，郵便貯金の事業史として，郵政省貯金局による『郵便為替貯金事業八十年史』（郵貯研究会，1957年），郵便貯金振興会による『為替事業百年史（本編，別冊資料編）』（郵便貯金振興会，1978年），『為替貯金事業史——昭和50年から平成7年まで』（郵便貯金振興会，1997年）が刊行されており，公社時代については，『稿本　日本郵政公社史』（日本郵政公社広報部門広報部，2007年）がある。本書では，こうした郵政の正史に加え，中央郵政研修所『研究部事業研究報告書』および郵政大学校『本科事業研究報告書』等の郵政内部資料にもとづく研究にも多くを依っている。さらに，『昭和財政史　昭和27年度〜48年度（全20巻）』（大蔵省財政史室編，1990〜2000年），『昭和財政史　昭和49年度〜63年度（全12巻）』（財務省財務総合政策研究所財政史室編，2002〜05年），『平成財政史　平成元〜12年度』（財務省財務総合政策研究所財政史室編，2012〜19年），内閣府経済社会総合研究所監修による『バブル／デフレ期の日本経済と経済政策』（分析・評価編全8巻，慶應義塾大学出版会，2009〜10年，および歴史編全3巻，内閣府経済社会総合研究所，2001年）等の政府刊行物をはじめ，郵政ないし郵便貯金にかかわる資料，議事録，回顧録，統計データ等の二次資料を利用している。

第 1 章

「郵貯増強メカニズム」の誕生
—— 高度成長期の郵便貯金 (1) ——

1 高度成長期の郵便貯金の概観

　日本経済は，1955 年から 70 年代初頭にかけて，実質 GNP 成長率が平均で年 10 ％近くに上る成長を経験した。いわゆる高度成長期である。終戦後，著しい混乱に陥っていた日本経済は，傾斜生産方式により生産再開を果たし，1950 年に勃発した朝鮮戦争の特需によって復興と生産拡大の緒についた。1951 年にはサンフランシスコ講和条約が締結され，翌 1952 年 IMF 協定に加入したことを機に，占領期の「援助と特需」によって支えられた日本経済は，復興から経済自立へと政策課題を移行させていく。1955 年，日本民主党による第一次鳩山一郎内閣は，「総合経済六カ年計画の構想」を閣議了解とし，経済審議会に「経済自立と完全雇用達成のための長期計画」を諮問した。同計画は，物価を安定させつつ，援助と特需なしで国際収支をバランスさせるとともに，ベビーブーマーを念頭に，きたる生産年齢人口の急増を完全雇用により吸収することを掲げた。経営合理化との関係ならびに膨大な潜在失業者の存在から，計画期間内での目標達成が難しいとの経済界の要望により，目標は「経済自立」と「雇用の増大」に修正され，保守合同により成立した自由民主党の鳩山首班内閣の下で「経済自立五カ年計画」が策定された[1]。

　この間，生産の伸びは政府の予想をはるかに上回り，1955 年には鉱工業生産が戦前水準を超え，機械，鉄鋼等，重化学工業を中心に設備投資が意欲的に

進められた。1956 年の『経済白書』は「もはや「戦後」ではない」と記し，日本経済が新しい局面に突入し，厳しい課題にさらされることを予想した。このため 1956 年に成立した石橋湛山内閣は，「昭和 32 年度予算編成の基本方針」で「完全雇用および所得倍増を目途とする新経済計画を策定する」こととした[2]。しかし翌 1957 年 2 月，石橋が病気により自民党総裁および首相を辞任，後継の岸信介首相の下で同年 12 月「新長期経済計画」が閣議決定された。同計画は，日本の就業構造が未だ先進国水準に達していないことを理由に，「完全雇用」を将来の目標とし，「経済の安定を維持しつつできるだけ高い経済成長率を持続的に達成することによって，国民生活水準の着実な向上をはかりつつ，完全雇用状態に接近する」ことを計画の目的においた[3]。これにより「経済成長」そのものが政策の目標となり，国際収支・貯蓄投資バランス・雇用需給を政策ターゲットに目標成長率が決定されることになった[4]。さらに，生産拡大の隘路となっていた電力不足，国鉄の輸送力不足，道路運輸力不足を解消するため，社会資本整備が進められていく。民間では企業による活発な設備投資により，産業全般で技術革新が進行，さらなる投資を呼ぶという，投資主導の高度成長期前半の成長パターンが展開された。物価上昇と輸入急増をともなう景気の過熱→国際収支の赤字→外貨準備の減少→日本銀行の金融引締め→市中金融の引締り→投資の減退→輸入の減少→国際収支の黒字→日銀の金融緩和→景気の回復という景気パターンのなかで，限られた外貨と国内資源が設備投資に振り向けられ，持続的な高度成長が長期に達成されたのである。1960 年に岸首相の退陣を受けて首相となった池田勇人は，自ら蔵相として担った「新長期経済計画」につづく「所得倍増計画」を発表し，積極的な財政政策を展開していくことになった。1960 年代には個人消費の旺盛な伸びが総需要を押し上げ，輸出と投資，政府支出と消費が並進する高度成長期後半の成長パターンに移行していった。

図 1-1 より 1955 年度と 75 年度を比べると，GNP で測った経済規模は，名目で約 17.6 倍，実質で約 4.6 倍大きくなっている。持続的な経済成長を続けるなか，物価上昇率は国民可処分所得の増加率を下回っていたため，実質可処分所得は上昇していた。また，国民可処分所得の増加率は，経済成長にともなう

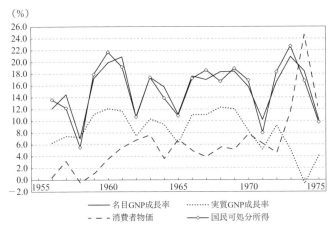

図 1-1　主要経済指標

出所）内閣府「国民経済計算」，総務省統計局「消費者物価指数」より作成。
注 1) GNP は，1990 年基準（1968SNA）。
　 2) 消費者物価は持家の帰属家賃を除く総合指数，対前年度増減率。
　 3) 国民可処分所得＝国民所得＋その他の経常移転（純），対前年度増減率。

雇用の拡大と個人所得の増大を背景として，1960 年代を通じて平均約 16.5 ％を記録した。一方，消費上昇は，所得上昇に相対的に遅れたため，高い貯蓄率となって現れた。高度成長期には税の自然増収が当初予算をつねに上回ったため，都市新中間層への成長の果実の再配分として，毎年のように所得税減税が実施され，家計の可処分所得を引き上げた[5]。これに加え，さまざまな租税特別措置が導入された。特に最大の割合を占めたのが，利子配当所得の優遇，貯蓄所得控除，少額貯蓄の利子非課税，生命保険料控除等の貯蓄奨励であり，これが高度成長を通じ，年平均 15 ％に達する貯蓄率を支えていた。

　この点にかかわり，高度成長期の郵便貯金を政策から概観しよう[6]。高度成長の幕開けとなった 1955 年に郵貯事業は創業 80 周年を迎えた。これを記念し，1955 年 4 月から 7 月まで「郵便貯金創業 80 周年記念増強運動」を実施して郵便貯金の推進が図られたが，同年 7 月から民間金融機関の預貯金に対する課税が全額免除されたこと等により不振を極めた。こうした事態から，さらなる郵便貯金増強のための施策が講じられた。資金運用部資金による郵貯資金の地方

還元の状況等を周知徹底させ，貯蓄奨励を進める目的で，郵政省（松田竹千代大臣）・大蔵省（一万田尚登大臣）・自治庁（川島正次郎大臣）の三者間で郵便貯金増強の基本協定が締結された。そして，1955年9月から12月末まで「国土建設郵便貯金特別増強運動」と銘打った第二次増強運動が展開されることになった。「郵便貯金で国土の建設」をスローガンに，郵便貯金増強の趣旨を呼びかけた広範かつ組織的な運動が強力に推進された。その結果，郵貯残高は1955年11月末に5000億円を超え，前年同期の実績を上回る伸長を示した。さらに，同年度の第三次増強運動がこれを引き継ぎ，「郵便貯金5千億円突破記念増強運動」が実施された[7]。

　この時期における郵便貯金の増強政策は，貯蓄奨励政策および預金部資金の地方還元によるその誘導という，戦前型の政策を超えるものではなかった。ただし，この増強運動の展開以降，高度成長期を通じ，郵便貯金の資金は「公益性」をもつものとして財政投融資の主要原資に位置づけられた。この位置づけがその後も変わることがなかったという点で，三省庁協定は戦後財投に大きな意味をもつものであった[8]。

　以上のような政策的支持のもとで，郵便貯金はどのような発展をみたのであろうか，次にその点を確認しておこう。高度成長期の郵便貯金について，表1-1でその発展過程をみてみると，年度末残高は1957年7月～58年6月のなべ底不況や後述する1960～61年の投信ブームによってやや伸びなやんだものの，高度成長期を通じ一貫して増加し続けた。1955年度に約5383億円であった郵貯合計の年度末残高は，1975年度末には約24兆5661億円に増加した。1955年度から75年度に郵貯残高は約45.6倍の伸びを示している。

　郵便貯金の種類別構成比をみれば，通常貯金が戦争直後は全体の75％以上を占めていたが，1955年度49.1％，1960年度40.8％，1965年度36.1％，1970年度26.0％，1975年度16.4％と年々低下している。これに代わって定額貯金の構成比が高まり，1957年度に通常貯金の構成比を上回り，1959年度には50％を超え，1961年度以降その割合を高めている。さらに郵貯全体に対する定額貯金の増加寄与率をみると，1950年度から64年度までは不安定に推移しているが，1965年度に70％に達し，以後1975年度に約90％にいたるまで順調

第1章 「郵貯増強メカニズム」の誕生　　21

表1-1　種類別郵便貯金の推移

年度	年度末残高（億円）					構成比（%）				増加寄与率（%）			
	郵貯合計	通常	定額	積立	定期	通常	定額	積立	定期	通常	定額	積立	定期
1955	5,383 (18.3)	2,642 (12.9)	2,228 (26.7)	512	–	49.1	41.4	9.5	–	36.2	56.4	7.2	–
1956	6,569 (22.0)	3,098 (17.3)	2,908 (30.5)	563	–	47.2	44.3	8.6	–	38.4	57.3	4.3	–
1957	7,567 (15.2)	3,346 (8.0)	3,555 (22.2)	665	–	44.2	47.0	8.8	–	24.8	64.8	10.2	–
1958	8,538 (12.8)	3,618 (8.1)	4,206 (18.3)	714	–	42.4	49.3	8.4	–	28.0	67.0	5.0	–
1959	9,867 (15.6)	4,081 (12.8)	5,037 (19.7)	749	–	41.4	51.0	7.6	–	34.8	62.5	2.6	–
1960	11,231 (13.8)	4,584 (12.3)	5,809 (15.3)	839	–	40.8	51.7	7.5	–	36.9	56.6	6.6	–
1961	13,106 (16.7)	5,535 (20.8)	6,636 (14.2)	927	8	42.2	50.6	7.1	0.1	50.7	44.1	4.7	–
1962	15,393 (17.5)	6,362 (14.9)	7,929 (19.5)	1,090	11	41.3	51.5	7.1	0.1	36.2	56.5	7.1	0.1
1963	18,374 (19.4)	7,380 (16.0)	9,710 (22.5)	1,269	14	40.2	52.8	6.9	0.1	34.1	59.7	6.0	0.1
1964	22,297 (21.4)	8,591 (16.4)	12,239 (26.0)	1,450	18	38.5	54.9	6.5	0.1	30.9	64.5	4.6	0.1
1965	27,025 (21.2)	9,765 (13.7)	15,569 (27.2)	1,669	23	36.1	57.6	6.2	0.1	24.8	70.4	4.6	0.1
1966	33,099 (22.5)	11,219 (14.9)	19,958 (28.2)	1,895	27	33.9	60.3	5.7	0.1	23.9	72.3	3.7	0.1
1967	41,093 (24.2)	13,062 (16.4)	25,816 (29.4)	2,181	34	31.8	62.8	5.3	0.1	23.1	73.3	3.6	0.1
1968	51,027 (24.2)	15,303 (17.2)	33,192 (28.6)	2,492	40	30.0	65.0	4.9	0.1	22.6	74.3	3.1	0.1
1969	63,165 (23.8)	17,960 (17.4)	42,477 (28.0)	2,687	42	28.4	67.2	4.3	0.1	21.9	76.5	1.6	0.0
1970	77,439 (22.6)	20,140 (12.1)	54,338 (27.9)	2,909	52	26.0	70.2	3.8	0.1	15.3	83.1	1.6	0.1
1971	96,541 (24.7)	23,006 (14.2)	70,442 (29.6)	3,019	72	23.8	73.0	3.1	0.1	15.0	84.3	0.6	0.1
1972	122,932 (27.3)	26,798 (16.5)	92,792 (31.7)	3,217	110	21.8	75.5	2.6	0.1	14.4	84.7	0.8	0.1
1973	153,765 (25.1)	30,940 (15.5)	117,758 (26.9)	3,482	1,531	20.1	76.6	2.3	1.0	13.4	81.0	0.9	4.6
1974	194,311 (26.4)	36,990 (19.6)	152,726 (29.7)	3,949	521	19.0	78.6	2.0	0.3	14.9	86.2	1.2	− 2.5
1975	245,661 (26.4)	40,220 (8.7)	198,438 (29.9)	4,429	2,362	16.4	80.8	1.8	1.0	6.3	89.0	0.9	3.6

出所）郵政省『郵政統計年報　為替貯金編』各年度より作成。
注1）（　）内の数値は対前年度増減率（%）。
　2）増加寄与率（%）＝構成項目の増減値／統計値全体の増減×100。
　3）郵貯合計は，通常預金，定額貯金，積立貯金，定期貯金の合計。
　4）各単位以下は四捨五入しているため，合計額において一致しない場合がある。本表以下の各表も同様。

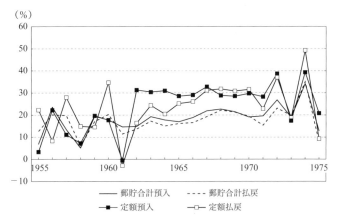

図 1-2　郵便貯金合計および定額貯金の預払の推移

出所）郵政省『郵政統計年報 為替貯金編』各年度より作成。
注）郵貯合計預払および定額預払は，対前年度増減率。

に上昇し続けている。このことは，郵便貯金の主力が，高度成長期を通じ，通常貯金から定額貯金に移行していったことを意味している。特に，その後半には定額貯金の増加が郵便貯金全体の趨勢的な増加を規定するようになっていったことがわかる。

　残高ベースでみる限り，高度成長期に郵便貯金は趨勢的かつ一本調子で伸び続けたということになりそうである。しかし，事態はもう少し複雑であった。図 1-2 より郵貯合計および定額貯金の預払の対前年度増減率の推移をみよう。まず郵貯合計は，1960 年度以前および 1972 年度に増減率が大きく変動しているのに対し，1962 年度から 70 年度までは非弾力的である。特に 1960 年代には，郵貯合計預入が郵貯合計払戻を上回るようになっている。これに対し，定額貯金の動向をみると，1960 年度を前後する期間に大きな変動がみられる。これは，先に述べたように，「銀行よ　さようなら，証券よ　こんにちは」といわれた証券ブームの影響により，預貯金から証券への資金シフトが起きていたためである。銀行同様，郵便貯金においても，定期性預金である定額貯金の伸びの著しい鈍化がみられた。このことは，一見単調に発展し続けたようにみえる高度成長期の郵便貯金が，1960 年代前半の証券ブームと「証券恐慌」の経

験を経たことで，その後の飛躍的な増大の時期を迎えたことを示唆するものである。

郵便貯金著増の中心となった定額貯金は，①最長10年間の預入期間に応じ，②預入時の利率が半年複利で元加されることによって高い利回りが保証されるとともに，③据置期間を過ぎれば随時払戻ができるという流動性を備え，さらに④貯金払戻時には預入日に遡って最高利率が適用されるという有利な商品性をもった，長期貯蓄型の定期性預金である。定額貯金制度は，戦時経済への対応のため，長期性預貯金の吸収とともに，取扱手続きの軽減や用紙類等の節約を図ることを目的として1941年10月1日に創設された[9]。開設当初の定額貯金は，一定の据置期間を定め，小口に設定される一定金額を一時に預入し，分割払戻をしないことが条件とされた。制度施行後，利息や据置期間，預入金額等については改正が行われているが，①預入期間の長期化にしたがって高率を適用することによって長期安定的な保有を優遇するインフレ対応型の貯蓄である点，②簡素な取扱によって事業の運営の合理化を目指すという点が，定額貯金の特色であった。

敗戦直後には，日本国民は長期に貯蓄をする余力をもたなかったため，1947年に旧法から切り替えられた新「郵便貯金法」により，1949年6月据置期間が1年から6カ月に短縮され，定額貯金の増強が図られた。これにより，定額貯金には預入6カ月以降，流動性が付与されるとともに，最長10年の預入期間に応じ，預入時の固定金利が半年複利で元加されるようになった。さらに1952年には，預入から6カ月未満でも有利に解約できる中途解約金利が設定された[10]。このように，定額貯金は預入期間が短期の場合には不利になるものの，長期には適用利率が高率となるよう設定され，解約条件の弾力化によって流動性も保たれる，貯金者にとって有利な制度変更がほどこされた。

高度成長期になって定額貯金が急速に郵便貯金の大宗を占めるようになった主な要因としては，次の3点を挙げることができる。①高度経済成長を通じて所得上昇が生じ，個人金融資産が徐々に蓄積されたという市場要因と，②池田内閣の高度成長政策における低金利政策で，預貯金金利が低めに抑えられていたという政策要因が重なることにより，家計貯蓄が少しでも利回りのよい定額

貯金へシフトしたこと。さらに，その背景として，③郵便局が毎年相当数新設され，店舗網において預貯金の吸収に有利な地位を占めるにいたるという制度的要因がはたらいていたことである。次にこれら各要因について詳しくみていこう。

2 「郵貯増強メカニズム」の形成過程

1) 市場要因

　個人金融資産残高の推移を図 1-3 よりみてみよう。1955 年度の約 5.0 兆円から，1965 年度には約 30.4 兆円，1975 年度には約 170.8 兆円と飛躍的に増加している。その内訳をみると，預貯金から証券への資金シフト傾向と金融資産の多様化が見出される。1955 年度から 64 年度にかけて現金通貨性預金の比重が 25.4 ％ から 17.2 ％ に低下する一方，有価証券投資が 15.2 ％ から 20.3 ％ へと高まりをみせている。これは，所得上昇と貯蓄増大によって，家計の金融資産に対するニーズが多様化し，収益性，確実性，流動性の変化に対して敏感に反応するようになったことの現れであった[11]。預貯金の積み増しによって長期性および収益性への貯蓄動機の変化が生じていたのである。高度成長期前半における間接金融から直接金融への動きは，特に投資信託を中心とした証券投資の著しい高まりによって加速されていた。個人金融資産残高に占める投資信託受益証券の構成比は，1955 年の 1.0 ％ から 1959 年度には 3.0 ％，さらに 1961 年には 6.8 ％ へと拡大した。しかし，これをピークとして減少に転じ，1965 年のいわゆる「証券恐慌」を機に大きく減退した。

　1961 年 1 月に発足した公社債投信と株式投信の飛躍的な伸長が，この時期の証券大衆化の起点となった。公社債投資信託は，実質的に元本保証商品でありながら，応募者予想利回りが 1 年もの定期預金よりも 1 ％ 以上高く，しかも解約自由かつ解約時には応募者予想利回りにもとづく理論価格での買取が約束されるというかたちで流動性が付与された商品であった[12]。従来の投資信託では大部分を株式で運用していたのに対し，公社債投資信託は公社債を中心と

第1章 「郵貯増強メカニズム」の誕生　25

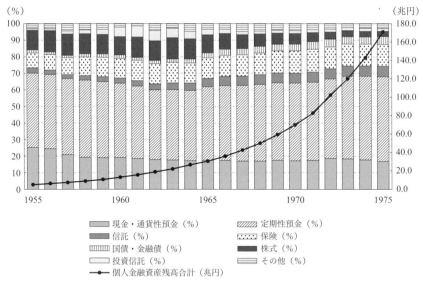

図 1-3　個人金融資産残高の推移

出所）日本銀行調査局『資金循環勘定』より作成。
注）1968SNA ベース。

した運用であることから，手堅さと手軽さを兼ね備えていたことが投信ブームを引き起こした。さらに，それが株式市場に跳ね返って株価高騰を招き，株式投資信託の人気を高め，株式市場の規模は急速に拡大するにいたったのである[13]。

　表1-2は，1961年の公社債投信および民間貯蓄性預金（公金，金融機関預金を除く），定額貯金の動きを月別に表したものである。証券会社の過熱した募集競争の中で公社債投信がさかんに売り出され，1961年1月の純増額は約460億円と貯蓄性預金の純増額を上回っている。流動性と高利回りという商品性を兼ね備える公社債投資信託は，発売開始後3カ月で設定額が1000億円を超えるという，きわめて華々しい出足を記録した[14]。投信ブームの中で流動性の高い1口5,000円や1万円という小口の投資信託に預貯金者層の人気が集まると，定額貯金から投資信託への乗り換えの動きが現れ，定額貯金預入の伸び率は著しく鈍化した[15]。

表 1-2　公社債投信，貯蓄性預金，定額貯金の月別推移

（億円）

	公社債投信設定			貯蓄性預金			定額貯金			対前月増減率 (%)		
	設定額	解約額	純増減	受入	払戻	純増減	預入	払戻	純増減	投信設定額	預金受入	定額預入
1961. 1	460	–	460	4,506	4,205	301	1,858	1,290	568	–	−31.1	−35.2
1961. 2	340	–	340	5,103	4,330	773	1,565	1,816	−251	−26.1	13.2	−15.8
1961. 3	303	–	303	10,296	8,576	1,720	3,147	2,772	375	−11.0	101.8	101.1
1961. 4	208	–	208	4,289	4,296	−7	1,271	1,594	−323	−31.5	−58.3	−59.6
1961. 5	220	–	220	4,665	4,409	256	1,368	1,402	−34	6.2	8.8	7.6
1961. 6	188	76	112	5,304	4,780	524	1,493	1,252	240	−14.9	13.7	9.1
1961. 7	167	105	62	5,056	4,711	345	1,820	1,270	550	−10.9	−4.7	21.9
1961. 8	176	150	26	5,215	4,682	533	1,503	1,313	190	5.1	3.1	−17.4
1961. 9	146	245	−99	6,556	5,679	877	1,382	1,318	64	−17.1	25.7	−8.1
1961.10	146	95	51	5,273	4,993	280	1,746	1,317	429	0.5	−19.6	26.3
1961.11	103	75	28	4,940	4,531	409	1,569	1,265	304	−29.4	−6.3	−10.1
1961.12	65	138	−73	7,301	6,156	1,145	3,483	1,527	1,956	−37.0	47.8	122.0

出所）東京証券取引所編『東京証券取引所 50 年史』，日本銀行統計局『本邦経済統計』昭和 36 年版，郵政省貯金局『郵便貯金参考統計』より作成。

　しかし，1961 年 4 月 1 日から預貯金金利をはじめとする金利全般の引下げが決定すると，3 月には金利引下げ前の固定金利で高利の預金を作っておこうとする「駆け込み預入」によって，貯蓄性預金受入および定額貯金預入が激増した[16]。金利引下げと同時に，4 月に公社債の発行条件も引き下げられ，5 月には景気の行きすぎを調整する目的で金融引締め政策が実施された。その影響が徐々に浸透しだすと，公社債投信はかげりをみせ始め，6 月には初の解約が生じ，設定額が 200 億円を下回った[17]。7 月 22 日，国際収支改善のために公定歩合が引き上げられると，株価は 7 月 18 日をピークに東京証券取引所開設以来の大幅下落を示し，公社債投信解約の動きが加速した。9 月に入ると，公定歩合の引上げ，預金準備率の引上げ，高率適用強化の実施等，いわゆる「トロイカ方式」による一連の本格的な金融引締め政策が講じられた[18]。このことから，公社債投信は解約ラッシュのピークを迎え，約 99 億円の純減に転じたのであった。

　1961 年 7 月の株式暴落以降，株価は 1965 年 7 月まで約 4 年間にわたって趨勢的に下落し，証券不況を招来した。これにともない，証券から預貯金へと資

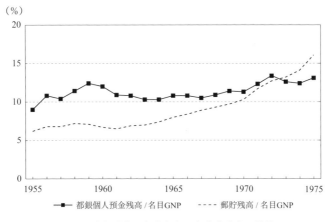

図 1-4 郵便貯金と都市銀行の年度末残高の推移

出所）内閣府「国民経済計算」，日本銀行調査局『本邦経済統計』各年，郵政省『郵政統計年報 為替貯金編』各年度より作成。
注）名目 GNP は 1990 年基準（1968SNA）。

金シフトが生じた。山一証券の経営破綻をめぐって「証券恐慌」の様相を呈した 1965 年に，この転換は決定的となった。1965 年の危機は，戦後証券金融の制度的欠陥によって担保の中心であった金融債をめぐり長期信用銀行の経営危機に発展する可能性が生じ，「証券恐慌」が戦後初めての金融危機へと繋がる危惧があった[19]。割引金融債は，人為的低金利政策の下，安定的な産業資金を長期信用銀行に確保するため，政策的に個人へ開かれていた安全かつ有利な大衆貯蓄の手段であったことから，この面でも証券のもつリスクが国民に強く意識された。1965 年の危機は，田中角栄大蔵大臣の決断による日本銀行の特別融資によって切り抜けられ，その後の高度成長に繋がっていったが，この危機を経て，1965 年度以降，高度成長期前半に見出された間接金融から直接金融への移行の動きが後退し，それまで投資信託を中心とする証券貯蓄に向けられていた小口の貯蓄性の資金は，比較的利殖性が高く安全性もある，定期性を中心とする預貯金へ向けられるようになっていったのである[20]。

　この投信ブームとその崩壊，株式ブームと株式市場の崩落は，図 1-4 をみると，銀行と郵便貯金に複雑に影響していたことがわかる。投信ブームとその崩

壊期には銀行同様，定額貯金も影響を受けたが，「証券恐慌」時には，民間金融機関が預貯金を減らしているのに対し，郵便貯金は増加を続けている。1955年から60年代初頭までは，都市銀行の個人預金残高は景気の変動を受けつつもゆるやかに伸びているが，郵貯残高はむしろ停滞的で景気循環の影響も明確ではない。しかし，1962年以降，郵貯残高は銀行個人預金残高に対し，相対的に伸び率を高めると同時に趨勢的に増大する傾向を示し，その伸び率の差は次第に大きくなっている。1973年度には銀行個人預金残高を凌駕するようになり，第一次オイルショック後，銀行個人預金残高が低下傾向を示したのに対し，郵貯残高は変わらず一本調子で増加し続けていった。

以上みてきたように，1960年代前半の投資信託の拡大過程では，商品性の高い金融商品に対する国民の選好が高まっていった。だが，証券市場の不安定局面に直面すると，安全資産が選好されるようになった。このため，有利性と流動性を兼ね備えた定額貯金が安全性の面からも再評価されることとなり，それ以降，郵便貯金を飛躍的に増加させることになったのである。

2) 政策要因

高度成長期においては，預金・貸出金利の上限は公定歩合の改定と関わりなく政策委員会が金利調整審議会への諮問を経たうえで定めることができるとする臨時金利調整法によって，預貯金金利は低位に規制されていた[21]。このため，この時期に預貯金金利が改定されたのは，1957年（引上げ），1961年（引下げ），1970年（引上げ），1971年（新設）のわずか4回に過ぎず，きわめて硬直的であった。1960年代は典型的な人為的低金利政策のもと，預貯金金利が据え置かれ続けた特殊な時期であったといえる。

一方，定額貯金の利率については，1941年10月の定額貯金制度の創設以来，通常貯金利率よりわずかに有利にしておけば足りるとの大蔵省の考えがあり，郵便貯金金利の引上げに対して消極的であった[22]。戦後も長らく各種郵便貯金利率は据え置かれ，1952年4月に大幅な引上げが行われた。これは，民間金融機関の数次にわたる引上げによって生じた利率格差を是正するとともに，国民の貯蓄心を刺激し，貯蓄増強を図ることで，財政資金の確保と郵貯事業自体

第1章 「郵貯増強メカニズム」の誕生　29

の経営改善を目的とするものであった。

　表1-3より，1950年代の郵便貯金と銀行の利率の変遷についてみてみよう。通常貯金の利率は銀行普通預金より有利に設定されている。1955年には181：100であったところ，1955年の普通預金の利上げによって155：100と格差がやや縮小したが，1961年の利下げによって164：100となった。一方，定額貯金と銀行定期預金の1年ものの利率を比べれば，定期預金利率が大きく上回って有利に設定されている。民間金融機関の預金については，国民貯蓄組合によって郵便貯金の総額制限額と同額まで非課税とされていたことを考慮すれば，80：100と定期預金がより高利回りになる。ただし注意が必要なのは，定額貯金には半年間の据置期間が定められているものの，据置期間経過後は払戻が自由となり，利子が半年複利で元本に組み入れられることから，実質年利回りが名目利子率を上回ることになる点である[23]。

　1957年7月に民間金融機関の3カ月および6カ月もの定期預金の利率がそれぞれ0.3％，0.5％引き上げられたことから，定額貯金利率との金利差が再度広がることとなった。この是正のため，定額貯金利率の再引上げが要請された。折衝過程において，郵政省案として民間金融機関と同等の水準の大幅な引上げ利率が提示されたが，結果的に大蔵省案の利率が採用され，同年12月に預入2年以下につき利上げが実施された。1960年時点の定額貯金と銀行定期預金の実質年利回りを比較すると，6カ月の場合は90：100と定期預金利率の有利さは若干抑えられている。ところが，2年以上預けた場合には，半年ごとの利子の元本組み入れによって，定額貯金の実質利回りは110：100と定期預金の利回りを上回ることになる[24]。長期性の資金が慢性的に不足するなか，一見民間金融機関に配慮を見せているようで，2年以上の資金については，郵便貯金が有利になるよう，政策的に仕組まれた預貯金利率体系になっていたのである。

　ところで，1960年代における預貯金金利の改定は1961年の一度のみであり，高度成長期を通じ，預貯金金利の引下げが課題となったのも1961年の1回のみであった。預貯金利率が政策的に固定されていたこの特異な時期に，ただ一度行われたこの引下げは，預貯金市場における定額貯金の性格と特徴を余すこ

表1-3 預貯金利率の変遷

年月日	郵貯総額制限額（円）	定額貯金（%）1年未満/以下	定額貯金（%）1年～1年半	定額貯金（%）1年半～2年	定額貯金（%）2年～2年半	定額貯金（%）2年半～3年	定額貯金（%）3年以上	通常貯金（%）	積立貯金（%）	定期貯金（%）	定期預金（%）3ヵ月	定期預金（%）6ヵ月	定期預金（%）1年	定期預金（%）1年半	定期預金（%）2年	普通預金（%）	利子非課税限度額（円）
1952. 4. 1	100,000	4.20	4.80	5.40	6.00			3.96	4.20				6.00			2.19	
1955. 6. 7	200,000															2.56	
1957. 7. 1											4.30	5.50					
1957.12. 1		4.50	5.00	5.50	6.00												
1961. 4. 1		4.20	4.70	5.00	5.50			3.60	4.08		4.00	5.00	5.50			2.19	
1961.10. 1										5.00							
1962. 4. 1	500,000																500,000
1963. 4. 1																	1,000,000
1965. 4. 1	1,000,000	4.25	4.75	5.25	5.75											2.25	
1970. 4.20		4.25	4.75	5.50	5.75	（新設）			4.08	5.25				（新設）			
1971. 2. 1						6.00	（新設）			5.50				6.00			
1972. 1. 1	1,500,000									5.50							
1972. 4. 1																	1,500,000
1972. 7.17								3.36			3.75	4.75	5.25	5.50		2.00	
1972. 8. 1		4.00	4.50	5.00	5.25	5.50		3.60		5.00							
1973. 4.23		4.25	4.75	5.50	5.75	6.00				5.50	4.00	5.00	5.75	6.00		2.25	
1973. 7. 1		4.25	4.75	5.75	6.25	6.25	6.50			5.75							
1973. 7.16															（新設）		
1973.10.15		4.50	5.00	6.00	6.50	6.50	6.75	3.84	4.32	6.00	4.25	5.25	6.00	6.25	6.50	2.50	
1973.12.15	3,000,000												6.25	6.50	6.75		
1974. 1.14		5.50	6.00	6.75	7.25	7.25	8.00	4.32	4.80	7.00	5.25	6.25	7.25	（廃止）	7.50	3.00	3,000,000
1974. 4. 1																	
1974. 9.24									5.04	7.50	5.5	6.75	7.75		8.00		
1975.11. 4		5.00	5.50	6.25	6.75	6.75	7.00	3.84	4.56	6.75	4.50	5.75	6.75		7.00	2.50	

出所）郵便貯金事業振興会編『為替貯金事業百年史 別冊資料編』9-10頁、大蔵省銀行局『銀行局金融年報』各年度より作成。

となく示すものであった。この点につき，改定の具体的なプロセスとともにや
や詳しくみていこう。

　1960年7月，日米安保条約をめぐって退任した岸信介内閣に代わって，池
田勇人内閣が成立した。池田内閣は同年12月に，10年間で国民所得倍増を標
榜する「国民所得倍増計画について」を閣議決定した。この計画では，年率9
％の成長を持続させることにより，「国民生活水準の顕著な向上と完全雇用の
達成に向かっての前進」を目的として，①社会資本の充実，②産業構造の高度
化，③貿易と国際経済協力の推進，④人的能力の向上と科学技術の振興，⑤二
重構造の緩和と社会的安定等の諸施策を打ち出した。金融面では，高度成長を
支えるための資金供給という観点から，「経済成長を決定する重要な要件」と
して金融の正常化と金利水準低下の推進を掲げた[25]。その狙いは，金融機関の
健全性を維持しつつ，貿易および為替の自由化を進めるうえで障害とされてい
る高金利を排除し，企業の利子負担を軽減して国際競争力を高めることにあっ
た。

　政府の低金利政策推進への強い姿勢を背景に，金利引下げへの予想や期待が
高まっていくなか，日本銀行は政府の積極方針に即応するかたちで，1960年8
月と1961年1月の計2回にわたって公定歩合を引き下げ，金融緩和の姿勢を
示した[26]。大蔵省（水田三喜男大臣）でも，金利引下げを長期の政策として採
り上げ，長期金利および預貯金金利，郵便貯金金利を含む全般的な金利水準の
引下げが図られた。

　以上を背景として，この預貯金金利引下げ過程における銀行預金金利と郵便
貯金金利の間の調整では，大蔵省，郵政省，日本銀行の三者間で確執が生じ
た[27]。そもそも従来から郵政省と大蔵省のコミュニケーションがかならずしも
円滑ではなかった。郵便貯金の利率決定方法は1947年以降，法律事項によっ
て定められており，郵便貯金の金利変更に際しては，郵便貯金法の一部を改正
する必要から，銀行預金金利と郵便貯金金利の決定との間にタイムラグが生じ
ていた。預貯金金利の決定に際し，民間預金金利については金利調整審議会に，
郵貯金利については郵政審議会にそれぞれ付議され，二元的に預貯金金利が決
定される仕組みになっていた。このため，日本銀行は公定歩合の改定にあたり，

大蔵省と郵政省の意向を探り，政策金利が市場に与える効果を事前に図らなければならなかった。こうした背景ゆえに迅速な金利改定措置がとりにくく，金融政策に負の影響を与えることが日本銀行によって問題視された[28]。1961 年の引下げ時に問題とされたのは，民間預金金利の引下げを実施するにあたり，郵便貯金利率をどの程度，いつ下げるかということであった。郵政省は，政府の低金利政策の推進に協力し，郵便貯金金利と預貯金金利のバランスを図る意向であった。1961 年 1 月に水田三喜男大蔵大臣と小金義照郵政大臣との間で折衝が行われ，その結果，1961 年 4 月 1 日から，1944 年以来 17 年ぶりとなる預貯金金利の同時引下げが実施された。

　利下げの決定に際しては，「郵便貯金法」が一部改正されることになるため，①銀行等の預貯金に比べて不利とならないこと，②預貯金者の貯蓄意欲を減殺しないよう配慮することとし，定額貯金は 1 年半超 0.5 ％下げ，1 年半以下 0.3 ％下げとし，利下げ幅については 3 種の郵便貯金ともに銀行の預金利率とのバランスがとられた。また，事業の信用保持の観点から，経過措置として，利下げ前の預入については，預入期間内は引下げ前の旧利率を適用するという郵政省案が認められた[29]。さらに，定額貯金の利率引下げが郵便貯金の増強に支障をきたすのではないかとの危惧から，これをカバーするため，新たに年利 5 ％の 1 年ものの定期貯金が創設され，同年 10 月 1 日から実施されることとなった[30]。郵便貯金における定期貯金の利率は，銀行の 1 年もの定期預金の税引後利回りよりわずかながら有利に設定されたが，1 年半経過後は最高利率の適用によって，定額貯金のほうが有利となったため，郵便貯金内で種別ごとの差別化がなされきっておらず，その後の成績は必ずしも芳しくなかった[31]。

　この 1961 年の経験から，日本銀行の金融政策の弾力的な実施に支障をきたさないようにするとともに，適時適切に一般金融情勢に即応することを目的として，1963 年 8 月には「郵便貯金法」が改正され，利率改定は政令委任事項へと位置づけを変更された[32]。ところが，この変更に際し，同法第 12 条 2 項において，政令で利率を定め，また変更する場合には「郵便貯金が簡易で確実な少額貯蓄の手段としてその経済生活の安定と福祉の増進のためにあまねく国民大衆の利用に供される制度であることを留意し，その利益を増進し，貯蓄の

増強に資するよう十分な配慮を払うとともに，あわせて一般の金融機関の預金の利率についても配慮しなければならない」との基本原則が掲げられた[33]。また，同条3項で，政令の制定または改正の立案をしようとするときは，郵政大臣は郵政審議会に諮問すべきことが義務づけられた。これは明らかに，円滑な利子率改定よりも郵便貯金の増強にプライオリティを置いた政策スタンスといえよう。

　事実，このような法律改正にあたって，当時の池田首相は衆議院本会議において「一般の預貯金と郵便貯金の利率の差について検討したが，今後においても郵便貯金自体を考えるべきで，他の金融機関との関係を主にして考えるべきではない」，「一般金融問題の問題も考慮しなければならないが，それ以上に大衆の貯蓄制度ということを考えなければならない」と答弁し，利率の決定につき，郵便貯金への配慮を強く滲ませている[34]。池田内閣は，人為的低金利政策を展開するうえで，日本銀行の金融政策に支障をきたさず，銀行と郵便貯金の利率改定をバランスさせる必要を意識しつつも，郵便貯金が「大衆の貯蓄制度」であることの意義を認め，政策的配慮を堅持することを明らかにした。以降の預貯金利率は，日本銀行の金融引締め政策に転じた後も据え置かれたが，1962年4月に利上げの代替策として，国民貯金組合の非課税限度額と郵便貯金の預入限度額がそれぞれ30万円から50万円に引き上げられるという税制上の優遇措置がとられた[35]。

　次に，このような複雑な政策決定過程をふまえた同年の利下げ実施によって，定額貯金にどのような動きがみられたかを確認し，表面利率だけでは明らかにできない定額貯金の商品特性を析出することにしよう。図1-5でみると，高度成長期の郵便貯金には，年末に預入が，年度末に払戻が増加するという季節変動が見出される。注目すべきは，1961年4月の利下げ直前の3月に預入と払戻が急増し，当該期間の季節変動の動きが乱れていることである。利率改定決定後から実施日までの経過措置として，利下げ実施前の預入には利下げ決定前の利率が適用されたことから，この経過期間中には定額貯金の商品特性が「意識」されて駆け込みの預入が集中し，季節変動が撹乱されたものと考えられる。その後も，払戻がやや先行しつつ，それを追って預入が急増し，その後は払戻

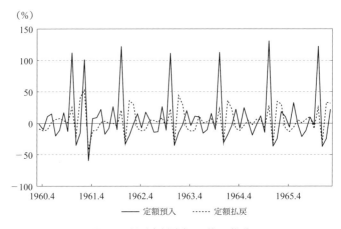

図 1-5 月別定額貯金の預払の推移

出所) 郵政省『郵政統計年報 為替貯金編』各年度より作成。
注) 定額預払は，対前月比増減率。

が増加しないというパターンが析出される。特に，1972 年に 11 年ぶりの引下げが行われた際には駆け込み預入が激増した。この時には，銀行の利下げが 7 月 17 日から実施されたのに対し，郵便貯金が 8 月 1 日からと実施日が半月遅れたため，この間に駆け込み預入およびそのための払戻が目立った。後に述べる，1970 年代以降の金利改定の際に問題とされた「預替え」の動きは，すでにこの 1961 年の改定から始まっていたのである[36]。

以上のような定額貯金の商品特性による変動の影響は，1960 年代の定額貯金の歩留率の変化に顕著に現れることになった。図 1-6 により，定額貯金の歩留率をみれば，1961 年度までは投信ブームの影響を受け下落を続けたものの，1961 年度を境に上昇へと転じ，1962 年度以降は一貫して上昇し続けている。滞留期間は 1955 年度に 29.7 カ月であったものが上昇傾向で推移し，1961 年度には 36.4 カ月となった。歩留率が 1956 年度から 61 年度にかけて低下しているのに対し，滞留期間がさほど短期化を示していない。このことからすれば，この間に払い戻された定額貯金は滞留期間の平均と同程度である 30 数カ月前後，すなわち定額貯金が銀行の定期預金より有利な金利となる 2 年以上の預入期間のものであった。したがって，定額貯金から得られる利益を確定したうえ

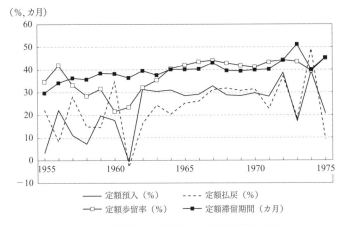

図1-6 定額貯金の歩留率および滞留期間の推移

出所）郵政省『郵政統計年報 為替貯金編』各年度より作成。
注）歩留率（％）＝（預入額−払戻額）/預入額，滞留期間（カ月）＝月平均残高の年間平均/月平均払戻額，預入および払戻は対前年度増減率（％）。

で，より有利な公社債投信にシフトしたものと考えられる。ところが，1961年度以降，預入の増加率が30％程度で推移していることと歩留率も上昇していることとを考え合わせれば，1961年4月の利率引下げ実施以前の措置期間に，預入および預替えされた可能性のある定額貯金が，利率変動のない1960年代を通じて郵便貯金に留まり続け，同期間の郵便貯金全体の歩留率の高さとなって現れたものと考えられる。預入期間が長いほど有利となるという商品性を踏まえれば，相対的に有利な定額貯金の安定した預入によって，郵貯残高が趨勢的に増加し，それらの資金が郵便貯金に留まり続けたことが，1960年代後半以降の郵貯残高の急速な伸びを規定する基盤となったと考えてよいであろう。

このような歩留率の高い定額貯金資金こそが，安定的な長期資金として財政投融資を支えていくことになる。池田首相が国民貯蓄への配慮として，その「公益性」を強調した背景には，成長過程で生み出された安定的かつ長期的な資金の一部を財投向けに確保することにより，国債発行を抑制し，均衡予算主義の大枠を守りつつ，成長政策を推進したいという意図があったと考えてよい

だろう。さまざまな郵貯優遇策はそのことを示しており，1961年の改定はその期待に応える定額貯金の威力を初めてみせつけたのである。

3）制度要因

　続いて，郵便貯金の飛躍的な発展を支えた郵便局拡充政策の展開についてみてみよう。次章で詳しくみるが，戦後日本の郵便局は戦災等により大きな打撃を受けており，1955〜65年は郵便局の復旧と拡充が目指された時期にあたる。1955年度から「郵便局舎緊急改善8カ年計画」が開始され，1961年度には「郵便局舎改善5カ年計画」に統合された。表1-4より対前年度増減数をみると，特に1962年度から飛躍的な増加を確認できる。種類別増減数でみれば，普通局は，700〜900局程度と局舎全体に占める割合が比較的少なく，1957年度に50局，1960年度に43局の増加がみられたにすぎない（この年度については次章で詳述する）。ところが特定局は，1957年度に13,668局であったのが，1958年度から激増し始め，1965年度には15,182局となっている。

　郵便局舎の新設および改善におけるこのような傾向は，なぜ生じたのか。普通局は全局が国費によって支弁される。一方，特定局は1957年8月の田中角栄郵政大臣の諮問を受けた特定局制度調査会の「答申」において，国有局舎と借入局舎の併用の原則が提案された。これにより，普通局への種別改定が予定される局や，個人負担による改善が困難な局については国費によって，それ以外の局については私費あるいは郵政互助会投資によって改善を進めることが郵政省の基本方針とされた[37]。高度経済成長と都市化による郵便事務量の急増に対応が追いつかなくなっていたことから，田中郵政大臣の下で無集配特定局が毎年大幅に増設され，郵便局の大拡張が行われたのである。こうした無集配特定局は，為替貯金，なかでも郵便貯金業務の取り扱いを主業とするものであったという点が重要である。簡易局については1955年度から微増で推移していたが，1961年に28局減少したのち，1962年度以降，大幅な増設がみられる。簡易局は業務委託によるものであったことから，特定局のように局舎の提供を求める必要がなく，財政的にコストをかけずに郵便窓口を一気に増加させ，稠密な通信＝郵便局ネットワークの構築を可能にするものであった。

第1章 「郵貯増強メカニズム」の誕生　37

表1-4　郵便局舎改善計画期の郵便局数

年度	総数		普通局		特定局		うち集配局		うち無集配局		簡易局	
	局数	対前年度増減数	局数	対前年度増減数	局数	対前年度増減数	局数	対前年度増減数	局数	対前年度増減数	局数	対前年度増減数
1955	15,566	44	683	2	13,646	29	5,226	−36	8,420	65	1,237	13
1956	15,599	33	683	0	13,668	22	5,181	−45	8,487	67	1,248	11
1957	15,657	58	733	50	13,668	0	5,112	−69	8,556	69	1,256	8
1958	15,828	171	746	13	13,814	146	5,097	−15	8,717	161	1,268	12
1959	16,038	210	754	8	14,012	198	5,082	−15	8,930	213	1,272	4
1960	16,234	196	797	43	14,162	150	5,023	−59	9,139	209	1,275	3
1961	16,374	140	813	16	14,314	152	4,994	−29	9,320	181	1,247	−28
1962	17,057	683	820	7	14,480	166	4,975	−19	9,505	185	1,757	510
1963	17,639	582	844	24	14,657	177	4,935	−40	9,704	199	2,138	381
1964	18,180	541	870	26	14,902	245	4,905	−30	9,997	293	2,408	270
1965	18,740	560	894	24	15,182	280	4,871	−34	10,311	314	2,664	256

出所）郵便貯金振興会『為替貯金事業百年史 別冊資料編』158-159 頁より作成。
注1）郵便局総数は，普通局，特定局，簡易局の合計局数。
　2）閉鎖局および定期開設局を含み，分室を除く。
　3）1965 年度の計数は，為替貯金局に限る。

　以上のような大拡張を通じ，郵便局は増加していったが，注目すべきは，こ
れらの局の窓口において郵便貯金や保険業務が行われたという点である。郵便
局における郵貯取扱窓口の大拡張は，支店・出張所等，許認可行政で厳しく縛
られていた銀行の店舗政策では決して追随することのできない貯金の吸収網を
形成するものであった。これを預貯金者側からみれば，窓口取扱時間が銀行よ
り比較的長く，同一店舗において貯金や保険業務ならびに国民生活と密接な関
係をもつ郵便業務等を取り扱う「ワンストップ・オフィス」が続々と提供され
ることを意味するものであった。すなわち，郵便貯金は銀行では提供できない
圧倒的な利便性をもった全国ネットワークによって支えられていたのである。
　預貯金金利がほぼ一律に規定されている人為的低金利政策の下，護送船団方
式によって金融機関の安全性に大差がないとすれば，預金吸収力は店舗の数と
立地条件に規定されることになる[38]。図1-7 から郵便局と銀行店舗の増加数の
推移を比べてみれば，それが両者の競争力格差に直結していたことは明らかで
ある。銀行店舗数は，1955 年度 1,821 店から 1958 年 1,784 店に減少したのち
増加に転じ，1965 年度 2,040 店となった。銀行店舗数は戦後，大蔵省による抑

図 1-7　郵便局および銀行店舗の推移

出所）日本銀行調査統計局『経済統計年報』各年より作成。
注1）郵便局合計および銀行合計ともに年末時点の対前年増減数。
　2）郵便局合計は，分室を除く，為替貯金取扱局に限る。
　3）銀行合計は，本支店およびその他営業所を含む，都市銀行，地方銀行，信託銀行，長期信用銀行の合計店舗数。

制的な店舗行政の対象となっており，1953年12月以降，増店舗が原則不承認とされるなど，厳しい規制に縛られていた[39]。1963年4月「普通銀行の監督に関する行政事務の取扱方について」の店舗行政方針の通達改正によって原則不承認の店舗行政が転換され，営業所の増設が認められるようになったことで，1963年度からは増加傾向になる[40]。しかし，郵便局数に比べれば，銀行店舗数は依然として抑制されたものであった。第2章で述べるように，総量規制を受けていた銀行は，経済成長にともなう都市化の進展への対応として，その店舗を三大都府県の各周辺地域に集中させることによって，営業基盤を深耕する戦略をとっていたのである。

　以上，市場要因，政策要因，制度要因の三つの要因が絡み合い，この時期の定額貯金を中心とした郵便貯金の増加を規定したことを明らかにした。このような三つの要因の複合したメカニズムを，定額貯金中心の「郵貯増強メカニズム」と呼ぶこととする。その成立に際しては，高度成長期後半の定額貯金優位の制度設計にあたって，人為的低金利政策の下，①相対的に不利益を被ると考えられた預貯金者に池田首相が「配慮」しつつ，特に郵便貯金を重視していた

という点，さらには②田中郵政大臣が積極的に郵便局拡充を推し進めた点が大きく寄与していたということを確認した。しかし，高度成長期における郵便貯金の意義を明らかにするには，郵便貯金がどのようにして資金を吸収していたかだけでなく，郵便貯金に集積された資金がどのように運用されていたのかにまで視野を広げてみる必要がある。そのことがまた，この時期の政策担当者が，郵便貯金を「公益」的観点から優遇したことの理由，正当化の根拠でもあるからである。

「郵貯増強メカニズム」が構築されていったこの時期は，戦後日本の財政投融資制度の整備と拡大がなされた時期でもあった。郵便貯金の飛躍的増大と財政投融資制度の整備の過程がどのように絡み合っていたのか，この点を明らかにするため，次に郵貯資金の運用機構である財政投融資，資金運用部資金の動向に目を転じることとしたい。

3 財政投融資制度の成立と郵貯資金

1) 資金運用部資金法の改正と郵貯特別会計

戦後財政投融資はその系譜を，明治期郵便貯金資金を原資の大宗として設置された大蔵省預金部資金に遡ることができる。大蔵省預金部は戦前期の財政と金融を結ぶ槓桿をなし，多様な政策金融を展開した。高橋財政期には，日銀の国債引受を支えつつ，時局匡救事業に応じるなど，不況対策において日銀と両輪の役割を果たした。さらに戦時経済においては，軍費の調達と消費抑制によるディスインフレ政策の一環として展開された貯蓄奨励運動を受けて郵便貯金が増強されると，預金部は集められた郵貯資金によって軍需産業をファイナンスし，戦時統制経済を支えた。このため，戦後 GHQ は 1945 年 11 月，司令部覚書「戦時利得の排除及び国家財政の再編成」によって，国家機関による一切の信用授受を禁止することとし，預金部については，資金運用にあたってGHQ の承認を必要とするものと定めた。これに加え，経済科学局（ESS）マーカット局長は大蔵大臣宛覚書「預金部資金並簡易生命保険及郵便年金関係資金

運用計画に関する件」（マーカット覚書）によって，預金部資金は原則として国債，地方債に運用先を制限し，余裕金については GHQ が承認する範囲内で特殊銀行への投融資を認めるものとした[41]。政策金融が大きく制約されるなか，復興金融を担ったのは，1946 年に設立された復興金融金庫であった。同金庫は政府全額出資で，復興のために必要な重点産業や公団への融資を目的とした。その原資は政府出資金であったが，政府出資が滞ったため，未払込資本金部分については，復興金融債の発行が認められていた。このため復興金融金庫の増資は実質的に復金債の発行枠の拡大を通して行われることとなり，名目資本金を増額することにより復金債発行を増加させ，これを日本銀行が引き受けるというプロセスで実施が図られた。この結果として日本銀行券が増発され，物価は著しく騰貴した。いわゆる「復金インフレ」である[42]。

インフレの昂進は占領費の膨張となり，アメリカ本国はこれを問題視した。そこで，GHQ 経由で「経済安定 9 原則」を日本政府に提示するとともに，ドイツの通貨危機と金融再建に辣腕を振るったジョゼフ・ドッジを GHQ 金融政策顧問に任命し，公使として日本に送った。ドッジは，1 ドル 360 円の為替レートを設定するとともに，復興金融金庫の新規融資を停止し，超均衡予算を編成した。このいわゆるドッジラインにより，日本経済はデフレ不況に陥った。日銀は抑制的金融政策を緩和し，当面の資金難に対応することとしたが，復興のための長期資金については，ドッジの構想により，マーシャル・プランの「見返資金制度」をガリオア・エロアの対日援助にも適用し，1949 年米国対日援助見返資金特別会計を設置することで対応することとした。これと並行し，オーバーローンに陥っていた。民間金融機関では対応できない中長期金融については，政府系金融機関を設立することが認められ，1949 年国民金融公庫が設立され，翌年には住宅金融金庫と日本輸出銀行（後の日本輸出入銀行），1951年には農林漁業金融金庫と日本開発銀行が，さらに 1953 年には中小企業金融公庫が設立されるなど，政策金融が整備され，戦後財投の原型が創出されることになった[43]。

残るは遊資を抱え込みつつあった預金部の改組問題であった。1950 年のドッジと池田大蔵大臣の会談により，預金部資金については，資金運用部と改称し，

政府資金を集中することとした。当初は資金運用部証券が発行されることと
なっていたが，簡便な預託制度で代替することとし，融資先としては，占領と
ともに活動を停止させられていた旧特殊銀行で民営化された日本興業銀行およ
び新設の日本長期信用銀行に先行し，1951年より政府系金融機関への資金供
給が認められることになった。1953年には対日援助が打ち切られたため，そ
の基金は産業投資特別会計となり，資金運用部資金と並び，戦後財政投融資の
重要な原資となっていった。したがって財政投融資の財源のうち経済成長の過
程から生まれる貯蓄を源泉とするものは資金運用部資金であり，①戦前から続
く郵便貯金，②簡保積立金，③後に資金運用部資金の原資となる厚生年金・国
民年金（年金資金等）であった。この資金運用部資金の成立こそが，戦後財政
投融資の事実上の出発点であり，その後の財政投融資の拡大ないし肥大の起点
ともなった。

　以下，設立以降，1961年度の改正にいたる制度変更についてみていこう。
1951年3月に制定された「資金運用部資金法」および「資金運用部特別会計
法」は，大蔵省預金部を継承して資金運用部を設置し，政府資金を統合運用す
るための法的根拠を与えるものであった。郵貯資金や，老後の生活資金として
積み立てられた年金資金等の有償資金であることから，運用の原則は「確実且
つ有利な方法で運用することにより公共の利益の増進に寄与せしめる」ことに
置かれた[44]。1953年度以降は，国会の予算編成の参考資料として「財投計画」
が毎年ほぼ同じ形式で提出されるようになり，戦後財政投融資制度としての発
足をみた[45]。同計画では，国の特別会計，公庫，公団，地方公共団体，特殊会
社等への運用額のうち，資源配分機能を果たす長期の運用予定額が明示された。

　1960年度に入ると，財政投融資制度は全般的な見直しを余儀なくされた。
事の発端は，厚生省より年金資金の自主運用が主張されたことにある。年金保
険については，「国民年金法」（法律第141号）にもとづき，1959年11月から
福祉年金が，1960年10月から拠出制国民年金が支給されるようになった。国
民年金制度は，「国民皆年金」を実現するものとしてスタートした当初，厚生
年金，各種共済年金，船員保険などの継ぎ足し的に設けられた年金制度の隙間
を埋め，各種年金制度の適用を受けない者を対象としていた[46]。しかし，同制

度の準備が進められるなか，広範な低所得層から徴収される年金資金の運用益は直接被保険者に還元されるべきとの世論が浮上し，厚生省，自治省の主張によって運用の検討が図られることになった。大蔵省年金積立金の分離運用は，政府資金の統合運用の原則に反することに加え，1961年4月から徴収が予定されていた完全積立方式による拠出制国民年金は，資金の長期性が強いことから，資金運用部の有力財源となることが期待されていた[47]。

　以上の経緯を踏まえ，まず理財局が1960年5月に「資金運用部制度改正の問題点」とする論点整理を行い，7月に大蔵省として「財政投融資及び資金運用部資金の運用に関する考え方」を作成した。これにさらなる検討を加え，9月の資金運用部資金運用審議会において「資金運用部資金運用に関する建議」が了承された[48]。大蔵省当局は，この「建議」を制度の基本線として関係省庁との折衝を重ね，翌1961年3月に「資金運用部資金法の一部を改正する法律」（法律第22号）を制定した。資金運用部資金運用審議会が改組され，資金運用審議会が発足，専門委員が置かれた。さらに資金運用計画や運用報告書について年金資金とその他の資金との資金別の「使途別分類表」（後述）を添付し，厚生年金還元融資率は15〜25％に拡充し，国民年金特別融資率を25％に設定した。また，還元融資専門機関として年金福祉事業団を新設することとした。これに加え，預託金の利回りが引き上げられ，資金運用部預託金残高の大宗を占めていた7年以上の預託金の金利年6.0％に当分の間特別利子0.5％が付され，銀行貸付基準金利（6.5％）と同水準の預託利率に引き上げられることとなった[49]。

　以上の改正に関わって，郵便貯金特別会計が制度変更されることとなり，1961年3月，「郵貯特別会計法の一部を改正する法案」（法律第54号）が第38回衆議院本会議で原案通り可決・成立し，これにより郵貯特別会計は貯金事業を独立採算で経理する事業会計としての性格を強めることとなった[50]。具体的には，次のような改正が行われた[51]。まず，資金運用部預託金の預託利率については，郵便貯金のみに付与されていた特別利子が廃止され，すべての預託金に対し平等原則を徹底し，預託期間ごとに同率の預託利率に引き上げられた[52]。これによって預託利率の改善が図られたため，郵貯特別会計の歳入不足に対す

る暫定的措置とされてきた資金運用部特別会計からの赤字補塡制度が廃止された。さらに，資金運用部特別会計の大きなコスト上昇要因となっていた郵貯特別会計の累積赤字の返済が免除されることとなった。

　この累積赤字は郵貯特別会計が1951年度に設置されて以降10年間で合計約495億円に及んでおり，年度ごとに一般会計ないし資金運用部特別会計から補塡されていたことによって膨張したものである。これは，1961年度改正前の「郵貯特別会計法」および「資金運用部特別会計法」の規定にもとづき，一方で資金運用部から一般会計へ繰り入れ，他方で一般会計から郵貯特別会計に繰り入れるという資金操作を行うものであった[53]。その累積赤字は，法律に則してみれば，将来の黒字をもって一般会計および資金運用部特別会計への返済義務が規定されていたが，郵政省貯金局は，従来より預託利率の低さから累積赤字が生じたものであるとの立場から返済義務の免除を主張していた[54]。これに対し，大蔵省は，コストがすべて適正であるとはいい切れないとしつつも，資金運用部の低い預託利率が影響していたことを認め，1961年度に貯金局の要望に沿うかたちで返済義務を打ち切り整理することとしたのであった[55]。これにより，郵貯特別会計は法的に独立採算の時代に入った。

　表1-5から郵貯特別会計の決算上の運用利回りと貯金コストの推移をみると，預託平均残高が対前年度増減率約20％の増加傾向を示しているにもかかわらず，1951年度から61年度にかけて，郵貯特別会計の収支は大幅な赤字額を計上していた。運用利回りが資金コストを下回り，逆ざやが生じていたのである。郵貯特別会計の収入は，郵便貯金として預け入れられた資金を資金運用部へ預託して得られる利子収入と「郵便貯金法」第29条の規定によって貯金を国庫帰属処分した際に生じる雑収入によって構成され，その大宗を占めていたのは利子収入であった[56]。また，郵貯特別会計の支出は，郵便貯金に対する支払利子と郵政事業特別会計へ繰り入れられる一般経費によって構成される。1951年度預託開始当初の最高利率は，資金運用部資金の運用利回りや国債の利回り等を勘案し，5年以上のものは年5.5％とされていた。これに対し，同年度の郵貯特別会計の貯金コストは，支払利子率2.38％と経費率4.86％を合算した7.24％であったことから，利子収入率すなわち預託利率を大幅に上回る1.71

表 1-5　郵貯特別会計の運用利回りと貯金コスト

年度	預託平均残高（億円）	赤字額（億円）	利ざや（%）	運用利回り（%）			貯金コスト（%）		
				利子収入率	雑収入率	小計	支払利子率	経費率	小計
1951	1,757	30.0	△ 1.71	5.50	0.03	5.53	2.38	4.86	7.24
1952	2,278	16.5	△ 0.72	6.50	0.09	6.59	2.78	4.53	7.31
1953	2,997	43.8	△ 1.47	6.40	0.04	6.44	3.75	4.16	7.91
1954	3,942	52.9	△ 1.34	6.30	0.03	6.33	4.08	3.59	7.67
1955	4,794	51.6	△ 1.08	6.20	0.03	6.23	4.20	3.11	7.31
1956	5,768	52.3	△ 0.90	6.10	0.05	6.15	4.22	2.83	7.05
1957	6,906	40.8	△ 0.59	6.00	0.09	6.09	4.19	2.49	6.68
1958	7,773	62.5	△ 0.81	5.98	0.08	6.06	4.56	2.31	6.87
1959	8,957	65.5	△ 0.72	5.98	0.06	6.04	4.60	2.16	6.76
1960	10,353	79.2	△ 0.76	6.00	0.05	6.05	4.80	2.01	6.81
1961	11,857	0.0	△ 0.13	6.50	0.04	6.54	4.63	2.04	6.67
1962	13,983	－	0.39	6.50	0.05	6.55	4.26	1.90	6.16
1963	16,644	－	0.50	6.50	0.05	6.55	4.22	1.83	6.05
1964	19,994	－	0.40	6.50	0.04	6.54	4.26	1.88	6.14
1965	23,248	－	0.23	6.50	0.03	6.53	4.26	2.04	6.30

出所）大蔵省財政史室編『昭和財政史 昭和27～48年度 第19巻 統計』164頁，郵政大学校『本科事業研究報告書 為替貯金』昭和41年度，226頁より作成。
注1）預託平均残高および赤字額は年度末。
　2）△は逆ざや。

％の逆ざやとなり，初年度から約30億円の収支不足が生じた。1952年度には，預貯金金利の利上げにともなう支払利子率の上昇によって，一般会計からの赤字補塡の増加が予想され，臨時措置として5年ものの預託利率に1.0％の特別利率が付され，1952年度の赤字額は約16.5億円（貯金コスト7.31％）と一時的に圧縮したものの，翌1953年度には約43.8億円（同7.91％）となり，その後も赤字が続いた。

　その要因を郵貯特別会計の支出に占める支払利子と経費の構成比についてみると，1951年度には経費が約67％と高率であったが，1954年度にほぼ半々となり，1960年度には支払利子が約70％と逆転している[57]。経費率は1951年度の4.86％をピークとして，1955年度3.11％，1960年度2.01％と減少傾向で推移したのに対し，支払利子率は1951年度2.38％，1955年度4.20％と上昇し続け，1960年度に4.80％とピークに達した。支払利子率の上昇は，この間に種類別郵便貯金の構成比が変化し，相対的にコストの高い定額貯金の構

成比が伸びたことによるものである。郵貯残高の構成比は，1951 年度末には通常貯金約 64 ％ に対し定額貯金約 28 ％ であったが，1955 年度末には 49.1 ％：41.4 ％，1960 年度末は 40.8 ％：51.7 ％，1965 年度末は 36.1 ％：57.6 ％ と，低利率の通常貯金から高利率の定額貯金に比重が移っていったのである。

1961 年度の改正は，同年度初めの預貯金金利引下げと重なって，郵貯特別会計の収支均衡をもたらした。1961 年度は過渡的に約 300 万円の収支不足が生じたものの，1962 年度には郵貯特別会計創設以来初の黒字決算となり，1963 年度に約 40 億円の前年度剰余金受入を計上した[58]。これ以降，郵貯特別会計は毎年度その額を大きく増やしながら，生じた余剰をもとに，郵便貯金増強政策を積極的に展開し，資金運用部資金を増強するとともに資金の長期化を助長することになったのである[59]。

次に，財政投融資制度の再編後の財投原資と財投構成の動向についてみていこう。

2）資金運用部の資金構成

財投原資は，産業投資特別会計，資金運用部資金，簡易生命保険資金，政府保証債・政府保証借入金の 4 種類の資金から構成される。表 1-6 に示すとおり，財投原資の合計額は，1955 年度の 2978 億円から，1960 年度 6251 億円（2.1 倍），1965 年度 1 兆 7764 億円（6.0 倍），1970 年度 3 兆 7990 億円（12.8 倍），1975 年度 11 兆 3437 億円（38.1 倍）へと著増した。特に 1970 年代における急速な規模の拡大には目を見張るものがある。

財投原資のうち，最も大きなシェアを占めていたのは，郵貯資金や厚生年金・国民年金の預託によって構成される資金運用部資金であった。資金運用部資金の構成比は，1955 年度は約 50 ％ であったが，1964 年度に 60 ％ 台となり，1969 年度には 70 ％ 台，1973 年度には 80 ％ 台に達した。このようなシェアの増大は，1955 年度から 60 年代半ばまでは厚生年金・国民年金，その後は郵便貯金の伸びが牽引したものであった。厚生年金資金の伸長は，1950 年代後半を通じ，適用事業所および被保険者数が飛躍的に増加するとともに，余剰金の積立金も増大し，掛金が強制的に徴収されていたため膨張し続けたことによ

46

（億円）

表 1-6 財投原資（実績）の推移

年度	財投原資（実績）	対前年度増減率	産業投資特別会計	構成比	資金運用部資金	構成比	うち郵便貯金	構成比	うち厚生年金	構成比	うち回収金等	構成比	簡保資金	構成比	政府保証債・政府保証借入金	構成比
1955	2,978	－	451	15.1	1,529	51.3	820	27.5	314	10.5	395	13.3	482	16.2	516	17.3
1956	3,268	9.7	249	7.6	1,597	48.9	1,120	34.3	400	12.2	77	2.4	564	17.3	858	26.3
1957	3,968	21.4	378	9.5	2,358	59.4	1,027	25.9	574	14.5	757	19.1	780	19.7	452	11.4
1958	4,252	7.2	277	6.5	2,548	59.9	856	20.1	572	13.5	1,120	26.3	891	21.0	536	12.6
1959	5,621	32.2	382	6.8	3,182	56.6	1,332	23.7	620	11.0	1,230	21.9	1,098	19.5	959	17.1
1960	6,251	11.2	398	6.4	3,471	55.5	1,506	24.1	918	14.7	1,047	16.7	1,199	19.2	1,183	18.9
1961	8,303	32.8	478	5.8	4,754	57.3	1,771	21.3	1,460	17.6	1,523	18.3	1,430	17.2	1,641	19.8
1962	9,513	14.6	532	5.6	5,563	58.5	2,296	24.1	1,826	19.2	1,441	15.1	1,496	15.7	1,922	20.2
1963	12,068	26.9	694	5.8	7,202	59.7	2,937	24.3	1,999	16.6	2,266	18.8	1,580	13.1	2,592	21.5
1964	14,305	18.5	810	5.7	8,980	62.8	3,907	27.3	2,462	17.2	2,611	18.3	1,495	10.5	3,020	21.1
1965	17,764	24.2	430	2.4	11,872	66.8	4,645	26.1	3,697	20.8	3,530	19.9	1,095	6.2	4,367	24.6
1966	20,854	17.4	485	2.3	12,542	60.1	5,939	28.5	4,652	22.3	1,951	9.4	1,689	8.1	6,138	29.4
1967	24,968	19.7	662	2.6	16,027	64.2	7,963	31.9	5,566	22.3	2,498	10.1	2,185	8.8	6,094	24.4
1968	27,833	11.5	689	2.5	19,040	68.4	9,853	35.4	6,420	23.1	2,767	10.0	2,652	9.5	5,452	19.6
1969	31,805	14.2	885	2.8	22,416	70.5	12,068	37.9	7,780	24.5	2,568	8.1	3,354	10.5	5,150	16.2
1970	37,990	19.4	1,035	2.7	27,913	73.5	14,201	37.4	10,243	27.0	3,469	9.1	4,069	10.7	4,973	13.1
1971	50,087	31.8	853	1.7	37,480	74.8	18,902	37.7	12,022	24.0	6,556	13.1	5,048	10.1	6,706	13.4
1972	60,378	20.5	763	1.3	47,298	78.3	25,962	43.0	14,124	23.4	7,210	11.9	6,026	10.0	6,292	10.4
1973	74,134	22.8	802	1.1	61,484	82.9	30,717	41.4	15,946	21.5	14,821	20.0	7,548	10.2	4,300	5.8
1974	94,578	27.6	669	0.7	80,118	84.7	39,145	41.4	20,069	21.2	20,904	22.1	9,793	10.4	3,998	4.2
1975	114,010	20.5	655	0.6	98,575	86.5	50,501	44.5	21,352	18.7	26,722	23.4	10,141	8.9	4,639	4.1

出所）大蔵省財政史室編『昭和財政史 昭和 27～48 年度 第 19 巻 統計』368 頁より作成。

注 1）1973 年度計画における様式変更時に改称されるまで、「産業投資特別会計」は「産業投資特別会計収支」、「政府保証債・政府保証借入金」は「公募債借入金等」。
　　2）産業投資特別会計には、「余剰農産物資金」として 1955 年度 180 億円、1956 年度 97 億円を含む。
　　3）対前年度増減率および構成比は ‰。

る[60]。

　さらに，1961 年度より年金資金に国民年金が加わり，厚生保険掛金率が 1965 年度に 3.5 ％ から 5.8 ％ に引き上げられたことから，資金運用部資金の確実な原資としてさらなる増加が期待されていた。しかし，1965 年度以降，原資総額における年金資金の構成比は，20 ％ 前後で推移するにとどまっている。これは，自由な預入による郵便貯金が，それ以上に増加したからである。もっとも，郵貯残高は増加していたとはいえ，1957～60 年度にはまだ安定をみていなかった。また，簡保資金も 10 ％ 前後でほとんど変化していない。産業投資特別会計の構成比は，すでに述べたように対日援助見返資金を前身とするものであったため，1955 年度 15.1 ％ から漸次構成比を減らしていった。公庫・公団・公社の財投機関が発行する政府保証債・政府保証借入金については，1965 年度約 24.6 ％ から 1966 年度に約 29.4 ％ と一時的に増大したのち逓減し，1975 年度には 4.1 ％ まで低下した。対照的に郵貯資金は，1961 年度の 21.3 ％ を底に構成比を高め，1975 年度には 44.5 ％ を占めるにいたっている。すでに見たように 1950 年代後半には郵便貯金の伸びが鈍化し，毎年度の投融資計画設定に際し，原資不安の原因になっていた。しかし，1960 年代になると，郵便貯金の増加実績が目標額を上回り，安定的で高い「達成率」を実現するようになったことから，あらかじめ預託額の増加を見込んだ原資計画が立てられるようになった[61]。この郵貯預託額の飛躍的な伸びが，財投原資における資金運用部資金のシェア増大を牽引し，計画的な財政投融資への運用を補強することを可能にしたのである。

　財投原資の多くはすべて有償であることから，原資が増大すれば，それに応じて財政投融資の運用も拡大せざるを得ない関係にあった[62]。財投計画の運用実績についてみると，1955 年度の 2998 億円から，1960 年度 6251 億円，1965 年度 1 兆 7765 億円，1970 年度 3 兆 5799 億円，1975 年度 9 兆 3100 億円へと増加を続けた。その画期となったのは，1960 年の池田内閣が経済成長の過程で隘路となっていた社会資本の充足を標榜した「国民所得倍増計画」である。同計画が本格的に実施されるようになると，一般会計の伸びと同じテンポで伸長してきた財投計画に変化がみられるようになった。

1962 年 7 月の内閣改造によって田中角栄が大蔵大臣に就任しており，予算の財源不足が懸念されるなかで，財投計画を積極化させ，景気の浮揚策とするという考え方を示した[63]。同年 12 月 14 日に自民党が決定した「昭和 38 年度予算編成大綱」では，「健全財政の建前の下に積極財政に財源の確保を図り」，特に財政投融資については「産業投資特別会計の出資財源の確保，外債及び国内政府保証債の拡充等によって極力原資の増額を図る」ものとし，一般会計において健全財政の建前を維持しながら，そこで対応しきれない部分については財投が受け皿となり，通常の原資で不足する場合には，外部からの資金を取り入れることによって財源を調達する意図が示されていた[65]。同じく 12 月に閣議決定された「昭和 38 年度予算編成方針」では，「健全均衡財政の方針を堅持するとともに，財政投融資においては，政府資金，民間資金を通じ，その活用について積極的に配意」し，「社会資本の充実，産業基盤の強化に努める等，ひきつづき重要施策を着実に推進することに重点をおき，経費及び資金を効率的に配分，運用することをもって基本」とする方針を打ち出した[64]。財政投融資は「第二の予算」として確固たる位置づけを得るようになったのである。

さらに，「証券恐慌」と一部大企業の倒産をともなう「戦後最大の不況」が生じた 1965 年を転機として，戦後それまで堅持されてきた国債不発行を原則とする均衡予算主義が修正されると，財政投融資の重要性はさらに増した。1966 年度の財投計画策定に際しては，「証券恐慌」からの速やかな回復が目指された。経済・社会の各部門間における均衡ある発展を実現するとの政府の基本方針に則って，計画規模の積極拡大を図ることにより，住宅等の国民生活環境の整備拡張，社会開発の推進，低生産部門の近代化等について資金の重点的・効率的運用が進められた[66]。しかし，予想を覆し，1966 年度に景気は V 字型の回復をみせた。このため，1967 年度の財投計画では，国際収支の均衡と物価の安定を主眼とし，規模については極力抑制する方針が採用された。その後も同計画は 1960 年代後半を通じ，比較的抑制基調で推移したが，1971 年度に前年夏からの景気対策やドルショック対策を眼目として大幅な拡大に転じたのであった。

財政投融資の運用先は，特別会計，公社，公庫等，公団等，地方公共団体，

特殊会社等，その他の機関に分類されている。財投機関の数は，1955 年度の 23 機関から改廃と新設を経て，1965 年度 48 機関，1975 年度 52 機関と，その活動範囲が拡大した[67]。こうした財投機関増加の最大要因は，均衡予算主義に制約された一般会計の外で，国会審議の掣肘を受けずに資金を迅速に調達できるという融通性にあった。このため，各省庁は競って，公庫，公団，事業団等の設立を働きかけ，自省庁の政策実現の手足とするようになったのである[68]。公共投資関係の公団等に対する融資は，1955 年度においては 2 機関，160 億円（構成比 5.4 %）を占めるにすぎなかったが，1960 年度から 65 年度にかけて機関数が 8 機関，692 億円（同 11.1 %）から，25 機関，3512 億円（同 19.8 %）へと大幅に増加し，1970 年度には 27 機関，9448 億円（同 24.9 %）となった[69]。このころ運用規模が最も増大したのは公庫等に対する融資であり，1955 年度の 950 億円（構成比 31.9 %）から 1960 年度 2395 億円（同 38.3 %），1965 年度 7605 億円（同 42.8 %），1970 年 1 兆 7521 億円（同 46.1 %）となり，財投全体の約半数のシェアを占めるまでになっていった。これらの公庫が，省庁にとって政策実現のための予算とは別のもう一つの「財布」となり，官僚のキャリアパスに組み込まれた。1971 年に公庫・公団の政府保証債・政府保証借入金の発行・借入限度額を当初計画額の 50 % の範囲内で増額できる「弾力条項」が一般会計予算総則に織り込まれ，1973 年 3 月に「資金運用部資金並びに簡易生命保険及び郵便年金の積立金の長期運用に対する特別措置に関する法律」（昭和 48 年法律第 7 号），いわゆる長期運用特別措置法の施行によって，長期運用額の 50 % までが議決なしに行政判断で追加可能となるとともに，この弾力条項と補正予算による追加によって，財投計画は高度成長から安定成長への転換に際し，機動的に景気浮揚政策を担っていくことが可能となった[70]。

3）財政投融資の使途と郵貯資金

1961 年度の「資金運用部資金法」改正にあたり，それまでの運用先ごとの機関別分類に加え，運用内容を表示する形式として新たに使途別分類表が採用された。使途別分類表では，財政投融資の運用額が 12 項目の使途別と 4 原資（うち資金運用部資金については，「郵貯資金等」と「年金資金等」に分類）とのマ

トリックスで示され，各原資における資金運用の性格が明らかにされている。使途別分類は，住宅，生活環境整備，厚生福祉施設，文教施設，中小企業，農林漁業，国土保全・災害復旧，道路，運輸通信，地域開発，基幹産業，輸出振興である。表1-7は，使途別分類表をもとに，財政投融資における各使途の構成比の推移を示したものである。まず，財投全体での構成比の推移をみると，表掲期間を通じ，生活環境整備，住宅，運輸通信，中小企業の4項目が10％を上回る高い構成比を占めていた。注目されるのは，大企業向けである基幹産業が1960年代初め，次いで輸出振興が1968〜70年度にかけて一時的に10％を上回ったものの，前者は年々減少し，1974年度には3％となり，後者においても1969年度の12.1％をピークに減少に転じていることである。社会資本形成関係の7項目（①〜⑦）の構成比は，全体の半数を占めており，1961年度の53.6％から1975年度の66.4％に増加した。

　一方，表掲期間を通じて減少基調にあったのが，政策金融関係の5項目（⑧〜⑫）である。成長の基盤となるインフラ形成のための公共事業に傾斜しつつ，同時に社会保障関係費を拡充することによって，急速な成長がもたらす社会的な軋轢を回避し，政治的な安定性と経済成長を両立させる条件を整備していくものであった[71]。ここでのポイントは，社会保障関係費の拡充を通じて，成長によって生まれる社会的格差の是正に配慮するだけでなく，インフラ整備による成長政策もまた，成長が生み出す地域間格差を是正する効果を期待されたものであったということである。一般に戦後日本の福祉政策はヨーロッパの福祉国家に比べその立ち遅れがいわれるが，高度成長期には，財政投融資を通じ，地域間格差の是正という，空間的な資源の再分配メカニズムが一定の効果を発揮していたと考えられる。単純に大企業優位の体制と捉えられない高度成長期特有の行財政システムであったことは間違いない。

　そこで，社会資本形成関連の構成比についてみてみよう。運輸通信は12〜13％で推移し，厚生福祉施設と文教施設は2〜3％台と低水準ではあるが安定的であった。この一方，国土保全・災害復旧の構成比は大幅に低下し，これに代わるように，生活環境整備，住宅，道路の構成比が増加傾向で推移した。戦後復興から経済成長の再開，電源開発，水利の整備から成長のインフラ整備へ

表 1-7　財投使途別分類における構成比の推移

(%)

年度	1961	1962	1963	1964	1965	1966	1967	1968	1969	1970	1971	1972	1973	1974	1975
①生活環境整備	11.3 (7.2)	11.3 (7.2)	11.1 (8.3)	11.8 (9.7)	12.4 (9.4)	11.5 (7.8)	11.1 (7.6)	11.5 (7.7)	11.3 (8.0)	11.6 (8.6)	12.1 (9.2)	14.0 (9.3)	16.4 (10.4)	16.4 (12.7)	16.7 (14.3)
②厚生福祉施設	3.2 (0.5)	3.4 (0.6)	3.2 (0.7)	3.3 (0.9)	3.6 (1.1)	3.3 (1.0)	3.2 (1.1)	3.2 (0.7)	3.1 (0.7)	2.8 (0.4)	2.8 (0.4)	2.6 (0.3)	2.9 (0.0)	3.1 (0.0)	3.4 (0.1)
③文教施設	2.7 (2.5)	2.4 (1.9)	2.7 (2.5)	3.0 (3.0)	3.0 (3.2)	3.5 (3.7)	3.0 (3.0)	2.3 (2.1)	2.4 (2.1)	2.2 (1.9)	2.3 (1.8)	1.9 (1.1)	2.0 (0.6)	2.5 (0.8)	3.0 (1.1)
④住宅	13.2 (8.0)	14.2 (9.3)	13.7 (10.8)	13.5 (11.2)	13.9 (11.5)	16.0 (10.5)	16.0 (9.4)	16.3 (12.0)	17.3 (12.0)	19.3 (13.7)	20.2 (14.9)	20.4 (16.7)	18.1 (17.4)	19.6 (18.9)	21.4 (22.0)
⑤国土保全・災害復旧	4.0 (4.1)	4.8 (4.8)	3.2 (3.5)	3.2 (3.8)	3.1 (4.2)	3.5 (4.7)	2.6 (3.4)	2.2 (2.9)	1.7 (2.0)	1.6 (1.6)	1.4 (1.3)	1.9 (2.1)	2.3 (3.0)	1.0 (1.4)	1.2 (1.3)
⑥道路	5.7 (3.9)	5.7 (2.5)	8.7 (3.8)	8.3 (3.3)	7.9 (2.2)	8.3 (1.7)	9.9 (2.3)	9.7 (4.8)	8.7 (3.9)	8.6 (4.8)	8.2 (4.7)	9.5 (6.0)	9.4 (6.6)	8.7 (5.5)	8.0 (5.0)
⑦運輸通信	13.5 (7.7)	12.0 (6.6)	13.2 (7.2)	13.8 (7.3)	13.9 (8.2)	13.3 (6.1)	13.3 (4.0)	13.2 (7.9)	12.7 (7.8)	13.2 (11.9)	13.2 (12.7)	12.2 (11.7)	13.1 (14.8)	13.6 (15.4)	12.7 (14.1)
⑧基幹産業	10.9 (21.8)	9.5 (20.6)	10.1 (19.2)	8.2 (17.0)	7.8 (16.4)	7.6 (17.9)	6.6 (17.2)	6.6 (13.1)	5.9 (11.6)	5.7 (10.8)	5.4 (10.1)	4.7 (8.7)	3.6 (5.4)	3.0 (4.7)	3.0 (4.4)
⑨輸出振興	7.8 (15.8)	9.4 (18.9)	7.3 (14.5)	7.0 (13.5)	7.5 (13.9)	7.9 (16.4)	9.9 (22.5)	10.5 (20.4)	12.1 (23.6)	10.6 (19.3)	9.8 (18.3)	9.7 (17.6)	8.9 (14.4)	8.8 (13.9)	7.7 (11.7)
⑩中小企業	12.0 (13.9)	13.3 (15.3)	11.8 (16.5)	12.3 (16.8)	12.6 (14.8)	12.4 (14.6)	13.8 (16.7)	14.4 (16.2)	14.9 (17.3)	15.4 (17.5)	15.4 (17.2)	14.4 (17.6)	14.8 (18.0)	15.5 (18.6)	15.6 (18.3)
⑪農林漁業	7.7 (8.9)	6.6 (7.4)	6.5 (7.1)	7.0 (7.5)	7.2 (9.1)	6.8 (10.3)	5.9 (8.8)	5.8 (7.6)	5.5 (7.3)	5.0 (6.3)	5.1 (6.2)	4.8 (5.4)	4.6 (5.5)	4.1 (4.7)	4.1 (4.8)
⑫地域開発	7.4 (4.3)	7.3 (4.9)	8.4 (5.9)	8.6 (6.0)	6.9 (5.9)	6.0 (5.3)	4.7 (4.1)	4.4 (4.6)	4.3 (3.7)	4.0 (3.2)	4.2 (3.3)	3.9 (3.5)	3.9 (3.9)	3.6 (3.3)	3.3 (2.8)
⑬その他	0.6 (1.6)	—	—	—	—	—	—	—	—	—	—	—	—	—	—
①～⑬合計（億円）	7,292 (2,857)	8,586 (3,232)	11,097 (4,195)	13,402 (5,262)	16,206 (6,672)	20,273 (7,479)	23,884 (8,628)	26,990 (11,535)	30,770 (13,108)	35,799 (15,752)	42,804 (19,375)	56,350 (27,299)	69,248 (38,613)	79,234 (45,521)	93,100 (56,103)
郵貯資金比率（%）	39.2	37.6	37.8	39.3	41.2	36.9	36.1	42.7	42.6	44.0	45.3	48.4	55.8	57.5	60.3
社会資本形成①～⑦	53.6 (33.7)	53.9 (32.9)	55.9 (36.8)	57.0 (39.2)	57.9 (39.8)	59.4 (35.6)	59.0 (30.8)	58.4 (38.1)	57.2 (36.5)	59.3 (42.9)	60.2 (45.0)	62.5 (47.2)	64.2 (52.8)	65.0 (54.8)	66.4 (58.0)
政策金融⑧～⑫	45.8 (64.7)	46.1 (67.1)	44.1 (63.2)	43.0 (60.8)	42.1 (60.2)	40.6 (64.4)	41.0 (69.2)	41.6 (61.9)	42.8 (63.5)	40.7 (57.1)	39.8 (55.0)	37.5 (52.8)	35.8 (47.2)	35.0 (45.2)	33.6 (42.0)

出所）大蔵省財政史室編『昭和財政史 昭和27～48年度 第8巻 財政投融資』および財政省財務総合政策研究所財政史室編『昭和財政史 昭和49～63年度 第5巻 国債・財政投融資』より作成。

注1）上段の数値は財投合計の構成比（%）、下段の（ ）内の数値は郵貯資金とに分類する（%）。

2）使途別財投を大まかに社会資本形成関係と政策金融とに分類するため、①～⑫の区分は政府発表のものと並べ替えてある。

の政策の重点変化がみてとれよう。生活環境整備の構成比は 1970 年度から，住宅は 1968 年度から増加していることが目を引く。1960 年代半ばには，都市部，特に首都圏への経済資源集積と人口の集中が進み，生活様式の近代化ないし現代化と，産業の工業化，重化学工業化が相乗し，「都市問題」が露呈した。これをうけて 1968 年 5 月には，田中角栄自民党都市政策調査会長によって「都市政策大綱」が発表され，その改善が図られることになった[72]。道路整備の構成比は，東京オリンピックや大阪万博を機に大都市圏内・圏間の交通網が整備されたことから，1962 年度 5.7 ％から 1963 年度 8.7 ％，1964 年度 8.3 ％と増大した。1965 年の不況によって一時的にシェアが低下したものの，1960年代後半から再度大幅な拡大に転じている。自動車産業の勃興と道路網の全国展開・整備・高度化が相俟ってモータリゼーションが進み，1967 年度に約 10％のピークをなした後も，1971 年度 8.2 ％，1972 年度 9.5 ％，1973 年度 9.4 ％と高水準を保ったのである[73]。

　インフラ整備は，成長の条件であるとともに，成長の成果を再分配する機能ももっていた。注目されるのは，従来地方への「利益誘導」型政治家の典型とされてきた田中角栄が，郵便局の拡張政策でもみられたように，都市政策に関してもきわめて精力的で，戦略的重点については怜悧な判断を下しているという点である。高度成長の後半には，公害等の都市問題が激発し，都市新中間層を中心に，「成長」に対する懐疑が生まれた。大都市では 1970 年代初め，次々に革新首長が生まれていたという時代背景を考慮すれば，田中によって牽引されていた当時の自民党にとって，財政投融資は成長の基盤整備と成長格差の是正を両立させるだけでなく，革新勢力に対する政治的な対抗手段としての役割も果たしていたのだといえよう[74]。

　このような戦後財政投融資にあって，郵貯資金はどのような役割をもっていたのであろうか。表 1-7 の下段より郵貯資金の構成比についてみると，財投合計の構成比の動向と同様の動きをみせており，政策金融関係の割合が低下傾向を示す一方，社会資本形成関係の割合が趨勢的に上昇している。政策金融の割合は，1961 年度には約 3 分の 2 を占めていたものの，1967 年度の約 70 ％をピークとして，特に 1970 年度から大幅に低下した。各分類別の郵貯資金の構

成比に注目してみると，1960 年代においては，基幹産業，輸出振興，中小企業に占める割合が高かったが，1970 年代になると，一時は 20 ％ を上回っていた基幹産業における構成比が低下する一方，住宅，運輸通信，生活環境整備に占める構成比が高まりをみせた。社会資本形成関係全体で見れば，1960 年度以降 30 ％ 台で推移したのち，1971 年度になって 40 ％ を上回るようになり，1973 年度に過半を占めるようになる。このようにみれば，郵貯資金は，高度成長期に，財政投融資を通じて政策金融に傾斜的に重点配分されていたことがわかる。それが，高度成長が終わりを告げる 1970 年代になると，次第にインフラ整備に重点が移っていくことになったのである。

　財投合計のうち郵貯資金が占める比率をみると，1965 年度を除いて，1961 年度から 67 年度には 30 ％ 台で推移し，1968 年度以降 40 ％ 台に上昇，1973 年度には 55.8 ％，1975 年度になると 60.3 ％ を占めるまでになっていた。このことからも，郵便貯金の飛躍的かつ安定的な増大が，1968 年度以降の社会資本形成の増加に大きく貢献していたことがわかる。これとともに，郵貯資金は比重を減らしつつあるとはいえ政策金融をも下支えし，財政投融資全体の維持・拡大を可能にしたのである。しかし，郵貯資金の増大によって支えられた政策金融の維持はその後，日本経済の資金不足が解消に向かうなかで，民間金融機関との競合激化をもたらすものとして問題化され，社会資本形成は資金の効率的配分メカニズムを歪めるものであるとの批判を各方面から受けることにもなったのである。

4　小　　括

　これまで高度成長期の郵便貯金については，銀行預金との競合を中心に議論がなされてきた。そこでは，郵便貯金の残高に注目が集まり，政府による郵便貯金の優遇と競争上の不平等に論点が絞られるきらいがあった。しかし，高度成長期の個人金融資産のあり方は，預貯金市場だけをみていては理解することができない。一見平坦にみえる高度成長期の金融システムは，当初の間接金融

優位の時代から，1960年代前半の直接金融への移行の胎動，そして1965年を
ピークとした間接金融優位への劇的逆転というダイナミックな動きを内包して
いた。郵便貯金についても，このような金融証券市場を通じた変化の過程の中
に位置づける必要がある。本章では，この時期，特に1960年代の郵便貯金の
動向が証券市場の動向によって強く規定され，変化していたことを明らかにし
た。

　高度成長期には，重要産業への重点的な産業資金供給によって企業投資を誘
発し，成長を促進するため，人為的低金利政策と呼ばれる厳しい金利規制が敷
かれていた。低利資金を企業に供給するには，預貯金金利はそれよりも低く抑
える必要がある。このため，預金者は相対的に不利益を被る立場にあった。国
営の貯蓄機関としての役割から，「公益性」に鑑み，郵便貯金は，貯金者に対
して優遇措置をとることが正当化された。その代表例が定額貯金であった。定
額貯金には，金利面での優遇措置が認められ，長期にわたって保有するほど有
利になるように設計されていた。この金利面での優遇措置によって，規制金利
下，とりわけ金利改正の局面で，郵便貯金に大量の貯蓄が定額貯金という形で
集中的に預け入れられることになった。定額貯金の威力は，金融自由化による
金利機能の回復にともなって遺憾なく発揮され，郵便貯金の増大あるいは肥大
化を生み出し，1980年代以降になると郵便貯金の内部および外部の制約条件
となっていく。そのことについては，第3章以降で明らかにする。

　最後に，郵便貯金の資金的性格の戦後的な変容につき，その政策的意義を中
心に総括的に整理しておこう。まず，①政策的要請としては，高度成長下の持
続的な所得上昇過程における利回りのよい金融資産の提供という役割に変化を
遂げた。このような政策は，低金利政策のもとで，相対的に不利益を被ってい
た預貯金者層への配慮として「公益性」の観点から正当化されたが，集められ
た資金が長期にわたって預け入れられたまま留め置かれ，自動的に増強を続け
る性格のものであった。このことから，②政策的資金配分としては，その運用
面から社会開発・民政中心の「第二の予算」＝財政投融資の安定的で成長に
よって拡大可能な原資と位置づけなおされ，その「公共的」役割が強調される
ようになっていった。

残された国営貯蓄機関の提供する③安全資産としての役割については，1960年代前半を通じた証券市場の不安定局面において，相対的に有利かつ安全な資産として定額貯金が再評価されるようになったことを無視しえない。「証券 対金融」，あるいは「銀行 対 郵貯」ないし「郵政対大蔵の百年戦争」という対立図式に隠れがちであったが，この時期の個人の金融資産選択の問題として考えるとき，証券危機の過程は，定額貯金の安全かつ有利という商品特性を預貯金者に強く意識させる重要な契機となった。

　以上の定額貯金を中心とした郵便貯金の拡大の背景としては，当該期に郵便局の拡張を通じて全国津々浦々に稠密な貯金吸収網が構築されていったことが大きく貢献していた。郵便施設の近代化のための郵便局大増設は，単なる通信＝郵便局ネットワークの拡充による国民便益の拡大以上の経済政策的意味をもっていた。この郵便局拡張が，都市のドーナツ化現象に対応して大都市近郊から開始されたことが特に重要である。大都市近郊は，高度成長を通じて最も開発が進み，所得が急増していた地帯である。第一次的な政策意図がどのようなものであったとしても，郵便局大拡張方針は，結果として高度経済成長による所得上昇とあいまって郵便貯金の基盤を形成したのである。

　この時期には，郵便貯金のみならず民間銀行も，総量を規制されていた店舗の再配置によって，大都市近郊に支店網を集中させる政策を採っていたことから，大都市近郊での預貯金獲得競争は特に激烈なものとなった。所得上昇により金利選好の高まった都市新中間層が急増していたそのような地域での競争において，定額貯金の商品性は，とりわけその強みを発揮した。そして，このようにして集められた長期安定的な資金が財政投融資制度を通じ，政策的に地方へと還流されることになれば，税とは異なる所得の地域的な「再分配メカニズム」が構築されることになる。地方からの資金を中央に集中するため，戦前期に貯蓄奨励政策の手段として用いられた「地方還元資金」とは，この点で政策の目的と手段が逆方向であり，ここに郵便貯金が日本経済においてもつ役割の戦前と戦後における違いが集中的に現れているものと考えられる。そこで次章では，郵便局政策の地域的展開の考察を通じ，この点にスポットライトをあてることとしよう。

第 2 章

郵便局政策の地域的展開
──高度成長期の郵便貯金 (2)──

1　高度成長期の地域構造変化

　日本の地域社会構造の変化については，明治維新から産業化の時期，第一次
大戦後の電化と都市化，工業地帯の形成と大都市集中を生んだ戦後高度成長期，
そしてバブル期およびその後の長期不況・人口減少社会への移行という，五つ
のフェーズを考えることができる。その中でも，列島レベルで産業構造の地域
配置が激変した戦後復興期から高度成長期は，列島最大の人口移動を経験した
時代であった。高度成長の開始は，軍の解体による大量除隊者の発生，外地か
らの大量の邦人帰還，それに続くベビーブームを背景とした。社会の空間編成
における太平洋沿岸（＝表日本）優位の大きな方向性は明治期に決定的となっ
たが，今日にいたる大都市圏，とりわけ東京一極集中の列島の地域構造が強化
されたのは，何といっても高度成長期である。戦後，とりわけ高度成長期の郵
便貯金の展開を考えるうえで，この地域社会構造の変動を無視することはでき
ない。

　この点について簡単に確認しておこう。変動の大きなインパクトとなったの
は，敗戦による軍人，軍属，外地民間人の本土大量帰還＝引揚げと復員であっ
た。1945 年段階で内地人口約 7200 万人に対し，復員軍人約 761 万人，軍需産
業からの離職者約 400 万人，外地からの引揚げ約 150 万人であった。同年だけ
で失業者は約 319 万人に及んだとされる[1]。これに続いて，比較的若い年齢層

の復員・引揚げと終戦による結婚の激増によって，1947年から49年までの出生数は年約270万人という高水準を記録し，合計出生率は4.3から4.4と，逸早く戦前1930年代並みに復帰した[2]。「平和の配当」とでも呼びうるこの出生率の急上昇がいわゆるベビーブームである。日本経済の戦後史は，このとき誕生した「団塊世代」のライフステージの推移を通じて描き出すことができる。実質国民総生産が戦前水準を超えるのは1955年であるから，敗戦からの10年間は，突如出現したこの内地人口増の大波を，経済復興と成長を通じて列島内部でどのように吸収し，平和経済へとソフトランディングさせていくかが喫緊の課題となった時期であったといえる。

　次いで高度成長期には，重化学工業化の再出発を通じて産業構造の高度化が進み，都市化による工業地帯の形成などを通じ，戦前から始まっていた人口の移動と集中（人口動態による年齢構成および地域構成の激変）が急激に進行した。これにしたがい，というより後追いのかたちで国土開発および社会インフラ整備が進められた。その一環である通信網の再編成，とりわけ郵便局政策は，戦災からの復興にとどまらず，激変する地域構造への対応を求められることになった。

　そこで本章では，まず，戦後の郵便局政策がどのようなかたちで進められたのかを確認し，そのうえで，人口変化の著しかった神奈川県の事例の分析を通じて，第1章で論じた「郵貯増強メカニズム」の論理が地域でどのように展開されたかをみていく。さらに戦後財政投融資との関係では，その大きな柱の一つである住宅政策について，当該期の動向の一端にふれる。このことを通じ，郵便貯金や簡易保険を兼業する郵便局の拡張が，単なる郵便局ネットワークの拡充による国民便益の拡大以上の経済政策的意味をもっていたことを確認する。

2　神奈川県における郵便貯金の展開

1)　高度成長期の都市化
　高度成長期に日本の地域構造と人口分布は大きく変化した。高度経済成長実

第2章　郵便局政策の地域的展開　59

現の条件としては，日本経済が農業部門と都市周辺工業部門からなる二部門経済であったことが重要であった[3]。高度成長期を通じ，人口は農村から都市へ移動し，これが経済成長の主導部門であった工業部門への労働力を提供した。「民族大移動」と称された農村から都市への人口移動は，量だけではなく，その質において特徴的であった。「金の卵」，「集団就職」という言葉で表される，「比較的安価」で初等および前期中等教育を終えて「粒の揃った」豊富な若年労働力が，大都市圏の第二次，第三次産業の貴重な労働力として吸収されていった。このような若年労働力の存在こそ，生産および消費の両面から，高度経済成長，ひいては戦後日本の製造業部門の発展を支えることになったのである。

　大量の人口移動は，婚姻の自由を認めた新民法の影響も受け，都市部における単身世帯，核家族世帯を急増させることになった。消費単位である世帯が人口増加を超えるペースで増加したことは，そのこと自体で消費拡大をもたらした。また，労働力需要が旺盛であることを背景に，相対的に生産性の高い工業部門へ労働力が移動し，労働市場がタイトになった。これにより，労働分配率が改善されたことから所得が上昇し，この面からも消費は拡大することになった。旺盛な国内消費需要に支えられ，耐久消費財部門で「規模の経済」を活かした大量生産が可能になり，コストダウンによる「価格革命」を通じ，「三種の神器」，「3C」に代表される広範な耐久消費財需要が生まれ，「消費革命」が引き起こされた[4]。「消費革命」は，高度成長前期の都市化の進行にともない，新たに住居をかまえた雇用者世帯の「団地族」を旗手として，着実に浸透していった[5]。

　次に，このことを日本の空間編成の変化という視点でみてみよう。第一次産業から第二次，第三次産業への産業構造の変化，とりわけ重化学工業化の第二段階への移行は，電化および石炭から石油へと進められた「エネルギー革命」を通じ，臨海工業地帯への工場集積を加速した。これにより東京圏，名古屋圏，大阪圏の三大都市圏を核とする太平洋ベルト地帯が形成されるとともに，当該圏への人口移動が促進された。表2-1より，東京大都市圏における人口増減率を各期の全国の人口増減率順位でみてみよう。ちなみに，47都道府県のうち，

表 2-1　東京大都市圏における人口増減率の順位

(位)

	1950～55 年	1955～60 年	1960～65 年	1965～70 年	1970～75 年	1975～80 年
東京	1	1	6	11	35	47
神奈川	3	3	1	3	3	6
埼玉	14	7	3	1	1	2
千葉	20	9	4	2	2	1
茨城	34	27	22	13	8	5
群馬	38	36	17	18	20	12
栃木	42	33	21	14	13	11
山梨	45	42	31	29	33	35

出所）総務省統計局『国勢調査』より作成。
注）数値は，全国 47 都道府県のうち，当該都県の人口増減率の順位。

東京都の順位は 1950～60 年の首位から 1975～80 年の最下位へと大きく変動している。三大都市圏の残る 2 つの中心府県である大阪府と愛知県は，東京都から 10 年のタイムラグをともなって上位から下位へと変動している。東京都よりも大阪府，さらに愛知県の方がその増減の振幅は小さかった。高度成長期前半には東京を先頭として大都市圏への人口集中が進み，ついで高度成長期後半になると，地価高騰，都心部の住環境劣化にともない，東京から隣接県に人口が流出していった姿を物語っている。同表からは，「ドーナツ化現象」が全方向にむけて一様に進行するものでないことも示されている。東京大都市圏では，東京都に隣接する神奈川県，ついで埼玉県，千葉県の人口増加が顕著で，この順で順位が推移している。東京大都市圏の外延部に位置する茨城県，群馬県，栃木県には目立ったピークがみられないものの，1970～75 年に順位を上げている。

　以上のことは，高度成長期の東京大都市圏の人口変化が二重の過程で進んでいたことを示している。すなわち，産業構造変化と産業集積による大都市への人口の集中，そしてそれらとタイムラグをもった大都市郊外＝通勤圏にある近県への人口移動，時計回りのドーナツ化現象が生じ，総体としての大都市圏の膨張が進んだのである。特に神奈川県は，戦前から続く工業地帯である京浜地区，戦前より私鉄が展開し延伸していった首都圏西南部の土地開発によって，高度成長期中頃に全国および東京都からの人口流出の最大の受け皿となってい

た。このスプロールの特徴は，空間的な距離の延伸が進められただけでなく，中高層住宅の建設という縦方向への延伸も進むなど，土地活用の広域化と高度化・稠密化が並進し，一地域の人口集住を一挙に高めたことにある。こうした人口集住は，郊外住宅の開発および通勤手段の整備とあいまって，ニュータウンやベッドタウンと呼ばれる，生活の場を中心とした新たな衛星都市群を生み出すことになった。従来の工場地帯にあっては，主導的大工場の周辺に下請工場が密集し，部品や製品の物流組織が創出されるにともない，勤労者住宅需要が喚起され，道路や鉄道等の交通，通信のインフラ整備，住宅街に組み込まれた商店街の形成，学校や郵便局，医療機関などの諸施設が順次拡張されていった。戦後におけるこのような地域での課題は，まず罹災からの復旧と街地の再開発という順序をとる。これに対し，郊外住宅や衛星都市の場合，開発当初より社会インフラ整備，生活必需品を提供する商業施設の充実等が総合的に計画されなければならない。

　以上の経過を政策課題から見直せば，敗戦からの復興と，重化学工業化の再開によって，都市部の人口集住による生活環境の劣化＝都市問題が発生したという点が重要となる。重化学工業の高度化に対応できる質の高い労働力の確保という産業的要請や，雇用と成長を支えるインフラ整備，エネルギー資源を主要ターゲットとした国土開発の総合計画の必要に加え，新憲法の下，「健康で文化的な最低限度の生活」を保障することを国民に約束した政府の公共政策的観点からも，戦前の社会政策の一環としての貧困対策とは次元を異にする生活基盤としての住環境整備と次世代養育＝教育環境整備が火急の課題となったのである[6]。

　郵便貯金との関係で特に注目しなければならないのは4点である。①大都市圏における人口変化による住宅開発にあたってまず対応が迫られるのは，ライフラインや教育機関などの公共サービスなどであるが，これに加え交通機関と通信施設が必要となる。したがって，「民」による電鉄・自動車交通の開発が進められるとともに，「官」による道路整備，郵便・電信電話施設の拡充が，開発計画にしたがい当該地域中心に進められることになる。②この時期に郊外住宅や集合住宅を取得する層は，高度経済成長の過程で所得を上昇させつつ

あった勤労者世帯であり，住宅取得につづき次世代の養育が主要な関心事となったと考えられる。③このような所得上昇にともなって最も個人貯蓄動機が強く，その伸びが期待される世帯の集住する新興住宅地域に，郵便局の新増設が特に求められ，新増設された郵便局では，郵便集配業務に加え，郵便貯金・簡易保険業務が付帯された。④これを預貯金市場における競争条件の観点からみれば，新興住宅地や新興ターミナルの中心市街地に郵便貯金業務を行う郵便局が政策的に配置されるのに対し，銀行ほか金融機関は従来からの店舗規制により，その新規参入および展開を厳しく制約されていた。

　以上のことは，高度成長の進行と社会構造の変化過程に即応するべくなされた郵便局の新増設を通じて，「高度成長の果実」を受け取る都市新中間層を中心に貯蓄を吸収する拠点を，郵便貯金が効果的に，しかも民間金融機関に先んじて展開するメカニズムが，この時期に実装されたということを意味している。次にこの点を，高度成長期を通じて人口と社会変化が最も大きかった神奈川県の事例からみていくことにしよう。

2) 神奈川県人口の趨勢

　戦前の神奈川県は，県南に展開する軍需産業を中心に，重化学工業の比重がきわめて高い工業地帯であった。戦災による諸施設の破壊，平和産業への転換の遅れ等により復興が遅延したものの，朝鮮戦争による特需が生じた1952年ごろを画期に重化学工業化が再開したことを受け，電機・食料品・石油・精密機械を中心に本格的な生産拡大が進むようになった。高度成長期に入ると，電機・輸送機といった県内工業の主要部門において内外の需要が好調となり，技術革新のための設備投資が集中し，京浜工業地帯の面目を一新，神奈川県経済は日本経済の高度成長に大きな役割を果たした。こうした工業の進展を支える新規工場立地の開発も活発に行われ，臨海部から内陸部へ工場用地の造成が拡大することで，相次ぐ大規模工場の進出を促した[7]。

　地域における労働力需要の増大を受け，神奈川県には，高度成長期を通じて全国から人口が流入した。先にも述べたように，この過程は二重の過程として現れた。図2-1は，東京都と神奈川県の転入超過率の推移を表したものである。

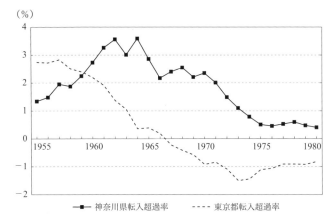

図 2-1　転入超過率の推移

出所）神奈川県企画調査部統計調査課編『統計神奈川県史——戦後20年のあゆみ』，神奈川県企画調査部統計調査課編『統計神奈川県史——かながわのあゆみ（昭和40年～60年）』より作成。

　高度成長期には東京・神奈川ともに全国からの人口転入が続いているが，そのピークについては東京都と神奈川県でタイムラグが生じている。東京都では，高度成長期の前半にはすでに人口転入の増加傾向が弱まりつつあるが，神奈川県の人口転入はむしろ高まり，そのピークは1960年代中頃にずれ込む。さらに高度成長期の後半，東京都が人口転出に転じたのに対し，神奈川県は第二の転入増加の山を描いている。このことは，京浜工業地帯の発展にともなう全国からの人口集中と並んで，東京方面からの転入人口増（いわゆる神奈川都民）が引き続き進み，神奈川県のベッドタウン化が進んでいたことを意味する[8]。これらの過程を通じ，高度成長期の神奈川県への人口転入の伸びは高原状態を維持したのである。このような傾向は，地価の高騰と第一次オイルショックによっていったん終わりを告げている。
　人口の急激な増加は，住宅用地の旺盛な需要を生むことになった。神奈川県では，この時期に工場用地と競合しながら，農地あるいは山林の宅地への転用開発が進んだ。神奈川県におけるニュータウンや大規模団地の造成は，1953年に東京急行電鉄が田園都市線構想とともに明らかにした「城西南地区開発構

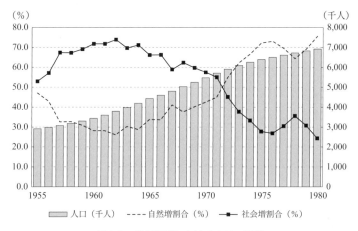

図 2-2　神奈川県における人口の推移

出所）総務省統計局『住民基本台帳人口移動報告』より作成。

想」，および 1955 年に設立された住宅公団による神奈川県生田地域の造成により始まった[9]。以降，1950 年代には，金岡団地，荻窪団地，五十子団地，十日市場団地，百合ヶ丘団地，浜見平団地等，鉄道網の拡大にともなうさまざまな規模の宅地開発が行われた。1960 年代になると，開発がいっそう活発となり，その規模も 1950 年代を上回るものとなった。1960 年代の代表的な大規模団地には，横浜市の洋光台団地・笹山団地・勝田団地，二宮町の二宮団地，平塚市の横内団地，相模原市の上溝団地・相武台団地などがあった[10]。さらに 1960 年代後半になると，公的開発とは別に，神奈川県を中心に東京の民間資本による住宅開発が本格的に進展していくことになった[11]。

　転入人口の増加（＝社会増）は，二次的に居住者人口の増加（＝自然増）に帰結する。神奈川県の人口増の全体につき，図 2-2 によってみてみよう。表掲期間を通じ，神奈川県は一貫して人口を増加させている。同図では，人口増加を居住者の人口増加＝自然増と移入による人口増加＝社会増に区分し，それぞれの人口増加への寄与率を示した。神奈川県においては，もともと社会増が自然増を上回っていたが高度成長期にうねりを描いて人口流入が加速したことがわかる。この流れは 1970 年代に入ると，自然増の大きなウェーブによって塗

り替えられる。移入世帯の第二世代が神奈川県の人口増を規定していく姿がうかがわれる。この人口増の担い手の変化における趨勢は、バブルの発生によって変化することになるが、さしあたり高度成長期が、都市のドーナツ化による大きな波動を含みつつ人口を増加させ、次世代の誕生によってその趨勢が引き継がれた時期であったといえよう。

　このような人口変化はやがて、児童・生徒数の増大となって現れ、各地に学校不足をもたらすことになった。幼稚園、小学校の不足から始まり、中学校の不足に進み、さらに進学率の上昇とともに県立高等学校の不足という事態に発展していった[12]。これは京葉工業地帯の 1962 年調査になるが、日本住宅公団の団地の移住世帯は、比較的高い収入、エンゲル係数の低さ、比較的高学歴という特徴があり、ほぼ全世帯で子供に高等学校以上、さらに男子については約 90％、女子については約 50％に大学への進学を希望しているという結果が見出されている[13]。香川めい・児玉英靖・相澤真一は、学齢人口の急増と後期中等教育への進学率上昇、その影響の吸収について、府県により公立拡張型、私立拡張型、大都市型、中庸型の 4 パターンを取り出している[14]。大都市型の神奈川県は、公立高校の拡充に加え、もともと広く展開していた県内私学に「日本一」の助成を行うという併存協調路線を選択したとされている。神奈川県は、この時期の人口増と進学率上昇に、相対的に高品質な教育の提供で応じられたケースであったといえよう。

　交通インフラについては、この圏域に特徴的な歴史的事情が関わっている。東京西部、神奈川県から静岡県まで延伸する民間鉄道の多くは、1930 年代後半、五島慶太の率いる東急資本傘下に収められていた。1948 年に過度経済力集中排除法によって分割を余儀なくされたものの、東京西部に拡がった鉄道網を通じ、一資本の下で県境を越え総合的に土地開発を進めるモデルがすでに与えられていたのである[15]。先述の「城西南地区開発構想」は、東急分割後の五島が、1560 万平方メートル、計画人口 50 万人の巨大プロジェクトをもって、「第二の東京」建設をめざした戦前の地域開発構想を戦後に再出発させたものであった。1956 年に「首都圏整備法」が制定されたことにともない、五島構想はいったん掣肘を加えられたものの、1960 年代後半に入ると、地権者によ

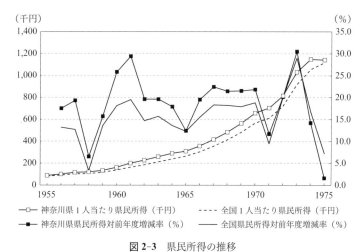

図 2-3　県民所得の推移

出所）神奈川県企画調査部統計調査課編『統計神奈川県史——戦後 20 年のあゆみ』，神奈川県企画調査部統計調査課編『統計神奈川県史——かながわのあゆみ（昭和 40 年〜60 年)』より作成。

る土地区画整理組合の勧奨にもとづく「一括代行方式」＝「東急方式」によって，住宅開発においては民間資本中心というあり方が全面化していくことになる。その軸となる田園都市線が全線開通したのは，実に 1984 年のことである[16]。この時期には，戦前から発達していた鉄道網に加え，1965 年 12 月に第 3 京浜道路が開通，1968 年 4 月には東名高速道路東京〜厚木間，同年 11 月首都高速道路横浜〜羽田空港線全線，1969 年 5 月東名高速道路全線が開通するなど，神奈川県下の道路網が大幅に拡張整備され，鉄道交通網に続き，モータリゼーションの進行を通じても，東京都と神奈川県をまたぐ広域経済圏が展開することになった[17]。

以上のようにみると，神奈川県は，戦前からの社会インフラ整備を与件として，大規模な人口の社会増と引き続く自然増，学齢人口の急増，進学率上昇という巨大な変化に，長い時間をかけて良好な社会資本を整備・拡充することで備えることのできた事例だといえる。そしてこのことが，高度成長期後半に比較的所得の高い層を，ベッドタウンとしての神奈川県にいっそう導いていく誘因となったと考えられる[18]。図 2-3 にみられるとおり，神奈川県の県民所得の

第 2 章　郵便局政策の地域的展開　67

対前年度増減率は，特に 1960 年度前後に高い伸びで推移している。一人当たり県民所得をみても，1950 年代前半には全国とそれほど違いのなかったものが，1950 年代後半，そして 1960 年代に入るとその差を広げていったことがみてとれよう。

　それでは次に，高度成長期を通じた郵便局政策とその実際につき，まず全国レベルで，次いで神奈川県の事例をみていこう。

3　郵便局政策の地域的展開

1）田中郵政と郵便局政策

　図 2-4 には，全国の種類別郵便局数と対前年度の増加数の推移を掲げている。国が直営する普通局は，郵便為替貯金業務の地域における枢要をなしている。戦後の普通局の復旧は，戦争による罹災や敗戦後の資材難・資金難により困難を極めたが，吉田茂内閣の池田勇人大蔵大臣，佐藤栄作郵政大臣の下，1951年 11 月の郵便料金引上げによる郵政事業特別会計の黒字転換を受け，1954 年に入るとようやく局舎改善の促進が検討されるようになった[19]。

　第 1 章でみたように，国費による早急な普通局の局舎改善を図る方針の下，1955 年度を初年度とする「郵便局舎緊急改善 8 カ年計画」が策定された。以降，普通郵便局舎の新設・改善が大規模な長期計画の下で順次実施されることになった。しかし，大都市圏における急激な人口集中と経済発展にともなう郵便需要増大によって集配作業が渋滞し，集配郵便局の業務遂行が困難となったことを受け，同計画は 1961 年度の「郵便局舎改善 5 カ年計画」に修正・統合された[20]。この「5 カ年計画」は，1960 年 12 月に発表された池田内閣の「国民所得倍増計画」に呼応するもので，老朽化および狭隘化した局舎の増改築と同時に，大都市圏における局舎施設の改善・設置に重点がおかれた[21]。1961年以降の郵便需要急増は，大都市圏の産業および人口集中を反映し，大都市圏のベッドタウン，あるいは臨海工業地帯における郵便物が集中したことが特徴であった[22]。同計画の実施過程では，このような大都市周辺地の発展による集

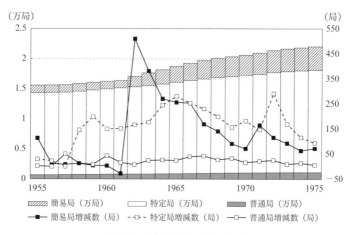

図 2-4　種類別郵便局数の推移

出所）郵政省『郵政統計年報　郵便編』各年度より作成。
注）閉鎖局および定期開設局を含み，分室を除く。

配作業難改善のため，普通局を増設していくとともに，これらの地域における郵便物の増加と郵便区の調整にともなう郵便局の統廃合によって要員が増加された特定局を普通局に改定し補うことになった[23]。

　それに対し，簡易局は，戦後の資金難，建設資材不足，インフレによる事業財政の逼迫等の状況下において，郵政事業の公共性と企業性（独立採算制）との要請に沿って効率的に郵便局窓口施設の拡充を図る方法として，1949 年 7 月に創設された[24]。同制度は，窓口取扱機関の設置を必要とする地域の地方公共団体等に対し，一定の手数料を支払って郵政事業の窓口事務を委託する制度で，初年度に 483 局，翌 1950 年度に 434 局が開設された。簡易局は業務委託によるものであったことから，郵便局舎の新たな建築等にともなう負担を郵政財政にかけることなく郵便窓口を一気に増加させ，稠密な通信ネットワークを構築することが可能となった[25]。対前年度増減数でみると，特定郵便局の第一次拡大期を引き継ぎ，1962 年度に 510 局と著増していることがひときわ目を引く。ただしその後，簡易局の増加数は減少に転じ，1965 年度に迎えた特定郵便局増加の第二のピークを期に郵便局増加の牽引役を再度特定局に譲ってい

くこととなる。

　図 2-4 からも明らかなように，郵便局の量的多数は，特定局によって占められていた。特定局は，明治前期，中央政府の財源が乏しい状況において一挙に多数の郵便局を設置する必要があったことを受け，各地方の名士，資産家を局長に任用し，その私有家屋の提供によって局舎を設置した三等郵便局制度に端を発する[26]。1941 年の通信関係官制の改正によって，三等局は特定局と改称され，戦後復興期に無集配特定局の人件費の直轄化（1946 年 10 月），「特定郵便局運営に要する経費の公経済化」（1947 年 10 月），局舎等の提供義務廃止（1948 年 1 月），局舎の直轄借入れ（1948 年 4 月）等，特定局に対する各種政府資金の投入が制度化された[27]。とはいえ，戦災によって実質廃局状態となった局の再建を含め，特定局舎そのものの復興および改善は郵政省の改善計画に含まれず，局長個人の負担を原則とする局舎の復旧・改善を待つ他はなく，普通局に比べ，その復興は遅延した。この時期の特定郵便局長は，明治期のような地方名望家層ではなく，多くは中小地主の兼営段階に移っており，戦後改革の一環として進められた農地解放によって経営基盤に大きな打撃を被っていたために，このような自己負担に耐えることは相当困難であったと考えられる。しかし，高度成長の開始による郵便業務の急増と大規模な社会的人口移動によって，郵便局を量的に支えてきた特定郵便局の改善あるいは拡充は，経済的要請からも，公益性の観点からも，もはや日延べを許さないものとなった。

　1957 年 8 月に発足した特定局制度調査会は，岸信介内閣の田中角栄郵政大臣への答申において，特定局舎につき国有局舎と借入局舎併用の原則を提案，翌 1958 年度からこの原則の適用が開始される運びとなった[28]。以降，普通局への種別改定が予定される特定局，個人負担による改善が困難な特定局（たとえば，観光地，市街地その他の特殊事情により地価が著しく高い等）については，国費によって改善が行われることになった。これに該当しない局についても，郵政互助会資金あるいは自己資金等（自費もしくは特定局長会の貸付資金等第三者融資，簡保融資）によって費用を支弁し，改善と近代化，新増設が促進されることになった[29]。

　表 2-2 は，特定局舎改善の実施状況をまとめたものである。特定局舎の修繕

70

表 2-2　特定局舎改善の実施状況

(局)

年度	郵政互助会資金による特定局舎の改善							自己資金による特定局舎の改善			総計
	集配局			無集配局	竣工局			自費・第三者融資	簡保融資	合計	
	提示	取消	決定	決定	集配局	無集配局	合計				
1960	70	4	66	17	57	15	72	300	–	300	455
1961	77	(1)	76	23	50	20	70	217	–	217	386
1962	78	(2)	76	32	83	19	102	226	–	226	436
1963	80	(10)	70	44	115	56	171	225	178	403	688
1964	92	(5)	87	43	112	41	153	250	326	576	859
合計	397	(18) 22	375	159	417	151	568	1,218	504	1,722	2,824

出所）郵政大学校『本科事業研究報告書 郵便』昭和40年度，88-89頁より作成。
注）集配局の取消欄の（　）は未決定を示す。

については，郵政互助会資金によるものと，自己資金によるものがある。1956年度から緒に就いた，郵政互助会資金による局舎改善は，郵政互助会の不動産投資の一環として，郵政互助会が自己資金を投じて敷地を買収のうえ，局舎を新築し，国が郵政互助会からその建物を局舎として借り上げるものである[30]。もっとも不動産投資とはいっても，実情は郵政省が年度初めにあらかじめ国費によって建設する局計画を決定し，その必要は認めるものの予算その他の事情で実施が困難な局計画について，郵政互助会に提示し，地方郵政局の承認を受けたものについて互助会サイドで採算計算を行い，建設の可否を決定するものであった。郵政互助会に提示される案は，①要改善の緊急度が高いが私費による改善が困難，②普通局に改定される見込みのない小規模局，③郵政互助会負担による建設が可能なこと，④特定局長から郵政互助会による改善希望のあることなどを条件に選定された[31]。このような郵政互助会による改善局数は年々増加傾向にあったものの，高度成長の進行とともに，大都市およびその周辺地での敷地確保が困難になり，採算のあう建設は次第に難しくなっていった。

　自己資金等による局舎改善は，もともとは個人資金および第三者融資に依存したが，利用者の利便やサービス向上，あるいは作業条件，職場環境の改善などの面について，公益性の原則および事業運営上の見地から，不良局舎の一掃と業務改善を図る目的で，簡保積立金融資が実施された。「簡保積立金による

特定局舎整備資金融資実施要領」が地方郵政局長宛てに通達されるとともに，自治省から各都道府県知事宛て，大蔵省からは地方財務省宛てに通達が出され，局舎改善資金は地方公共団体を通じて局舎改善希望者に融資されるものと定めた[32]。1963 年度を初年度に，5 カ年計画で 23 億円が融資されることとなり，1963 年度に 3 億円，1964 年度には 5 億円が融資され，それぞれ 178 局，326 局の改善がなされた。もっともこの施策は，特定局の国有化を阻止するものであるとして全逓労働組合の反対闘争を生み，1964 年度限りで打ち切りとなった。

　以上の施策により，特定局の対前年度増加数は簡易局の同計数を超える 1965 年度に，最大のピークを迎えたのである。しかもこれは，新局開局と既存局の近代化のいずれにも寄与するものであった。普通局の復興・改善・近代化の過程で放置されていた特定郵便局長たちにとっては，この田中郵政による局舎政策の抜本的転回こそが，真の意味での「戦後の終わり」となったのである。

　ところで，郵便局舎政策は，ユニバーサルサービスの原則にもとづく郵便局ネットワークの展開の必要と切り離しえない関係にある。郵便局設置については，郵便局間の距離，および郵便局窓口を利用予定の人数（享便人口）あるいは世帯数（享便戸数）を基礎とした設置基準が定められ，これに該当する地区が「要設置個所」とされていた[33]。1947 年 12 月の新郵便法制定後，1948 年 3 月に改正された無集配特定局の標準的な設置基準は，人口稠密な都市圏など「郵便区市内及びこれに準ずる地」では局間距離 800m 以上ないしは享便人口 6,000 人以上，「郵便区市外地」では局間距離 2km 以上ないしは享便戸数 600 戸以上とされた[34]。一方，簡易局の設置基準は，局間距離 1.5km 以上ないしは享便戸数 200 戸以上とされている[35]。局間距離については特定局における市内および市外地の中間の基準が，享便戸数については市外地以下の基準が示されていることから，おそらく前者の基準については地方公共団体等への委託業務を，後者については農協や漁協のような集落規模の委託業務を想定していたものと思われる。

　さらにこの一般基準に加え，1956 年 8 月より「優先標準」が設定された。これは，1948 年の改正による設置基準に合致する地域が 2,000 カ所あったものの，定員・予算の事情から設置を期待できない状態への対応策で，優先基準に

該当する地域から優先的に置局計画に織り込んでいくという方針によるもので
ある[36]。大原則として人口ないし世帯の過密な地域を優先するものとし，無集
配特定局の優先基準は，郵便区市内地で局間距離 800m 以上ないしは享便人口
8,000 人以上，郵便市外地で局間距離 2km 以上ないしは享便戸数 800 戸以上と
された。もっとも，但書きにより，享便人口が 1,000 人増すごとに局間距離
100m 逓減可能，また局間距離が 100m 増すごとに享便人口 1,000 人逓減可能と
された。これは過密・過疎地域へ配慮したものと考えられる。簡易局について
も但書きによって優先標準が設定され，局間距離 800m 以上ないし享便戸数
200 戸以上から局間距離 5.5km 以上ないし享便戸数 100 戸以上までを 6 段階に
分け，局間距離の増加にともない享便戸数を減ずることができるとしている[37]。

　郵便局新設の必要については，「要設置個所」であり「開局許可申請」が提
出されたものを優先し，衆議院の郵政（逓信）委員会において審議の上，予算
委員会で予算としてまとめられている。1960 年 2 月 12 日の第 34 回国会衆議
院決算委員会において，植竹春彦郵政大臣は下記のように答弁を行っている[38]。

　三十三年度（1958 年―筆者注）予算の編成当時は，緊急を要します無集配
特定局が五百カ所あったのでありまして，これを三カ年に解消して要求に満
たしていきたい，さように考えておりましたところが，予算の方は二百局の
増置しか認められなかったのでありますが，その後，設置の要望が全国に広
がりまして，七百カ所ばかり特定局を作ってくれという要望がございました。
そこで三十四年度（1959 年度―同上），本年度におきましては，三百局増加
の要求をしたのでございますが，また，三十四年度，本年度も二百局に決定
されました。その予算の範囲内で新しい無集配特定局の設置を実施しており
まして，本年度のは（原文ママ），大体局の配分が決定いたしました。以上
のことをまとめて申し上げますと，三十年度（1955 年度―同上）から三十四
年の秋までに，配分の局数の五百五十の配分がきまったわけでございます。
そのうち，三百二十五局はすでに完成いたしまして，残りの二百二十五局に
つきましても，大体もうでき上がる，あるいはすでに建築に着手したような
次第でございます。そうしてこの建物につきましては，借り上げの場合もご

ざいますするし，また，役所の方で建設費を出して建てる場合もございまして，その土地の状況，また置局を希望いたしますものの実情を勘案いたしまして，そういったようにあるいは個人で持っておりますものを借り上げて使っておる場合と，両方あるわけでございます。むろん，これは全部役所の方で持ちますのが建前上はけっこうなのでございますが，財政的になかなか全部は予算が獲得できないので，こういったような状態でございます。

　これによれば，一般基準に拠って必ず新設を実施しなければならない「要設置個所」を定めたことに加え，地域の開局要望により置局形態については柔軟に対応する方針が採られていたことがうかがわれる。この答弁の前後の質疑では，時間的優先順序をめぐり，「利用度」も参考にするとの発言もみられることから，「総合的」判断がされていたと考えられ，裁量をはたらかせる余地もあったといえよう。「要設置個所」という，ユニバーサルサービスの原則にもとづく一応客観的な基準により，「不足局数」が数値化されていたこと，さらに高度成長による通信環境の激変，列島規模の社会的人口移動という当該期の状況を勘案すれば，このような裁量の余地をもたせることに一定の意義があったといえる。

　このような郵便局拡充計画に予算上の，あるいは自助を支援する助成的な手当てを行う制度を作り上げ，「不足」を現実に解消する手だてを編み出したのが田中角栄郵政大臣であった。田中郵政によって，高度成長期の社会構造変化に柔軟に対応できる特定局の長期拡張計画の立案が可能になった。そこでは公益性の原則にもとづき，一応客観的とされた基準による政策目標値が与えられ，郵政互助会による経営合理性に立ったモニタリング・システムも組み込まれた。特定郵便局の拡充が地域住民の利便を向上させるものであることは明らかである一方，国費を直接充当する必要がないのであるから，これほど公益性と効率性がともに満足されるシステムはないようにみえる。しかしそれはまた，国費の制約で上限が画されない自己増殖的なメカニズムが郵政において生まれる可能性をも意味する。このことは，郵便貯金において明らかになっていくことになる。

2) 神奈川県下の預貯金市場

神奈川県下の預貯金市場を考察するにあたって，高度成長期の金融構造の基本的性格についての当時における標準的理解を整理しておこう。西村吉正によれば，それは①間接金融の優位，②オーバーボロイング，③オーバーローン，④資金偏在というものであった[39]。サウンド・バンキングというオーソドックスな考え方から，これらは「不正常」な事態と理解され，「金融の正常化」の必要性が論じられた。これに対し，池尾和人は，当時の金融制度の際立った特徴をルールや規制のあり方に見出し，①金融システムの安定性を確保するという政策ターゲットから護送船団方式が，②経済発展を促進するために金融的貯蓄の動員を図るという政策ターゲットから人為的低金利政策が体系的に導入されたとし，時代的条件の下でその積極的意義を認めている[40]。すでに述べたように，重要産業への重点的な産業資金供給によって企業投資を誘発し，成長を促進するための人為的低金利政策のもと，預貯金金利は臨時金利調整法によって規制され，ほぼ一律に固定されていた[41]。このため，当該期の預金吸収力は主に店舗の数と立地条件によって規定されることになった[42]。

銀行店舗については，過当競争による経営基盤の脆弱化を防ぐため，1949年9月の通牒「銀行店舗の整備について」において，「不自然尚且つ不合理な過剰店舗の統合整理」と合理化のための配置転換の促進を掲げ，例外を除き店舗新設を認めないことが基本方針とされ，店舗行政の基調となっていた[43]。さらに，戦時期から戦後初期に預金吸収のため乱設された簡易店舗の整理がほぼ完了したことを受け，1953年3月には「配置転換も概ね完了したものと認められるので，今後営業所の設置については，経済事情の変化に基く配置転換等，真に已むを得ない場合を除き，原則として認めないものとする」と店舗新設・配置転換等の原則全面停止を通告する通牒「銀行業務の合理化等について」が発せられた[44]。これにより，1953年12月以降，銀行の増店舗は原則不承認とされ，1958年まで厳しい店舗行政の下，銀行店舗数が大きく変化することはなかった[45]。

このような店舗規制が緩和に向かったのは，オーバーローン対策を目的とした1963年4月の店舗行政方針に関する通達改正，いわゆる「自由化通達」に

よってであった。この通達によって「貯蓄の増強，大衆へのサービスの向上に資するとともに，経営基盤の拡充強化その他銀行経営の改善合理化に役立つと認められるときに」営業所の増設が認められ，これを受けて金融機関（特に普通銀行）の店舗数は拡充され，1963年度から65年度にかけて，新設による店舗純増がみられた[46]。

しかしこの緩和方針は，1965年の「証券恐慌」と大型企業倒産の発生を契機に，1966年度より再び抑制に転換する。まず，年度内認可店舗の内示を行わないという店舗行政の「休業」・「凍結」の実施によって，1966年度の店舗認可は前年度内示店舗のずれ込み処理分のみとされ，新たな抑制方針は1968年度まで継続された[47]。1969年12月，「当面の金融機関の店舗行政について」と題する通達では，新設店舗抑制というこれまでの基本方針を踏まえながらも，配置転換を積極的に活用することによる店舗運用の効率化を促進し，金融機関の自主的運営の範囲拡大が目指された[48]。これは資金不足経済の下で，サウンド・バンキングの原則に則りつつ，長期的な成長資金を生み出すことを目指した苦肉の策であったが，同時に高度成長にともなう都市化の進展や人口分布の激変がもたらした新たな空間配置にも配慮し，柔軟で効率的な資金動員を目指すものであったといえよう。同通達は，店舗を三大都府県の各周辺地域に配置転換し，営業基盤を深耕する戦略をとっていた銀行からすれば，大蔵省銀行局から付与された店舗行政上の裏書きとなった。

以上のように，高度成長期には，競争制限政策を伴う護送船団方式によって，銀行他民間金融機関は，その末期を除き，店舗の拡張展開を厳しく規制されていた。これに対し，郵便貯金については郵便為替貯金業務を付帯する郵便局の近代化と量的拡大が積極的に進められた。厳しく規制されていた銀行に比べ，この時期の郵便貯金は，資金吸収網において圧倒的な優位を確保しつつ，変化へと柔軟に対応することを許されていたのである。

図2-5は，全国および神奈川県の人口成長率および享便人口の推移を示したものである。全国の享便人口は1950年代には5,700人台で推移していたが，1962年以降減少に転じ，1967年以降には5,000人台まで低下している。市内・市外地区分の違いを排除できないが，前述の郵便局設置基準における一般標準

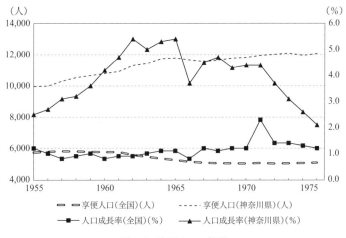

図 2-5　享便人口の推移

出所）総務省統計局『国勢調査』および郵政省『郵政統計年報 郵便編』各年度より作成。
注1）人口は年末。
　2）享便人口（人）＝人口／郵便局数，人口成長率（％）＝人口の対前年増減率。

を参考にすれば，かなりの環境改善がみられたといえそうである。これに対し，神奈川県はどうであろうか。神奈川県の郵便局数は1955年度の293局から1965年度394局と101局の増加をみている。しかし，神奈川県の享便人口は1955年には9,964人であったが，1965年の11,784人まで増加の一途を辿り，むしろ状況が悪化していたことが判明する。神奈川県の人口の著しい伸びをフォローすべく，急ピッチで郵便局が大増設されたものの，全国と比べて明らかなように，膨大な人口流入による享便人口の著増への対応という観点からすれば，神奈川県の郵便局業務には引き続き改善がみられなかったのである。県内配送業務が急増するなか，享便人口が増え続けたのであるから，その帰結は労働強化である。この時期には，郵政の労働問題が激発するようになっていた。

しかしこれを郵便貯金の側からみると風景が変わってみえる。表2-3には，神奈川県における金融機関店舗数および預金残高ならびに郵便貯金局数および郵便貯金残高を掲げた。預貯金残高の5カ年増減比をみると，1955年度から60年度にかけて銀行預金残高が郵便貯金残高を逆転している。ところが田中郵政大臣の特定局改革以降，1960年代後半における郵便局の増加が圧倒的で

第 2 章　郵便局政策の地域的展開　　77

表 2-3　神奈川県における金融機関店舗数と郵便局数

年度	銀行店舗		郵便局		銀行預金残高		郵便貯金残高	
	店舗数（店）	5 カ年増加数（店）	局数（局）	5 カ年増加数（局）	預金残高（億円）	5 カ年増減比（倍）	貯金残高（億円）	5 カ年増減比（倍）
1950／55	150	0	293	6	1,025	3.2	223	3.5
1955／60	155	5	319	26	2,694	2.6	538	2.4
1960／65	207	52	394	75	6,703	2.5	1,396	2.6
1965／70	276	69	478	84	17,238	2.6	4,152	3.0
1970／75	333	57	546	68	41,311	2.4	1,318	3.2

出所）神奈川県企画調査部統計調査課編『統計神奈川県史——戦後 20 年のあゆみ』，神奈川県企画調査部統計調
　　査課編『統計神奈川県史——かながわのあゆみ（昭和 40 年～60 年）』より作成。
注 1 ）銀行店舗数および郵便局数の増加数は 5 カ年度比。
　 2 ）郵便局数には，普通局，特定局を含む。
　 3 ）銀行店舗数には本支店（所）のほか出張所を含む。
　 4 ）銀行預金残高および郵便貯金残高は，各年末の数値。

あり，これにしたがって 1965 年度から 70 年度にかけ，郵便貯金残高の伸びが
銀行預金残高の伸びを突き放していったことがわかる。もっとも，銀行預金に
は企業預金が加わるため，個人性預貯金の動向をより直接的に反映する銀行定
期性預金と郵貯定額貯金の対前年度増減率を図 2-6 によってみておこう。1955
年度を基準にみると，郵便貯金から 1 年のラグをもって銀行は 1957 年度に定
期性預金を著増させている。一般的な個人貯蓄の増加傾向を背景としつつも，
この 1 年のラグは興味深い。

　ところで，図 2-6 は各業態の定期性預金を合算して作成したものである。そ
れでは，店舗行政上微妙なこの時期の神奈川県の地方銀行の動向につき，横浜
銀行に着目してその動きをみてみよう。『横浜銀行六十年史』によれば，「当時
の「預金源」開発プロジェクトに乗って大きく動く土地代金・補償金，商店街
に集まる消費資金に加えて，所得水準が上昇しつつあった勤労者預金もその対
象として意識するなど多様化していた。当行はこうした動向をとらえ，（昭和
—筆者注）32 年から継続式定期預金「ホーム定期」，（昭和—同上）33 年からは
クーポン式積立預金「浜銀のハッピープラン」と名付けた商品メニューを掲げ
て個人預金の吸収に努めた」と述べている[49]。オーバーローン是正が目指され
た都市銀行だけでなく，地方銀行においても，高度成長期の社会構造変化に

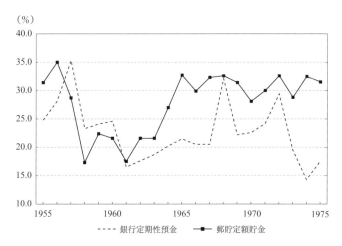

図 2-6 神奈川県における定期性預貯金残高の推移

出所）神奈川県企画調査部統計調査課編『統計神奈川県史——戦後 20 年のあゆみ』，神奈川県企画調査部統計調査課編『統計神奈川県史——かながわのあゆみ（昭和 40 年～60 年）』より作成。
注 1 ）郵貯定額貯金は定額貯金のみで，定期貯金および積立貯金は含まれない。
　 2 ）銀行定期性預金および郵貯定額貯金は，対前年度増減率。

キャッチアップしていくことが目指されたのである。

　横浜銀行の店舗政策については，「神武景気のなかで設備投資が進み，都市銀行を中心にオーバーローンが激化したことから，預金増強によってその是正を図るため店舗行政の変化が生じ，（昭和—筆者注）33 年 5 月の地方銀行店舗整備通牒によって預金吸収店舗の設置については弾力化の方向が示されるに至った。これに対応して当行は，その年の 8 月に相鉄・東横地区の 2 コースでバスによる移動出張所を開設した」[50]。翌 1959 年から，同行は支店の開設を再開している。さらに 1961 年，住宅団地などの新しい開発地域に，地方銀行の場合，100 平方メートル以内，行員 3 名のミニ店舗の設置を認めるという大蔵省の「小型支店構想」が打ち出され，1962 年から小型店舗の開設に踏み切っている[51]。したがって，1950 年代後半の神奈川県における郵便貯金を超える銀行定期性預金の伸びは，このような地方銀行に対する店舗規制の弾力化によってもたらされたものであったと考えられる。

　これに対し，定額貯金残高の対前年度増減率は，田中郵政による局舎行政の

大転換を受けた 1958 年度以降，景気変動を反映しつつも上昇し，銀行定期性預金の対前年度増減率に追いつき，1961 年度からは凌駕していくことになった。制度に支えられた預貯金吸収網の差が，この時期の預貯金市場における競争構造を決定的に規定していたことは，これをもっても明らかであろう。これが，経済成長による業務の膨張や，人口動態の激変と流動化に対応し，公益性の原則の下，政策的に郵便局を拡大しつづけていたことの，預貯金市場における効果だったのである。

　さらに，この時期の郵便局数の増加＝郵便貯金吸収網の拡張は，局舎のみに限定されるものではなかった。1928 年 2 月の月掛貯金創設をきっかけに，郵便貯金における外務員制度が新設されて以来，郵便局窓口と外務員による募集の二本柱で貯蓄増強がなされていた。外務員には歩合制が採用され，同制度創設当初は月掛貯金の募集・維持の強化が責務とされていた。戦争激化によって逼迫する戦時財政資金の調達とインフレの阻止のために貯蓄増強が強く叫ばれるなか，積極的な外務員の増員が図られたのである[52]。戦後になると，経済の安定・自立体制の確立のために長期資金が必要とされ，郵貯には財政投融資のための貯蓄という新しい役割が付与された。外務員においては，積立貯金から定額貯金に主力が注がれるようになり，1968 年度には積立貯金が募集目標から外され，制度がきわめて複雑であるものの運用次第で妙味が著しく異なってくる商品である定額貯金を勧誘することが奨励されたのである[53]。

　1955 年度から 65 年度にかけて募集にあたっていた外務員数は，普通局および特定局あわせて約 9,000 名前後で，普通局外務員 1 人当たりの平均募集額は，積立貯金が約 3 倍，定額貯金にいたっては約 4 倍に著増した[54]。この点につき，神奈川県の例として図 2-7 をみてみると，積立貯金残高の対前年度増減率に対し，定額貯金残高の対前年度増減率がほぼ一貫して高く，1963 年度を境に積立貯金のそれを超えつづけている。外務員の勧誘を通じて形成されていた積立貯金が一定額に達したときに定額貯金に切り替えられ，その後それが預替えされ，郵便貯金の大宗となっていく姿がここに浮かび上がる。戦後の郵便貯金外務員制度自体については，積極的な新規拡張を行う努力がみえず，省内ではその効率性や積極性について高い評価があったわけではない。しかしこのように

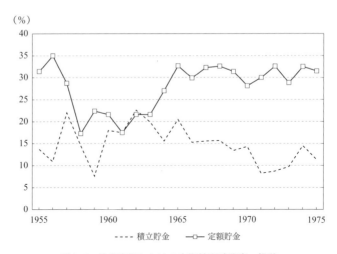

図 2-7　神奈川県における定期性郵貯残高の推移

出所）郵政省『郵政統計年報 為替貯金編』各年度より作成。
注）対前年度増減率。

みていくとき，ボーナスなどの一時金のない農家や自営業者，市外地の家計の貯蓄形成に郵便貯金外務員制度がもった意義はかなり大きかったと考えられる。

　こうして郵便局舎の増設とともに，インセンティヴ＝募集手当を与えられ専門知識を有した外務員による募集・集金組織が，郵便局の外延に幅広く展開されることにより，1960年代の郵便貯金は，銀行の追随できない，広汎かつ稠密な貯金吸収網を展開していくことになり，そこに堆積した貯金の中でもとりわけ定額貯金のボリュームこそが，以降の郵便貯金の発展を決定づけていくことになったのである。

4　小　　括

　高度成長期には，大都市への産業集中，都市間工業地帯の形成などを通じて巨大な人口の移動と集中が生じ，社会インフラ整備，通信ネットワークの再編成，特に郵便局政策の展開が差し迫って求められた。このことは，銀行行政に

おける戦後の規制体系ともあいまって，戦後の預貯金市場における定額貯金優位の郵便貯金にとってきわめて有利な競争条件を，政策的意図を超えて制度的に規定することになった。戦前の店舗規制を戦後に引き継いだ銀行とは異なり，郵便貯金の場合，公益性の観点から郵便局が地域における経済社会の変化に対応することが求められ，それに応えていくことが同時に貯金額を「自動的」に増大させるメカニズムを創り出した。高度成長期以降，定額貯金はこのような「公益」にもとづき人口社会変動に対応する郵便局政策の展開に下支えされ，「郵貯増強メカニズム」が成立したのである。

　毎年増加し続ける郵便貯金が長期安定的に保有され，郵貯特別会計を通じて資金運用部資金の原資となることにより，財政投融資制度は長期資金を計画的に社会へ再配分する機能を維持できるようになった。すなわち，財政投融資制度は経済成長に合わせて郵便貯金の自然増を見込み，先取りするかたちで企業等への政策金融，社会資本投資を計画し，急速な社会変化が生み出すさまざまな政策課題に応えていくことを可能にしたのである。戦後財投が「第二の予算」と呼ばれるようになった所以である。その用途について多少の重点移動はあったものの，産業への長期資金供給と国民の生活基盤整備のどちらにおいても，財投に占める郵貯資金の役割は重要であった。特に高度成長の末期には，戦後処理によって生まれた見返り資金などの各種原資の重要度が低下し，新たな資金源として期待されていた超長期的な年金保険資金の伸びが当初期待されたほどでなかったことも手伝って，長期安定的な定額貯金を中心とする郵貯資金の役割は決定的となった。

　このような財政投融資制度の展開にあっては，田中角栄という特異な政治家が大きく関与していた。この点について，住宅政策と絡めて最後にふれておこう。戦後政策体系の再構築の過程において大きな課題となったのが，国土政策の位置づけであった。戦後国土開発政策に一貫して従事してきた下河辺淳は，ヒアリングにおいて，戦前の国土政策が内務省の権威主義的施策であったのに対し，戦後の公共事業は「社会資本」と位置づけられることによって費用－便益を考えるものに変わっていったということを述べている[55]。日本の住宅政策は，戦前の内務省の社会政策から準戦時期の厚生省の生産力拡充政策，そして

戦後の広義の福祉＝公共政策へと移行したものと考えられるが，国土政策の展開との一体化が進んだのが高度成長期であった。敗戦直後は応急的な住宅問題対策が行われたものの，体系的な政策はみられなかった。当初政府は，戦前型の大蔵省預金部，復興金融金庫を通じた住宅金融を考えていたものの成案に至らず，GHQ の示唆を受け，吉田茂自由党内閣の下，1950 年住宅金融公庫の設立によって戦後の住宅政策を開始した[56]。同年，「国土総合開発法」も制定され，一応国土政策に「開発計画」が冠されることになる。しかし，下河辺によれば，「計画」嫌いであった吉田の下でその実効性は見出されなかった[57]。

その後住宅政策については，住宅金融公庫の融資対象が比較的高所得の世帯であったことから，鳩山一郎民主党内閣下では 1951 年の「公営住宅法」により，低所得世帯向けの賃貸住宅の供給が進められ，さらに 1955 年には鳩山自民党内閣のもと，中所得層向け賃貸住宅を供給する「日本住宅公団法」が成立した。これにより，「健康で文化的な最低限度の生活」を保障する体系的住宅政策が重層的に成立することになった。一方，国土開発については，御厨貴は鳩山内閣から岸内閣の時代を「東海道新幹線，名神・東名高速道路，首都圏高速道路，各都市の公団住宅といった公社公団を活用するかたちでの特定プロジェクトを推進」した時代とし，「計画」とは何かが問われ続けた時代であると位置づけたうえで，それが行き着いた結末こそ，池田勇人内閣における「国民所得倍増計画」という「経済計画」への「国土開発計画」の合流であったとする[58]。これが「国民所得倍増計画」による太平洋ベルト地帯構想と表裏一体をなした「全国総合開発計画」および「新産業都市構想」となって結実する。

ここでもう一度，田中という政治家の足跡を考えてみよう。田中は 1947 年の総選挙に民主党公認で出馬し当選を果たしている。そして国土計画委員会に所属し，戦後内務省解体で設置された建設院を建設省に昇格することを訴える。「田中は戦後復興を衣食住の生活レベルで捉え，とりわけ住宅問題の解決こそが喫緊の課題と考えており，そのためには母体となる建設省が是非とも必要」と考えていたとされる[59]。先に述べた「国土総合開発法」，「公営住宅法」の立法活動に邁進し，さらに「日本住宅公団」の設立にも大きく貢献している。その田中が初めて大臣の立場で入閣したのが，岸内閣の郵政大臣としてであった。

生活基盤から政治全体を考える田中の一貫した政治スタンスからして，特定郵便局問題の抜本的改善は当然のことであったはずである。それと同時に，この特定局問題の解決が結果として，それによって増大した郵便貯金を原資に公庫，公団・公社型プロジェクトに資金を供給する戦後財投の「長期計画」を可能にした。

1960 年代半ば，都市部，特に首都圏への経済資源と人口の集中が進むと，生活様式の近代化・現代化と産業の工業化・重化学工業化が相乗し，公害などの都市問題が激発，都市新中間層を中心に成長に対する懐疑が生まれ，革新自治体首長が次々に生まれた。「経済計画」から「社会計画」への政策重点の移動こそが，高度成長期後半，佐藤栄作内閣における課題として現れる。露呈した都市問題に対しては，1968 年 5 月，田中自民党都市政策調査会長によって「都市政策大綱」が発表され，その改善が図られた。田中の本意とは若干異なるとされたこの「都市政策大綱」こそが，田中の声望を一般に高めることになった。その後，田中は本来の自己のポリシーである地域間格差是正に焦点を当てた『日本列島改造論』を 1972 年に発表し，国民の圧倒的支持を得て内閣首班への道をかけ上っていくことになる。田中という政治家を通じて，「衣食住」という基礎要件から始まる生活基盤整備が，初めて国家政策の前面に登場したのである。そしてその過程が，きわめて精巧な特定郵便局体制を通じて長期安定的な資金を生み出す，定額貯金中心の「郵貯増強メカニズム」の構築と相互規定的であったというところに，自民党の中で田中が占めた，他の政策家とは異なる特異な存在価値があったのだと総括できよう。

社会インフラ整備は，成長の条件であるとともに，成長の成果を再分配する機能をもっていた。戦後財政投融資の柱の一つである，所得に合わせた重層的住宅政策の公営 – 公団 – 公庫を通じた展開および借家中心から持家主義への政策の高度化は，新憲法に規定された「健康で文化的な最低限度の生活」を保証した。これとともに，それらの最先端地帯であった神奈川県の事例で見てきたように，住宅取得・教育などの貯蓄動機をもつ都市新中間層を形成することによって，さらなる郵便貯金の発展がもたらされた。田中の目指したものは，このような財政投融資による地域間再配分を通じた，「都市的生活水準」の全国

への展開であったといえよう。特定局体制と「郵貯増強メカニズム」に支えられた財投システムは，高度経済成長という大きな環境条件の中で生み出されたオートマチックな装置であったが，日本経済の自由化・国際化といったマクロ経済環境の変化に際して，それがどのように機能し，どのように修正されるべきかの判断については，戦後内務省の空白を埋めていった田中の後継者たちに委ねられたのである。

第**3**章

金融構造の変化と郵貯「大膨張」
── 安定成長期の郵便貯金 ──

1 安定成長期の郵便貯金の概観

1970年代初めから80年代半ばにかけ，日本および世界の経済環境は激変した。1973年10月の第一次オイルショックの影響により1974年度に戦後初めてのマイナスを記録した名目および実質GDP成長率は，それ以降ひと桁台で推移した。高度成長の終焉である。日本経済は異常なインフレと投機，経常収支赤字，戦後最大級の不況という難局に直面した。「列島改造ブーム」から第一次オイルショック，「狂乱インフレ」と称される物価急騰によって，国民にはインフレマインドが浸透していった。このことは，国民の資産選択行動を変化させずにはおかなかった。高度成長から安定成長への経済の基調変化に対応し，1975年，政府は1965年「証券恐慌」時を例外として忌避してきた特例＝赤字国債の発行に踏み切った。これ以降，1980年代の一時期を除き，日本では国債の大量発行が恒常化し，残高が累積していく。その影響は，戦後長らく停滞を余儀なくされてきた債券市場の自由化，金利の自由化というかたちで現れていくことになる。

この間，世界経済もまた激変した。固定相場制から変動相場制への移行にともない，国際通貨体制の激動の時代が始まる。世界の先進国の中でも相対的に成長率の高かった日本経済のプレゼンスが増大するとともに，日米の経済摩擦が激化し，アメリカによる対日経済要求が強まった。このため，規制によって

守られてきた日本の金融および証券の自由化，国際化が本格的に問われるようになっていった。高度成長期を比較的穏やかに過ごした日本の金融・証券システムも，このような国内外の変動の中，「国債化」と「国際化」の二つの「コクサイ化」を通じ，激動の時代を迎えた。戦後一貫して拡大してきたかに見える郵便貯金もまた，その影響と無縁ではなかった。

民間預金残高が低迷した 1970 年代後半から 80 年代前半にあっても，郵貯残高は増加し続け，預貯金市場に占めるシェアは拡大し続けた。これが民間金融機関の間に危機感を生み，金融における公的機能の役割の見直しという，郵政省と全国銀行協会（以下，「全銀協」）の論争を巻き起こすことになる[1]。この論争がいかなる理論的射程をもつものであったかについては，それだけで一つの考察対象となりえよう。しかしその前提として，このような論争を巻き起こした郵便貯金の続伸という事態が，マクロ経済環境の激変の中にあっていかなる理由で可能であったのか，あるいはその実相はどのようなものであったのかということを検証してみる必要がある。

日本の銀行制度は，GHQ による戦後改革を経ながらも占領期アメリカナイゼーションの影響を最小限に抑え，間接金融優位の体制の下，「護送船団方式」が定着し，政府および金融当局の事前的・裁量的な金融行政，業態別規制によって国内貯蓄を優先的に重点産業に向けるための人為的低金利政策と政策金融の制度化が進められた。この一方，戦後の証券市場については GHQ による制度改革が進められ，戦前と面目を一新した。しかし，アメリカ型への一方的な制度変更が戦後日本における実態と乖離していたこと，債券市場の再開と整備が進まなかったこと，財閥解体，戦後インフレ，戦時利得税実施等によって富裕層が没落し，国民貯蓄が低位に平準化されたこと等により，その後の証券市場は順調に発展することができず，間接金融の優位を許すこととなった。1960 年代前半には，証券市場の勃興により，一時的に直接金融への胎動がみられたものの，1965 年の「証券恐慌」への金融当局の対応は，結果としてそれまで金融行政にとってアウトサイダー的地位にあった証券市場を戦後金融システムに統合させ，その完成を招来するものとなった。

郵便貯金はこのような高度成長期の金融・証券システムの動向に対応し，相

対的に不利益を被っていた家計貯蓄への配慮という政策意図を掲げ，定額貯金を中心として，郵貯残高が景気には影響されずに一本調子で増加する「郵貯増強メカニズム」を形成した。これは，高度成長による所得上昇を一般的背景として，①証券市場の不安定性によるリスク回避志向の定着（市場要因），②民間銀行に比べて有利であった金融商品としての特性（政策要因），③郵便局大拡張という行政のあり方（制度要因）の3つの要因によって郵便貯金の増大がもたらされるものであった。1960年代後半から70年代にかけて著増を続けた郵便貯金は，1980年度に郵貯預入が対前年度比で約1.7倍，1980年4月でみれば対前年同月比約7.9倍という異常なピークを迎えた。以下では，1980年代の郵便貯金の増勢がかなりの程度，金融自由化が進行しつつあった1980年の「大膨張」の結果として生じたものであり，このことが郵便貯金の大きな負担となっていくことを明らかにする。

2　金融構造の変化

1）資金循環の変化

　高度成長を持続していた日本経済は，1971年8月のニクソン米大統領による金・ドル交換停止，同年12月のスミソニアン協定による円の対ドルレート大幅切上げによって，国際経済環境の激変に直面した。円切上げにもかかわらず，日本の貿易黒字が拡大したことから，国際的に円再切上げ論が引き起こされた。日本政府は財政金融政策の基本スタンスを「円再切り上げ絶対回避」に置き，金融緩和と財政支出の拡大を実施した[2]。ドルの信認低下を反映して短期資金が国内に流入し，1972年には流動性過剰が次第に表面化するようになり，物価上昇のペースが早まった。これを助長したのが，1972年7月の田中角栄内閣の成立であった。組閣直前の6月に公刊され，ベストセラーとなった『日本列島改造論』の理念を経済政策の中心に掲げ，1973年2月には「経済社会基本計画」が閣議決定された[3]。絶大な人気に支えられて滑り出した田中内閣は，一般会計歳出と財投の拡大をはじめとする積極財政を展開した。しかし，

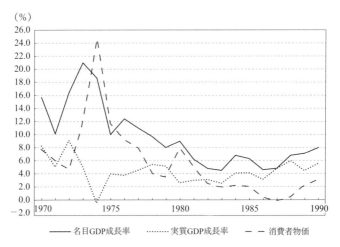

図 3-1　主要経済指標

出所）内閣府「国民経済計算」，総務省統計局「消費者物価指数」より作成。
注1）GDPは，1990年基準（1968SNA）。
　2）消費者物価指数は，持家の帰属家賃を除く総合指数の対前年度増減率。

　田中内閣発足後まもない1973年10月，第一次オイルショックが世界経済を襲った。図3-1にみられるように，石油価格の暴騰がコストプッシュ要因となった消費者物価は1974年度に24.6％に上昇し，いわゆる「狂乱インフレ」が発生したのである。これを契機として政府は総需要抑制政策に転じ，日本銀行はインフレ収束のための厳しい金融引締め政策を実施した。日本経済は「戦後最大の不況」に突入し，1974年度には戦後初めてとなるマイナス成長に転落，1976年から78年には巨大な供給過剰が生じた[4]。

　国際通貨体制の変動相場制への移行と円レートの上昇，第一次オイルショックという衝撃が加わることによって，高度成長を支えてきた国内外の環境は一変した。これにともない，資金循環にも大きな変化がみられた。図3-2は，資金循環勘定によって資金過不足の推移を示したものである。高度成長期において最大の資金不足部門であった法人企業部門では，1970年代後半から80年代前半にかけて大幅に資金不足が縮小した。これは，景気の落ち込みにより，企業が新規の投資を手控えたことの現れである[5]。代わって比重を高めたのが，

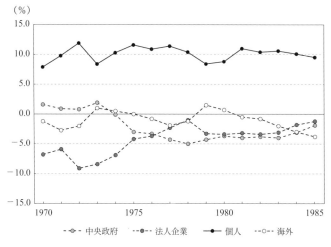

図 3-2　部門別資金過不足の推移

出所）内閣府「国民経済統計」，日本銀行調査局『資金循環勘定』より作成。
注 1 ）名目 GDP は，1990 年基準（1968SNA）。
　 2 ）各部門資金過不足／名目 GDP×100（％）

政府部門と海外部門であった。戦後日本では，均衡予算主義を原則とすることにより，特例＝赤字国債発行は回避され，1965 年度に 1974 億円の特例国債がただ一度発行されたのみであったが，1975 年度の補正予算では，経常的な経費を賄うため，特例国債の大量発行に踏み切られることになった。建設国債と特例国債あわせて約 5.7 兆円という，前年度比約 2 倍に相当する新規財源債が発行され，以降しばらくの間，財政の国債依存度は高水準で推移することになった[6]。三木武夫内閣は特例国債を原資に，景気刺激のための大規模な公共投資中心に財政支出を増加させ，景気対策を展開した。後継の福田赳夫内閣は，カーター米大統領の日米機関車論を受け入れることによって内需拡大路線を打ち出し，財政支出を増大させた。このため財政面では膨大な特例国債の発行残高が，金融面では増大していく国債の消化が新たな問題となって，日本経済に圧し掛かってくることになった[7]。次章で見るように戦後細々と続いてきた日本の公社債市場は，増発された国債中心の市場に再編されていくことになる[8]。

　1970 年代後半から海外部門が資金不足部門として登場したのは，第一次オ

イルショック後の不況克服過程での企業の徹底的な合理化努力によって輸出産業の国際競争力が高まったことを反映しており，日本の経常収支の黒字が定着したことを示すものである[9]。日本の経常収支黒字が，1980年代に入ると対米・対欧輸出の急拡大によって増加の一途を辿った。1985年には，基軸通貨国アメリカが経常収支の大幅赤字によって純債務国に転落したのとは対照的に，日本が世界最大の債権国となった[10]。「経済大国日本」の誕生である。レーガン政権のもとで生まれた財政と国際収支の「双子の赤字」は，これ以降国際経済に貿易摩擦と金融および通貨の世界的不安定を生み出し，日本経済はその対応と調整に苦しみ続けることになる。このような政府部門と海外部門の資金不足に対し，家計部門は景気の波に左右されながらも圧倒的な資金余剰部門であり続けた。民間設備投資が低迷し，企業部門の資金不足が解消に進むなか，家計部門の貯蓄超過は，国債の大量発行に依存するようになった政府部門と海外部門により吸収されたのである。

　そこで次に，一貫して資金余剰部門であった家計に目を転じてみよう。図3-3にみられるとおり，個人金融資産残高は，1970年度約70.0兆円から1975年度約170.9兆円，1980年度約332.2兆円，1985年度約594.0兆円と著増した。この主な特徴として次のことがいえる。まず，流動性の最も高い現金・通貨性預金のシェアは，1972年度の18.6％をピークとして減少に転じ，1985年度には8.8％に落ち込んだ。この構成比の漸減傾向にあって特に注目されるのが，1979年度約40.2兆円から1980年度約42.2兆円に約2.2兆円の純減がみられたことである。先に掲げた図3-1に明らかなように，1979年の第二次オイルショック時には，第一次オイルショック時ほどではないにしろ，物価の騰貴がみられた。1970年代にインフレマインドが定着したことにより，インフレヘッジのためにより利回りのよい定期性預金へと資金がシフトした可能性を示唆している。

　最大のシェアを占めた定期性預金の構成比は，1970年度の46.9％から1980年度54.7％と顕著な伸びを示した後，1981年度から低下するようになる。現金・通貨性預金が純減した1980年度には，定期性預金の残高が1979年度約157.0兆円から24.6兆円増加して約181.6兆円となり，翌1981年度には約

第3章　金融構造の変化と郵貯「大膨張」　91

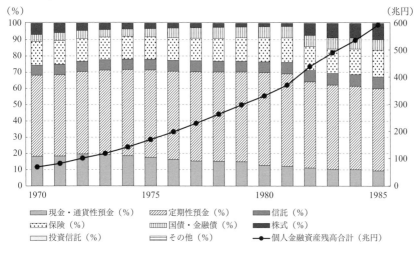

図 3-3　個人金融資産残高の推移

出所）日本銀行「資金循環統計」より作成。
注）1993SNA ベース。

203.1 兆円となった。高度成長の過程で生活水準・貯蓄水準を高めた預金者は，1970 年代を通じたインフレの進行をふまえて，安全性とともに収益性を重視する傾向を強め，預貯金市場の中でも，有利な定期性預金に対する選好が強まったことがみてとれよう。

　1980 年代になると，収益性や多様化を重視する傾向がさらに強まり，定期性預金がシェアを落としていくのに対し，それまで安定的に推移していた保険と低迷を続けていた有価証券の個人金融資産残高に占めるシェアが高まった。とりわけ，株式のシェアが 1981 年度の 1.8％ から 1982 年度に 7.0％ へと上昇し，投資信託のシェアも 1980 年度の 1.5％ から 1985 年度の 3.0％ に拡大した。証券市場は，1960 年代後半の証券危機やその後のニクソン・ショック，第一次・第二次オイルショックによる打撃からようやく立ち直り，バブル経済期における本格的拡大に向けた助走の時期に入っていたのである。国民は元本保証の安全資産である定期性預金を選択するよりも，多少のリスクをとっても収益性を重視する証券投資へ向かう傾向が顕著となり，1960 年代後半いったん後退した

92

直接金融への移行が急速に復活し，預貯金市場は低迷するようになっていた[11]。

2）預貯金市場の動向と郵便貯金

　この間に預貯金市場の内部で何が起きていたかをさらに詳しくみてみよう。図3-4は，個人金融資産残高に占める国内銀行，都市銀行，郵便貯金の預貯金残高シェアの推移を表したものである。これによると，国内銀行は1972年度の28.6％をピークとして低下に転じ，1981年度の24.9％から1985年度には20.8％となっている。都市銀行に限ってみても，そのシェアは1973年度12.6％から1985年度8.4％に下落している。こうした民間銀行預金の伸び悩みとは対照的に，郵便貯金のシェアは1970年度11.1％から上昇し続け，1980年度および1981年度に18.7％まで高まっている。郵貯残高の都銀預金残高に対する比率をみると，1970〜71年度には都銀がやや優勢であったが，1972〜73年度には両者が同規模となり，1982年度には郵便貯金が都銀の2倍を上回る規模に拡大している。1970年代には企業の資金需要の低迷等を背景に，銀行はリテール部門を重視するようになったものの，銀行の資金吸収面のシェアはおおむね低下傾向を辿っていた。これに対し，郵便貯金は1970年代半ばから80年代にかけて増加し続けた。この時期の郵便貯金の続伸こそ，図3-3で見られた1970年代の金融資産残高に占める定期性預貯金のシェア拡大を主要に規定するものであった。1982年度以降，郵便貯金のシェアが約17％と鈍化すると，定期性預貯金の個人金融資産残高に占める構成比も低下傾向に転じている。

　図3-5で郵貯残高および定額貯金残高の推移を見ると，郵貯残高は1972年に10兆円の大台に乗ったのち，1975年6月に20兆円台，1977年3月に30兆円台，1978年7月に40兆円台，1979年12月に50兆円台，1985年12月には，実に100兆円台の規模に達した。その大宗を占めていたのはやはり定額貯金であった。1970年度約5.4兆円であった定額残高は，1975年度約19.6兆円，1980年度約54.4兆円，1985年度約92.8兆円に激増している。対前年度増減率でみれば，1970年代初頭から77年度まで25％を上回り続けている。ただし1970年代後半からは，1980年度という特異な年度を除き，対前年度増減率は低下していった。1970年代には定額貯金の伸びが郵便貯金の伸びを牽引し，

第 3 章　金融構造の変化と郵貯「大膨張」　93

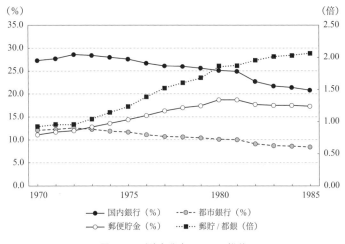

図 3-4　預貯金残高シェアの推移

出所）日本銀行「時系列統計データ検索サイト」，郵政省『郵政統計年報 為替貯金編』各年度より作成。

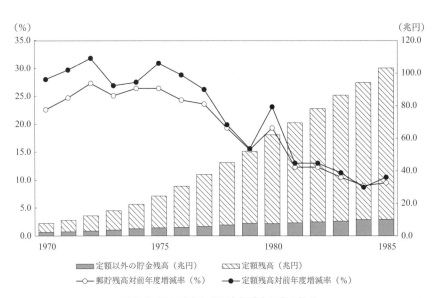

図 3-5　郵便貯金および定額貯金残高の推移

出所）郵政省『郵政統計年報 為替貯金編』各年度より作成。
注）郵貯残高は，定額残高および定額以外の貯金残高の合計。

1970 年代における郵便貯金の動きを規定していたことがわかる。郵便貯金に占める定額貯金の構成比は，1970 年度に 70 ％，1975 年度に 80 ％，1985 年度には実に 90 ％ を上回るようになった。

1970 年代の世界経済の激変によって，日本経済をとりまく環境は決定的に変化した。高度成長期，対外的には固定相場制の下で外為管理を行い，国内的には業態別の許認可行政と人為的低金利政策によって市場機能を規制することで，内外金融を事実上分断してきた日本の金融システムは，1970 年代になると金融の自由化や国際化を課題とするようになり，金利変動が頻繁に現れるようになる。そしてこのような市場機能の復活によって，第 1 章でみた金利の引上げ・引下げいずれの場合にあっても定額貯金の増強が促されるというかたちで，景気等のマクロ環境の全体的な動きとは無関係に，「郵貯増強メカニズム」がその威力を発揮するようになった。

1970 年代後半になっても，民間銀行預金の不振を尻目に，郵便貯金だけは定額貯金の伸びに牽引され，そのシェアを拡大し続けた。しかし，伸び率でみれば，図 3-5 に示されたように 1978 年度以降，さしも優勢であった郵便貯金の伸びも鈍化する。1980 年度に定額貯金が 23.1 ％，郵便貯金が 19.3 ％ と，一時的に急伸しているが，1981 年度以降その伸び率はさらに低下した。安定成長への移行による成長率の鈍化ならびに直接金融への移行により，1970 年代に預貯金市場が低迷するなか，郵便貯金だけは相対的に高い伸びを示していたが，1980 年代に入ると，1980 年度の急増を除き，郵便貯金はより緩やかな増加に転じていくことになったのである。

ところで，1970 年代末から郵便貯金の伸びが鈍化傾向を示すなか，1980 年度の増大は異常であった。図 3-6 より郵便貯金合計の預払の推移をみると，その異常さが確認できる。郵便貯金の預入は，1970 年度に約 6.2 兆円であったものが，1979 年度約 31.4 兆円となったが，1980 年度約 52.6 兆円と著増し，1981 年度は約 31.4 兆円と 1979 年度とほぼ同水準に戻っている。払戻についても，1979 年度約 24.5 兆円，1980 年度約 42.6 兆円と激増し，これをピークに 1981 年度は 1979 年度水準に復している。これをみれば，1980 年度の郵便貯金に一回限りの大きなショックが起きていたことは明らかである。

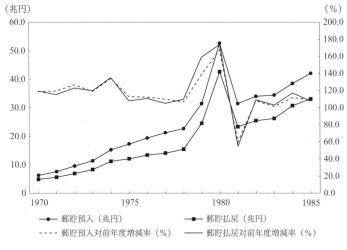

図 3-6 郵便貯金の預払の推移
出所）郵政省『郵政統計年報 為替貯金編』各年度より作成。

　1980年度に，郵便貯金の預払にこのような異常な動きを起こさせたものは，何であったのであろうか。そこにこそ，この時期の預貯金市場における郵便貯金の相対的優勢の理由があり，同時に1980年代の「郵政 対 全銀協」論争，あるいは1990年代以後の郵政民営化論に繋がる郵貯問題の根幹が潜んでいた。次に，この事態につき解明することとしよう。

3　郵貯「大膨張」の要因

1）金融政策の変化

　1980年に郵便貯金の「大膨張」が現出した理由としては，金融政策による金利の変動と定額貯金の制度変更の両面で大きな変化があったことが挙げられる。まず，金融政策について，この時期全体における金利の推移を確認しておこう。図3-7は，公定歩合と定額貯金の最高利率および月別預払の推移を表したものである。まず，景気の梃子入れと国際収支の黒字幅の縮小を図るために，

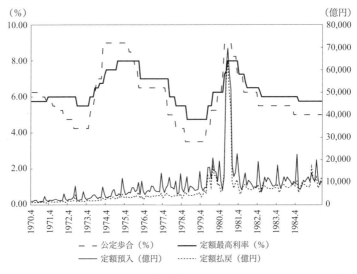

図 3-7　月別定額貯金の預払と金利の推移

出所）郵政省『郵政統計年報 為替貯金編』各年度より作成。

　1970年10月から73年4月までに6.25％から4.25％へと段階的に公定歩合が引き下げられ，金融が緩和された[12]。しかし1973年秋には，第一次オイルショックに端を発した狂乱インフレに対応し，総需要抑制と物価安定を目的とした政策が打ち出された。金融面においては，過剰流動性の吸収を目的として，1973年4月の0.75％の引上げ以降5回連続して公定歩合の引上げが実施され，あわせて計4.75％も引き上げられたことで，1973年12月には戦後最高金利の9.0％となった。

　定額貯金の最高利率は，1971年2月に2年半以上のものが新設されたことから6.0％となっていたが，1972年8月1日，1961年4月以来約11年ぶりの利下げが実施された。この利下げは，1972年6月23日の公定歩合引下げに対応するものであったが，同年7月17日の銀行預金利下げから15日後の実施となった。この利率変更の時間的ずれが，郵便貯金の預払に注目すべき動きを生んだ。銀行預金の利下げから郵便貯金利下げまでの期間に，いわゆる「駆け込み預入」およびそのための事前の払戻が急増したのである[13]。1972年7月の

第3章　金融構造の変化と郵貯「大膨張」　97

対前年同月比でみれば，預入が約 3.2 倍，払戻が約 3.3 倍という異常な伸びであった。その後，日本銀行が金融引締め政策に転じると，定額貯金の利率も 1973 年 4 月 23 日，7 月 1 日，10 月 15 日，1974 年 1 月 14 日，9 月 24 日の 5 回にわたって引き上げられ，1974 年 9 月から 75 年 10 月まで史上最高利率である 8.0 ％ となった。この間の定額貯金の預入をみると，1974 年 12 月に預入の増加額が特に大きく，1.1 兆円を上回っている。

　1975 年になると，景気の停滞に対応するため，政府は財政金融政策を大きく転換した。財政面では，三木内閣で 10 年ぶりに特例国債が発行され，さらに福田内閣は 1977 年 5 月のロンドンにおける先進国首脳会議（ロンドン・サミット）において，日米独の内需拡大により，世界経済の景気を牽引するというカーター米大統領の以前からなされていた要請を受け入れ，1977 年度より黒字減らしを含む内需拡大型の積極財政が進められた。金融面では 1975 年に 4 回，1977 年に 3 回，1978 年に 1 回，合計 8 回にわたる公定歩合引下げが実施された。この結果，公定歩合は 1975 年年初までの 9.0 ％ 台から，1978 年 3 月には戦後最低の 3.5 ％ となった。この金融緩和局面では，預貯金金利引下げをめぐって，預貯金者利益の観点を理由に，郵政省が金融政策との同調に抵抗を示し，大蔵省・日本銀行 対 郵政省の軋轢が強まっていった[14]。定額貯金については，1975 年 11 月，1977 年 5 月，同 9 月，1978 年 4 月の 4 回にわたって 4.75 ％ まで金利が引き下げられた[15]。前述のとおり，預貯金金利の変更に際しては，民間金利は金利調整審議会に，郵便貯金金利は郵政審議会に諮問のうえ決定されており，特に利下げの際に政治的な抵抗によって郵便貯金の利下げ実施が難航したのである。

　以上のような金融緩和政策に終止符が打たれたのは，1979 年 4 月の公定歩合引上げであった[16]。1978 年末の OPEC 総会決議以降，原油価格が再び大幅に上昇するなか，第一次オイルショックの経験から，インフレ回避を重視する姿勢を強めた日本銀行は，1979 年年初から窓口指導による貸出抑制を開始した[17]。これに続き，日本銀行は第二次オイルショックの発生による石油情勢の悪化等を理由に，立て続けに公定歩合を引き上げた[18]。この間，景気の悪化による税収不足から国債の大量発行が続き，国債の需給関係が悪化したため，金

利先高感が金融市場に広がり，金融機関，とりわけ都市銀行を中心に国債の市場売却が急増した[19]。特に，1979年3月には金融機関の決算対策等とのかかわりから長期低利債売却の動きが強まり，当時「ロクイチ国債」と呼ばれた1965年度以来最低利率である，表面利率6.1％国債の流通価格は暴落の様相を呈した[20]。

　預貯金金利については，元来低い水準にとどめていたことに加え，前回引下げ時の経緯をふまえた政府の意向により，1979年5月から80年4月までに4回，郵政省に配慮を示すかたちで，公定歩合の引上げに合わせ，郵便貯金を含む預貯金金利の公定歩合との同幅引上げが実施された[21]。この時期の定額貯金の預入動向をみると，インフレマインドによる金利選好の高まりと度重なる金利改定を背景に，景気や季節変動と関わりなく金利改定のつど預入が増加しているのが特徴である。1979年度における際立った特徴は，後述する付利方法の変更にともない，新利率適用分として，より高い利率に預け替えられたことにより，利上げ局面で預払がともに急増したことである。とりわけ顕著だったのは，預替えのための払戻の増加であった。

　定額利率は，1980年4月14日から再び8.0％の最高利率に達し，同年12月1日，引下げが実施される直前までの約8カ月間，定額貯金の預払はピークを迎えた。預入は，4月に約6.0兆円，5月に約7.0兆円，6月に約5.8兆円，ボーナス期の7月には約5.1兆円と爆発的な増加を続けた。以上の4カ月間，預入が約24.0兆円に上った。これに対し，同じ期間の払戻は約21.1兆円であったから，純増額は約2.8兆円に上った。1980年4月から11月までの8カ月間における預入は約30.6兆円，払戻は約25.0兆円に達した。1980年3月末の利下げ直前の残高は約44兆円であったから，12月時点で定額貯金はかなりの程度高金利の定額貯金に入れ替わっていたことになる[22]。払戻約25.0兆円のうち，定額貯金の完全解約分および通常貯金の減少分のうち郵便貯金外へと流出した額については資料制約により判明しないが，その多くが定額貯金の預替え，通常貯金から定額貯金へのシフトであったと考えられる。仮に払戻のすべてが預替えされていたとするなら，約5兆円規模の民間預金あるいは証券市場からの資金シフトがあったと思われる。

この後，景気の拡大テンポおよびインフレ傾向が鈍化し始めたことから，日本銀行は金融緩和に転じ，公定歩合は 1980 年 8 月から 83 年 10 月までに 5.0％ に引き下げられ，この水準が 1985 年末まで維持された。1980 年 12 月の利下げ以降，定額利率についても 1981 年 4 月，1982 年 1 月，1984 年 1 月に段階的な利下げが実施され，1985 年 9 月のプラザ合意の影響もあり，1987 年末まで金利は政策的に引き下げられたのである。この間，郵便貯金は残高ベースでみる限り増加を続けた。しかし，図 3-7 で預払をみると季節変動が復活しており，金利引下げ直前に預入が増加する傾向は依然として微弱に見出されるものの，1980 年の引上げ時のような極端な変動はもはや見られなくなったのである。

2) 郵貯増強メカニズムの展開

前項では，定額貯金を中心とした「郵貯増強メカニズム」が，1970 年代からの金利変動の中でその威力を遺憾なく発揮し，1980 年の「大膨張」においてピークを迎えたことをみてきた。「郵貯増強メカニズム」は，定額貯金の商品特性に加え，郵便貯金への政策的支持や二元的金利決定等の制度的な枠組みの合成によって成り立っていた。そこで次に，これらの制度的枠組みが，この間の金利変動の中でどのように作用していたかにつき，いま少し立ち入ってみていこう。

郵便貯金の利子は，「所得税法」第 9 条の規定により，利子非課税貯蓄として自動的に非課税扱いとされる一方，「郵便貯金法」第 10 条により，預入限度額が設定されていた。その額は 1972 年 1 月に国民所得の上昇に対応した内部施策として 100 万円から 150 万円に引き上げられ，翌 1973 年 12 月にインフレ抑制のための貯蓄増強緊急対策の一環として 300 万円とされた[23]。このような郵便貯金の預入限度額に対応するかたちで，銀行預金についても，少額貯蓄非課税制度（いわゆる「マル優」）によって，同額の非課税限度額が設定されていた[24]。その限りでは，両者に不均衡はないようにみえる。

大きな相違点は，郵便貯金の預入限度額には元加利子分が含まれなかったことである。半年ごとに利子が元金に加えられる定額貯金は，当初の預入額が限

度額以内であれば，利子加算後に預入限度額を超過しても自動的に非課税扱い
になるのに対し，銀行の自動継続定期預金では，元本が非課税限度額を超えた
場合，直ちに超過部分が非課税貯蓄の対象外とされた[25]。これに加え，郵便貯
金は自動的に非課税扱いとされていたが，少額貯蓄非課税制度は銀行経由で税
務署に申告書を提出する等，煩雑かつ厳格な手続きを必要としていた[26]。

　貯蓄奨励の主要な手段として実施されてきた税制上の優遇措置には，以上の
ような利子非課税貯蓄制度とそれ以外の利子課税制度および税率の調整措置が
ある。利子課税制度については，源泉分離課税の税率が1971年1月に15％から
20％に引き上げられ，1973年1月には25％，1976年1月には30％，1978年
には35％となり，利子収入に及ぼす税負担の影響は無視しえないものであっ
た[27]。非課税貯蓄の取扱いの厳格化が進められると，利子課税税率の引上げ過
程においては，預金者が実質利回りに着目するようになった。

　また，1974年1月の預貯金金利の全面的引上げに際しては，貯蓄者優遇措
置見直しとして，定額貯金の利子付利方法が改正された。従来，定額貯金の利
子付利にあたっては，既往預入分に対し，利上げ時には利上げ日以降新しい高
利率が適用され，利下げ時には利下げ日以降も旧高利率が適用されていた。こ
のような付利方法は，民間預金とのバランスを失するとともに，財政負担が過
重になるという問題があったことから，銀行定期預金とのイコールフッティン
グが図られた。これにより，定額貯金の利子付利にあたっても民間定期預金と
同様，預入期間中の利率改定にかかわりなく，つねに預入時のレートが適用さ
れることとなった[28]。

　しかし，これは表面上ともいえる改定であった。というのも，実際は郵便局
窓口の混乱回避を理由として，従来の付利方法が同法施行日以降4年間にわ
たって継続されることとなっていたからである[29]。すでに預入されている定額
貯金についても，政令によって猶予期間を設け，預金者が利上げ日から一定期
間内に申告すれば，利上げ実施以前に預入した定額貯金についても新利率を適
用するという預替え制度（いわゆる「マル替え制度」）が講じられることになっ
た[30]。このような貯金者優遇措置によって，「郵貯増強メカニズム」の一つの
要因である金利決定の二元性は，事実上温存されたのである。1970年代後半

第 3 章　金融構造の変化と郵貯「大膨張」　101

表 3-1　郵貯定額貯金および銀行定期預金の利回りの比較

(%)

預入期間	郵貯定額貯金		銀行定期預金			利回り格差		
	表面利率(A)	利回り(C)	表面利率(B)	利回り(D)	税引後利回り(E)	A－B	C－D	C－E
6 カ月	6.50	6.50	7.25	7.25	4.71	−0.75	−0.75	1.79
1 年	7.00	7.12	7.75	7.75	5.04	−0.75	−0.63	2.08
1 年 6 カ月	7.50	7.78	7.75	7.75	5.04	−0.25	0.03	2.74
2 年	7.75	8.21	8.00	8.28	5.32	−0.25	−0.07	2.89
3 年	8.00	8.84	8.00	8.53	5.40	0.00	0.31	3.44
4 年	8.00	9.21	8.00	8.97	5.60	0.00	0.24	3.61
5 年	8.00	9.60	8.00	9.28	5.66	0.00	0.32	3.94
10 年	8.00	11.91	8.00	11.52	6.54	0.00	0.39	5.37

出所）金融財政事情研究会『週刊金融財政事情』1980 年 11 月 10 日号，48 頁より作成。
注 1 ）1980 年 4 月 14 日の金利改定時の比較。
　 2 ）銀行定期預金の利回りは，当時の各種定期預金利率から，3 年以上については 2 年，または 1 年もの定期の利率より元加利子方式で算出。
　 3 ）銀行定期預金の税引後利回り（E）は，分離課税を選択した場合の試算値。

の金利引上げ過程では，引上げ日以後それ以前の預入分に旧レートが適用された。このことが，すでにみたような利上げの際の預替え激増を誘発する一因になったものと考えられる。

　前述のとおり，定額貯金の利子は，1974 年 9 月から 75 年 10 月および 80 年 4 月 14 日から同年 11 月末までの期間において，過去最高の年 8.00 ％であった。この時の銀行定期預金と郵貯定額貯金との利率について，表 3-1 で比較してみると，預入期間 6 カ月ものから 2 年ものまでの表面利率は，銀行定期預金が 0.75 ％から 0.25 ％有利であった。利回りでみても，6 カ月ものから 2 年ものまでは郵貯定額貯金の方が不利であった。ただし，1 年 6 カ月ものの定期預金との比較では，半年複利であるために定額貯金の方が若干有利になっている。預入期間が 3 年以上になると，両者の利率は表面上同率となっているものの，利回り格差（C−D）をみると，定額貯金のほうが 0.24 ％から 0.39 ％有利であった。特に 10 年目の利回りは，単利計算の定期預金が 11.52 ％であったのに対し，実際の預入期間に応じ，最長 10 年間半年複利で元加される定額貯金は 11.91 ％となった。さらに，全額非課税である定額貯金の利回り（C）と定期預金の税引き後利回り（E）とを比較すると，定期預金利率が 10 年間変わら

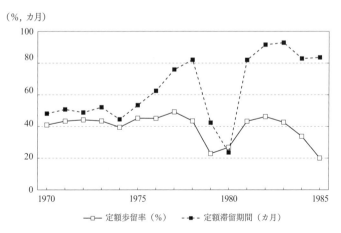

図 3-8　定額貯金の歩留率および滞留期間の推移

出所）郵政省『郵政統計年報 為替貯金編』各年度より作成。
注）歩留率（％）＝（預入額－払戻額）/ 預入額，滞留期間（カ月）＝月平均残高の年間平均残高 / 月平均払戻額。

ないと仮定すれば，10年目には5.37％も定額貯金が有利となる[31]。最高金利時に郵便貯金の限度額である300万円を定額貯金として預け入れた場合を考えてみると，10年後の満期時には，2.1倍以上の643万円（税引き後）となったのである[32]。インフレマインドが定着する一方，1965年の証券危機の記憶から証券投資に躊躇いを覚える家計部門の目に，安全かつ有利なきわめて魅力のある金融商品として定額貯金が映ったとしても不思議ではない。1970年代の金利変動下の定額貯金は，リスクを回避する一方，金利差にも敏感な貯蓄者層にとって，金融資産の価値の目減りを回避しつつ，新たな資産形成の機会を与えてくれる数少ない手段だったのである。

　ところで，このような預替えによる増加を通じ，郵貯資金の性格には大きな変化が生じていた。定額貯金の歩留率と滞留期間を図3-8よりみてみると，歩留率は1978年度までは40％から50％前後で推移していたが，1979年度から80年度にかけて20％台に低下している。また，滞留期間は，1970年度前半は約50カ月で推移していたが，1974年度から78年度にかけて44.5カ月から82.1カ月へと長期化し，その後一転して，1979年度42.4カ月，1980年度23.5

カ月と大幅に短期化した。これは，大量預入により新規の貯金を抱えたことによるものであった。翌1981年度には再び長期化に転じ，それ以降は80カ月を上回って推移している。以上のことは，金利の上昇過程で定額貯金に資金が集中するとともに，大量の預替えが行われたことを意味する。最長10年の長期にわたる預入が可能で，預入時の金利が固定されるという商品特性から，1980年代前半の持続的な金利の低下過程では，高金利時に預け入れられた定額貯金の大部分が払い戻されずに滞留し続けたのである。

1980年の郵便貯金，とりわけ定額貯金の大膨張は，この時期の郵便貯金の預入者が，金利選好によって長期に資金を預託できる層を中心としていたことを示すものといえよう。むろんこれは，高度成長期の所得上昇による個人金融資産の増大を反映したものであるが，明治の開業以来，零細貯蓄機関としての「公共」的位置づけを与えられ，さらに戦後は人為的低金利政策のもとで，相対的に不利益を被った預貯金者に対する「公益」的観点から政府の政策的優遇措置を受けてきた郵便貯金の存在根拠が本格的に問われていく契機となった。さらに郵便貯金の運営面から見るとき，金利の引上げ，金利の引下げの直前に預替えが集中することは，貯金コストが高止まりする一方，滞留期間が長期化することによって，郵貯残高の中に高い利率を適用される資金が占めるシェアが増え，郵便貯金が高コスト体質となっていくことを意味した。このことが，郵便貯金経営における収益圧迫の懸念材料となるとともに「官業による民業の圧迫」として批判を浴びることになったのである。

1980年の「大膨張」は一時的な異常事態であるにとどまらず，この時に流入した資金が郵便貯金に長く滞留することにより，その後の郵便貯金の動向を規定し続けていくことになった。図3-9は，郵便貯金の現金増減額と元加利子増加額を表したものである。郵便貯金の現金増減額は，1970年度約1.1兆円（うち定額貯金0.9兆円），1975年度約3.8兆円（同3.6兆円），1980年度約6.2兆円（同6.6兆円），1985年度約2.9兆円（同3.1兆円）であった。定額貯金以外の貯金現金増減額については，1970年代を通じて微増で推移していたものの，1980年代になるとさらに縮小し，1980年度，1983年度，1985年度に純減がみられた。一方，定額貯金の現金増減額は1970年代後半には4兆円前後であっ

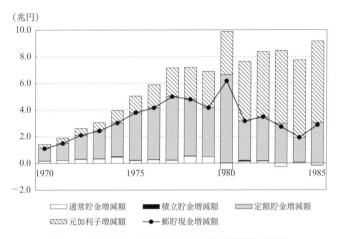

図 3-9　郵便貯金の現金および元加利子増減額の推移

出所）大蔵省『財政金融統計月報』国庫収支特集号，各月より作成。
注1）郵貯純増減額＝郵貯現金増減額－元加利子増減額。
　　2）郵貯現金増減額＝通常貯金現金増減額＋定額貯金現金増減額＋積立貯金現金増減額。

たが，1980年度に約6.6兆円と著増したのち，1981年度以降は新規預入による増加は激減した。元加利子増加額は，1970年度には約3085億円に過ぎなかったが，数年ごとに倍増し，1975年度約1.2兆円，1980年度約3.2兆円，1985年度には約6.1兆円となった。1981年度以降に元加利子増加額が現金増減額を上回る勢いで膨らみ続けた結果，その構成比は1980年度34.4％から1981年度58.6％と急伸し，1984年度には実に75.0％を占めるにいたった。

　1980年の「大膨張」で流入した貯金の元加利子の累積的増大こそが，1980年以後における郵貯残高増大の実相であった。1980年代前半の郵便貯金の増加の大部分は，1980年の「大膨張」をきっかけとした名目的なものであり，郵便貯金は事実上停滞期に移行していたのである。そして，この1980年に「大膨張」を起こした郵貯資金は，そのまま巨大な「塊」となって，その後定額貯金の10年周期の満期の波を生み出すことになる。郵便貯金はこの長期にわたり滞留し続ける高コストの資金を抱えつつ，1980年代後半の証券市場の爆発的拡大＝バブル期へと突入していく。そしてその先には，1990年の大量満期という大きな試練が待ち構えていたのである。

4 小 括

　1970年代後半から80年代半ばにおける国内外のマクロ経済の激動は，郵便貯金を取り巻く環境も大きく変化させた。1970年代を通じ，家計においても収益性を重視する傾向が顕著となり，個人金融資産における現金・通貨性預金の構成比が減少する一方，定期性預貯金の構成比が高まった。金利については，金利の自由化が進むなか，公定歩合が頻繁に変動するようになったことから，日本銀行による公定歩合の改定後，預貯金金利の改定が検討されるというパターンが形成されていった。この預貯金金利の改定にあっては，郵便貯金と銀行預金の金利が二元的に決定されていた。このため，公定歩合の決定から預貯金金利決定までのタイムラグ，そして郵便貯金と銀行預金の利率決定のタイムラグという二重のタイムラグが生じていた。従来こうしたタイムラグの存在は，日本銀行の金融政策との関係を除き，銀行との競合という点ではさして問題とされなかったが，利下げ直前に定額貯金への駆け込み預入が激増したことについては，銀行側の不利益が特に意識され，問題視された。「郵政対大蔵の百年戦争」，あるいは「郵貯対銀行」と巷間評されるようになった構図は，1970年代後半の金利引下げ期の強烈な印象が，遡求的に理解されたという側面を反映したものといえよう[33]。

　金利決定における二重のタイムラグによってもたらされた「郵貯増強メカニズム」が遺憾なく発揮されたのが1980年であった。同年4月から11月の約8カ月間，1974年9月から75年10月までと並ぶ最高利率に達したことから，定額貯金の預払が激増した。以前に預け入れられた定額貯金の預替えが行われる一方，利下げ実施直前の11月には駆け込み預入が急増し，純増額は約1.1兆円を上回った。このような「大膨張」は，付利方法の変更と預替え制度の施行という定額貯金の制度変更によっても促進された。1980年の事態は「郵貯増強メカニズム」がその威力を如実に発揮したものであり，郵便貯金の特異性を金融界全体に印象付ける契機ともなった。

　郵便貯金の金利決定のあり方と定額貯金の商品性については，1981年1月

に内閣の私的諮問機関として設置された「金融の分野における官業の在り方に関する懇談会」（以下，「郵貯懇」）の核心問題として激論が交わされることになった[34]。この答申を受け，1981年9月，郵政・大蔵・官房の三大臣合意によって，「金利変更の場合，郵便貯金金利について，郵政・大蔵両省は十分な意思疎通を図り整合性を重んじて機動的に対処するもの」とされたが，定額貯金の商品特性について改められることはなかった[35]。しかし，郵貯懇の最中，郵貯残高の伸び率は急速に鈍化していたのである。

1980年代に入ると，停滞を続けていた有価証券の人気が株式・投信を中心に復活し，間接金融から直接金融への移行が再開した。金利の自由化と証券市場の規制緩和を背景として，金利選好を強めていた預貯金者は，定期性預貯金の安全性よりも証券の収益性を重視するようになっていった。このため，民間預金の低迷は1970年代より深刻さを増した。相対的なシェア拡大を続けていた郵便貯金も，1970年代に比べ大幅にその伸び率を減らすこととなった。そのため，「大膨張」によって流入した定額貯金の預入期間が長期化する一方，新規の預入は激減していた。1980年代には，大量に滞留していた1980年の定額貯金に元加利子が付加されていくことによって，郵貯残高の伸びは名目上のものとなり，郵便貯金は実質的停滞期に入っていたのである。

このことは，1980年の「大膨張」が，一時的な異常事態であったにとどまらず，その後の郵便貯金の資金としての動向と性格を長期にわたり規定し続けるものであったことを意味する。資金の吸収面でみれば，長期的に滞留することが確実な大量の定額貯金が，10年後の満期日に一斉に流出する懸念があった。この懸念は，次章で論じる「1990年ショック」となって現実化する。資金の運用面では，1970年代後半からの国債増発を受け，郵便貯金が国債に運用されたことにより，「1990年ショック」は郵便貯金の問題にとどまらず，国債問題ともなっていく。郵便貯金は，硬直的で高コスト体質の長期資金を，金利自由化によって価格変動リスクを抱えるようになった国債に運用し続けることで，財務リスクを孕みつつ1980年代を経過することになった。1980年の「大膨張」により，郵便貯金の問題は，官業による民業の圧迫にとどまらず，元加利子の累積的な増大という問題へと変質していくことになる。

第 4 章

金融自由化と「1990 年ショック」
── バブル経済下の郵便貯金 ──

1　バブルの発生と崩壊

　国際金融市場の推移と日本の政策対応から，バブル発生の経過について手短に整理しておこう。1981 年に成立したレーガン共和党政権による「レーガノミクス」の展開により，基軸通貨国が巨額の経常収支赤字と財政赤字の「双子の赤字」を抱えるという異常な事態が生じた。これに対応するため，1984 年に開かれた日米円ドル委員会では，アメリカ側から日本に対して金融自由化要求がなされ，日本の政策日程の俎上に載せられた。1985 年 9 月には，ニューヨークのプラザホテルで G5（アメリカ，イギリス，フランス，西ドイツ，日本）による大蔵大臣，中央銀行総裁会議が開催された。同会議では，日本とヨーロッパの失業率削減および日本の貿易黒字の圧縮が議論となり紛糾した。結果的に，同会議ではドルがファンダメンタルズ（経済の基礎的諸条件）からみて過大評価されているとし，ドルの秩序ある切下げと「必要に応じ市場に協調して介入する」ことを容認するというかたちで決着をみる[1]。いわゆる「プラザ合意」である。プラザ合意は，高金利によるドル高誘導を基調としたレーガン政権の転換点をなすものであり，同政権第 2 期発足にあたって財務長官となったジェイムズ・ベーカーによって主導された。
　これ以後，アメリカは各国に対して全面的に国際的政策協調を要求するようになっていった。日本に対しては，貿易黒字縮小のための内需拡大が強く求め

られた。この事態を受け，1986 年 4 月に取りまとめられた，中曽根康弘首相の私的諮問機関，国際協調のための経済構造調整研究会報告書，「前川レポート」によって日本の内需拡大が既定方針となった。さらに，1989 年 9 月から始まった日米構造協議では，日本型経済システムの改変を迫るアメリカの戦略的通商政策に日本が譲歩するかたちで国際協調が図られた。この間，生活関連社会資本の充実を柱とする公共投資の推進による内需拡大の促進や「市場原理を基調とした施策」への転換等が実施され，「前川レポート」の中身が具体化されていくことになった[2]。金融の自由化と内需拡大が日本の対外公約となり，その後の政策の方向性を決定することになったのである。

アメリカの対日要求が厳しくなった 1980 年代初頭，日本政府はいまだ「小国」の仮定のもとで事態に対応しようとしていたが，1980 年代後半になると次第に「経済大国」としての自覚と自信をもつようになっていった。しかし，基軸通貨国が最大の債務国でもあるという異常な世界経済にあって，対外均衡と対内均衡の調整を一国の政策転換で果たすということはきわめて困難な課題であった。この対応の過程を通じ，日本の財政政策と金融政策には「ひずみ」が生じるようになり，バブルを生み出すとともに，その崩壊，そして 1990 年代の長期不況へと繋がっていくことになる。その過程を少し追ってみよう。

アメリカの金利引下げによるドル安の進行は，対ドル円レートの急激な上昇により，1970 年代に合理化努力によるコストダウンを通じて国際競争力を高めてきた日本経済のリーディングセクターであった自動車，電機，機械等の輸出関連産業に大きな打撃を与えた。日本経済は 1985 年後半から景気が急速に悪化し，「円高不況」の様相を呈した。1983 年半ばから 1 ドル＝220〜230 円であった円ドルレートは，1986 年 7 月に 150 円台に達し，10〜12 月に 160 円台となったものの，1987 年に入ると再び 140〜150 円台で推移した。この間の1986 年 9 月，第三次中曽根康弘内閣は内需拡大と景気梃子入れを目的として，規制緩和等を通じた「民活」により，市街地再開発や新市街地開発を促進することを盛り込んだ「総合経済対策」を発表した[3]。プラザ合意後，日本政府は大幅な経常収支黒字を削減しつつ成長を持続する，内需主導型成長への転換を喫緊の課題として取り組んだ。その背景には，経常収支の大幅な黒字がますま

第4章 金融自由化と「1990年ショック」　109

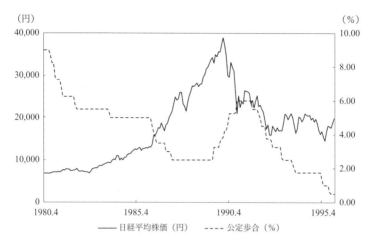

図 4-1　公定歩合と日経平均株価の推移

出所）内閣府「国民経済計算」，日経 NEEDS「NEED-Financial QUEST」より作成。
注）日経平均株価（東証 225 種）は，月間終値（終値ベース）。

す円高圧力を生み出す一方，円の増価が日本経済の急速な発展を支えてきた製造業を中心とする輸出関連産業にさらに大打撃を与えるという懸念があったためである[4]。

　こうした内需拡大路線は，日本政府は緊縮財政による財政均衡化を方針としていたことから，主に金融政策に頼らざるを得なかった。円高不況対策という政策テーマが金融政策の実施を促した。内外からもたらされた課題を受け，金融当局は大幅な金融緩和政策を打ち出した。図 4-1 より公定歩合および日経平均株価の推移をみてみよう。「円高不況」への対応として，日本銀行は 2 年 3 カ月ぶりとなる 1986 年 1 月に 5.0％から 4.5％への公定歩合引下げを実施した[5]。以降，5 回にわたって計 2.5％の引下げを実施し，金融緩和政策を矢継ぎ早に進めた結果，1987 年 2 月から 89 年 4 月まで，当時としては史上最低水準となる 2.5％が維持された。一連の公定歩合引下げは，円高によって原油価格等の輸入物価が低下し，景気回復のテンポが緩やかとなってきたことに対応するものであった。同時に，引下げの決定にあたっては，ドル安円高方向で不安定な動きを続ける為替相場の安定，およびマクロ的な国際協調行動が意識さ

れた[6]。

　日本が金融緩和策を維持し続けなければならなかった背景には，対日貿易収支の巨額の赤字が改善しないことに業を煮やしたアメリカによる対日要求が日増しに強まっていたことが挙げられる。1989年に始まった日米構造協議では，マクロの政策協調にとどまらず，日本経済のあり方にまで要求が及ぶようになった。これがその後，規制緩和を通じた戦後日本的企業システムの変容，さらには郵政民営化が実現されていく遠因ともなった。だがそれ以上に，この時期の金融緩和政策が維持されることになった大きな要因には，1987年10月19日の「ブラックマンデー」の衝撃があった。ベーカーが主導したドル安誘導政策実施後も一向にアメリカの国際収支は改善をみせず，ドル安がドル暴落に転化するのではないかとの危機感が市場に強まっていた。こうしたなか，インフレ懸念から同国の金利が引き上げられるのではないかとの予測に端を発し，ニューヨーク証券取引所の株式が大暴落すると，これが世界の株式市場の急落へと波及していった。世界恐慌の再来を思わせるこの危機的事態は，いったん急落した東京証券取引所が翌日には持ち直したことで終息をみた。しかし，この経験によって，国際金融市場の不安定性が強烈に印象づけられた。同時に，日本が世界経済最後の拠り所であるかのような印象が生まれ，その後の日本の金融政策は，ドル価値の維持という政策目標に縛られることになったのである。

　長期に金融緩和政策が固定されることで生まれた過剰流動性は，高水準の設備投資と証券および土地資産へ向かい，円高で比較的物価が安定していた日本の土地および株式の急騰を生んだ。期待が期待を呼び，資産価格が異常に急伸するとともに，その資産効果を通じて消費も急激に拡大した。バブルの発生である。これに加え，1980年代には世界的にディスインフレーションが進み，世界の過剰マネーが日本に流入した。金融緩和政策が転換する契機となったのは，過剰流動性により加速した資産インフレを抑制することを目的として1989年5月に実施された，3.25％への公定歩合引上げであった。さらに，1990年3月には，プラザ合意以前と同水準の5.25％に引き上げられ，1990年9月から91年6月までは6.0％に維持された。だが，この金融引締め政策の実施にもかかわらず，株価および地価は上昇し続け，1989年12月末に日経平

均株価が 3 万 8957 円の史上最高値を記録するにいたる。1980 年代後半の日本経済においては，円高対策としての金融緩和が国際協調のための通貨政策として維持・継続されるなかで，バブルが進行していったのである。

　しかし，1990 年代に入ると様相は一変した。図 4-1 に示されるように，1989 年 12 月末の大納会で 3 万 8916 円を記録した株価は，1990 年 1 月 4 日の大発会で一転して 202 円安となった。4 月 2 日には 2 万 8002 円にまで下落，5 月に一時 3 万円台に回復したものの，再び 7 月後半から反落し，さらに 8 月 2 日のイラク軍クウェート侵攻を契機として再暴落した。これにより，10 月 1 日の株価は 2 万 221 円という惨状を呈し，その後も小幅の回復と下落を繰り返した。バブル崩壊である。日本銀行は 1991 年 7 月以降，公定歩合を計 7 回にわたって合計 4.25 ％ 引き下げ，1993 年 10 月に公定歩合は 1.75 ％ となった。公定歩合の引下げに連動して預金金利は引き下げられるが，貸出金利はワンテンポ遅れて引き下げられることからタイムラグが生じるため，民間金融機関の利ざやが増大，銀行は史上最高の業務純益を記録した[7]。バブル崩壊の衝撃に日本の金融システムはひとまずもちこたえたが，不良債権問題と資産デフレによる傷は深く，その後の金融危機につながる痛手となった。

　次にこの時期の実体経済の動向をみよう。図 4-2 は主要経済指標の推移を示したものである。これによると，実質 GDP 成長率は 1980 年度から 90 年度にかけて年平均 4 ％ 台であったことがわかる。一方，名目 GDP 成長率は，1985 年度 7.2 ％ から 86 年度 3.6 ％ に低下したものの，1987 年度 5.9 ％ から 90 年度 8.6 ％ に上昇した。円高の急進にもかかわらず，1985 年の「円高不況」は短期間で終息し，1986 年末以降，拡大局面に転じている。その後の展開を考えれば，日本の政策当局の危機意識や経営者の実感と経済の実態との間に齟齬があったことは明らかである。この間，全国市街地価格は 1988 年度の落ち込みを例外として上昇しつづけていた。1980 年代後半に入ると，株価や土地等の資産価格が実態から大きく乖離して上昇するバブル経済に突入していったのである。このような景気の過熱は，過剰流動性が資産投機に向かうなかで生じたものにほかならなかった。ところが実質 GDP 成長率は，1991 年度 2.3 ％ から急速に落ち込み，1992 年度 0.7 ％，1993 年度 −0.5 ％ と低下していく。さらに，

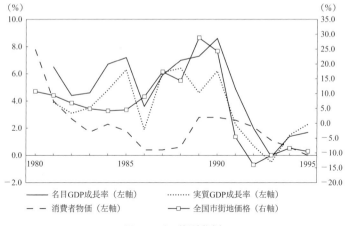

図 4-2　主要経済指標

出所）内閣府「国民経済計算」，日経 NEEDS「NEEDS-Financial QUEST」より作成。
注 1 ）GDP は，2000 年基準（1993SNA）。
　2 ）消費者物価は，全国総合消費者物価指数（生鮮食品を除く総合，2010 年＝100）の対前年度増減率。
　3 ）全国市街地価格は，全用途平均（2010 年 3 月末＝100）の対前年度増減率。

　1985 年以降急騰していた市街地価格は，1990 年 9 月をピークに下落に転じた。この時の地価下落には，大蔵省が 1990 年 3 月に「不動産関連融資の総量規制」を決定し，4 月から実施したことが大きく影響している。1985 年以降，国土庁や大蔵省は土地の投機的取引を助長する融資の自粛を要請していたが，地価の高騰は止まらず，これに業を煮やした政府および日本銀行は，銀行に対し，不動産業，建設業，そして規制の抜け道となっていたノンバンクの 3 業種に対する融資状況の報告義務を課した[8]。貸出増加額規制が強化されたことを受けて高騰し続けていた地価は，1990 年末から大都市圏を中心に急落した。全国市街地価額の対前年度増減率は，1990 年度 24.3 ％から一転し，1991 年度 －4.6 ％，1992 年度 －14.0 ％，1993 年度 －10.8 ％と類例をみない暴落ぶりを示したのである。

　資産価格急騰の背景には，株式や土地を担保にした銀行・金融機関の貸出急増があった。円高と歴史的低金利によって，海外での直接的な資金調達が容易になり，銀行の大企業や製造業向け貸出は 1980 年代後半から伸び悩んだ[9]。

第4章 金融自由化と「1990年ショック」 113

企業は，安く調達した資金を設備投資に向けるのみならず，本業以外の収益機会と捉え，積極的に資産を運用するようになっていた。このような状況下で金融機関，特に都銀は，企業への貸出に代わる新たな投資機会を見出すことができず，個人向け住宅ローンや中小企業向け貸出，さらに株式売買や不動産向け貸出に傾斜していった。これがバブルを膨張させたのである。バブル経済は，本質的にはいわゆる「財テク」，すなわち企業の巨額の融資による金融資産・財務資金運用，さらには土地投資を前提に，銀行の信用創造機能が極限まで行使された結果であった[10]。資産の急騰は，金融の膨張にとどまることなく，実体経済においても資産効果を通じた消費拡大による好景気を生み出した。

　しかし，バブルが崩壊すると，バブル発生と同様のメカニズムが逆方向に回転し始める。資産価格の急落によって，投資家たちは多額のキャピタル・ロスをこうむり，銀行・金融機関の貸出は回収困難に陥った[11]。資産価格の急落は逆資産効果として現れ，消費収縮と売上悪化によって企業収益は低迷し，日本経済は資産のデフレスパイラルに陥っていった。バブルの発生と崩壊は，アメリカの対日要求による金融の自由化，国際化，規制緩和と並行し，また関連し合っていたことで，その崩壊が金融システムに与えた影響をより激甚なものとした[12]。この時期に国際的な側圧を受けて金融制度改革および証券市場の拡大が進められたことが，バブルを促進する要因ともなり，バブル崩壊の傷をいっそう深刻なものとし，さらにその後の日本経済の長期低迷を生み出す原因の一つとなったのである。

　表4-1は，証券発行による全国上場企業の資金調達の推移を示している。バブル期には，企業の資金調達において資本市場からのエクイティ・ファイナンスが盛行し，ピーク時の1989年には国内から約16.0兆円，国外から約11.1兆円，合計約27.0兆円をエクイティ（株式，転換社債，新株引受権付社債を含む）により調達している。また，普通社債による資金調達は，1988年約1.6兆円から1990年約3.3兆円，1992年約6.7兆円と2年ごとに倍増している。日本の社債市場は，戦後長らく厳しく規制されており，企業は銀行からの長期借入と代替的な社債発行によって資金を調達したり，無担保による普通社債を発行することが困難であり，社債は協調融資の一形態として，リスク分散のための手

表 4-1 証券発行による資金調達状況

(兆円)

年	エクイティ合計			普通社債			調達総額		
	国内	国外	小計	国内	国外	小計	国内	国外	小計
1988	11.4	4.6	16.0	0.9	0.8	1.6	12.2	5.4	17.6
1989	16.0	11.1	27.0	0.6	0.8	1.4	16.5	11.9	28.4
1990	7.3	3.8	11.1	1.8	1.5	3.3	9.1	5.3	14.4
1991	2.3	4.2	6.4	2.3	3.8	6.1	4.6	7.9	12.5
1992	0.9	2.0	3.0	2.9	3.8	6.7	3.8	5.8	9.6
1993	2.4	2.3	4.7	3.7	2.8	6.5	6.1	5.0	11.1
1994	3.7	1.2	4.8	2.9	0.8	3.7	6.6	1.9	8.5
1995	1.3	0.9	2.2	4.9	1.0	5.9	6.2	1.9	8.1
1996	4.6	1.6	6.2	5.9	1.5	7.4	10.5	3.1	13.6
1997	1.3	0.7	2.0	6.3	2.1	8.4	7.6	2.5	10.4
1998	1.6	0.2	1.9	12.5	1.5	14.0	14.2	1.7	15.9
1999	10.6	0.7	11.3	6.7	1.9	8.6	17.3	2.6	19.9
2000	2.1	0.4	2.5	7.8	0.8	8.6	9.9	1.2	11.1

出所）東京証券取引所調査部『証券統計年報』各年より作成。
注1）計数は，東京証券取引所，全国上場企業ベース。
　　2）エクイティ合計は，株式，転換社債，新株引受権付社債の合計。
　　3）普通社債には，海外金融子会社（銀行を除く）によるものを含む。

段とされていた[13]。それが金融自由化の進展によって，主要な日本企業は国内の資本市場よりも外国の社債市場，特にユーロ市場を利用して資金調達を行うようになった。これにより企業は金利コストを抑えることで本業による利益率の低下を補うことが可能となったほか，財テクという新たな収益機会も得た。社債発行による資金調達は，持続的な株価上昇，金利低下，円高基調等に支えられ，1980年代後半以降，低利の資金調達手段となった[14]。このことが，民間金融機関の主要顧客である大企業の「銀行離れ」を招き，遊資を抱えた民間金融機関，特に都市銀行の貸出行動に大きな影響を及ぼした[15]。資金不足経済下で長らく間接金融が優位とされてきた日本経済は，バブル生成のまさにこの時期，国際経済の大変動と外圧に促された国内の制度変更の両面から，大きな転換点を迎えたのである。そこで節を改め，この時期の金融自由化が日本の資産市場にいかなる影響を与えたかをみていこう。これによって，その動向がいかに強烈に郵便貯金の動向を規定していたのかを，背景から明らかにしていくこととしたい。

2 金利自由化と郵便貯金

1) 家計金融資産の変容

1980年代後半のバブル経済の登場とともに，戦後長らく圧倒的な優位を誇っていた間接金融から直接金融への転換が進んだ。この点について，図4-3により1980年から95年までの家計金融資産残高の推移をみてみよう。残高合計は，1980年度約372.0兆円から1985年度約626.6兆円，1990年度約1017.1兆円，1995年度約1256.2兆円に膨らんだ。この点をもう少し時間を区切って追ってみると，1984年から89年にかけて，名目GDPの伸び率が約33.2％であったのに対し，家計金融資産残高は約76.7％とほぼ倍のスピードで蓄積が進んだ。資産残高の増加傾向は1990年代に入っても続いていたが，1980年代に対前年度増減率が平均10％以上という高い伸びを続けていたのに対し，1990年代には平均4％以下と，その伸び率は大幅に鈍化した。資産残高の構成比をみると，現金・預金が約半数を占めており，その残高は1980年度約217.4兆円から1985年度約329.4兆円，1990年度約481.8兆円，1995年度約629.6兆円に増加している。現金・預金を最大とする構成そのものに変化はみられなかったものの，その構成比は1980年度58.3％から1989年度45.6％と1980年代を通じて大幅に低下した後，1990年代に入ると約50％で推移している。これは，1980年代に間接金融から直接金融への移行が進み，1990年代前半に若干間接金融に揺り戻された後，直間比率が膠着したことを意味する。このような現金・預金の伸び悩みは，この時期の家計貯蓄が定期性預金から証券へシフトしつつあったことを示している。

これに対し，各種の金融資産の中でもとりわけ1980年代後半から90年代初頭にかけて著増をみせたのが株式であった。株式市場は，1985年度から89年度にかけて上場会社数，上場株式数，時価総額，売買代金，株価，ファイナンス額等主要指標のすべてにおいて増大し，株価は高騰した[16]。1980年代には，金融資産残高に占める現金・預金の比率が低下し，株式および特に投資信託受益証券を中心とする株式以外の証券，出資金，保険・年金準備金等の比重が増

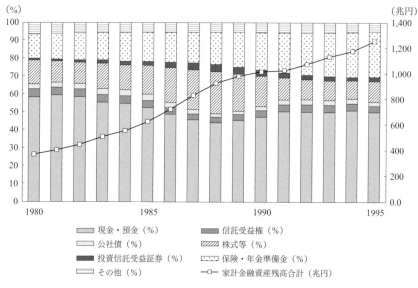

図 4-3 家計金融資産残高の推移

出所）日本銀行「資金循環統計」より作成。
注）1993SNA ベース。

大したことで，金融資産の多様化が進行した。これとともに，規制金利預金から自由金利預金への移行，株式や投資信託等が有する収益性を重視する傾向が，家計貯蓄において顕著になっていった。これに対し，1990 年代には株価暴落による証券市場からの資金の逃避にともない，現金・預金比率が増加に転じ，保険・年金準備金の比重が一段と増え，株式や株式以外の証券，出資金がいずれも大きくシェアを低下させた。日本経済は，金融自由化過程において，高度成長の真っただ中の 1964 年を大きく上回るかたちで直接金融への移行の巨大なうねりをみせたものの，バブル崩壊によって再度頓挫することになったのである。

さて，以上のことを資金過不足の面から俯瞰しよう。図 4-4 は，資金循環勘定により部門別資金過不足の対名目 GDP 比の推移を示している。圧倒的な家計金融資産の増加により，日本経済は 1970 年代に入って資金不足経済から資金余剰（貯蓄超過）基調に転換し，1980 年代になると慢性的な貯蓄超過となっ

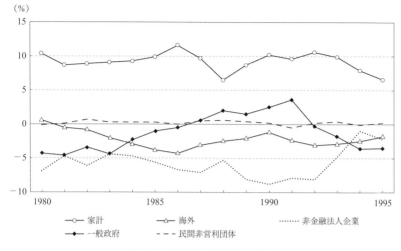

図 4-4　部門別資金過不足の推移

出所）内閣府「国民経済計算」，日本銀行「資金循環統計」より作成。
注1）名目 GDP は 2000 年基準（1993SNA）。
　2）各部門資金過不足 / 名目 GDP × 100（％）

た[17]。この時期においても，高水準かつ安定的な貯蓄超過部門は家計であった。家計部門は，1988 年度 7.5％，1989 年度 8.7％，1990 年度 10.2％と資金余剰を急増させた。この 1980 年代前半の家計貯蓄超過分が向けられていたのは，一般政府部門であった。資金不足部門になっていた政府は，財政再建の努力の下，1987 年度になると資金余剰部門に転換し，1991 年度には 3.6％の貯蓄超過となった。しかし，翌 1992 年度には景気低迷によって税収が減少する一方で景気対策等の支出が増大したことにより，資金余剰が 0.5％へと大幅に下落し，1993 年度以降は資金不足部門に転落，その不足幅がいっそう拡大していった。

　海外部門は，1981 年度以降資金不足部門となった。これは，日本の経常収支の黒字拡大を反映している。1986 年度から 90 年度にかけて不足を減らしているのは，先述したように金融の自由化および国際化の進展によって海外からの資金調達が容易となり，企業のあいだで海外でのエクイティ・ファイナンスが盛行したことにもよる。これに対し，法人企業はそのバランスを変動させな

がらも，一貫して資金不足部門であった。1970年代後半から設備投資が停滞したことにより，1980年代半ばにかけて資金不足がいったん縮小したものの，1980年代後半になると，再び設備投資が活発化し，特に1989年度から91年度にかけ，約10％の伸びとなった[18]。バブル経済期の資金調達は，金融取引＝マネーゲームによるものであったという印象は拭えないものの，この時期を通じ，企業は低利の資金を市場から調達し，意欲的に設備投資も拡大させていたのである。このことに見られるように，1980年代末から90年代初頭にかけて法人企業部門は外部資金依存から脱し，旺盛な設備投資や財テク資金の運用により資金不足部門であり続けた。しかし，1990年代半ばになると，景気低迷とともに資金不足は解消に向かっていく。次に，このような動きを助長することになった金利自由化の進展が郵便貯金とどのように関わっていたかにつき，より立ち入ってみていこう。

2) 預貯金金利自由化と郵便貯金

　日本の金融自由化・国際化は，1984年から85年にかけて矢継ぎ早に政策展開が進められた。金利自由化の諸措置は，先述の1984年5月「日米円・ドル委員会報告書」とそれを受けた大蔵省の指針「金融の自由化および円の国際化についての現状と展望」，1985年7月「アクション・プログラム」，1987年6月「金融・資本市場の自由化，国際化に関する当面の展望」に沿って推進された[19]。自由化は，「大口から小口へ」を基本方針とし，信用秩序に混乱をもたらすことのないよう，経済構造の変化，経済の安定成長への移行にともなう資金フローの変化，さらにこれを反映した国民の金融に対するニーズの変化に対応し，業態間の利害を調整するかたちで進められた。

　表4-2は，金利自由化の実施状況をまとめたものである。金利自由化は，1979年5月に預貯金市場形成の第一歩としてCD（譲渡性預金）が創設された後，1985年3月に大口定期預金金利が自由化され，1994年10月に流動性預金金利が完全自由化されるまで実に約15年の歳月を要した。定期預金金利の自由化はまず，1985年3月のMMC（市場金利連動型定期預金）と同年10月の自由金利型大口定期預金の導入により開始された。以降，最低預入額の引下げと

第4章　金融自由化と「1990年ショック」　119

表4-2　預貯金金利自由化の進捗状況

年度	定期性預金				流動性預金
	大口（1000万円以上）		小口（1000万円未満）		
	自由金利型定期預金	MMC（市場金利連動型定期預金）	MMC（市場金利連動型定期預金）	自由金利型定期預金	
1985. 3		【導入】5000万円以上（1〜6カ月）			
10	【導入】10億円以上（3カ月〜2年）				
1986. 4	5億円以上	（1カ月〜1年）			
9	3億円以上	3000万円以上			
1987. 4	1億円以上	2000万円以上（1カ月〜2年）			
10	（1カ月〜2年）	1000万円			
1988. 4	5000万円以上				
11	3000万円以上				
1989. 4	2000万円以上				
6			【導入】300万円以上（6カ月・1年）		
10	1000万円以上	【廃止】自由金利型定期預金に事実上吸収	（3カ月・2年・3年）		
1990. 4			最低預入金額300万円から100万円に引下げ		
1991. 4			最低預入金額100万円から50万円に引下げ		
11			300万円以上のものは自由金利型定期預金に事実上吸収	【導入】預入額300万円以上の自由金利型定期預金（スーパー定期, 3カ月〜3年）の発売開始	
1992. 4〜6			小口MMCの最低預入金額制限撤廃		【導入】貯蓄預貯金の取り扱い開始（市場金利連動型）
1993. 4〜6			（小口自由金利型定期預金に吸収）	定期性預貯金の金利完全自由化	
10				変動金利預金および中長期預金の取扱開始, 期間3年までの変動金利預金, 期間4年までの固定金利預金（中長期預金）	
1994.10				5年までの固定金利導入	流動性預金の金利自由化実施
1995.10				固定金利型定期預金の預入期間制限の撤廃	

出所）大蔵省『銀行局金融年報』各年度より作成。

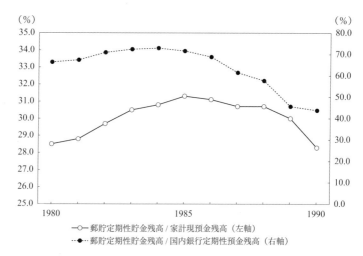

図 4-5 家計現預金残高に占める定期性貯金残高

出所）日本銀行「時系列統計データ検索サイト」より作成。

預入期間の枠拡大が段階的に実施されるとともに，CD 発行条件の緩和が進められた。1989 年 10 月に自由金利型定期預金の最低預入金額が 1000 万円以上に引き下げられ，過渡的な商品であった大口 MMC は自由金利型定期預金に事実上吸収された。これによって，大口定期預金の自由化が完了した。この大口預金金利自由化の進展の過程は，特に 1988 年 4 月の少額貯蓄非課税制度廃止後に規制金利預金が不振となるなか，大口の自由金利商品が好調であったことが，民間金融機関に小口預金金利自由化の円滑な対応への素地を作るとともに，小口預金者からの小口預金金利自由化への要望を醸成したとされる[20]。図 4-5 によって郵便貯金定期預金と国内銀行定期預金の比率をみると，大口の自由金利型定期預金が導入されたことによって，1980 年代後半より銀行の失地回復が進んでいることがわかる。

問題は，小口定期預金と流動性預金の金利自由化にあった。すでに 1986 年 5 月，大蔵省銀行局長の私的研究会である金融問題研究会の報告書「小口預金金利の自由化について」において，小口預貯金金利の自由化にあたっては，保有残高が約 130 兆円に達し，個人預貯金の約 3 割のシェアを占めている郵便貯

金の存在を無視することができないとし、「郵便貯金と民間預金とのトータル・バランス」を図る必要性が指摘されていた[21]。この点について、図4-5より家計現預貯金残高に占める郵貯定期性貯金残高の割合を確認しよう。この割合は、1980年度28.5％から1983年度以降30％台で推移している。一方、国内銀行の定期性預金残高に対する郵便貯金の定期性貯金残高の比率は、1980年度60.4％から上昇し、1982〜85年度時点では70％を上回るようになっていたから、その影響は無視できないと考えられた。大蔵省はMMC導入の環境整備のため郵政省と協議を開始し、定額貯金の商品性とともに、郵便貯金の金利決定や税制面における民間金融機関との不均衡の是正を求めた。しかし、郵政省側は定額貯金のMMC化を主張し、数次にわたる折衝は難航することになった[22]。

　このような状況に変化が生じたのは1988年末であった。第二次オイルショック後、1980年の金利ピーク時に大量に預け入れられた定額貯金の集中満期を1990年に控え、郵政省はその預替えの受け皿となる新商品を必要とし、他方で少額貯蓄非課税制度の廃止（1987年9月25日「改正所得税法」公布、1988年4月1日施行）により、1988年夏以降、規制金利預金の不振が続いた民間銀行は、小口MMCの導入を喫緊の課題としていた[23]。こうした背景から、郵政省と民間銀行の双方に歩み寄りの機運が生まれ、1988年12月に大蔵省、郵政省、民間金融機関の三者間において、小口MMC導入に向けた合意が成立した。その内容は、民間銀行預金と郵便貯金が異なる条件下で、異なる商品で競争し、さまざまな問題を生じさせてきたことを踏まえ、官民の間で大幅な資金シフトが生じることがないよう、①小口MMCについては、銀行、郵便局とも共通の商品性をもたせること、②定額貯金については、その肥大化防止策として上限金利を設けること等を骨子とするものであった[24]。

　以上の合意を受け、1989年6月に民間銀行と郵便貯金の共通商品として、小口MMC（郵便貯金の商品名は「MMC貯金」）が導入された[25]。小口MMCは、代表的な短期金利である「CD平均発行金利−0.75％」以下を上限金利として設定し、その範囲内で各金融機関が預入期間等に応じて自由に利子を設定できるものであった[26]。小口MMCは、最低預入単位300万円、上限金利は期間が

長いものほど高金利になる商品として，従来の規制金利の預入期間 6 カ月また
は 1 年ものと並行して新設された[27]。1989 年 10 月に預入期間の多様化（3 カ
月，2 年，3 年ものの追加）が進められる一方，最低預入金額が 1990 年 4 月に
300 万円から 100 万円，1991 年 4 月に 50 万円へと引き下げられ，1992 年 4 月
に小口 MMC の最低預入金額制限が撤廃された[28]。さらに，1991 年 11 月には
預入金額 300 万円以上の自由金利型定期預金が導入され，同単位の小口 MMC
が吸収された。これにより，完全自由型定期預金は，1000 万円以上の「大口」
と 300 万円以上 1000 万円未満（名称は，民間銀行「スーパー定期」，郵便貯金
「ニュー定期」）の 2 種となったのである。

　1991 年 11 月からの 300 万円以上の預金における金利自由化が決定した 1990
年 12 月，大蔵省と郵政省は，1000 万円未満の定期性預金金利の自由化につい
て次の合意をみた。まず，自由金利型定期郵便貯金の利率については，①市場
金利全般の動向に配慮しつつ，一般の金融機関の平均的な金利水準を勘案して，
郵政大臣が定めること。②民間金融機関の金利形成に強い影響を与えたり，銀
行から郵便貯金への資金シフトが起きたりしたときには，大蔵省と郵政省は金
利に関して協議を行い，必要な措置を講じること。また，③郵政省は自由金利
定期郵便貯金その他地域の個人金融にかかわる民間金融機関の意見等を聴取す
る地域懇談会および中央懇談会を設けること，等であった[29]。

　さらに，大蔵・郵政省間において「郵便貯金は民間預金金利に連動すること
を原則とする」との合意が成立したのは，1992 年 12 月のことであった。足掛
け 3 年にわたる折衝の末，1993 年秋の自由化後の定期郵便貯金（自由金利定期
郵便貯金）の利率は，①郵便貯金が市場金利全般の動向に配慮しつつ，民間の
預金金利に連動することを原則とし，②民間の自由な金利決定を阻害しないよ
う金利体系全体の整合性の保持を図るとともに，③預貯金者利益の確保にも配
慮することにより，郵便貯金を含めた全体の金利自由化の円滑な実施に資する
こととされた[30]。これをもって「郵便貯金法」の改正が行われる等，定期預金
金利の完全自由化実施に合わせた定額貯金の金利自由化対応が進められた。
1993 年 6 月に市場金利連動型の定期貯金が廃止されると同時に自由金利型定
期預金の最低預入金額が撤廃され，郵便貯金の定期貯金はすべて自由金利と

なった[31]。これにより，預入金額300万円以下の小口定期性預金金利の完全自由化が完了した。

　以上の決着をみた後，金利自由化の最終プロセスとして，交渉は流動性預金金利に向かった。1994年4月に「流動性預金金利自由化に関する大蔵・郵政両省間合意」が成立，これを受け，同年10月に流動性預金金利自由化が実施された[32]。この両省協議では，当時郵貯通常貯金と民間普通預金との間に存在していた1.1％の金利差が問題の焦点とされた。本来，国家によって安全性を保証されている郵便貯金の金利は，民間同種の預金金利より低利で提供されるのでなければ，金融システムとしては整合性を欠くことになるが，この1.1％の金利差については，大蔵省が郵政省の主張をほぼ認めるかたちで合意がなされた[33]（その理由については後述する）。以上の流動性預金金利の自由化をもって，すべての金利自由化が完了したのである。

3　郵便貯金の「1990年ショック」

1) 1990年の満期集中

　すでにみたように，公定歩合が年利9.0％という高水準にいたった状況を反映し，定額貯金は年利8.0％という過去最高の利回りを実現した。図4-6は，定額貯金の預入額および払戻額の推移を示している。1980年4月から11月の8カ月の間における定額貯金預入は約32兆円（うち新規預入額約30兆円）であり，そのうち約14兆円（約3000万件）が最長預入期間である10年にわたって滞留し続けた。この定額貯金は11.9％の高利で倍増したことから，元加利子合計額は約34兆円に達していた。このような満期償還金は，1990年4月に合併し，都市銀行において預金量（CD等を除く）がトップとなった太陽神戸三井銀行の29兆3000億円を上回る規模であった。バブルに沸き立つなか，定額貯金の満期償還金がどのようなかたちで処理されるかが喫緊の課題となっていたのである。この満期償還金をめぐっては，郵便貯金と証券，あるいは銀行等民間金融機関との間で熾烈な争奪戦が繰り広げられることが予想されていた[34]。

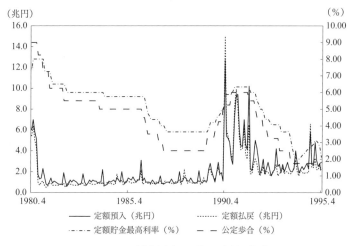

図 4-6　月別定額貯金の預払と金利の推移

出所）郵政省『郵政統計年報 為替貯金編』各年度より作成。

　郵政省貯金局では，満期集中に備えて 1987 年から対策を練り始め，1 年前から資金再吸収に向けた営業戦略「V90 作戦」を展開，外務員制度を通じた戸別訪問によって満期時における自動乗換の手続き等の体制を整えていた[35]。また，大蔵省と郵政省の折衝によって，郵便貯金の預入限度額が 1990 年 1 月に 500 万円から 700 万円に引き上げられたことで，定額貯金の満期償還金を元利ともに再預入して継続することが制度上可能となった[36]。結果は予想に反し，1990 年中には税引き後の元利償還額の 8 割ほどにあたる約 28 兆円を，通常貯金や MMC 等への振替を含め，郵便貯金が再吸収したとされている[37]。しかし，その過程はきわめて複雑で，証券市場と預貯金市場との競合，預貯金市場内部での郵便貯金と民間金融機関との競合という二重の過程がからみあっていたのである。この点につき，次に証券市場の動向から見ていこう。

　1980 年代後半の証券市場は株価上昇および株式売買の活性化によってバブルに沸いていた。1982 年以降，堅調な株式市況を背景として大量に設定された株式投資信託の純資産総額は，1981 年 12 月末 4 兆 63 億円から 89 年 12 月末 45 兆 5494 億円に拡大した[38]。図 4-7 は，株式投資信託と公社債投資信託を

第4章　金融自由化と「1990年ショック」　125

図 4-7　証券投資信託の推移

出所）東京証券取引所調査部『証券統計年報』各年より作成。
注）資金増減＝設定額－解約額－償還額

合計した証券投資信託全体の純資産総額の推移を示したものである。国内景気の拡大基調を背景とした好調な企業業績に支えられ，1989年3月下旬から上昇局面で推移していた日経平均株価は，図4-1でみたように1990年の大発会から下落に転じた。わずかその9カ月後には株価水準が約52％まで切り下がり，株式時価総額でみれば，1989年末の約611兆円から90年9月末に約344兆円と約267兆円減少した[39]。これを反映し，1989年12月に4兆9619億円を記録した投信設定額についても，1990年9月には1兆3085億円と激減することになった。資金増減（＝設定額－解約額－償還額）についてみると，株式市場の好調により設定額が4兆9619億円となった1989年12月に1兆1568億円の資金流入があったものの，1990年3月以降マイナスに転じ，10月までの8カ月間における投資信託からの資金流出額は約3.9兆円に及んだ。これは，1986年から87年にかけて大量に設定された株式投信のスポット商品が順次償還を迎え，解約が大幅に増加したためである。1991年以降，株式市場が低迷すると，投資信託はさらなる運用成績不振に陥ることとなり，1991年3月には，2兆8511億円の解約と5729億円の償還が生じ，資金純減額は1兆5955億円に達した。この結果，1990年度には3兆8343億円，1991年度には4兆

6869 億円の資金が証券市場から流出したとみられる[40]。

　株価低迷による投資家心理の冷え込みに追い打ちをかけたのが，金融・証券不祥事の多発であった。バブルの崩壊過程では，大手銀行での不正融資仲介や架空預金，証券会社での大口投資家に対する株式投資の損失補填や反社会的組織への資金提供等，金融・証券界の不祥事が次々と発覚した。これらの不祥事は，一般投資家の株式市場に対する信頼感を失墜させ，市場からの離反を決定づけることとなった[41]。銀行や証券会社に対する批判をふまえて，「証券取引法」の改正による損失補填の禁止，証券取引等監視委員会の設置等の諸措置がとられた。不祥事防止体制が強化されたにもかかわらず，すでにこの時点で金融機関だけでなく金融・証券監督当局のモニタリング機能そのものが国民不信の対象となり，日本金融制度は戦後類例をみない異常な事態に立ちいたった。

　家計部門の資産運用は，バブルを通じて収益性に敏感になり，多様化が進んでいたが，株式崩落と明るみになった金融証券不祥事を機に，預貯金市場にシフトした。銀行定期預金は 1989 年 4 月から 91 年 3 月にかけて大幅に純増しており，月末残高は 1989 年 4 月約 122.1 兆円から 90 年 4 月約 143.5 兆円，91 年 4 月約 161.3 兆円と，毎年度約 20 兆円ずつ純増した。これに対し，郵貯定額貯金の月末残高は 1989 年 4 月約 115.5 兆円，90 年 4 月約 106.8 兆円と伸び悩みがみられた。図 4-8 は定期性預貯金残高の月中純増額の推移を示している。満期集中を迎えた 1990 年についてみると，4 月の定額貯金への預入額は約 10.4 兆円，払戻額は約 22.2 兆円であったため，純減額はひと月で 11.8 兆円を記録している。同年 4 月から 11 月までの 8 カ月間の預入額は約 44.9 兆円であったのに対し，払戻額は約 59.0 兆円であり，この間の純減額は約 14.1 兆円に達した。つまり，1980 年の「大膨張」時には，払戻の大部分が再度定額貯金に預け入れられたのに対し，1990 年には巨額の資金が定額貯金から流出したのである。当初予想されたような大量流出ではなかったとはいえ，証券市場の崩落とともに生じた巨額の資金シフトについて，銀行定期預金と定額貯金はこのとき一瞬明暗を分けたことになる。これは，銀行定期預金が証券市場から流出した資金だけでなく，定額貯金の満期資金についても一定程度吸収したことによるものと考えられる。

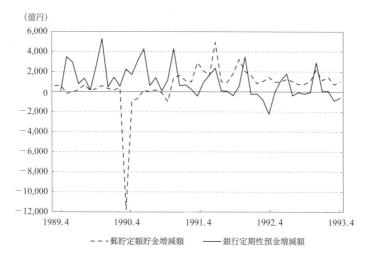

図 4-8 定期性預貯金残高の月中純増額の推移
出所）日本銀行調査局『日本銀行　金融・経済データ 2000』より作成。

　この一時的な停滞を越え，定額貯金は 1991 年 12 月になると預入超過，純増に転換していく。これ以降，国内銀行の定期預金が 2 度のボーナス期に季節変動の周期性をともなって資金を獲得したのに対し，定額貯金には安定的かつ持続的な流入が続いた。最大の競合相手である証券が失速するという，競争上絶好の環境にあって，この時期銀行定期預金が好調に推移したのに対し，定額貯金が満期資金の流出を完全に再吸収することができず，むしろ一時的とはいえ後退をみせた後に回復に転じるという複雑な動きを示した理由はどのようなものであったのだろうか。次にこの点をみてみよう。

2) 郵貯シフトの衝撃

　1990 年から 91 年に定額貯金が純流出から純流入に大きく振れた背景には，すでに見た金利自由化の進展による銀行預金の魅力向上とともに，長短金利差の縮小という金利環境の変化があったことが大きく影響していた[42]。この間の金利の推移について，図 4-9 よりみてみよう。CD（90〜180 日未満）と自由金利型定期預金（大口 2〜3 カ月未満）の金利はほぼ連動し，同一水準で推移して

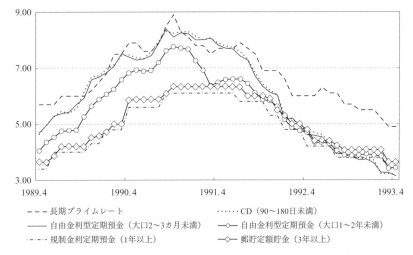

図 4-9　金利の推移

出所）日本銀行「時系列統計データ検索サイト」より作成。

いるが，1989年8月以降自由金利型定期預金（大口2〜3カ月未満）が高騰し，同年11月から1990年1月にかけて長期プライムレートの水準を上回るようになった。このような長短金利の逆転現象により，1000万円以上の大口定期預金のうち，1〜2年未満ものよりも預入期間の短い2〜3カ月ものや3〜6カ月もののほうが高利率で推移した[43]。金利上昇局面では，CD（90〜180日未満）や自由金利型の大口定期預金は，規制金利である銀行定期預金（1年以上）や郵貯定額貯金（3年以上）に比べ，市場によって決定される金利水準が即時に反映され，金利引上げ幅も大きかった。このことから，自由金利型定期預金（大口2〜3カ月未満）は，1992年3月まで定額貯金（3年以上）の利率を上回って推移し，特に1989年11月から90年9月には，規制金利の定期預金や定額貯金との間に最大2.5％の金利差が生じていたのである。

公定歩合が1990年8月に6.0％に引き上げられると，大口定期預金金利は翌9月から1991年3月にかけて8.0％を上回って推移した。これに対し，定額貯金の利率は，1990年9月に5.88％から6.33％に引き上げられ，1991年7月までその水準が維持された。とはいえ，図4-8にみられるように，郵貯定期

性貯金の純増は，銀行定期性預金の純増を上回りつづけた。この13カ月間の定額貯金最高利率（3年以上）は6.33％，10年満期時点の最終利回りは8.648％（半年複利，課税前）となり，当時の預入限度額の700万円を預けた場合，元利合計額は1200万円以上となったからである[44]。ただしそれ以上に，1989年から90年には，金利の自由化の進展の中で登場した長期貯蓄性金融商品，特に確定利回り商品「ビッグ」や「ワイド」の資金吸収力が顕著に高まっていた。ワイドは，日本興業銀行等の長期信用銀行が取り扱う複利型利付金融債であり，半年複利で5年満期の固定金利商品であった。1981年の発売後，1990年9月に年平均利回りが最高水準の9.606％に引き上げられた際には，1カ月で約4000億円の純増額を記録した。また，信託銀行の主力商品「ビッグ」は，変動金利商品の複利型貸付信託であり，「5年もの年平均利回り9.63％」の広告で人気を博した。ビッグもワイドと同じく，1981年の発売以来最高利回りとなった1990年4月には，販売以来最高純増額を記録した[45]。このため，1990年度に満期を迎えた定額貯金や民間定期預金からワイドやビッグ等に資金が流出していたものとみられる。民間定期預金も小口の規制金利預金を中心に不振となったのである[46]。

　バブル崩壊後景気停滞局面に入ったことに対応し，日本銀行が公定歩合引下げを実施し，景気対策を本格化させたのは，1991年7月のことであった。これに続く1991年11月，12月，1992年4月，7月の利下げ実施によって，公定歩合は6.00％から3.25％となった。この間には，株式市場の崩落に始まった資産デフレが地価に波及し，地価は決して下落しないという戦後「土地神話」が揺らぐなか，土地担保金融によって膨張していた信用は急速に収縮した。保有株式や土地価格の下落によって，企業財務は痛められ，銀行による貸し渋りも現れるようになり，景気は悪化の一途を辿っていくことになる。公定歩合は1993年2月に0.75％幅で引き下げられ，当時としては史上最低水準の2.5％で推移するようになった[47]。

　これにともない，規制金利である定額貯金および定期預金についても段階的な金利引下げ局面に転じた。金融自由化によって，1991年1月に自由金利型大口定期預金（1～2年未満）の金利は7.26％から6.36％に1％近く引き下げ

られ，規制預金金利とほぼ同水準で推移していた。1992 年 4 月以降は，自由
金利型の定期預金が大口（1000 万円以上），CD（5000 万円以上），小口 MMC
（300 万円未満）ともに規制定期預金金利と同水準に近づいていった。1993 年 7
月の定期性預貯金金利の完全自由化まで，規制金利と自由金利が併存していた
ことから，市場連動型 MMC や自由金利型定期預金と規制金利定期預金との金
利差，および預入期間の長短による金利差が狭まっていった。市場金利とは異
なり，規制金利下では段階的な金利決定によって，公定歩合の決定から預貯金
金利決定まで約 10 日から 2 週間ほどのタイムラグが生じていた。このため，
利下げ直前には，定額貯金および民間銀行の預入期間が長期の定期預金に，小
口 MMC や自由金利型定期預金からの資金シフトが生じた[48]。このような資金
シフトは，数次にわたる公定歩合引下げによって金利先安観が高まるなか，規
制金利が相対的に高い水準で推移したことから比較的長期間続いた。特に，預
貯金の中でも最長の 10 年間固定金利である定額貯金には，1993 年 1 月に預入
額約 13.7 兆円，払戻額約 12.6 兆円という史上最大の預替えが起こったのであ
る[49]。

　図 4-10 は，種類別郵便貯金の元加利子および現金増減額の推移を示したも
のである。定額貯金の現金増加額は，1980 年度には約 6.6 兆円を記録したが，
その額は 1981 年度には半減し，1987 年度になると 4460 億円にまで落ち込ん
でいる。これに対し，郵便貯金の元加利子増減額は，1980 年度約 3.2 兆円から
83 年度約 5.5 兆円に膨らみ，以降 1985 年度に 6 兆円台，1987 年度に 7 兆円台
に達している。定額貯金金利は 3 年目から最高金利が適用されるため，1980
年度に 34.4％であった郵便貯金の増加額に占める元加利子の割合は，1983 年
度 66.7％に上昇し，1987 年度になると実に 93.5％を占めるにいたり，郵便貯
金増加額の大半が元加利子によるものだったことがわかる。1988 年度には少
額非課税貯蓄制度の改正等の影響から定額貯金額は 1 兆 7452 億円の増加をみ
たものの，翌 1990 年度は満期到来によって 4 兆 4594 億円の大幅減少となっ
た[50]。しかし，翌 1991 年度になると郵便貯金への資金シフトが起き，定額貯
金の現金増減額は，1991 年度約 12.0 兆円，1992 年度約 5.2 兆円，1993 年度約
3.2 兆円と純増した。

第4章　金融自由化と「1990年ショック」　131

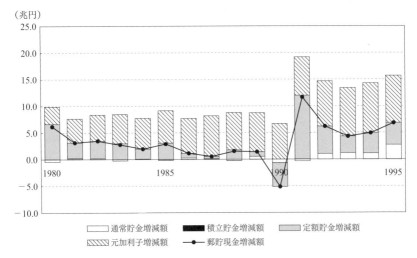

図4-10　郵便貯金の現金および元加利子増減額の推移

出所）大蔵省『財政金融統計月報』国庫収支特集号，各月より作成。
注1）郵貯純増減額＝郵貯現金増減額－元加利子増加額。
　2）郵貯現金増減額＝通常貯金現金増減額＋定額貯金現金増減額＋積立貯金現金増減額。
　3）定額貯金現金増減額は，統計処理の変更にともない，1988年度より「定期性貯金増減額」。

　このことを，図4-11より郵便貯金および定額貯金の残高の推移で確認しよう。1980年代の郵便貯金は，残高ベースでは平均約10％の伸び率を示しており，一見順調に推移していたようにみえる。しかし，対前年度増減率をみると，1980年代後半は停滞的に推移している。この間の郵便貯金の動向を規定していたのは，1980年に預け入れられた巨額の定額貯金の存在と，外部における証券市場の動きだったのである。すでにみてきたように，定額貯金の構成比は，1985年度から88年度にかけて郵貯合計の90％にまで上った。当初予想された郵便貯金からの大流出という事態については，上述のとおり，1990年の証券市場崩落によって，予想されたレベルの大量流出とはならなかった。しかし，規制金利と自由金利が併存するという金利自由化途上における変則的な預貯金市場にあって，1990年初頭に複雑な動きが生じ，流出から一転，翌1991年度に定額貯金は約11.9兆円と過去最多の増加を記録し，1992年度約5.2兆円，1993年度約3.2兆円と連年にわたり資金流入が続いたのである。

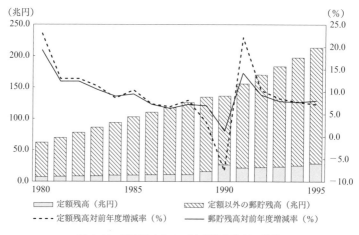

図 4-11　郵便貯金および定額貯金残高の推移

出所）郵政省『郵政統計年報 為替貯金編』各年度より作成。
注）郵貯残高は，定額残高および定額以外の郵貯残高の合計。

　それでは，定額貯金以外の郵便貯金についてはどのような事態が起きていたのであろうか。前節でふれたとおり，当時の流動性預金金利については，郵便貯金通常貯金と民間普通預金との間で1％程度の金利差が存在していた。このとき民間金融機関は完全自由化にあたり，金融システムとしての整合性を図るため，国家保証付きの郵便貯金金利は民間同種金利より低利にすべきであるとして，郵便貯金通常貯金と民間普通預金のイコールフッティングを強く期待した。これに対し，郵政省は通常貯金の「貯蓄的性格」を強調，従来通り民間の普通預貯金より1.1％高い水準で連動させることを主張し，1994年4月に郵政省の主張をほぼ認めるかたちで大蔵・郵政省間で合意が成立した。この合意では，通常貯金と銀行普通預金との金利差「1％程度」を残したまま，あいまいに妥協が図られた[51]。低金利下で金融商品間に金利差をつけることが困難となるなか，金利よりも利便性が重視される流動性貯金に残された1％程度という金利差は，郵便貯金通常貯金の有利性をいささかなりと維持させるものであった[52]。つまり，定額貯金の大量満期集中を前に，少しでも郵便貯金を安定的に確保しておきたいという，資金運用部資金の原資調達にともなう特段の

利害が大蔵省側に生じており，郵政省に対して妥協を図る必要が生まれていたのである。というのも，1990年の郵便貯金＝定額貯金の落ち込みは一時的現象であり，結果としてその影響は軽微であったようにみえるが，この時の流出は資金運用部の運営に波及するものだったからである。1991年度国債発行計画では，市場の要望に沿って長期・短期国債がいずれも増額されたにもかかわらず，1990年度の郵便貯金の資金不足によって資金運用部引受が激減した[53]。郵政省自身にとどまらず，大蔵省資金運用部にとっても，財投原資としての郵便貯金の資金吸収力の維持による安定的な資金確保の必要が痛感されることとなった。「1990年ショック」は，金融証券市場の自由化の進行により，定額貯金を中心とした郵便貯金の動向が，その運用面から財政にとっての大きなリスク要因となったことを意味したのである。

　以上，郵便貯金のこの時期の動きに視点を転じ，金利自由化過程における郵便貯金のクライマックスをなした1990年初頭の大量流出・大量流入に焦点を当て，この時期の郵便貯金の性格について検討を行った。この結果を踏まえ，次節では金利自由化過程における国債流通市場の成立と展開が，金融の自由化と国際化と絡み合いながら，市場当事者に潜在的な価格リスクを醸成するようになっていった過程についてみていこう。

4　均衡予算主義の終焉と国債流通市場の形成

1）戦後日本における赤字財政の生成

　本節では，後論との関係で，この時期の財政政策の基調にも視野を広げ，金利自由化が国債市場に与えた影響についてみておきたい。制度的に不即不離の関係にあった郵便貯金と国債は，金利自由化によって市場を通じて，影響しあうようになった。このことを踏まえ，金利自由化の与えた国債市場への影響について，時期をやや遡るかたちで振り返っておくこととしたい。

　表4-3は，国債発行額および残高の推移を示したものである。教科書的説明によれば，戦後の日本の長期国債には，資産が後世に残るものの財源とされる

表 4-3　国債発行額および残高の推移

(兆円)

年度	国債発行額 合計	国債発行額 新規財源債	国債発行額 建設国債	国債発行額 特例国債	借換債	国債残高	残高/GDP (%)	国債依存度 (%)	国債費 (当初)	国債費/一般会計 (%)
1975	5.7	5.3	3.2	2.1	0.4	15.0	9.8	25.3	1.0	4.9
1976	7.6	7.2	3.7	3.5	0.4	22.1	12.9	29.4	1.7	6.9
1977	9.9	9.6	5.0	4.5	0.3	31.9	16.8	32.9	2.3	8.2
1978	11.3	10.7	6.3	4.3	0.6	42.6	20.4	31.3	3.2	9.4
1979	13.5	13.5	7.1	6.3	-	56.3	25.0	34.7	4.1	10.6
1980	14.5	14.2	7.0	7.2	0.3	70.5	28.6	32.6	5.3	12.5
1981	13.8	12.9	7.0	5.9	0.9	82.3	31.4	27.5	6.7	14.2
1982	17.3	14.0	7.0	7.0	3.3	96.5	35.1	29.7	7.8	15.8
1983	18.0	13.5	6.8	6.7	4.5	109.7	38.3	26.6	8.2	16.3
1984	18.1	12.8	6.4	6.4	5.4	121.7	39.7	24.8	9.2	18.1
1985	21.3	12.3	6.3	6.0	9.0	134.4	41.1	23.2	10.2	19.5
1986	22.7	11.3	6.2	5.0	11.5	145.1	42.4	21.0	11.3	20.9
1987	24.9	9.4	6.9	2.5	15.4	151.8	42.2	16.3	11.3	20.9
1988	21.1	7.2	6.2	1.0	13.9	156.8	40.5	11.6	11.5	20.3
1989	21.7	6.6	6.4	0.2	15.1	160.9	38.8	10.1	11.7	19.3
1990	26.0	7.3	6.3	1.0	18.7	166.3	37.0	10.6	14.3	21.6
1991	25.6	6.7	6.7	-	18.9	171.6	36.3	9.5	16.0	22.8
1992	31.0	9.5	9.5	-	21.5	178.4	36.9	13.5	16.4	22.8
1993	38.0	16.2	16.2	-	21.8	192.5	40.1	21.5	15.4	21.3
1994	39.4	16.5	12.3	4.1	22.9	206.6	42.4	22.4	14.4	19.6
1995	46.6	21.2	16.4	4.8	25.4	225.2	45.4	28.0	13.2	18.6

出所）財務省理財局『国債統計年報』各年度，財務省「戦後の国債管理政策の推移」より作成。
注1）国債発行額は収入金ベース。
　2）国債残高は，普通国債のみの額面ベース。
　3）国債依存度は，新規財源債発行／一般会計歳出額。
　4）国債費は当初予算ベース。

建設国債と，経常的経費に充てられる特例国債（いわゆる「赤字国債」）がある。建設国債は，日本の「非軍事化」方針の下，戦後 GHQ によってもたらされた均衡予算主義を迂回するための便法として認められたものであった。一方，一般会計の歳入確保を目的とする赤字国債の発行については，健全財政主義の観点から事実上タブーとされてきた。いずれも国の「借金」であることに変わりはなかったが，アメリカにおいても戦時国債処理の方向性が見出されていなかった当時にあっては，このようなかたちで国債発行に制限が課されたことは，

戦後日本の財政が健全性を維持するうえで有効であったといえる。すでに述べた福田赳夫大蔵大臣のもと，高度成長の踊り場で生じた1965年度の特例国債の発行を除き，ほとんど国債発行が問題とされることはなかった。

国債問題が本格的に問われるようになったことには，高度成長が終焉し，均衡財政主義の維持が困難となったことが大きく影響している。第一次オイルショック後の1974年度には，戦後初のマイナス成長を記録する一方，当時の首相田中角栄と大蔵省主税局との共同歩調で進めた「2兆円減税」により，同年度予算に大幅な税収不足が生じた。1975年度の歳入不足3兆4800億円を補うため，三木武夫内閣の下で行われた補正予算で，約2.1兆円の特例国債の発行が断行された[54]。1975年度の国債発行額の合計は対前年度比約2倍となる5.7兆円となり，以降国債発行額は1976年度7.6兆円，1977年度9.9兆円，1978年度11.3兆円と急増した。1975年度の国債大量発行は，その後の財政問題の起点をなすものとなった。

赤字国債発行を決定した三木内閣の大蔵大臣は，大蔵官僚出身の政治家，大平正芳であった。健全財政主義を「憲法」としてきた大蔵的発想からすれば，オイルショックという非常事態の中でのこととはいえ，その決断はきわめて苦渋に満ちたものであった[55]。大平は1978年12月の総理大臣就任に際し，自らが蔵相として決定した赤字国債＝財政赤字を解消することが「成し遂げなければならない責任の取り方」であると考え，約1年半の政権下で財政構造赤字の処理を最大問題とした[56]。この点について，次に見ていこう。

2) 国債大量償還時代の到来

1975年度以降に発行された国債は，10年ものの長期国債であったため，1985年度以降に償還を迎えることが予想されていた。大平正芳は，1979年1月の所信表明において，「昭和59（1984）年度に特例国債依存から脱却の目標」を掲げ，1980年度の予算編成で1兆円規模の国債発行抑制による歳出削減を図るとともに，歳入増加のため「一般消費税（仮称）」導入の議論を展開した。「五五年体制」がゆらぎを見せ始めつつあるなか，この「一般消費税」導入論に対して，野党は税としての逆進性が強いとの反対論を主張し，世論は強い反

発を示した。1979 年 10 月の衆議院総選挙に際し，大平首相は投票 10 日前に党内からの強い異論によって一般消費税の導入断念を表明したものの，自由民主党は総選挙で過半数割れの大敗を喫した[57]。党内最大派閥である田中派の支援により，かろうじて第二次大平内閣が成立したとはいえ，その政権基盤は選挙敗北にともない脆弱となった。自民党内では，いわゆる「四十日抗争」と呼ばれる熾烈な派閥間の争いが再燃し，事実上分裂状態に陥った。翌 1980 年 5月には，反主流派の一部が欠席するなか，野党によって提出された内閣不信任案が衆議院で可決された。これを受け，大平首相は国会を解散，衆議院・参議院同時選挙が行われることとなったのである。

ところが，その選挙戦の初日，大平首相は病に倒れ，急逝する。自民党は，志半ばで倒れた大平首相の弔い合戦として衆参同時選挙を位置づけることによって大勝した[58]。撤回したとはいえ財政赤字の解消を唱えて「一般消費税」導入による増税を正面に掲げ，総選挙を戦おうとした大平首相の姿勢は，海外から高い評価を受けたものの，国内ではその遺志が引き継がれることはなかった。「五五年体制」はその後しばらく続くことになったとはいえ，大平首相のこの「悲劇」はその後日本の政界に消費税導入＝選挙敗北のトラウマを形成し，消費税による増税をタブー視する空気を生み出した。この一方，こうした経験は米英の新自由主義政策の台頭とあいまって，政権や法人税増税に反発を見せるようになった財界による増税なき財政再建，民間活力の活用，民営化路線が国民的キャンペーンとなっていく動きの，最初の衝撃的「スタートライン」となったのである。

増税による財政再建と政府債務の解消が当分不可能となったということは，成長による増収が担保されないという条件の下で，二つのことを意味した[59]。第一に，財政再建のためには行財政構造の合理化による歳出削減を進めなければならないということである。これは，第二臨調の行財政改革路線によって途につくこととなる。第二に，新たな歳入増の道が閉ざされた以上，当面国債依存による財政運営を継続しつつ，行財政改革の効果を待たねばならないということである。これは，増加する国債の大部分を引き続き従来からの銀行引受に依存することを意味した。

第 4 章　金融自由化と「1990 年ショック」　137

　歳出面については，大平内閣の後を受けた鈴木善幸内閣が「昭和 59 (1984)
年度赤字国債脱却」を最大公約とし，歳出削減による財政改革を推進した。
1981 年 3 月には，土光敏夫を会長とする第二次臨時行政調査会が発足し，「増
税なき財政再建」をスローガンとして，「聖域なき行政合理化」による歳出削
減方針を打ち出し，1981 年度が「財政再建元年」と位置づけられた。1982 年
度予算では歳出枠を原則として前年度以下に抑制する「ゼロ・シーリング（概
算要求枠）」が設定された[60]。ところが，1982 年度には税収の大幅な減少によ
る国債の追加発行を余儀なくされ，国債依存度は 29.7％と前年度を上回った。
1983 年度にはさらなる緊縮予算が展開されたものの，極端な歳出カットに対
する抵抗は大きく，増税がタブー視されるなかでの財政再建の道は険しいもの
となった。大平首相が目指した 1984 年度までの「特例国債依存から脱却の目
標」は，ここに断念を余儀なくされたのである。

　厳しい財政事情の下，1975 年度に大量に発行された国債の本格的な償還を
迎えるにあたって，1984 年 6 月末に「昭和 59 (1984) 年度の財政運営に必要
な財政の確保を図るための特別措置等に関する法律」（法律第 52 号）が公布さ
れ，特例国債の借換発行が解禁された[61]。発行収入金が経常支出の財源に充て
られる特例国債は，それまで借換を行わないこととされていたが，その償還に
あたって借換債発行をやむなしと判断されたのである[62]。これは，国債費を増
大させ，ひいては大量に発行された国債の消化問題に跳ね返ってくる。1985
年度には，国債の大量償還・大量借換への対応が求められ，民間金融機関経営
にとってその引受と保有は耐え難いものとなった。このため，戦後にわたって
事実上封じられてきた国債流通市場の開設を迫る圧力が強まっていき，さらに
外国金融機関による日本の国債市場へのアクセス改善が要求されるようになっ
た[63]。このような内外の圧力は，金融の自由化，二つの「コクサイ化」（＝国
際化と国債化）が大きく推し進められる契機となった。皮肉なことに，1986 年末
に入るとバブル景気を背景として税収が急激に伸び，新規国債発行額（補正予算
ベース）は翌 1987 年度より 10 兆円を下回るようになった。1980 年代後半には，
国債発行額の伸びが鈍化し，各年度の新規財源債の純増額が数兆円規模に縮小，
赤字国債依存からの脱却という目標が着実に進展していった。これにより，1988

年 1 月には大蔵省が 1990 年度の赤字国債ゼロを達成可能とする試算を発表するにいたり，財政健全化がいまや現実のものとなるかにみえた。

　歳入面では，1986 年夏の衆議院・参議院同時選挙に大勝した中曽根康弘首相が同年 9 月の所信表明で税制改革問題を取り上げ，所得税，住民税，法人税の引下げと引き換えに税率 5 ％の売上税の導入を示唆し，これが与野党の対立を激化させた[64]。1987 年 2 月，所得税の減税や非課税貯蓄制度の見直し案とともに，新型間接税として「売上税法案」が国会に提出されたものの，野党の抵抗によって，同年夏に廃案となった[65]。これにより 1987 年度予算の成立は大幅に遅延した。自民党総裁任期満了で退陣した中曽根首相に代わって政権を継いだのは，大平内閣下の大蔵大臣，竹下登であった。1987 年 11 月に発足した竹下内閣では，前内閣の方針を継承し，売上税を消費税（税率 3 ％）と名を変えて国会を通過させた。1988 年度予算の編成過程の 1989 年 4 月，ついに 3 ％の消費税が導入されることになった。これは，折からのバブル景気によって国民の増税に対する痛税感が相対的に鈍っていたという外部環境と，竹下首相の与野党に対する柔軟路線が功を奏したという内部条件が重なったものであった。ここに大平首相が宿願とした消費税が実現したのである。国債の発行額は 1989 年度に 6 兆円台に低下し，1991 年度から 93 年度にかけ，「特例国債依存から脱却」を遂げた[66]。こうして 1975 年度に始まった日本財政の再建構想は，いったん成し遂げられたようにみえた。

　しかし，事態はバブル経済の崩壊によって一気に暗転する。日本経済の長期低迷の中で財政状況は悪化していき，1991 年度 9.5 ％に低下した国債依存度は 1992 年度以降再び上昇していった。1991 年に成立した宮澤喜一内閣は，バブル崩壊後の不良債権に対する公的資金導入問題，政治制度改革問題などに足を取られ，1993 年に内閣不信任案が採決されると解散総選挙を行うも敗れ，自民党による戦後の長期単独政権が終わりを告げることになった。宮澤政権の後を襲った細川護熙の非自民・非共産大連立政権においても国民福祉税構想が打ち出されたが撤回に追い込まれた。「五五年体制」の瓦解によって，日本の政治は不安定性を増し，増税を正面から政策課題とすることはさらに困難になっていったのである。1997 年，第二次橋本龍太郎内閣の下で行財政改革が

再度課題にのぼり，消費税率も5％へ引き上げられたものの，折からの金融危機も相まって，増税による増収効果は，景気悪化による税収減のために完全にかき消されてしまうことになった。こうして日本経済は本格的な長期不況に突入し，消費税は日本の財政政策にとって「呪縛」でありつづけている。このような税制改革が手づまりとなるなか，景気刺激のため大規模な公共投資が進められ，国債発行をともなった財政政策の展開により，1990年代後半の国債残高は膨張の一途を辿ることになったのである。

　以上のような国債発行の進展を，国債を引き受け，消化する側はどう受け止めたのだろうか。次に見ていくこととしよう。

3) 国債流通市場の形成

　国債の民間における消化形態には，金融機関から組織されるシンジケート団（以下，「シ団」）による引受，公募入札，その他民間引受（私募）がある。公募入札は不特定多数の投資家を対象としており，私募は発行者と特定の投資家の相対取引による消化形態である。シ団引受は，その中間に位置するものであり，メンバーを構成している民間金融機関が一定のシェアにもとづいて国債の引受を行う消化形態である[67]。国債保有構造について，表4-4よりみてみよう。国債発行額（収支ベース）のうち，1970年代後半にはシ団引受が国債発行額の約80％を占めており，国債消化の中心的な役割を果たしていた。ところが，1980年代に入るとシ団引受のシェアは次第に低下し，約30～40％で推移するようになった。これに代わって，1978年度より導入された公募入札方式のシェアが1980年度12.0％，1985年度19.5％，1990年度42.2％と増加しているとともに，資金運用部引受が1980年度から87年度にかけて約30％のシェアを占めるようになった。1987年度より郵貯特別会計に金融自由化対策資金が創設され，国債消化の裾野を広げるとともに，長期的かつ安定的な個人消化の促進による国債流通市場の安定化が目指された[68]。

　国債発行金額が少額であった1975年度以前，シ団が引き受けた国債は，一定期間後に日本銀行の買いオペレーション（以下，「買いオペ」）の対象となり，ほぼ全額が吸収されていた。このため，国債を引き受ける民間金融機関に価格

表 4-4 国債保有の構成

(%)

年度	国債発行額(兆円)	シ団引受	公募入札	その他民間消化	民間消化分計	資金運用部引受	日本銀行	金融自由化対策資金	郵便局販売
1975	5.7	78.0	–	–	78.0	15.2	6.8	–	–
1976	7.6	81.7	–	–	81.7	13.8	4.5	–	–
1977	9.9	86.7	–	–	86.7	10.4	2.8	–	–
1978	11.3	82.9	8.8	–	91.8	2.9	5.3	–	–
1979	13.5	72.5	7.7	–	80.2	19.8	–	–	–
1980	14.5	58.6	12.0	–	70.5	29.4	–	–	–
1981	13.8	40.0	17.7	6.9	64.6	33.8	1.6	–	–
1982	17.3	43.2	17.7	5.8	66.8	24.2	9.0	–	–
1983	18.0	32.3	24.0	11.3	67.6	21.7	10.8	–	–
1984	18.1	37.6	21.5	8.3	67.4	22.9	9.7	–	–
1985	21.3	35.1	19.5	8.4	63.0	32.3	4.6	–	–
1986	22.7	41.1	22.1	0.2	63.4	30.5	6.1	–	–
1987	24.9	39.0	24.6	0.1	63.7	26.6	5.6	4.0	–
1988	21.1	39.3	30.7	–	70.0	14.7	5.1	5.9	4.2
1989	21.7	35.1	34.9	0.1	70.1	19.0	–	6.9	4.0
1990	26.0	33.7	42.2	–	75.9	14.9	–	6.4	2.9
1991	25.6	35.9	43.7	–	79.7	7.6	1.7	8.2	2.9

出所）大蔵省財政史室編『昭和財政史 昭和49〜63年度 第5巻 国債 財政投融資』130頁より作成。
注1）国債発行額は借換債を含む収入金ベースである。
　　2）その他民間消化分は私募発行分である。

リスクや資金繰りの問題が生じることはなく，民間金融機関は引き受けた国債を市場で転売する必要もなかった。しかし1975年度以降，国債発行額が日本銀行の買いオペの規模を大幅に上回るようになり，従来の国債発行・消化の枠組みの継続が不可能となった[69]。大量発行によって民間金融機関の引受額が急増し，買いオペで吸収される割合が低下するなかで，市場金利よりも低利の国債を引き受けることにより，シ団側に多額の売却損・評価損が発生するようになった[70]。収益圧迫によって資金ポジションが著しく悪化した民間金融機関は，恒常的かつ大量に国債を売却せざるを得ない状況となったのである。

　大蔵省は発行条件の不利化を恐れ，事実上戦後長らく抑圧してきた国債流通市場の開設を余儀なくされた。大蔵省は，1977年4月に発行後1年以上を経過した国債の売却を容認すると同時に，民間金融機関に対する保有国債の売却

第 4 章　金融自由化と「1990 年ショック」　**141**

自粛要請を緩和した。民間金融機関が保有国債の売却を開始すると，需給を反映した価格が市場で形成され，国債流通市場が機能するようになった。1978年 6 月には市場実勢にもとづいて国債発行条件を決定する公募入札方式が導入され，流通規制措置の緩和・撤廃を契機に数種の国債が発行された。適債基準や財務制限条項といった社債の発行基準についても漸次見直され，公社債流通市場の整備がさまざまに図られた[71]。公社債流通市場の成立は，新規国債の発行条件にも影響を及ぼした。国債の流動化とともに，新規発行債の発行利回りが流通利回りに即して弾力的に変更されるようになり，両者の利回りはほぼ一致するようになった。さらに，発行量についても金融市場の動向に規定され，大蔵省は市場実勢（流通市場金利）を勘案して発行条件を決定せざるを得なくなった[72]。

　この間には，1983 年 4 月銀行等による国債の窓口販売（募集取扱）開始，1984 年 5 月金融機関による国債ディーリング業務への参入，1985 年 12 月フルディーリング業務の開始など，債券市場の価格形成機能が一段と高まった。また，金利低下と銀行のディーリング参入にともなう競争激化によって国債売買が急増した。1984 年度の公社債売買は，実に前年度比倍増の 798 兆円となり，1985 年度 2500 兆円，1987 年度 5000 兆円に拡大した[73]。加熱した短期売買への批判や反省と，財政赤字の縮小による国債発行額の伸び率の鈍化により，1987 年春をピークとして国債取引は縮小に転じた。これに代わって，借換債としての短期割引国債と政府短期証券による現先取引が大きく拡大した。国債流通市場の規模拡大は，巨大な自由金利のオープン・マーケットを形成して金利自由化を加速し，「金融の証券化（セキュリタイゼーション）」の流れを作り出していった[74]。すでに述べたように，預金金利の自由化も段階的に進行し，定期性預金および流動性預金の金利自由化によって，若干のタイムラグをもって二元的に決定されていた民間金融機関と郵便貯金の金利も同様のタイミングで変動するようになった。国債を取り巻く環境も，規制金利と自由金利の混合した状況から脱却し，市場メカニズムにもとづく自由な金利形成を実現していった[75]。国債流通利回りは長期金利の代表的指標であるが，残存期間 1 年未満の期近債は事実上，短期金融商品であった。そこで形成される金利は，短期

金利に影響をおよぼす。残存期間の短い期近債が大量に流通市場に出回った場合には，同期間の預金と競合し，それが貸出金利に波及することになる。「国債を抱いた財政」は，金融自由化と絡み合いながら，金融市場全般に影響を及ぼすこととなり，財政と金融は切っても切れない関係となった。このようにして，財政の動向が国債流通市場を通じて金融市場に影響し，さらに実体経済に影響を及ぼすという機構が成立した。公的金融もまた，資金吸収面＝郵便貯金と資金運用部を通じた国債運用の両面から，このような市場化の波と無縁ではありえなかった。

　ただし，1980年代後半の財政は，バブル経済による増収によって，収支が一度は改善に向かっていた。バブル崩壊後，財政状況が逆転した1990年代前半にあっても，資産価格の急落が金融の自由化および「金融の証券化」の進行とあいまって金融危機に発展し，資産デフレによる不況が長期化するとは，なお予想されていなかった。金融の自由化によって，政府を含めた市場当事者には巨大な価格変動リスクへの懸念が生まれていたとはいえ，その意味が本格的に明らかになったのは，1990年代後半に入ってからのことであった。その帰結が，第5章でふれる2001年4月の財政投融資改革であった。しかしそれはまだ，戦後公的金融再編という事の一面に過ぎなかった。すでに中曽根政権において意識されていたことではあるが，この頃になると，少子高齢化という高度成長後の日本社会の基調変化によって，日本経済の高度成長を支えた「人口ボーナス」が終わりを告げ，「人口オーナス」の時代が始まることが意識されるようになり，日本社会のグランドデザインそのものを再検討することなしには，抜本的な財政再建は困難であることが明らかになっていくのである。

5　小　　括

　1980年代後半の郵便貯金の動向を規定していたのは，第一に，バブルの発生＝証券市場の急激な膨張であった。高度成長期，一度進みかけた間接金融から直接金融への移行の過程は，1965年の「証券恐慌」によっていったん押し

戻され，これによって戦後日本的金融システムが定着することになったが，1980年代後半からの証券市場の勃興は，かつて日本が経験することのなかった直接金融への急激な転換を生み出した。高度成長期の所得上昇によって金利に対する感応度が高まっていた預貯金者の資金が，金融自由化を通じ，預貯金市場から証券市場にシフトしたのである。これにより，戦後当初，占領軍によって思い描かれていたアメリカ的な直接金融中心の体制が，時を経て実現するかのように思われた。1980年代後半，証券市場の勃興のなかで，自由金利型の民間預金と郵便貯金が甚だしく競合したが，そうした状況下でも，郵便貯金は残高ベースでみる限り，着実に増加し続けていた。これは一見すると全銀協等の郵便貯金批判とも一致しており，その後の郵政民営化論に論拠を与えていくこととともなった。しかし，この時期の郵便貯金の伸びの大半は，1980年の「大膨張」時に流入した定額貯金の元加利子による名目的増加に過ぎず，その元加利子を除くと，郵便貯金残高の伸びはほとんど止まっていた。郵便貯金も，この時期の証券化の影響を大きく被っていたのである。1980年代，とりわけその後半は，国民の貯蓄が証券市場に大きくシフトし，預貯金市場が停滞的に推移した時期であり，郵便貯金もまた，その例外ではなかった。

　証券市場が活況を持続し，証券投資による収益が持続的に高まっていく「期待」の下では，1990年の満期解約時に巨額の資金が郵便貯金から流出するであろうことが想定されていた。事実，その動きは現れた。これが「1990年ショック」であった。その後の経過をみれば，1990年の流出は，予想されたほど郵便貯金にとって破局的なものとならずに終わったといえる。これは，預貯金の不振を規定した最大要因である証券市場のバブルが集中満期と同じタイミングで崩壊したことによって，株式市場に流出していた資金が預貯金市場にシフトし，とりわけ安全性の高い郵便貯金に大量に流入してきたためであった。しかし，この過程は一様ではなかった。金利自由化過程における自由金利と規制金利が併存する過渡的な段階にあって，郵便貯金，そして預貯金市場自体が1990年から91年にかけて複雑な動きを示したのである。

　このような金利自由化は，預貯金市場にのみ影響を与えたわけではなかった。戦後日本においては，規制金利体系を守るため，自由な流通市場の成立は認め

られず，国債はシンジケート団引受によってインターバンクで処理された。これにより，国債は金融機関によって保有され，二次的に日本銀行によって買い入れられるかたちでしか流動化されなかった。この時期の金利自由化にとってきわめて重要だったのは，何よりも国債を自由に流動化できるセカンダリー・マーケット＝流通市場の成立であった。ひとたび流通市場が成立すれば，債券発行価格や発行条件は流通市場の実勢を反映せざるを得なくなり，長期金利は市場によって一義的に決定されるようになる。戦後政府が国債流通市場を抑え込んでいた最大の理由は，均衡予算主義ゆえに国債発行による供給量がそれほど大きくなかったという事情に加え，市場による自由な金利の決定が，成長政策にとって必ずしも望ましくないと考えられていたためである。

しかし，国債を引き受けることになる金融機関にとって，1975年の国債大量発行以後，国債を保有しつづけることは自らの収益性の犠牲につながり，その流動化のための機構についての要求が高まっていった。このような国内要因とともに，アメリカの金融自由化要求もあり，国債流通市場が本格的に成立することとなった。この時期，資金運用部資金を通じ，国債の20～30％台を保有していたのが郵便貯金であった。このことは，もし1990年に，1980年の「大膨張」によって郵便貯金に滞留していた巨額の定額貯金が一気に解約され流出した場合，成立間もない国債流通市場に与える影響は図り知れないものであろうことを推測させる。国債市場における価格形成が金利にダイレクトに影響し，マクロ経済の動向を規定することの深刻さについて，当時政府の財政金融当局や日本銀行がどの程度意識していたかは議論の分かれるところではあるが，郵便貯金の「1990年ショック」は，それなりに懸念すべき事態であったことは間違いない。もっとも，このような事態は，証券市場の崩落によって現実のものとなることはなかった。

その後の郵便貯金は，1990年における一時的後退はあったものの，再度増加し始めることとなった。ここで特に強調しておきたいことは，この時期にあっても，金利低下期や改定直前になると預替え目的も加わって定額貯金が急増するという，「郵貯増強メカニズム」がなお機能していたという点である。これに加え，戦後ほぼ一貫して構成比を減らす一方であった通常貯金がこれを

契機として増加に転じていたということも見逃せない。このことは，規制金利体系下で不利な立場におかれていた預貯金者を優遇することを目的とした戦後郵便貯金の役割とは一線を画すものであろう。政策当事者の意思がどこにあったかとは別に，この動きの延長には，金融自由化以後における郵便貯金のあり方の一つの可能性がみえていたと考えるべきである。

　第5章でみるように，1990年代の終わり，証券市場の崩落から始まった日本の経済危機は金融市場にまで波及し，金融システムそのものの危機に発展する。このとき郵便貯金は，間接金融優位の下，「護送船団方式」によって「一行たりとも潰さない」とされた戦後預貯金市場において，本当の意味では一度として評価されることのなかったその特性，すなわち「安全性」を注目されるようになっていく。だが，このような1990年代の郵便貯金に現れた新たな特徴，底流における郵便貯金の役割変化は，1990年代初頭の貯金再流入の波に飲まれて見過ごされることとなった。そして，金融危機の深化とともに膨張しつづける郵便貯金の存在は，公的金融肥大の元凶として次第に焦点化されていき，郵政民営化の歴史的前提が準備されることになったのである。

第5章

国債問題の顕在化
──長期不況下における郵便貯金──

1 金融の不安定化

　バブル経済の崩壊後，日本経済は長期の不況に陥った。この間の経済成長率
の推移を図5-1よりみてみよう。名目GDP成長率は，1991年度8.6％，92年
度4.9％，93年度2.0％と急落した。その後やや持ち直したものの，1996〜98
年度にかけて再び落ち込んでいる。また，1994年度より名目GDP成長率が実
質GDP成長率を下回っていることが見て取れる。1997年4月の3％から5％
への消費増税の影響が出ている1997年度を除き，1998年度以降は名目GDP
成長率が実質GDP成長率を下回り続けている。いわゆる「デフレ経済」であ
る。地価についてみると，株価が1989年12月の大納会をピークとして下落に
転じた後も都市を中心に地価はしばらく高騰を続け，1990年9月にピークに
達したが，その後1991年度−4.6％から1992年度−14.0％，1993年度−10.8
％と大暴落した。これにより，戦後の「土地神話」は崩壊した。資産デフレ
によって，借入れの担保資産，運用動機で保有していた土地や株式が大幅に減
価し，企業は担保不足と借入金返済に窮するようになった。金融機関において
も，金融機関自身の保有する資産価値を減価させるとともに，貸出先の資産内
容や業績の悪化により，銀行の不良債権増大や貸出資産内容の劣化をもたらし
た。資産デフレの発生は，自己資金を毀損すると同時に，金融機関の不良債権
の固定化というかたちで金融機関自身の経営悪化を引き起こした[1]。1994年に

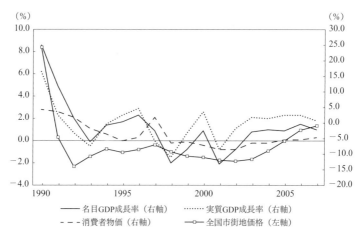

図 5-1　主要経済指標

出所）内閣府「国民経済計算」，日経 NEEDS「NEEDS-Financial QUEST」より作成。
注 1 ）GDP は，2000 年基準（1993SNA）。
　 2 ）消費者物価は，全国総合消費者物価指数（生鮮食品を除く総合，2010 年＝100）の対前年度増減率。
　 3 ）全国市街地価格は，全用途平均（2010 年 3 月末＝100）の対前年度増減率。

入ると，予想を超える地価の急落の重圧に耐えられず，経営危機に陥る金融機関が続出した。バブル崩壊が顕在化して金融機関経営に与える影響が深刻になるなか，安定性を旨とする従来の金融制度の枠組みが想定していなかった事態が次々に現れた。

　図 5-2 からこの間の公定歩合と日経平均株価の推移を確認しよう。公定歩合は，1993 年 10 月 1.75％，1995 年 4 月 1.0％，1995 年 9 月 0.5％となり，さらに 2001 年 3 月 0.35％，翌 3 月 0.25％，同年 9 月に 0.1％となった。日本銀行は 1999 年 2 月に「ゼロ金利政策」を導入し，新たな金融政策の領域に踏み込んだが，翌 2000 年 8 月には景気見通しの改善から同政策を解除した。しかし，アメリカの IT バブル崩壊による世界的な景気の悪化とともに，さらなるデフレへの懸念が強まるなか，日本銀行は 2001 年 3 月「量的緩和政策」に踏み切ることとなった[2]。

　2000 年代に入ると，日経平均株価は，米国株価の持直しや 2001 年 4 月に成立した小泉純一郎政権の構造改革に対する期待感により一時的に上昇した。し

図 5-2 公定歩合と日経平均株価の推移

出所）日本銀行「時系列統計データ検索サイト」，日経 NEEDS「NEEDS-Financial QUEST」より作成。
注1）日経平均株価（東証 225 種）は，月間終値（終値ベース）。
　2）公定歩合は，2006 年 8 月より「基準割引率および基準貸付利率」に名称変更された。

かし，国内企業業績の先行きに対する見方が慎重化したこと等を背景として株価は再度下落基調に転じた。2002 年 2 月 6 日に 1 万円を割り込むようになり，バブル経済崩壊後の最安値 9,420 円となった。2002 年 2 月 27 日に政府がとりまとめた「早急に取り組むべきデフレ対応策」（以下，「総合デフレ対策」）を受けて，3 月の株価は持ち直し，企業業績の回復期待を背景に堅調に推移した[3]。ところが，2002 年 6 月以降には米国株価の下落に連動して国内株価も低迷した。特に，銀行株は金融機関の不良債権問題の深刻化とあいまって大幅に落ち込んだ。経済の先行き不透明感やイラク情勢の緊迫化等から株価はその後も下げ基調のまま推移し，2003 年 4 月 28 日に 7,607 円となり，バブル崩壊後の最安値を再更新した。

　1990 年代から 2000 年代初頭にかけて金融自由化とバブルの過程で証券化が進行していた銀行等金融機関は，その財務が大きく毀損し，金融市場をも含む全般的な危機へと突入していった。1990 年代の金融構造にどのような質的変化が起きていたのか，図 5-3 より家計金融資産残高の推移をみてみよう。家計金融資産残高の合計は，1990 年度約 1017.1 兆円，1995 年度約 1256.2 兆円，

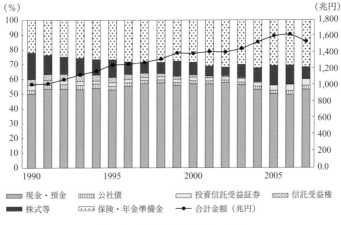

図 5-3 家計金融資産残高の推移

出所) 日本銀行「資料循環統計」より作成。
注) 1993SNA ベース。

2000年度約1394.1兆円，2005年度約1610.5兆円と増加し続けている。1990年代には，直接金融への移行が止まり，いったん間接金融へのゆり戻しがあったが，すでに述べたとおりその後は直間比率が約50％で推移した。その過程につき，いま少し詳細にみてみよう。家計金融資産残高に占める株式等の保有額は，1989年度に約203.2兆円（構成比16.9％）とピークを迎えた後，1990年度約172.2兆円（同16.9％），1991年度約125.7兆円（同12.3％）とバブル崩壊を反映し，金額・資産残高に占める構成比ともに急落した。1990年代には，株価暴落による証券市場からの資金引上げによって現金・預金比率が増加に転じ，再び家計金融資産の半数以上が現金・預金の形で保有された。特に，1998年度以降には定期性預金の構成比が低下傾向にあるのに対し，現金通貨性預金の構成比が高まった。1997〜98年の金融危機の発生によって流動性への選好が高まったこと，そして1999年2月より実施されたゼロ金利政策の採用が大きな影響を及ぼしたことが窺えよう。

1990年代前半，株式市場の崩壊過程では，間接金融の担い手である銀行や郵便貯金が逃避資金の当面の受け皿となっていた。しかし，その銀行自体がバ

ブル期に不動産投資に深くコミットして「金融の証券化（セキュリタイゼーション）」が進行しており，資産市場が惨落したことによって財務体質を著しく悪化させていた。さらに1990年代後半には，危機が証券市場から金融市場へと転化していくことにより，預貯金市場の構成にも金融危機の影響が及ぶようになった。

　以上の対応過程では，戦後の大蔵省による保護行政，いわゆる護送船団方式も大きく変容することになった。続いて，この点をみていこう。

2　金融制度改革と銀行再編

1）護送船団方式の終焉

　日本の金融行政は，政策的な重点産業への資金配分を軸にして，恒常的な資本不足にあった日本企業に資金の安定的な供給を行い，戦後日本の高度成長を促進する重大な役割を担ってきた。高度成長期の設備投資を中心とした企業の旺盛な資金需要は，自己資金では賄いきれず，銀行からの借入を主とした外部資金によって調達され，政府は金融システムの安定化を最優先とした[4]。金融システムは，普通銀行に加え，長期信用銀行，信託銀行，信用銀行，信用金庫，信用組合等といった専門金融機関によって役割を分担され，銀行の業務範囲に関しては，長短金融の分離，銀行・信託の分離，銀行・証券の分離といった業務分野規制が適用された[5]。このような大蔵省主導の護送船団方式の下では，金融機関の破綻の表面化といった事態が避けられ，経営困難に陥った金融機関については大蔵省指導ないし日本銀行の支持の下で他金融機関によって救済合併された[6]。こうして銀行の「安全神話」が出来上がった。

　日本経済は安定成長へ移行して以来，恒常的な資金不足が解消して資金余剰経済へと転身を遂げた。金利自由化によって，低金利で預金を集めるという銀行貸出の優位性が崩れる一方，1980年代後半から大企業や製造業向けの銀行貸出が伸び悩んだ。金融自由化への対応過程で，金融機関は財テク・土地関連融資に傾斜していったのである。

1990 年代後半には，従来の手法への反省を踏まえた政策が進められた。金融行政の転換の第一段階では，直接金融へ重心が傾きつつあることに対応し，行政による事前のコントロールから市場競争を前提とした事後的措置を重視する方向性への転換が目指された[7]。第二段階では，それまで金融業界のコンセンサスを得ながら漸進的に進められてきた規制緩和を一気に実行する金融システム改革，いわゆる日本型「金融ビッグバン」が進められた。1996 年 11 月，橋本龍太郎首相は，2001 年までに日本の金融市場をニューヨーク，ロンドン並みの国際金融市場として再生させることを目標に据え，金融システムの全般的な改革の方針を提示した。これは，①日本経済のためには，1200 兆円ともいわれる個人金融資産がより有利に運用される場を設けて，これらの資金を成長産業へ供給していかなければ，金融システムを日本経済を支えるものに変化させることが不可能であり，②国際化が進むなかで日本の金融市場の空洞化を防ぎ，市場機能を活性化させると同時に国債市場へ資金供給することが不可欠であるとの認識から指示されたものであった[8]。同構想では，金融分野全般にわたる保護行政や業態間規制の縮小・撤廃などの規制緩和推進を柱に「Free（市場原理が働く自由な市場に）」，「Fair（透明性が高く信頼できる市場に）」，「Global（国際的に調和した制度をもつ市場に）」という方向への金融市場の改革を，グローバルスタンダードへの適合というかたちで実現することが原則とされた[9]。この段階になると，政策担当者の間でもバブル崩壊による金融機関のバランスシートの毀損がシステミック・リスクに発展するという危機意識が強まっていた[10]。1997 年 6 月，一連の金融・証券制度改革を 2001 年までに完了するというタイムスケジュールに沿って，銀行の不良債権問題を処理する方針が打ち出され，1998 年には改革の枠組みを実施する体制に入るかに思われた。

　しかしまさにその時，戦後初の本格的金融危機が発生し，日本型「ビッグバン」は金融危機対策に変更を余儀なくされることになった。1997 年 11 月，三洋証券の事実上の破綻から始まった金融不安により，北海道拓殖銀行，山一証券が経営破綻に追い込まれ，国際金融市場ではジャパン・プレミアムが発生した。折から海外では，少なからぬ国々がドルペッグ制を採用していたためにアメリカの「強いドル」に引きずられ，アジア通貨が実体以上に過大評価されて

いたことに注目したヘッジファンドの空売り攻勢によって，1997年7月に変動相場制へ移行したタイを発火点としてアジア通貨危機が勃発していた[11]。通貨危機は10月に香港，11月に韓国を巻き込み，さらにその影響はアジア諸国のみならずロシア，欧米や日本に波及して世界同時株安を引き起こすこととなり，世界金融危機の様相を呈した。内外の危機に晒された日本の金融システムを安定化するため，1998年2月「改正預金保険法」と「金融機能安定化緊急措置法」が制定され，政治主導の不良債権処理が本格化した[12]。この金融安定化二法を根拠法として公的資金の投入が可能となり，金融危機管理審査委員会は大手銀行等21行に対して総額1兆8156億円の公的資金を注入した。さらに1998年4月には，金融危機とともに進行していた実体経済の悪化（デフレスパイラル）に対応するため，当時としては過去最大規模となる総事業費16兆円超の「総合経済対策」が発表され，経済構造改革，金融問題対策と平行させながら大規模な需要喚起策を打ち出さざるを得なくなった。

　以上のような対応策にもかかわらず，金融の不安定性は改善されず，1998年6月以降，危機再発の兆候がみられた。同年7月の参議院選挙では自民党が大敗を喫し，橋本首相はその責任を取って内閣を総辞職した。これを受けて成立した小渕恵三内閣では，「金融国会」と呼ばれた第143回国会で金融安定化策をめぐる与野党間の論争が勃発した。与党が野党案を「丸飲み」するかたちで受け入れ，事態の打開が図られた結果，1998年10月「金融機能再生緊急措置法（金融再生法）」，「金融機能早期健全化緊急措置法（早期健全化法）」が相次いで成立・施行された。両法案は，金融機関の破綻処理の枠組みを強化すると同時に，健全な金融機関，特に大手銀行に資本注入することで破綻を未然に防ぎ，金融システムを守るという政府の姿勢を明示するものであった[13]。しかし，法案成立の過程でも金融危機の深刻化の懸念は払拭されなかった。日経平均株価はバブル崩壊後最安値を更新，金融機関の株価は軒並み急落し，1998年10月に日本長期信用銀行，12月に日本債券信用銀行が破綻するにいたった。日本興業銀行を除き，戦後の長期金融を担ってきた長期信用銀行が業態ぐるみ事実上消失するという異常事態によって，信用リスクが極限まで高まり，市場リスクも無視しえなくなったことから，戦後大蔵省によって進められてきた護送

船団方式による保護行政はその限界を露呈することになったのである[14]。

2)「金融再生プログラム」導入

　金融再生への法的体制を整備することを目的として 1998 年 12 月に発足した金融再生委員会では，同年 7 月に公表された全国銀行の不良債権残額（破綻金融機関の不良債権額を除く，分類債権の II〜IV 分類）が 64.3 兆円に及んでいたことを踏まえ，翌 1999 年 3 月，大手金融機関 15 行に総額 5 兆 8593 億円の公的資金注入を行うことを決定した[15]。また，地銀など 17 行に対しては，預金保険機構が普通株に転換できる優先株を買い取るという措置を講じ，総額 8 兆 6053 億円の公的資金注入を行った。政府の株価維持策（いわゆる「PKO」）や銀行保護，日銀の超低金利政策に支えられながら，民間金融機関は不良債権処理に取り組んだ。しかし，処理の進捗度を上回る継続的な資産価格の下落が新たな不良債権を生み出した。これに加え，金融検査の厳格化により，従来健全とみられていた債権の中から新たに不良債権に組み入れられるものが続出した。

　前掲図 5-1 にみられたように，名目 GDP 成長率は，1998 年度に -2.0 ％とマイナス成長に転じ，戦後最悪の状態となった。戦後日本経済で初めて本格的なデフレ懸念が生まれた。アジア金融危機による円高，卸売物価・消費者物価の下落，後述する「資金運用部ショック」による長期金利の一時的急騰などが，企業収益を圧迫した。実体経済の悪化は，1990 年代前半に進んだ円高に加え，バブル崩壊により企業および家計のバランスシートが毀損していたことによるものであった。企業はバブル期に抱え込んだ過剰設備，過剰債務，過剰雇用を処理する目的で，人件費や金利などの固定費の削減を進め，このことが消費および投資需要を冷え込ませ，資金余剰を発生させることになった。

　こうした資金の余剰は，預貯金市場では現預金の増加となって現れた。一方，金融危機の進行を通じて銀行預貸率は趨勢的に低下し，1988 年の BIS 規制（バーゼル I）ならびに 1996 年の同規制の強化に対応し，自己資本充実の必要および安全資産への運用の必要が生じたことから，余資は国債保有に向けられた。図 5-4 より部門別資金過不足（対名目 GDP 比）の推移をみてみよう。非金融法人企業は景気後退による需要不足とバブル期の設備投資による供給過剰に

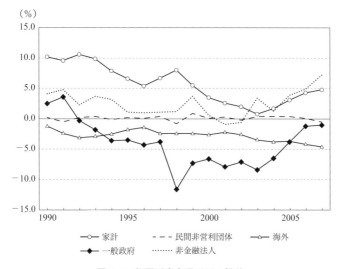

図 5-4 部門別資金過不足の推移

出所）内閣府「国民経済計算」、日本銀行「資金循環統計」より作成。
注 1 ）名目 GDP は 2000 年基準（1993SNA）。
　 2 ）各部門資金過不足 / 名目 GDP×100（%）。

挟まれ，1998 年度から資金余剰部門に転じ，その後も余剰を増やし続けている。これに対し，最大の資金余剰部門である家計は 1990 年代にその余剰を徐々に減らし続けている。政府は 1992 年度以降に資金不足部門となり，1998 年度に大きな資金の取り手となったのち，2000 年代前半には最大の資金不足部門となった。不況の深化とともに，減少する民間貯蓄がもっぱら政府に吸収され，景気対策に充当されていた姿がみてとれる。

　この間には，民間金融機関の従来の資本系列を超えた統合や，外資，証券，生保との業務提携など，金融機関の健全化が図られたが，危機を打開する抜本的な解決策とはならなかった。不良債権問題解決の大きな山場は，2001 年に成立した小泉純一郎内閣の竹中平蔵金融担当大臣により，2002 年 10 月に策定された「金融再生プログラム」の導入であった[16]。「金融再生プログラム」は，日本の金融システムと金融行政に対する信頼を回復し，世界から評価される金融市場を目指して，主要行の不良債権比率を 2005 年 3 月期までに 4 ％台へ半

減させることを目標とするものであった[17]。このプログラムでは，不良債権の抜本的な処理の一環として，①資産査定の厳格化，②自己資本の充実，③ガバナンスの強化を中心とした金融行政の強化が打ち出された。特に資産査定の厳格化については，2002年3月期に実施した特別検査を翌2003年3月期に再実施し，その際，金融庁検査と主要行の自己査定との格差を集計ベースで公表し，是正を求めた。

「金融再生プログラム」による資産査定の厳格化は，大手銀行の不良債権処理を加速させ，金融システムの再編，さらには産業再編を促進する役割を果たした。さらに，2003年の公的資金注入によるりそな銀行の事実上の国有化は，信用・市場リスクを決定的に低下させた。これにより，泥沼化の様相を呈していた銀行の危機はようやく終わりを告げ，株価も持ち直すことになった。2005年3月末の不良債権比率は，全国銀行ベースで4.0％，メインターゲットとされていた主要行ベースで2.9％と目標を達成し，ほぼこの時期に正常化するにいたったのである[18]。

1990年代後半における金融機関の大型破綻，金融危機を経て，都市銀行などの大手銀行でも危機感が高まり，生き残りのために合併・統合やリストラが必要であると認識されるようになった[19]。その結果，これまで倒産などありえないとされてきた大手銀行の再編が実現した。さかのぼって一連の流れを略述すれば，1999年8月，第一勧業銀行，富士銀行，日本興業銀行の3行の全面的な統合による新しい総合金融グループ結成の合意が突然発表され，金融界に大きな衝撃を与えた[20]。同年10月には住友，さくら銀行が，翌2000年3月には三和，東海，あさひ銀行が相次いで経営統合を発表し，メガバンク化が一気に進行した。さらに，2005年10月には三菱東京とUFJのメガバンク同士の合併が実現したことより，1990年当初13行あった都市銀行は，みずほ，三井住友，三菱UFJの三大金融グループに再編されることになったのである[21]。

日本の銀行制度が根幹から揺さぶられたこの時期，郵便貯金の動向はどのようなものであったのだろうか。図5-5より，家計現預金残高に占める定期性預貯金残高の推移をみよう。1990年度から99年度にかけ，国内銀行が64.4％から38.4％と低下する一方，郵便貯金は28.3％から34.9％に上昇している。

第 5 章　国債問題の顕在化　157

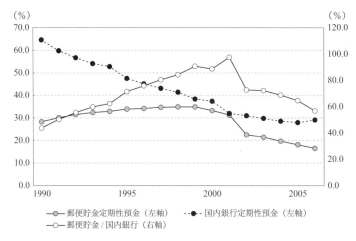

図 5-5　家計現預金に占める定期性預貯金の推移
出所）日本銀行「時系列統計データ検索サイト」より作成。

また，国内銀行に対する郵便貯金の比率は1990年度43.8％から99年度に90％を超えた。1990年代を通じ，郵便貯金は破竹の勢いで，預貯金市場でのシェアを拡大していたかにみえる。バブル崩壊後の不良債権処理にともなう金融危機の発生が，民間銀行の信用・市場リスクを飛躍的に高めていたのに対し，利便性や収益性に加え，郵便貯金の安全性に対する信頼（コンフィデンス）が高まる結果を招いたであろうことは間違いない。しかし，1990年代の郵便貯金の増加要因を立ち入ってみると，必ずしも「郵便貯金の一人勝ち」というだけでは済まされない事情が見えてくる。この増加の裏側では，1990年初頭に生じた郵便貯金＝定額貯金の巨額の満期資金という課題が新たに待ち受けていた。

1990年代初頭に流入した巨額の定額貯金の存在は，バブル崩壊が金融危機に波及した1990年代末，日本経済のデフレ化，日銀の金融緩和政策，政府の大型景気対策とも相まって，郵貯資金ひいては資金運用部資金の運用面に固有の問題を生み出すことになった。そこで節を改め，この点についてみていくこととしよう。

3　国債問題と郵貯「2000年問題」

1)　長期不況下の国債問題

　のちに「失われた10年」，さらには「失われた20年」と呼ばれるようになった平成不況に対し，政府は減税や公共事業を中心とした景気対策を実施した。この間の歴代の内閣は，1992年の宮澤喜一首相から2000年の森喜朗首相までに合計10回の景気刺激政策を打ち出し，その規模は130兆円を超えた。この結果，2000年度末の普通国債残高は約367.6兆円に達することになった。1990年代の景気対策は，橋本構造改革の一時期を除き，不良債権や過剰化した設備等を処理する方策のないまま，財政出動によって景気を支えていた。このため，財政支出面からの景気刺激と同時に，「第二の予算」である財政投融資を通じ，民間設備投資を底上げすることが要請された[22]。財政投融資によるハコモノを中心とした地方のインフラ整備は，「地方公共事業バブル」の側面が強く，1970年代までとは異なり，日本経済全体の活性化にはつながりにくくなっていた。財政出動に依存した政策効果は弱まり，日本経済は不良債権と財政赤字という負の重荷を背負うことになった。日本経済に対する先行き不安は，さらなる株価の低迷と記録的な低金利にすら反応しないデフレの深刻化に反映された。

　1991年度から93年度に特例国債ゼロを実現した後，財政収支は長期にわたる景気低迷のなかで悪化の一途を辿り，国債に大きく依存するようになった。表5-1を見ると，国債発行額は1990年度には約26.0兆円（うち新規財源債約7.3兆円）であったが，2000年度約86.3兆円（同約33.0兆円）と増加し，国債残高は2000年度約367.6兆円に及んだ。注目すべきは，新規財源債が1997年度約18.5兆円から98年度約34.0兆円，99年度約37.5兆円と激増し，国債依存度についても1998年度と99年度に40％台に達したことである。

　消費税率引上げなどの効果により，1997年度こそ税収は増加したが，1998年度になると日本経済は金融機関への信頼の低下，雇用不安などが重なって，消費者心理や企業心理が一気に冷え込んだ[23]。このような事態に対し，政府は

第5章　国債問題の顕在化　**159**

表5-1　国債発行額および残高の推移

年度	国債発行額（兆円）						国債依存度（%）	国債費（当初）（兆円）	平均年月	国債残高（兆円）	残高/GDP（%）
	合計額	新規財源債		借換債	財投債					
			4条債	特例債							
1990	26.0	7.3	6.3	1.0	18.7	–	10.6	21.6	6 年 3 カ月	166.3	37.0
1991	25.6	6.7	6.7	–	18.9	–	9.5	22.8	5 年 9 カ月	171.6	36.3
1992	31.0	9.5	9.5	–	21.5	–	13.5	22.8	5 年 11 カ月	178.4	36.9
1993	38.0	16.2	16.2	–	21.8	–	21.5	21.3	5 年 9 カ月	192.5	40.1
1994	39.4	16.5	12.3	4.1	22.9	–	22.4	19.6	5 年 11 カ月	206.6	42.4
1995	46.6	21.2	16.4	4.8	25.4	–	28.0	18.6	5 年 11 カ月	225.2	45.4
1996	48.3	21.7	10.7	11.0	26.6	–	27.6	21.8	5 年 8 カ月	244.7	47.4
1997	49.9	18.5	9.9	8.5	31.4	–	23.5	21.7	5 年 8 カ月	258.0	49.5
1998	76.4	34.0	17.1	17.0	42.4	–	40.3	22.2	5 年 8 カ月	295.2	57.8
1999	77.6	37.5	13.2	24.3	40.1	–	42.1	24.2	4 年 11 カ月	331.7	65.5
2000	86.3	33.0	11.1	21.9	53.3	–	36.9	25.8	5 年 0 カ月	367.6	72.0
2001	133.2	30.0	9.1	20.9	59.3	43.9	35.4	20.8	5 年 4 カ月	392.4	78.2
2002	136.4	35.0	9.1	25.8	69.6	31.8	41.8	20.5	5 年 7 カ月	421.1	84.6
2003	138.8	35.3	6.7	28.7	74.9	28.5	42.9	20.5	5 年 9 カ月	457.0	91.1
2004	160.1	35.5	8.7	26.8	84.5	40.1	41.8	21.4	6 年 3 カ月	499.0	99.3
2005	165.0	31.3	7.8	23.5	105.5	28.2	36.6	22.4	6 年 8 カ月	526.9	104.3
2006	161.2	27.5	6.4	21.1	108.1	25.6	33.7	22.5	7 年 0 カ月	531.7	104.4
2007	141.3	25.4	6.0	19.3	99.2	16.8	31.0	25.3	7 年 0 カ月	541.5	105.5

出所）財務省理財局『国債統計年報』各年度，財務省「戦後の国債管理政策の推移」より作成。
注1）国債発行額は収入金ベース。
　2）国債依存度は，新規財源債発行／一般会計歳出額。
　3）国債残高は，普通国債のみの額面ベース。
　4）国債費は，当初予算ベース。

2度にわたって景気対策のための大規模な財政出動を決定した。1998年4月の「総合経済対策」（特別減税の上積等，総額16.7兆円）と，同年11月の「緊急経済対策」（社会資本整備，恒久的減税等，総額24.3兆円）である。のちに「世界一の借金王」を自認した小渕恵三を首班とする内閣が1998年7月に発足すると，切れ目なく景気対策を実行するため，1998年度第三次補正予算と翌1999年度予算が一体的に編成された[24]。1999年11月には，社会資本整備などを中心に事業規模17兆円程度，介護対策を加えると18兆円程度となる「経済新生対策」が閣議決定された[25]。その財源として，1999年度当初予算の31兆円に加え，第二次補正予算では7.6兆円の新規財源債が増額されたことから，国債

依存度は 42.1％ と過去最高を記録した。同計画（1999 年度 2 次補正後）では，長期国債（10 年）の発行額が当初予定計画より 4 兆円減額される一方，短期国債（1 年未満）と 2 年国債がそれぞれ約 4.2 兆円増額された。表 5-1 より市中発行額の平均年限をみると，1998 年度まで 5 年 8 カ月以上であったが，1999年度には 4 年 11 カ月と短期化している。また，1999 年度には 5 年利付国債が新設され，初年度は 2.9 兆円，2000 年度には 9.1 兆円と増発された。このような 5 年国債および 2 年国債の大増発によって，10 年国債との金利格差が縮小し，イールドカーブがフラット化することとなった[26]。国債発行の短期化は，その償還財源を調達するために発行される借換債の増加をもたらした。

　短期債は，長期債よりも金利コストが抑制される一方，借換えリスクが大きく，金利が上昇した場合には，借換えの連鎖によって利払い費が急増するというリスクがある。国債残高が膨張の一途を辿った 1990 年代半ば以降は，金融緩和政策が推進されていたことから，このようなリスクは長期金利の低下によって相殺され，国債の利払費はほぼ一定に保たれていた。しかし，毎年度巨額の国債が発行され，国債残高が累積していくなかで，景気が回復し，金利が上昇すれば，状況は一変する。既発行の国債利払いについては影響がないとはいえ，新規発行分や既発債の借換え分は金利上昇の影響を受けざるを得ず，それらが財政に及ぼす影響は甚大となることが予想された[27]。国債発行の短期化が進んだことによって，金利上昇時に国債費が増大し，財政赤字が拡大するというリスクが財政に埋め込まれたのである。

　ところで，財務省が国債管理政策に力点を置くようになったのは，国債発行に対する市場評価が市場金利に即座に反映された，1998 年 12 月 21 日の「資金運用部ショック」の教訓によってであった。次にこの点についてみることにしよう。

2）国債管理政策――「資金運用部ショック」の教訓

　1998 年 12 月 20 日に閣議決定された 1999 年度国債発行計画では，前年度当初発行予定額より 15 兆 4930 億円増額し，31 兆 500 億円の国債発行が組み込まれた[28]。その予算方針は，デフレの進行と金融の不安定性への高まり，そし

て世界的な信用不安を背景として，「財政構造改革の基本的な考え方は維持しつつも，当面の景気回復に全力を尽くす」というものであった。国債発行額を前年度比約 1.5 倍に増加することが決定した翌 12 月 21 日，定額貯金の大量満期と貸し渋り対策のための政府系金融機関の融資拡大にともない，資金運用部の国債引受余力が減少するとの予想により，1999 年 1 月から資金運用部による長期国債の買入れを停止し，日銀による国債買切りも減額するとの方針を宮澤喜一蔵相が公表した[29]。買入れ停止の理由は，1998 年 4 月「総合経済対策」および同年 11 月の「緊急経済対策」により，資金運用部の貸付が急増すると予想されたこと，地方財政対策のために交付税特別会計への貸付が膨らんだこと，2000～01 年度に高金利で預け入れられた定額貯金の 10 年の満期が近づいて将来の支払い原資の確保が必要になったこと等，運用・原資の両面で資金運用部の資金事情が厳しさを増したためであった[30]。突然のこの発表は，資金運用部資金の国債引受が年間 2.4 兆円規模であり，大きな影響はないであろうとの判断であったとされる。しかし市場では，もともと郵便貯金が 2000 年度に大量満期を控えていることから資金運用部に対して十分な預託ができず，ひいては国債引受力を低めるであろうと想定し，国債の需給の動きを神経質に睨んでいた最中であった[31]。

このため市場は大規模な景気対策の決定による国債増発の予想および資金運用部の国債買入れ停止に過敏に反応し，1998 年 9 月に 0.64 ％であった長期金利は一時 2.07 ％と 3 倍近くまで急騰（国債価格は急落）した。いわゆる「資金運用部ショック」である。これは，政府が財政健全化を放棄し，財政膨張と国債累積の途を歩んでいることに対して市場が抱えていた不安が，宮澤発言で一気に表面化し，国債需給への懸念が国債発行に対する市場評価としてダイレクトに市場金利に反映されたものと評価できる[32]。「ショック」を引きずるかたちで，1999 年年明けの債券市場は，長期金利の上昇圧力（国債価格の下方圧力）が強い展開となった。民間金融機関が 1999 年 3 月決算に向けて不良債権の処理を迫られ，追加的な損失を避けようと国債保有に一時慎重となっていたこと等とも相まって，2 月上旬には数日間で 1.7 ％台から 2.44 ％まで長期金利が急上昇した。予想外に大幅な金利上昇が景気に与える影響が懸念され，2 月 12

日に日銀は「ゼロ金利政策」導入に追い込まれた。大蔵省も2月16日，1月に停止した資金運用部による10年国債の買入れ再開を2月と3月に各2000億円規模で実施するとともに，長期金利の上昇を抑制するため，10年国債の発行額を減額し，その減額分見合いを2年債3000億円と6年債1000億円に振り向けることとした[33]。このような諸措置により，債券市場はようやく落ち着きを取り戻した。さらに大蔵省は，1999年度予算が3月に成立したことを受け，1999年2月に再開した運用部の国債買入れを4月以降も毎月2000億円の規模で継続し，1999年度4月から6月の10年国債発行予定額を毎月1.4兆円に据え置くと表明した[34]。1999年度に郵便貯金が大量満期集中を迎えたことにより，資金運用部資金が不足して国債引受が急減したためである。こうした資金運用部の資金不足に備えるため，日本銀行と大蔵省は1999年11月に次のような合意を取り交わした。その内容は，資金運用部が保有している国債を短期間の買い戻し条件付きで市場に売却して資金調達を行い，それでもなお不足する場合は日本銀行が一時的に債券購入に応じる等，相互に密接な連絡をとりあい，金融市場情勢の急変等必要な場合にはさらなる協議のうえ，適切に対応するということであった[35]。

図5-6より各種金利の推移を確認しよう。長期金利は4月に1.4％台まで急低下したのち，国債残高累積に対する懸念を背景にやや水準を上げながらも，1999年度中は1.7～1.8％の範囲内で安定的に推移している。アメリカ経済の好調に牽引されるかたちで，実体経済が1999年度末から緩やかに回復しはじめたことから，速水優日銀総裁の強い意欲で，2000年8月にゼロ金利政策はいったん解除された。2001年2月に日本銀行は，ITバブル崩壊に対応し，公定歩合を2度にわたって0.5％から0.25％に引き下げ，事実上ゼロ金利政策を復活させた。さらに3月に入ると「量的緩和政策」を導入し，日銀当座預金残高の目標値設定を引き上げ，国債買入れ増加などの思い切った金融緩和政策を展開した。「非伝統的金融政策」時代の始まりである。長期金利は，2002年9月に1.0％を下回り，2003年6月には史上最低の0.43％となった。このような超低金利が継続したことによって，表5-1に見られるように国債発行が激増しその残高が累積しても，利払い費はほぼ一定に保たれ，財政の債務維持負担を

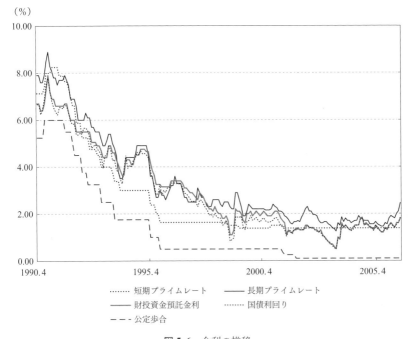

図 5-6　金利の推移

出所）日本銀行「時系列統計データ検索サイト」より作成。
注）国債利回りは，1998 年 11 月まで東証上場国債（10 年）最長期利回り，1998 年 12 月から長期国債（10 年）新発債流通利回り。

きわめて軽いものとすることが可能となった。しかし，長期不況からの回復過程では，金利上昇＝国債価格下落によって，国債に売り圧力が加わることが危惧される一方，超低金利下において実感されずに済んでいた国債残高の累積が国債費の急増によるさらなる財政悪化を生む事態が切実なものとして意識され，国債暴落という最悪のシナリオが財政当局を脅やかすことになったのである。

　ここで郵便貯金との関係で注目しておきたいのは，第一に，このような 1990 年代末から 2000 年代初頭の財政金融政策の混迷のきっかけとして，資金運用部資金の大宗をなす郵便貯金における 10 年周期の定額貯金の満期集中という大型の波が存在し，それが「国債に抱かれた財政」が進む過程で看過しえないものとなっていたことである。そして第二に，IT バブルの崩壊という外

生ショックでかき消されてしまったものの，国債を大量に抱えた日本経済では，デフレからの脱却過程で金利が上昇に転じると，国債価格の下落＝長期金利の急騰によって景気の回復が腰折れし，税収の減少と国債利払い費の増加による財政収支の悪化，さらには金融機関の財務悪化を生み出すリスクが大きいことが明らかとなったことである。「資金運用部ショック」は，景気上昇 → 長期利子率上昇 → 国債価格の下落ではなく，国債価格下落 → 長期利子率上昇 → 景気低落という逆の経路において，すでにそのリスクの所在とメカニズムについて示唆を与えていたといえよう。これは，その後の中央銀行の「非伝統的金融政策」における「出口」問題の序曲であった。

　資金運用部余資の枯渇による資金運用部ショックを経て，国債管理政策において漫然たる国債市場の拡大は許されないとの認識を強め，財政当局は国債の安定消化を最重要課題の一つとするようになった。また，資金運用部ショックによって史上最高にまで高騰したのちに暴落した国債によるキャピタル・ロスは，資金運用部にも重くのしかかり，郵便貯金との関係を見直す契機ともなった。そこで視点を経済全体から郵便貯金に移し，郵貯資金の運用面からこの点についてみてみよう。

3）財投改革による預託制度廃止

　1998 年 6 月に成立した「中央省庁等改革基本法」によって，省庁の数は 21 から 12 に削減され，内閣の機能が強化された。郵政省は総務省の中に組み込まれることとなり，郵政三事業については，省庁再編成後の 2 年以内，つまり 2003 年度以降に公社化されることが決定された。また，新たに財務省の役割を定めた条文の中では「資金調達について，既往の貸付けの継続にかかわる資金繰りに配慮しつつ，市場原理にのっとったものとし，並びにその新たな機能にふさわしい仕組みを構築すること」（第 20 条）とされ，財投制度の抜本的改革，すなわち「資金運用部資金法」による郵便貯金，年金積立金預託制度の廃止が規定された[36]。財投改革による資金運用部への預託制度が 2001 年 3 月をもって終わりを告げたことで，1878 年の預金部資金発足以来の政府資金の統合運用・郵便貯金預託制度の歴史は幕を閉じた。これを土台にしてきた戦後財

第 5 章　国債問題の顕在化　　165

表 5-2　資金運用部の収支

(兆円)

	資金調達	預託金	資金運用	支払利子 (十億円)	受取利子 (十億円)	有価証券売却損益 (十億円)	当年度利益 (十億円)	調達コスト	運用利回り	利ざや (％)
1995	360	358	360	18,369	18,672	△ 279	24	5.23	5.23	0.00
1996	383	382	383	18,442	18,716	△ 259	13	4.98	4.98	0.00
1997	405	404	405	17,720	18,812	△ 541	554	4.53	4.67	0.14
1998	428	426	428	1,585	18,228	△ 737	1,643	3.90	4.28	0.38
1999	441	436	441	13,857	16,782	△ 644	2,278	3.30	3.82	0.52
2000	433	433	433	12,327	15,698	154	3,527	2.97	3.73	0.76
2001	420	399	431	10,903	13,978	△ 98	5,402	2.79	3.98	1.19
2002	409	350	422	9,015	12,648	△ 518	3,096	2.35	3.00	0.65
2003	379	296	397	7,172	10,925	△ 447	3,277	2.03	2.77	0.74
2004	354	251	375	5,800	9,553	△ 401	3,347	1.78	2.57	0.79
2005	325	196	419	4,648	8,841	△ 567	3,611	1.62	2.54	0.92

出所）財務省『財政投融資レポート』各年度より作成。
注1）当年度利益は，経費等，その他勘定を含む収支。
　2）調達コスト（％）＝年間支出／調達総資産平残，運用利回り（％）＝年間収入／運用総資金平残×100。
　3）利ざや（％）＝運用利回り－調達コスト。

政投融資制度と郵便貯金もまた，大きな転換局面を迎えることになったのである[37]。

　財投改革以前の 2000 年度まで郵便貯金によって集められた資金は，「資金運用部資金法」にもとづき，簡保資金，公的年金などとともに大蔵省の資金運用部への全額義務預託が課されていた。資金運用部資金の預託金利は，1987 年 4 月の制度改正により預託利率の法定制が改められ，市場金利を基準として政令で決定することになった[38]。さらに 1993 年 6 月，小口預金金利の自由化にあわせ，財投の入口，中間，出口がすべて 10 年国債の市場金利にひもづけられ，預託金利は 10 年国債の表面利率に 0.2 ％上乗せした金利水準となった[39]。これは，預託先の資金運用部が国債運用をした場合，預託金に対する金利上乗せ分だけ，資金運用部の収支に逆ざやが生じることを意味する。このことを郵便貯金の側からみれば，郵便貯金を直接国債に運用した場合に比べ，郵便貯金に対して 0.2 ％の「利益補塡」がなされたことと同じであった[40]。また，郵貯資金を全額自主運用した場合は，郵便貯金が金利リスクを直接取ることになる。

　表 5-2 より資金運用部の収支をみてみよう。これによると，資金運用部の当

年度利益は，1997年度5540億円，98年度1兆6430億円，99年度2兆2780億円と著増し，1996年度までゼロであった利ざやも1997年度から生じるようになった。これは，預託金の中で大宗を占めていた郵便貯金が1997年度以降新金利に切り替わり，預託金利が大幅に低下したことによるものである[41]。資金運用部の預託金利と大部分の財投機関への貸出金利は，7年期間としているため，両者の金額と期間が一致すれば，収支はバランスするはずである。しかし，長期的な金利低下局面の只中において7年もの預託金利の切り替えを迎えた場合，預託金利の低下にともなって資金運用部の長期固定的な貸出金利との間に金利差が生じ，資金運用部側には利ざやが発生することになる。金利変動のリスクに加え，期間リスクも存在したのである。

　最長7年の期間で預託される財投資金は，政治的意図から預託側のコストが考慮され，7年ものの調達資金に10年国債よりも高い金利が付与された[42]。このような資金運用部への預託金利上乗せ分が，支出面に高金利時預入の定額貯金の利払いという負担を抱えつつ，1997年度まで郵便貯金の黒字を支えていた一因であった。1995年秋以降の超低金利によって，新規に受け入れた定期貯金の長期固定，半年複利にともなう高コスト体質は大幅に後退していたものの，郵便貯金には1990年から91年に大量に預け入れられた高金利の定額貯金が折からの超低金利下において払い戻されることなく，10年の満期に向けて滞留し続けていたため，資金運用部に預託された郵貯資金は高金利のものが中心で，制度改正の1993年から数えてなお満期まで7年を残していた。このことを反映し，郵貯特別会計は，1988年度から97年度までの黒字から一転，1998年度6337億円，1999年度1兆8785億円，2000年度1兆1231億円の赤字を計上した。この赤字は当然ながら国庫によって補塡されることとなり，この点においても郵貯資金が全額自主運用となった場合のリスクが潜んでいたことになる。このように見れば，金融危機後の超低金利ないしゼロ金利政策下では，高金利期に流入した定額貯金の支払利子こそが郵便貯金の財務を圧迫する主因であったといえよう。さらにそのことは，資金運用部ショックに現れたように，定額預金の動向次第で大蔵省理財局の一元的に運用する資金運用部の国債消化可能資金が急減し，国債価格の下落＝長期金利急騰という事態を引き起

こし，金融経済・実体経済双方に打撃を与える可能性をももたらしていた[43]。つまり，この時期には国債の大量発行と定額貯金の満期集中の大型の波が重なることによって，郵便貯金の財務の健全性と国債価格維持がトレードオフとなる可能性があったのである。

このことに加え，1990年代後半になると，特殊法人批判とともに財投制度それ自体が問題視されるようになった[44]。財投の役割は，財政支出の増加を極力抑制しつつ，規制金利の下，財政資金とも金融市場とも隔離するかたちで戦後経済復興，重化学工業化の推進を目的とした政策金融による重点的資金配分，さらに高度成長期には成長格差に対応したさまざまな社会的資金再分配を進めることにあった。1996年度に約40兆5337億円（対GDP比8.0％）のピークに達した財投は，定額貯金中心の「郵貯増強メカニズム」を作り上げていた郵便貯金を「入口」＝原資とすることで，資金量が自動的に巨大となった。この一方，「出口」の財投機関では，本来必要とされる資金量との間に資金需給のミスマッチ，不均衡を生じさせており，民間との競合や天下り批判を生み，事実超低金利の下で公的金融の金利面での相対的有利性が失われるなか，融資先を見出しにくくなっていた[45]。そこに政治的利害の入り込む可能性や社会からの批判が生まれる余地があった。また，1990年代以降財政収支の悪化が顕著となり，財投制度維持のための財政負担の見通しも立たなくなっていった[46]。

以上の状況に対処するため，第二次橋本内閣では行政改革のなかに財投改革が盛り込まれ，制度・運営全般にわたる抜本的な改革が実施されることとなり，2000年5月「財政投融資改革法」が成立した。郵便貯金，年金積立金預託制度は2000年度末をもって廃止され，郵便貯金と財投のつながりは制度的に分離されることとなった。これにより，戦前の大蔵省預金部に起源をもつ戦後財投制度と郵便貯金との関係は大きな転換局面を迎えた[47]。財政融資資金の調達は，特殊法人などの財投機関自ら財政融資資金機関債券（いわゆる財投機関債）あるいは，財政投融資債券（いわゆる財投債），官民ファンドを活用し，貸付期間に応じて市場で自主調達されることとなった。財投金利については，貸付期間に応じ，国債の市場金利を基準として，元金一括，元利均等などの返済条件や据え置き期間の有無など償還形態を反映させつつ，多様に金利が設定され

表 5-3　自主運用開始後の郵便貯金運用状況

(兆円)

年度	資産残高	財政融資資金預託金	自主運用計	有価証券	うち国債	うち地方債	うち公庫公団債	うち社債等	うち外国債	その他
2001	239.2	153.1	86.1	72.2	52.7	9.9	2.5	3.3	3.8	14.0
	(100.0)	(64.0)	(36.0)	(83.9)	(61.2)	(11.5)	(2.9)	(3.8)	(4.4)	(16.3)
2002	233.5	129.4	104.1	90.1	71.8	9.4	2.9	2.9	3.1	14.0
	(100.0)	(55.4)	(44.6)	(86.6)	(69.0)	(9.0)	(2.8)	(2.8)	(3.0)	(13.4)
2003	227.4	112.7	114.7	105.9	86.0	9.5	3.8	3.1	3.5	8.8
	(100.0)	(49.6)	(50.4)	(92.3)	(75.0)	(8.3)	(3.3)	(2.7)	(3.1)	(7.7)
2004	214	79.3	134.8	126.5	106.6	9.3	4.6	2.9	3.1	8.2
	(100.0)	(37.1)	(63.0)	(93.8)	(79.1)	(6.9)	(3.4)	(2.2)	(2.3)	(6.1)
2005	200.6	46.6	154.0	144.0	124.3	8.7	5.1	2.7	3.1	10.0
	(100.0)	(23.2)	(76.8)	(93.5)	(80.7)	(5.6)	(3.3)	(1.8)	(2.0)	(6.5)
2006	187.3	24.0	163.3	154.3	136.1	8.1	4.8	2.6	2.7	8.9
	(100.0)	(12.8)	(87.2)	(94.5)	(83.3)	(5.0)	(2.9)	(1.6)	(1.7)	(5.5)

出所）日本郵政公社「統計データ 為替貯金編」各年度より作成。
注1）（ ）内の数値は，自主運用に占める割合（%）。
　2）資産残高は，金融商品にかかわる会計基準に準じた評価額。
　3）財政融資資金預託金は，旧金融自由化対策資金の借入金見合いの預託金を除く。
　4）外国債は，外国政府等が発行する債券であり，円貨建債券を含む。

た[48]。資金運用部に預託されていた郵貯資金については，それまで預託満期後も運用部へロールオーバーされていたが，原則7年の預託期間満了時に元本とともに償還されることとなった[49]。

　2001年4月，郵政省の「100年の悲願」であった郵貯資金の全額自主運用が開始された。義務預託の廃止にともない，一方で郵貯資金の預託による0.2%の金利上乗せや国庫による郵貯特別会計への赤字補填がなくなり，他方で自主運用は「郵便貯金法」に規定された「郵便貯金資金運用計画」に則って安全・確実・有利・公共の利益を重視し，基本的に国債などの安全資産で堅実運用されることが課された[50]。表5-3は自主運用後の郵便貯金の運用状況を表している。初年度は資産残高約239.2兆円のうち約36%にあたる約86.1兆円が自主運用され，このうち60%以上が安全資産である国債に集中しており，多少のリスクを含む有価証券の運用割合は数%程度と低く抑えられている。自主運用割合は，2003年度50.4%，2004年度63.0%，2005年度76.8%，2006年度

87.2％と年々増加しているものの，その内訳をみれば，国債に集中して運用
されている。自主運用の名の下で国債運用からの離脱が図られた跡は見出され
ない。金融自由化および金利弾力化の進行下にあっても，郵便貯金は公的性格
ゆえに，市場に及ぼす影響等を意識しつつ，これまでどおり国債の受け皿機能
を果たしていくこととなった。国債への運用にあたっては，満期までの保有
（バイ・アンド・ホールド）が原則とされていた。これは，政府債務の差替えと
もいうべき事態であった。既述のとおり，定額貯金は金利低下期には10年満
期にわたって滞留し続け，金利上昇時にも預け替えることが可能な商品である。
このような定額貯金を大宗とする郵便貯金が超低金利のもとで発行された国債
を大量に長期保有するということは，2003年の公社化が決定していた郵政に
とっては逆ざやの金利リスクを郵便貯金自身が抱え込み，「公共の利益」に縛
られたままで市場の潜在的な価格リスクとも向かい合うことを意味していた。
「安全な資産運用」とは郵便貯金の経営の安定性を意味するものではなく，そ
の実，郵便貯金の「ジリ貧」を意味するものだったとされる所以である[51]。

4）郵貯「2000年問題」と自主運用の開始

　繰り返すように，定額貯金は2000年に大量の集中満期を迎えることが予想
されていた。このことは，金融界のみならず，政治においても注目の的とされ
ていた。森喜朗内閣下では，深刻な不況による個人消費の低迷と景気浮揚が最
大の争点とされていたことから，郵便貯金の膨大な満期償還金の払出しによる
個人消費の押し上げ効果が期待された[52]。一方では，試算段階において郵貯残
高の減少が見込まれており，利子課税や預入限度額の超過による再預入不可能
分も含め，郵便貯金から満期償還金が大量に流出し，金融市場にショックを与
えるのではないかと予想されていた[53]。1998年末の資金運用部ショックの経
験により，定額貯金の集中満期に備えて資金運用部が保有する国債を大量に売
却した場合には，債券市場の波乱や長期金利への上昇圧力となりうると懸念さ
れていたのである。このような定額貯金の集中満期をめぐる「2000年問題」は，
最高金利を記録した1980年の「大膨張」が，その満期時の「1990年ショック」
が結果的に阻止されたことで持ち越され，新たな巨大な「塊」＝膨大な満期償

還予定金が形成されたことによって準備されたものであった。すでに述べたように，1990 年 9 月から 1991 年 7 月までに定額貯金には預替えを含めて約 66 兆円が預け入れられた。その全額が 10 年満期まで据え置かれた場合，約定金利 6.33 ％（最終利回り 8.65 ％）が元加された償還額は，元金の約 1.9 倍の約 123 兆円と試算されていた[54]。結果としてみれば，1980 年の金利ピーク時（約定金利 8.00 ％，最終利回りが 11.92 ％）に預け入れられた定額貯金は，20 年間に 4 倍強に増殖し，貯金者にとってはノーリスク，ハイリターン，政府による保証のある，稀有な金融商品と化していたのである。1990 年代におけるデフレ不況および低金利下において，このような高金利の定額貯金が 10 年後の満期まで払い戻されずに高い滞留率を示し，2000〜01 年度に集中的に満期を迎えようとしていたのである。

　満期を迎える定額貯金の流出の時期や規模，影響等に関する憶測が飛び交うなか，郵政省は 1999 年 8 月に，2000〜01 年度の郵便貯金増減見込みを発表した。それによると，2000 年 3 月末約 260 兆円の郵貯残高のうち，定額貯金の満期償還金は両年度合計約 106 兆円（2000 年度約 58 兆円，2001 年度約 48 兆円）に達する見込みであり，このうち郵便貯金からの流出予想額は両年度合計約 49 兆円（2000 年度約 27 兆円，2001 年度約 22 兆円），郵貯残高は 2000 年度に約 16 兆円，2001 年度に約 15 兆円減少するとされた[55]。ところが，実際にはこのような予想は大きく覆された。図 5-7 は，2000 年前後の定額貯金残高および預払の推移を示したものである。2000〜01 年度における払戻は約 133.3 兆円，預入は約 96 兆円に上り，郵便貯金からの流出額は予想を下回り 37.2 兆円に留まった。このことは，日本経済がデフレスパイラルに陥り，長短市場金利が史上最低記録を更新するなか，預金者が安全志向をさらに強めていたためと考えられる。預貯金金利は年率 0.20 ％の低水準であったものの，1990 年代を通じた長期不況と民間金融機関のシステミック・リスクが増大するなか，安全な金融資産として半分以上が定額貯金に舞い戻ったのである。2000 年 3 月末の郵貯残高約 260 兆円，定額貯金残高約 212 兆円をピークとして減少に転じ，同年同月を境目として払戻が預入を上回るようになったものの，多額の流出を予期していた市場は拍子抜けの感があった。ゼロ金利政策下であったにもかかわ

第 5 章 国債問題の顕在化 171

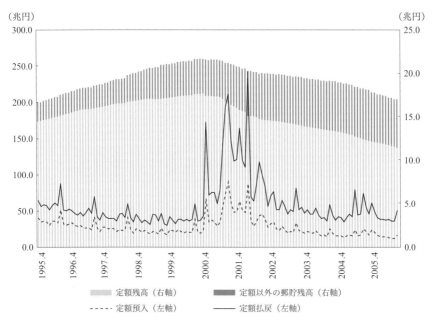

図 5-7 月別郵便貯金および定額貯金の残高と預払の推移

出所）日本郵政公社「統計データ　為替貯金編」より作成。

らず，家計の預貯金依存が一段と強まりをみせるなか，定額貯金の満期償還は，期待されていた個人消費の促進効果や消費需要の活性化，あるいはリスクをともなう投資に結びつくことはなかったのである。

図 5-8 は，種類別郵便貯金残高の推移を示している。1990 年度に約 136.3 兆円であった郵便貯金の残高は，1999 年度末には約 260.0 兆円のピークに達した。2000 年度以降，残高ベースでは減少に転じたが，対前年度増減率では，すでに 1991 年度から減少傾向で推移している。郵貯残高同様，定期性貯金残高についても，1999 年度に 212.4 兆円のピークを迎えた後，2000 年度末 192.8 兆円，2001 年度末 175.0 兆円に減少している。定期性貯金の増減率は 1991 年度から 98 年度に 22.1％ から 2.1％ に減少し，残高は 2000 年度末 192.8 兆円，2001 年度末 175.0 兆円，2002 年度末 167.0 兆円と減額，その伸び率は 2000 年度以降マイナスで推移している。1990 年代後半には定額貯金が減少傾向を強める一

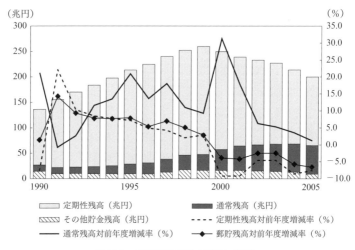

図 5-8　種類別郵便貯金残高の推移

出所）郵政省『郵政行政統計年報　為替貯金編』各年度，日本郵政公社「統計データ　為替貯金編」より作成。

注）郵貯合計は，定期性残高か通常残高，その他貯金残高の合計。

方，通常貯金が郵貯残高の伸びを支える傾向が強まっていった。通常貯金は，1993年度以降一貫して定期性貯金の伸び率を上回り，1995年度および97年度に急増している。この要因のひとつには，1997年から98年にかけて北海道拓殖銀行，日本債券信用銀行，日本長期信用銀行，山一証券など都市銀行，長期信用銀行，三大証券の一角が経営破綻することにより，金融システムに危機感が高まっていたことが挙げられよう。事実，北海道拓殖銀行の破綻があった1997年秋には同地方で郵便貯金が急増している[56]。2001年の預託制度廃止が近くなると，郵便貯金当局はコスト高の定期性貯金獲得より，流動性資金の取扱いの確保・伸長に重点を移すことになる。金利自由化過程で比較的高利回りを求めて動いていた資金とは異なり，戦後初の銀行破綻に象徴される証券危機から金融危機への転化局面にあって，郵便貯金は定額貯金の高利回り＝高い収益性という商品特性ではなく，国家によって保証された安全性を貯蓄者から評価されることになった。2001年以後の政策的変更は，すでに1990年代後半に，市場の動向を通じ準備されつつあったといえよう。換言すれば，そこには小泉

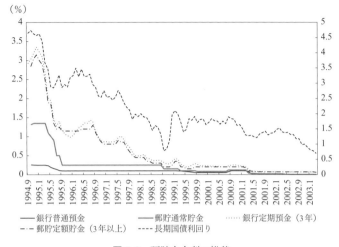

図 5-9　預貯金金利の推移

出所）日本銀行「時系列統計データ検索サイト」より作成。

郵政民営化とは異なる，市場を通じたもう一つの郵便貯金再編のありえたかもしれない姿が仄見えていたのである。

　図 5-9 は，郵便貯金と民間銀行の金利の推移を示したものである。1995 年 9 月に公定歩合が 0.5％ にいたると，定額貯金の 3 年以上約定金利は 1.15％ となった。約定金利が 1.00％ の場合，10 年固定の半年複利でも最終利回りは 1.05％ 程度となり，長期固定・半年複利という特性にもとづく定額貯金の金利面での有利性は大幅に低下する。これに加え，超低金利下で金利が低下する局面では，定額貯金金利（3 年以上）と国内銀行預金金利（3 年以上，300 万円以上 1000 万円未満）が接近し，1992 年 10 月から 93 年 2 月にかけて，銀行預金金利のほうが約 1.0％ 高くなる逆転現象がみられた。流動性預貯金金利については，郵貯通常貯金と銀行普通預金との金利に 1.1.％ の金利差が存在していたことは前章で述べたとおりである。低金利下で金融商品間に金利差をつけることが困難となるなか，流動性預貯金で郵便貯金に残された「1.0％ 程度」という金利差は，通常貯金を増やすことによって郵貯資金の総量の減少がもたらす国債流通市場への影響を抑制しつつ，定額貯金の満期の波によるリスクを減殺

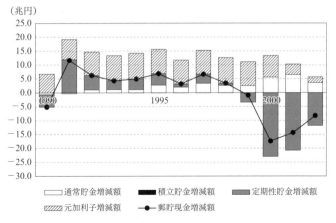

図 5-10　郵便貯金の現金および元加利子増減額の推移

出所）大蔵省『財政金融統計月報』国庫収支特集号，各号より作成。
注1）郵貯純増減額＝郵貯現金増減額－元加利子増加額。
　2）郵貯現金増減額＝通常貯金現金増減額＋定期性貯金現金増減額＋積立貯金現金増減額。

し，郵貯のソフトランディングを図る目的で設定されたものであった。大局としてみるならば，1990年代の郵便貯金の構成変化は同時期の民間銀行の預金構成の変化とさして異なるものではなく，郵便貯金の一般金融機関との同質化が進みつつあったと評価できよう。

　この点について，郵便貯金の現金増加額および元加利子の推移を図5-10より確認しておこう。現金増加額の合計は1990年度5.1兆円の減少から一転，1991年度に約11.7兆円に跳ね上がったのち，1992〜98年度には純増で推移し，1999年度は－0.9兆円減少し，2000年度7.8兆円，2001年度約3.9兆円増加した。1990年代後半には定額貯金が減少傾向を強める一方，郵貯残高の伸びを支えるのは巨額な元加利子と通常貯金という傾向が強まっていった。こうしたなか，郵政省は2000年度より国債の窓口販売を強化した。すでに郵便局では，1975年以降の国債大量発行による残高膨張と1985年度以降の大量償還を背景として，1988年4月より国債販売を開始していた。財政当局により，全国の郵便局で国債等の販売が実現すれば，国債購入の裾野が広がり，個人消費が促進されて安定的な消化が可能となるという「青写真」が描かれたのである。し

かし，当時の郵政省は 1990 年の定額貯金の満期集中に向け，貯金の流出回避策に重点を置いていたことから，その実績は乏しいものとなった。しかし，2000 年には，財投改革を目前に控え，郵貯資金の自主運用と郵貯「2000 年問題」への対応の一環として，手数料重視への方針転換が図られた[57]。個人向け国債を定額貯金の満期償還金の受け皿とすることにしたのである。

　一方，1990 年代を通じた巨額の国債発行によってその安定的な消化が喫緊の課題とされ，財務省は安定的に国債保有比率を高めるために 2003 年 3 月から個人向け国債の販売を開始した。もともと定額貯金自体が，資産変換機能を利用して提供されたある種の「個人向け国債」であった[58]。というのも，郵便貯金の保有資産の大半が国債であることに照らせば，定額貯金は「第二の国債」であり，国債を個人でも保有可能となるように小口化し，流動性を付与した商品といえるからである。しかし，定額貯金による国債への運用は，郵便貯金が金利変動リスクを引き受け，最終的には政府からの補塡によって支えられていたからこそ可能であり，そうした負担は税金によって賄われてきた[59]。個人向け国債は，定額貯金同様，元本が保証され，中途解約が可能である。したがって，個人向け国債は，バイ・アンド・ホールドを期待しつつ，貯蓄者がリスクをとる定額貯金の代替商品であったといえる。

　個人向け国債は，発売当初，長期金利が低下局面にあったことから，販売額は振るわなかったものの，2003 年夏に長期金利が上昇に転じると，個人資産の安全な運用先として人気を集めるようになった。特に，郵便局窓口では，2005 年 12 月に 5 年固定利付きの国債が即時完売する等，約 2 万 4500 局の郵便局がその販売力を見せつけた。このため，財務省理財局は郵政公社の販売量をさらに上積みできると試算している[60]。しかし，2006 年度における個人向け国債の販売予定枠は，2005 年度実績と同額の 9000 億円に据え置かれ，拡大されることはなかった。2007 年に民営化を控えていた郵政公社は，従来のような個人向け国債引受の増額を見送る一方，手数料収入が個人向け国債の約 10 倍高い投資信託販売を重視したのであった[61]。郵政公社では民営化を視野に入れた事業コストの削減や効率化を図るとともに運用構造を抜本的に見直し，定額貯金と国債運用依存から脱却する新たな方向性を打ち出して，郵便貯金の

改革を進めることとした。民営化に向けて，経営の主体的条件を切り開こうとしていた郵政公社は，この時公社として自らに課された役割を一歩踏み越えたといえよう。預託制度廃止が近くなると，郵便貯金当局ではコスト高の定期性預金獲得より流動性・決済性資金の取扱いの確保・伸長に重点を移していくことになる。

　比較的高利回りを求めて資金が動いていた金利自由化の過渡期とは異なり，1990年代後半の都市銀行や長期信用銀行の破綻という証券危機から金融危機への転化局面にあって，郵便貯金は定額貯金による高利回り商品としての商品特性ではなく，国家保証にもとづく安全性という役割を発揮することになった。このトレンドの延長上には，高利回りの定額貯金に代わり，低利回りではあるものの安全な資産と利便性を供し，ユニバーサルサービスを請け負うナローバンクの姿が浮かび上がる。通常貯金へ比重を移すことによって資金の満期の波をなだらかにし，適正規模へと緩やかに縮小していくという，戦後郵便貯金再編の方向性が生まれていたのである。しかし，次章で述べるように，郵政の公社化は小泉首相の民営化へと直結していくことになった。注意しなければならないのは，郵便貯金を民営化する，しないにかかわらず，財投改革と自主運用の実現によって，郵便貯金の再編は不可逆の過程に入ったということである。したがって，郵政民営化ないし郵便貯金の民営化それ自体は，これとはまた別の論理によって要請されたと考える必要があろう。

4　小　　括

　1990年代の郵便貯金は，前半におけるバブル崩壊にともなう証券市場の惨落と長期不況，後半における戦後初めての本格的金融危機や銀行破綻という状況下，郵貯増強メカニズムに加え，政策的な優遇と安全な金融資産を提供するという戦前からの歴史的役割が再認識されることにより肥大化した。しかし，これを立ち入ってみれば，政府によって保証された郵便貯金が単調な拡大傾向にあったわけではないことが判明する。

第 5 章　国債問題の顕在化　　177

　当該期の郵便貯金の動向は，主に 1990 年代初頭の巨額な定額貯金の「塊」によって規定されていた。バブル崩壊後の預貯金金利は低位であり，民間金融機関の定期預金との金利差は認められなくなっていった。しかし，金融不安への高まりから預貯金者が安全志向を強めていくなか，証券市場の崩落時に流入した退避的資金が相対的に高利回りの定額貯金に滞留し続けた。10 年にわたって高い金利水準を保つとともに，元加利子が積み増すことによって，郵貯残高ベースでは 2000 年 3 月末に約 260 兆円のピークにいたった。1990 年代の郵便貯金を構成比でみれば，この間に通常貯金が占める比率が着実に高まってきており，底流において定額貯金に依存した戦後郵便貯金の特異な性格が次第に変化しつつあったことは見逃せない。とはいえ，絶対額でみる限り，郵便貯金の大宗は依然として，高度成長期以降の国民所得の上昇を基盤とし，10 年周期の巨大な波を描く，「過去の遺産」としての定額貯金であった。

　金利面の有利性を商品特性とする定額貯金は，本来資金不足経済であった戦時経済から戦後復興期，高度成長期にかけての政府の重点的な資金配分という政策的要請，そして人為的に預金金利が低く規制される一方，物価が継続的に上昇しているという条件の下で，預金者にとってインフレヘッジ的な意義を有していた。このことが郵貯増強の原動力となった。この定額貯金の増加は，1980 年にそのピークを迎え，1980 年代から 90 年代初頭のバブル期にあって複雑な動きを含みつつ，大きな塊を形成することになった。このような定額貯金中心の郵便貯金にとって転機となったのは，金利自由化と 1990 年代の長期不況，そして低金利時代の到来であった。

　定額貯金を中心とした郵便貯金は，1990 年代半ば以降，金融自由化により潜在的リスクを高め，超低金利下で財務を悪化させた。郵貯資金は大蔵省資金運用部への全額預託を義務付けられていたから，この財務の悪化を引き受けたのは資金運用部であり，郵貯特別会計であったが，リスクは最終的に国庫負担によってヘッジされた。金融自由化の進展は，政策金利によって作り出されてきたファイナンスのあり方を困難にしていったが，まさにその 1990 年代に巨額の定額貯金の存在が大きな負担として郵便貯金，そして財投制度全体に圧しかかっていたのである。

以上のような1990年代の郵貯資金がはらんだ特殊事情の存在に加え，行政改革の一環として郵政事業の改革が問われることとなり，財投改革および郵貯資金の自主運用が政策課題に上ると，橋本内閣において郵政事業の公社化が決定した。財投改革は，郵便貯金側からすれば資金運用部への義務預託廃止により，運用上の自由を得ることと引き換えに財務リスクを郵便貯金自らが負うことを意味した[62]。このことは，財政側（理財局）からみれば，郵貯資金の金利リスクを免れる一方，その運用を完全にコントロールできなくなるという点で，国債管理政策を掣肘するものであった。1990年代後半，景気対策のための国債発行額の激増と残高累積は，国債価格の下落＝金利上昇のリスクに現実味を与えていた。長期不況からの回復過程で，金利上昇＝国債価格下落により国債に売り圧力が加われば，財政にとって大きなリスクとなる。つまり，景気回復と財政・金融の健全化がトレードオフになる可能性があり，「池の中の巨鯨」となった郵便貯金は，金融と財政を結びつける要として，自主運用権を得ることと引き換えにそのリスクを自ら負うことになったのである。2003年の公社化以前の郵便貯金は，自主運用権を得ていながら，国債を売却しようにもしえない構図に縛られ，身動きのできない状態に陥っていた。すなわち郵便貯金は，国債が金融市場に与える影響の観点から求められる公共性と主体的観点から必要とされる経営的利害の両サイドから封じ込められていた。ここに郵便貯金を民営化していくことの郵便一般とは異なる難しさがあったといえよう。

　郵政公社を完全民営化に進め，郵便貯金の分社化と民営化が決定したのは，2000年代に入ってまもなく，小泉内閣によってであった。同内閣においては，金融の不安定性の払拭が目指され，金融市場が安定を実現すると同時に，折からのアメリカ経済の立ち直りや新興市場の勃興にも助けられ，景気が上昇に転じたことで，国債発行を抑制することが可能になっていた。国債問題として考えれば，日本経済の小康状態の時期に当たっている。郵便貯金民営化により，市場原理を通じて郵貯資金を成長分野に向けるという路線が一定の説得力をもちえた時期であった[63]。

　しかし，2003年の日本郵政公社設立時，郵便貯金約233兆円，簡易保険約115兆円，合計約350兆円を誇る資金量のうち200兆円近くは国債で運用され

ていたことから，保有国債の 1.0％分の資金が株式や米国債に移動されるだけ
でも，金利・株式市場は大きな影響を受けかねなかった[64]。日本郵政公社とし
ては，不況期に「肥大」した郵便貯金を「激やせ」させることなく，自然に漸
減させていくことを基本として，貸借対照表上の資産額の適正なダウンサイジ
ングと損益計算上の利益率の改善を両立させることが合理的な判断となろう。

　日本郵政公社では，十分なコントロールの下，貯金を適正規模に縮小させ，
完全民営化に向けてソフトランディングさせるという，郵便貯金創設以来類例
のない縮小方針が示された。なかでも，定額貯金による資金調達と国債・財投
債への資金運用という体制を早期に脱し，新たな収益基盤を確保することが経
営上の課題となった[65]。これは高収益がほとんど期待できないゼロ金利時代に
おいては，当然の経営判断であり，それはある意味で郵政公社側からする「官
から民」へのソフトランディングのごく自然な過程であった。しかし，定額貯
金離れ，国債運用離れを図る郵政公社のこうした経営スタンスのあり方は市場
に影響を与えかねず，巨額の国債を抱え込んだ民間金融機関，国債暴落を忌避
する財政金融当局の懸念を生むことにもなる。次章では，この点も含め，郵政
民営化の過程を見ていくこととしたい。

第 6 章

郵政民営化の政策決定過程
――小泉改革下の郵便貯金――

1 経済財政諮問会議と郵政改革

1) 冷戦体制の終焉と政治改革

　1980 年代末から 90 年代，日本の政治はかろうじて自民党政権が維持されたものの，短期間で内閣の交代を繰り返す不安定な状態が続いた。リクルート・スキャンダルの中で 1989 年 4 月に竹下登首相が辞任，1989 年 6 月に宇野宗佑内閣が誕生したものの，参議院選挙で自民党が大敗し，短命に終わった。次いで，1989 年 8 月に海部俊樹内閣，1991 年 11 月に宮澤喜一内閣が成立した。しかし，政治改革への姿勢をめぐり，1993 年 6 月内閣不信任案が国会を通過，同年 7 月に解散総選挙が行われ，大量の離党者をカバーできなかった自民党は戦後初めて議席数で過半数を割った。この総選挙後，非自民の八会派が結束して細川護熙内閣が発足し，連立政権の時代が始まった。細川首相は，政治の刷新という国民の圧倒的な期待を担って登場し，小選挙区比例代表並立制の導入を柱とする「政治改革関連法案」を成立させた。しかし，1994 年 2 月はじめ，税率を 7 ％とする国民福祉税構想を唐突に打ち出して混乱を招いたこともあって，同年 4 月 25 日に呆気なく総辞職したのであった。

　政治的混迷が深まるなか，1994 年 5 月に羽田孜内閣が誕生したが，社会党抜きの新会派「改新」の結成をめぐって社会党が政権を離脱した。このため少数与党政権となり，政権基盤は安定しなかった。64 日と短命に終わった羽田

内閣のあと，1994年6月末に政局絡みで自民党，社会党，さきがけが連立するという，「五五年体制」時の与野党が連立する衝撃的事態が生じて村山富市内閣が成立した。しかし，村山首相も1996年1月に辞意を表明，副総理で自由民主党の総裁であった橋本龍太郎へ禅譲の意向を示した。1996年1月，三党の連立はそのままに，第一次橋本内閣が成立した。1996年11月に社会党とさきがけが閣外協力に転じたため，久しぶりに自民党単独の第二次橋本内閣が発足した。橋本首相は「行政改革」，「財政構造改革」，「経済構造改革」，「金融システム改革」，「社会保障構造改革」，「教育改革」の六大改革を提唱した[1]。このうち行政改革について，橋本首相は就任後ただちに首相直属の行政改革会議を設立し，行政改革のベースプランの作成を諮問した。同会議は，1997年12月，①22の省庁を「1府12省庁」に半減させる省庁再編，②首相権限強化をともなう内閣機能の見直し，③郵政三事業の一体公社化，④公務員定数の1割削減等を最終報告で答申した[2]。

　この間の政治的課題は，国民の信頼を失った政治制度・官僚制度をいかに改革するかということを最大の争点とした。背景には，バブル期における不祥事の発覚やリクルート事件によって都市新中間層を中心に政・官・財の癒着に不満を抱き，無党派化が進むとともに政治全般に対する無関心が強まっていたことがある。さらに，透明性のない政策決定と情報公開のない密室性が政・官・業のもたれ合いや談合体質を生んできたとして，官僚の事前的裁量行政が厳しく問われ，政治の機能弱化が強く懸念されていた。これらを受けて，中央省庁等改革では，政・官・業の癒着構造を打破するとともに，肥大化，硬直化，縦割り化などを極め制度疲労した戦後型行政システムを根本的に改め，行政の役割を「官から民へ」，「国から地方へ」簡素・効率・透明化して「小さな政府」を実現すべく見直しが図られたのであった。

　「五五年体制」下では，特定の政策分野に影響力のある与党族議員と官僚が政策決定に大きな影響力を有していた[3]。このため，官僚による行政指導を軸とした戦後政治のあり方については，従来から，政・官・業の癒着であるとの批判がつきまとっていた。田中角栄のいわゆる「金脈問題」，ロッキード事件から，竹下政権におけるリクルート問題まで，その基本的論調は「政治と金」，

いわゆるポーク・バレル政治をめぐるものであり，成長の中での権益の「分け前」に関わる倫理問題であった。

しかし，1993年7月の総選挙で「五五年体制」が崩壊すると，政治改革や行財政改革の意味するところがそれまでとははっきり異なるようになった。細川連立政権の成立と同内閣における小選挙区比例代表並立制度の導入，ならびに政党交付金制度の採用は，政権交代の制度化と「金のかからない政治」を目指すものであった。このような制度改革が現実のものとなると，政権は単独与党内部での派閥の力学だけでは成立できなくなる。そこで問われるのは，合意可能な政策であり，選挙における明確な政策的対抗軸の表明による政権交代であった。しかも，バブル崩壊後の日本経済は，長期不況の只中にあり，財政は悪化し続けていた。自動車産業を中心とした20世紀型の輸出主導の組立加工産業は，依然国際競争力を保ち続けていたが，バブル崩壊とレーガノミクス以後の国際金融の不安定化によって，潜在的に金融のシステミック・リスクが高まっていた。

この間に世界の政治経済は激変の時代に入っていた。1989年には，東欧革命が起き，中国で鄧小平による改革開放路線が進められ，1992年からはその後継者たちによって，「社会主義市場経済」という大胆な路線が踏み出されていった。1991年には，軍拡競争に疲弊し，IT技術によるデジタル革命の進行に経済がもはや対応できなくなったソ連が崩壊した。「社会主義の崩壊」は，地球規模での「市場経済化」の新たな波として現れ，膨大な「安価な労働力」を市場に提供することになった。これにより世界経済は，「価格破壊」とも称されるグローバルな価格競争の時代に突入した。

ロシアにおける社会主義革命の側圧から生まれたケインズ主義福祉国家は，「社会主義の崩壊」と自らの財政的行き詰まりも相まって，大きな曲がり角に差し掛かっていた。一方，新自由主義政策を推進していたアメリカでは，共和党のレーガン政権が減税と軍拡を進めたことで，意図せざるケインズ主義政策による財政の悪化を続けていた。レーガン，ブッシュと続いた共和党政権の後，1993年に発足したクリントンの民主党政権は，ゴア副大統領の下，「情報スーパーハイウェイ構想」を打ち出し，ITとファイナンスを重視したクリントノ

ミクスと称される一連の政策を展開した。同政権の政策は，共和党政権の新自由主義政策の基調を受け入れつつ，デジタル化を通じた新産業の創造により雇用を生み出すことを目指していた。つまり，レーガン政権下で財政資金によって集中的に開発が進められた軍事技術の「ポスト冷戦」における民生化という課題を実現するものであったといえよう。

　アメリカ経済は，クリントン政権の下で国際競争力を回復したかに見え，その進展はデジタル技術に基礎を置く生産性向上による景気循環なき成長＝「ニュー・エコノミー」と称されるようになった。この時の長期の景気拡大を背景として，クリントン政権は，高額所得者への増税と中間層への減税を「パッケージ」とした税制改革により財政収支の改善を進め，2000年には財政の黒字化に成功している。皮肉にも，レーガノミクスが新自由主義に立ちながら，意図せざるケインズ主義政策に終わったことと相補うように，クリントノミクスは，本来リベラルな立場にありながら，均衡財政を回復しつつ，新自由主義政策による労働力の柔軟化をブルーカラーからホワイトカラーへと波及させることとなった。

　この頃には，共和党と民主党の政策の差はかなり縮まっており，同様の事態は英国でもサッチャーの保守党政権とブレアの労働党政権の関係において生じていた。さらに，1980年代の累積債務国問題および同年代末のソ連東欧圏の社会主義の崩壊から，1990年代には国際通貨基金（IMF）や世界銀行，アメリカ財務省の間で，国内均衡を犠牲に対外均衡を優先させるとする発展途上国に対する合意，いわゆるワシントン・コンセンサスが生まれた[4]。これにより，財政赤字の是正，税制改革，適正な為替レートの設定，貿易自由化，直接投資の拡大，規制緩和，国営企業の民営化などの「市場自由化」が，国際的な政策のスタンダードとされ，反ケインズ主義的な新古典派主流経済学が政策立案の理論的バックボーンとなっていったのである。クリントン政権は，対内的に伝統的な共和党の新自由主義政策に接近する一方，対外的には，自由放任を基調とする共和党とは異なり，民主党本来の保護主義的な戦略的通商産業政策を展開した。これが日本政府に対して出された「年次改革要望書」である。もっとも日米交渉においては共和党のレーガン‐ブッシュ政権にあっても厳しい要求

が出されていたことを考えれば，そこには市場自由化を「政治的介入」によって実現しようとする新自由主義特有の「逆説的論理」が働いていたともいえるであろう。その後の日本政府の「改革」は，対米重視の路線を守るかぎり，この時に引かれた線の延長上を進まざるを得なくなったのである。

2）日本における新自由主義政策の登場

　戦後日本の政治経済を外から規定していた大きな枠組みである冷戦構造が解体に向かい，産業構造の重化学工業化段階が終焉を迎え，日本の置かれた環境は劇的に変化した。これに対し，日本は金融の不安定性が高まるなかで経済が低迷し，政権基盤の弱い内閣が短命で続いたため，有効な手立てを打てない状況にあった。橋本内閣は，ケインズ主義政策を批判する新自由主義政策の本格的な推進によってこうした状況に総合的に応えようとした最初の政権であったといえる。日本の新自由主義政策への転換は，「五五年体制」の一翼である社会党の基盤をなす国鉄等官業労働組合の弱体化と深く絡み合いながら，中曽根内閣と第二臨調によって採用され，推進されたのを起源とする。しかしそれは，サッチャー政権，レーガン政権の新自由主義が，日本やドイツに対する自国の国際競争力の低下に対応し，対外競争力強化を目指した規制緩和や労働力の柔軟化政策として表れたのとは異なり，もっぱら「戦後政治の総決算」という政治的課題によって主導されたものであったという特異性をもっていた。その手段となったのが，「民営化」＝「プライヴァタイゼーション」であった。この時の政策は，国際競争力の弱体化を労働力の柔軟化政策によって是正するというレーガン，サッチャー政権とは，経済・財政の置かれていた環境も，政策が第一義的に目的とするものも異なっていた。事実，「五五年体制」の一翼であった社会党は，最大支持母体の一つであった国鉄労働組合（国労）が国鉄民営化によって無力化したことを機に，趨勢的な衰退過程に入っていった。その後，細川政権の与党に入り，さらに自民党，社会党，さきがけの連立による政権においては社会党委員長の村山富市が首班指名を受け，村山内閣が成立する。しかし，このような経過が党内の亀裂を生み，1996年には分裂，社会党は社会民主党に党名を変更し，日本社会党の名前は歴史から消えることになる。

中曽根内閣における民活論，民営化論と，橋本内閣における民営化論とでは，その置かれた状況を異にし，目的も違っていた。中曽根内閣における民営化論は，すでに述べたように日本の経済にとって内在的な課題であるというより，レーガン，サッチャーの新自由主義の日本的先取りであった。これに対し，橋本政権の「改革」は，1990年代における世界的な政策パラダイム転換の枠組みとアメリカの対日方針により，二重に拘束されていた。もっとも，このことをもって，日本の政策が一方的に外部から強いられたものであったと考えるべきではない。世界の趨勢にあっては，新自由主義政策がグローバル・スタンダードとなりつつあった。日本が金融の不安定性の高まりによって不況が長期化するという状況にあるのに対し，クリントン政権下のアメリカ経済は長期的な景気拡大を続けていた。このことを踏まえれば，規制緩和と民営化，技術革新による「ニュー・エコノミー」の実現こそが，成功を約束した唯一の先行モデルであると日本の政府当局者の目に映っていたとしても不思議ではない。21世紀型産業構造への移行に立ち遅れつつあるとの危機意識から，「市場化」の世界的潮流に主体的に合流することを企図したのが，橋本政権だったといえよう[5]。

　こうした歴史状況および政策目的の主眼の違いを内包しながら，橋本内閣においても民営化方針は踏襲されることになった。国鉄や電電公社の民営化に続き，1997年夏，郵政三事業や財政投融資制度の改革を一つの焦点とする行政改革会議の審議が開始され，9月には中間報告が発表された[6]。郵政三事業については，①簡易保険事業は民営化する，②郵便貯金事業については，早期に民営化するための条件整備を行うとともに，国営事業である間については，金利の引き下げ，報奨金制度の廃止等を行う，③資金運用部への預託は廃止する，④郵便事業は，郵便局を国民の利便向上のためのワンストップ行政サービスの拠点とするなどの変更を前提として，国営事業とする，⑤国営事業であるものについては，国庫納付金を納付させる，⑥国営事業として残るものについては，総務省の外局（郵政事業庁）として位置付けるとされ，郵便・郵便貯金・簡易保険の三事業のうち，郵便は国営，簡易保険は民営化，郵便貯金は民営化する前提で条件整備を行い，郵便貯金の大蔵省ないし資金運用部への預託制度は廃

止という案がまとめられた。この中間答申で重要な点は，民営化方針にあって
も，三事業が一律民営化を目指しうる条件にないことを，行政改革会議が認め
ていたことであろう。特に郵便の国営存続は，国民の通信へのユニバーサル
（全国一律）サービスの保証という「公共性」の観点が考慮されるとともに万
国郵便連合（UPU）との関係が強く意識された。郵便貯金については，民営化
を目指すものの，巨大な官業貯蓄機関が民営化された場合の金融市場へ与える
影響が懸念されていたといえる。新自由主義政策に立った民営化の推進という
点では，きわめて不十分，不徹底なものであった。それは，郵便のユニバーサ
ルサービスを最優先しつつ，各事業の置かれたそれぞれ異なる環境への考慮と，
民営化という基本方針とに折り合いをつけようとしたものであった。

　しかし，1年間の審議を経た1997年12月の最終報告において事態は急変し
た。中央省庁の大規模な再編計画が提案された同報告では，総務省に「郵政三
事業に係る企画立案及び管理を所掌する内部部局として郵政企画管理局（仮
称）を置き，同事業の実施事務を所掌する外局（実施庁）として郵政事業庁を
置く」ことになり，郵政三事業一体で新たな公社（郵政公社）とし，法律によ
り設立，5年後に郵政公社に移行することとされた。具体的には，①独立採算
制の下，自律的，弾力的な経営を可能とする（事前管理から事後評価への転換），
②主務大臣による監督は，法令に定める範囲内に限定する，③予算及び決算は，
企業会計原則に基づき処理するとともに，国による予算統制は必要最小限にと
どめ，毎年度の国会議決を要しないものとする（年度間繰越，移流用，剰余金の
留保等を可能），④中期経営計画の策定，これに基づく業績評価を実施する（経
営に関する具体的な目標を設定），⑤民営化等の見直しは行わない（国営），⑥財
務，業務，組織の状況，経営目標と業績評価結果など経営内容に関する情報を
徹底公開する，⑦職員の身分については，設立法により，国家公務員としての
身分を特別に付与することとし，団結権，団体交渉権を付与するが，争議権は
付与せず，一般職の国家公務員と同様の身分保障を行うものとするが，総定員
法令による定員管理の対象からは除外する，⑧剰余金の国庫納付については，
その是非を含めて合理的な基準を検討する，⑨資金運用部への預託を廃止し，
全額自主運用とする，⑩郵便事業への民間企業の参入について，その具体的条

件の検討に入る，とされた[7]。橋本内閣が行政改革の金看板として掲げた郵政事業の一部民営化方針は，中間報告から一転，最終報告では三事業一体の公社化を目指すとし，民営化等の見直しを行わないことがあえて明記されたのである（その理由については後述する）。

さらに1998年6月には，最終報告に各省庁や与党との調整内容を盛り込むかたちで，「中央省庁等改革基本法」が成立した。これにともない郵政事業は，総務省の外局となる郵政事業庁の所管となり，法律施行から5年後に三事業一体で国営の新たな公社に移行すること，今後民営化等の見直しは行わないこと，とされた[8]。その一方，財務省の役割を定めた条文では，郵便貯金・年金積立金の預託制度廃止が規定され，全額を自主運用することが決定した。ここにおいて，郵政民営化は大きく後退した。郵政省は，現業監督官庁であると同時に現業部門そのものを包括した官庁であり，行政改革と引き換えに，郵政省内において長年の悲願とされてきた自主運用権を獲得した。この一方，郵政企画管理局および郵政事業庁への分割を受け入れ，現業監督官庁としての組織部分を民営化の過程から切り離して総務省の部局，すなわち「官」として維持し，現業部門そのものも公社として「官」の外廓に位置づけた。これにより，民営化路線そのものを封じることが，この時点における郵政省の利害だったと考えられる[9]。

反撃は，自民党によっても支えられていた。国鉄および電電公社とは異なり，郵政事業は強力な労働組合組織を有するだけでなく，地方に広汎に展開する特定郵便局のネットワークである全国特定郵便局長会が，自民党の重要な政治的支持基盤ともなっていた。すでに社会党−総評という「五五年体制」の対立項をもたなくなっていた以上，郵政民営化の政治的影響は，むしろ自民党の旧来の支持基盤に集中的な打撃をもたらすことになりかねない。社会党分裂による「五五年体制」の崩壊以後，そのもう一つの翼である自民党内の伝統的勢力にとってこそ，民営化路線は脅威となったのである。橋本内閣における行政改革の推移は，それまで一体で意識されていた新自由主義的政策＝「小さな国家」論と郵政民営化の推進に関して，自民党内で調整がつかなくなっていたことを物語っている。そしてこのことは，中曽根政権に始まったこれまでの民営化路

線の目的が, 事実上「五五年体制」の対立項である社会党 – 総評に対する政治的攻勢にあったことを示すものでもある。自民党および旧社会党が「五五年体制」を通してそれぞれの支持基盤をその組織内に有してきた郵政の, 民営化をめぐる議論の初期における推移は, いみじくも民営化が戦後政治の根幹にふれるものであることを明らかにしたといえよう。社会党分裂後, 郵政民営化論は, 政治的には「五五年体制」の生き残りであるところの自民党, ないしは伝統的に「自民党的なもの」をこそ痛撃するものとなった[10]。

　以上のように郵政民営化が後退したのに対し, 行政改革による政策決定機構の改革は大きく進展した。「基本法制定」にともない, 2001 年 1 月 6 日から中央省庁は, 1 府 12 省庁体制に再編され, 他の省庁の上位に内閣と官房からなる内閣府が置かれ, 与党と行政府の集権性が高められた。こうして内閣の機能を強化した省庁再編の法制変更で重要な点は, 経済財政諮問会議の新設であった。諮問会議は, 予算の性格付けや重点事項, その規模など, 予算編成の基本方針を官邸主導で決めることを目的として構想された[11]。これは, 首相直属の議論の場として設置され, 首相自身が議長を兼務するという点で他の審議会とは異なっており, 首相が強い影響力をもつ「場」であった[12]。設立当初の目的は, 財務省をはじめとする中央省庁の省益要求を抑え, 官邸主導の予算編成を実現することであった。諮問会議では, 首相が自ら諮問して, 自分で答申をまとめるという一人二役的な役割を果たしており, 言葉の本来の意味からすれば諮問会議とはいえないものであった。会議は, 首相のほか, 一般議員 10 名のうち 4 名以上が政府外の民間議員によって構成され, その他のアクターについては, 内閣官房長官, 経済財政諮問会議担当大臣に加え, 経済閣僚として, 財務大臣, 総務大臣, 経済産業大臣, 日本銀行総裁の参加が法律により定められていた[13]。これは, 利害関係代表者を包括し, アジェンダの設定から政策合意までを事実上事前に決定する会議といってよいであろう。

　経済財政諮問会議の審議内容は, 会議終了 3 日後に議事要旨や資料が公表される。政策形成プロセスの透明性が確保されているかの印象を与えるものの, その意図が出席者の発言内容を制約し首相のリーダーシップを決定的に強めることにあったことは言をまたない。橋本首相が目指したのは, まずは官に依存

しない政治主導の行政改革による「小さな政府」であった[14]。それは，シンプルな小さな政府論や行財政改革論にとどまらず，少子高齢化の進行とその財政に与える影響という日本の長期課題まで視野にいれた総合的政策であった。1997 年に 3 ％から 5 ％への消費増税により税収が増えるとともに，同年 11 月には「財政構造改革法」が成立，財政再建路線が定着したかのように思われた。しかしまさにその時，三洋証券の事実上の破綻から始まった金融不安により，北海道拓殖銀行，山一証券が経営破綻に追い込まれた。1998 年 10 月には，日本長期信用銀行，日本債券信用銀行がともに破綻し，業態としての長期信用銀行が事実上消失するなど，日本の金融システムは戦後最大の危機に陥った。金融危機が吹き荒れる同年 7 月の参議院選挙で自民党は大敗を喫し，橋本首相はその責任を取って内閣総辞職に踏み切ることになった。

　橋本内閣の総辞職を受けて成立した小渕恵三内閣は，金融危機の対策に追われながら，「総合経済対策」，「緊急経済対策」による公共事業中心の財政拡大方針に転じた。このために発行した巨額の新規財源債によって，橋本政権で進められていた財政再建路線は一気に後退し，その後日本財政は急激に悪化していった。しかし一方で，小渕内閣は橋本内閣で進められていた中央省庁再編による行政改革を踏襲し，着実に実現していた。小渕内閣は，自由党，次いで公明党と連立を組み自自公による連立政権を樹立，政権の安定を企図したが，2000 年 4 月 2 日，自由党が連立離脱を表明した翌日脳梗塞で倒れ，翌月死去，同内閣は首相が病床にあった 4 月に総辞職した。

　このような事情により，経済財政諮問会議初代議長となったのは，後を継いだ森喜朗首相であった。就任直前に前立腺癌であることが判明していたため，森首相は自分は 1 年で政権を終えるとの気持ちをもっていたとされる[15]。このため，森内閣では基本的に小渕内閣の方針が踏襲され，2001 年内閣府に諮問会議が設置された。議長は森首相であったが，森内閣下では諮問会議の機能はまったく果たされないまま終わった。森首相は，小渕前首相が病に倒れたことから，事実上自民党重鎮の話し合いによって急遽総裁，そして首相に就任したが，このような経緯もあって国民の厳しい視線に晒され，支持率は高まらず，野党の不信任案に乗じた自民党内の内訌，いわゆる「加藤の乱」が起きるなど，

その政権基盤は安定しなかった。

　森首相は，参議院選挙を前の3月には辞任を決断，その後継争いとなる自民党総裁選には，麻生太郎，橋本龍太郎，亀井静香，小泉純一郎の4名が名乗りを上げた。今にしてみれば，この時の4名の総裁候補は，郵政民営化をめぐり，それぞれの方向性を代表していたことになる。だが，郵政民営化を論争点の中心に置き，自身に有利な流れへと選挙を導いていったのは，小泉であった。このとき旧田中派の流れを汲む経世会系で橋本を推したのは，青木幹雄自民党参議院会長，野中広務前幹事長であったが，総裁選で旧福田派の流れを汲む清和会系の小泉に橋本が敗れたことは，旧田中派としては初めての敗北であった[16]。その後，旧田中派は，小泉首相が青木と接近する一方，野中が郵政民営化問題で疎隔していくなど派閥としての求心力が急速に失われ，弱体化していったのである[17]。

3）経済財政諮問会議と郵政改革

　橋本政権で設立が決定した経済財政諮問会議の第2代議長となったのは，皮肉なことにその橋本と政権を争った小泉であった。小泉は，諮問会議が橋本政権で目指された首相のリーダーシップ強化の鍵であることを鋭敏にみてとり，竹中平蔵が経済財政諮問会議担当大臣に指名されて以降，諮問会議の威力が最大限発揮されることとなった[18]。小泉政権下の諮問会議運営では，竹中大臣と秘書官など個人スタッフからなる「チーム竹中」による「裏会議での戦略作成」と，それにもとづいた「民間4議員共通の主張」，そして「総理の一言」が3点セットとされた[19]。このような諮問会議の運営方法によって，経済政策の方向転換を行い，首相のリーダーシップによる政策推進のプロセスを確立し，一貫した構造改革を進めることが可能となった[20]。ただし，その中身が真に整合的・体系的であったかどうかは歴史的に検証する必要があろう。

　さしあたりここでは，①「議長として首相がリーダーシップを発揮する」，「運営は経済財政担当大臣が行う」，「政治利害から独立した民間議員の提案という形で政策をリードする」，「議事録の速やかな公開を前提に国民の前でオープンな議論をする」といった経済財政諮問会議の利点を十二分に生かしていく

ことで，次第に政策決定が小泉首相と竹中大臣に集中していった点，②諮問会議のアクター以外は政策決定の場それ自体から遠ざけられ，当事者として発言する場を失ったとされる点を確認しておくこととしよう[21]。このような体制の確立なしに，自民党政権において郵政民営化を実現することは不可能であった。しかし，かかる体制は，個人に多くを依存するがゆえに，時に多くの齟齬を当事者間にきたす可能性も秘めている。諮問会議は，経済政策の実践的な議論をする場であるとともに，小泉政権下において構造改革全般の司令塔としての機能を果たし，日本における政策決定のプロセスを大きく変革する原動力となっていったとされる[22]。それはすでに執行会議といってもよいものであったといえよう。郵政民営化案の作成過程では，小泉首相と竹中大臣が諮問会議などの直属組織を軸として，現場である日本郵政公社の責任者たる生田総裁と直接対話を重ねながら，民営化案を作成していく手法が採られた[23]。しかし属人的な政策決定は，まさにその属人性ゆえに，理解と認識における微妙なずれをアクター間に生み出し，郵政民営化の過程で，大きなぶれを生んでいくことになった。

　以上，橋本首相の当初の郵政民営化方針から，小泉首相の郵政民営化方針にいたる過程につき，足早に述べた。小泉首相の郵政民営化のための手段の多くは，新自由主義政策を本格的に進めようとした橋本内閣においてすでに準備されていた。特に，経済財政諮問会議の設立と財投改革は，郵政民営化の布石となっていくものであった[24]。小泉構造改革を小泉が核心として取り出した郵政民営化という課題にしぼってみたとき，その特異性は，それが新自由主義の原理的要請にもとづく「市場自由化」という経済政策的な目標に拠っていた点というよりは，「五五年体制」の残存を突き崩すという政治的要請としての性格を色濃くもっていた点にあったといえよう。この意味では，それは橋本政権を引き継いだというよりも，中曽根政権と政策目的において親近性の強いものであったと考えられる[25]。このため，小泉首相の郵政民営化は，既存の郵政民営化論と文脈が断たれたかたちで提起され，経済財政諮問会議という強力な機構を通じ，強行されることになったのである。次にこの点について従来の「民営化」論と比較検討することにより明らかにしたい。

2　郵貯民営化論と小泉改革

　前節で述べたように，郵政民営化実現の過程は，世界的な新自由主義政策と日本の行財政改革との複雑な関係によって規定されていた。しかもこの過程は同時に，金融自由化と国際化という，日本の戦後金融システムの大きな変革期とも相互に関連していた。一言で「民営化」といっても，そこに込められている含意は時に大きくずれることになる。一見単純にみえる「民営化論」は，いわば歴史的起源を異にする多様なコンテクストを通じ，小泉改革に合流していくことになった。このことを明らかにしない限り，小泉首相の郵政民営化の特異性も，ポスト小泉時代の政策課題も明確にはならない。そこで，本節では多少これまでの叙述と重複することを厭わず，郵政民営化論の歴史的コンテクストを解きほぐし，整理することとする。

1）民間金融機関の「民業圧迫」論

　郵政民営化論自体は，実はそれほど新しい議論ではない。金融行政においては郵便貯金民営化論としてつねに現れ，「大蔵対郵政の百年戦争」あるいは「郵貯 対 銀行」というかたちで議論されてきた。高度成長の終焉とともに，民間金融機関から政府に優遇された郵便貯金に対する批判が現れ，金融自由化への移行とともに，郵便貯金の存在は民間金融機関にとって座視しえないものとなった。直接金融への漸次的移行による間接金融優位の体制の衰退という事態も，民間金融機関の郵便貯金に対する視線をより厳しいものにしていった。銀行が全体として守られる護送船団方式の終焉とともに，官業の郵便貯金は民間金融機関にとって脅威となり，「郵便貯金民営化」の声がわきあがるようになった。金融市場の置かれた環境が激変し，金融行政も大きく変わろうとしているなか，郵便貯金について民間金融機関から民営化や廃止の議論が出てくることは不思議ではない。

　これまで見てきたように，郵便貯金の運営主体である郵政省と民間金融機関の行政管理主体である旧大蔵省との間でも利害が一致していたわけではない。

戦前においては，郵便貯金と民間金融機関との金利調整をめぐって意見を異にした例があり，戦後においては，高度成長期以降，民間金融機関の側から郵便貯金の肥大化，郵便貯金金利の決定方法，民間預金と郵便貯金との商品性や税制上の不均衡是正，郵便貯金の業務拡大といった問題などが，批判の対象となっていたのである[26]。特に，金融の自由化が政策課題として挙がるようになると，民間金融機関は「非市場的な商品＝定額貯金」を中心とする郵便貯金を金融政策運営に対する阻害要因としてつねに問題視するようになった。そして，ことあるごとに全銀協を中心とし，郵便貯金の廃止や民営化が一つの有効な選択肢であるとする提言が行われてきた[27]。しかし，巨大化した郵便貯金がそのまま民営化された場合，都市銀行を中心に民間金融機関全体に与える影響はきわめて甚大であった。また，たとえ郵便貯金が国鉄のように地域で分割民営化されたとしても，都市銀行，債券発行銀行，県金庫を押さえている地方銀行はともあれ，地域の金融機関，特に旧第二地銀，信用金庫，信用組合にとって死活問題となりかねなかった。郵便貯金が「民業圧迫」であるという点において民間金融機関は一致しえたとしても，民営化の具体的なあり方については，業態間で利害の一致をみることは難しかった。民間金融機関側からの「郵便貯金民営化論」は，言うは易く，行うに難い袋小路に入りこんでいたのである。

　このような袋小路状態は，1990 年代に入っても基本的に変わることはなかった。否，むしろ金融市場の側からみる限り，郵便貯金の民営化は，さらに困難さを増すことになった。1990 年代の郵便貯金は，金融自由化と国際化の進展，さらには 1990 年代後半の金融危機の下で，戦前に有していた安全資産としての「公共的」な役割を再認識されることになった。1990 年代からの動きをデータでみる限り，長い時間をかけてということにはなるであろうが，郵便貯金は国民に安全資産を提供する国営の貯蓄機関へと緩やかに変化していく可能性を含んでいたように思われる。しかし，事はそれほど単純には進まなかった。このことはまた，これまで述べてきた「郵貯増強メカニズム」に代表される，国の金融機関であるがゆえに可能であった郵便貯金のポートフォリオ上の有利性とも絡み合っていた。

　本来ならば，安全資産である郵便貯金は，リスクプレミアム分，預貯金金利

が低いことが合理的とされる。にもかかわらず，金利面の有利性を商品特徴とする定額貯金は，きわめて特異な金融商品である。戦時統制経済から資金不足経済であった戦後復興期，高度成長期における政府の重点的な資金配分という政策的要請から，人為的に預貯金金利が低く規制されているという条件の下，物価が継続的に上昇している状態において，定額貯金は家計にとってインフレヘッジ的な意義を有していた。このため，高度成長期に相対的に不利益を被っていた預貯金者保護としての役割をもっていたと考えられ，またその限りにおいてのみ政策的に正当化される商品であった。郵便貯金には，政策上零細な貯蓄に限って優遇するという観点から最高預入限度額が画されていたが，これが複数名義口座で事実上空洞化していた。確かに，1990年代の郵便貯金の推移をみる限り，微弱ながら通常貯金の構成比が上がってきており，定額貯金に依存した郵便貯金の特異な性格は次第に変化しつつあった。しかし，そうはいっても，郵便貯金の大宗は，依然として定額貯金であった。しかも，1980年「大膨張」時の流入によって生じた巨大な塊が「1990年ショック」を経験，その後残留した10年周期の巨大な波を描く，「過去の遺産」としての定額貯金であることに変わりはなかった。

　民営化時の郵便貯金の総資産残高（約233兆円）は業界トップ，簡易保険資産（約125兆円）も生命保険大手5社の合計を上回る圧倒的な事業規模を誇った。さらに，郵便貯金は，約200兆円を国債で運用していたため，保有国債の1％分の資金を株式や米国債に移動するだけでも，金利・株式市場は大きな影響を受けかねない状況になっていた[28]。加えて郵便貯金の運用動向によっては，国債を大量に保有する民間金融機関の財務内容は一気に悪化して金融不安を招きかねず，さらに国債価格の急落は長期金利の急騰となって，実体経済に大きな影響を与えることになる。財政に及ぼす衝撃も計り知れない。「ヒト・モノ・カネ」の巨大な経営資源を有する郵便貯金は「池の中の巨鯨」となり，その動向は長期不況を通じ，弱体化した日本の金融システム，ひいては日本のマクロ経済全体に甚大な衝撃を与えかねないものになっていたのである。

　金融危機と長期不況のなかで経営危機に直面していた民間金融機関にとって，郵便貯金は預貯金市場における強力な競争相手である以上に，低金利下におか

れた金融・資本市場全体にとっての脅威となっていった。金融市場に市場原理が浸透していくなか，郵便貯金が一つの民間金融機関として変身を遂げることは，その規模を考えれば，競争相手となる民間金融機関にとって望ましいものではない。そのため，郵政民営化が具体的な政策課題となるにしたがって，民間金融機関はむしろ警戒感を強めていくことになったのである。この点については後にもう一度ふれるが，このように金融機関によってつねに提唱されながら，その実けっして具体化されることが望まれていなかったもの，それが郵便貯金の民営化であった。

2) 行財政改革としての民営化論

1970年代終わり，財政的要請からする郵政民営化論が政治の側から登場した。1970年代半ば，オイルショック後の景気後退に際し，所得税減税を含む総需要拡大政策や景気浮揚政策が実施されたにもかかわらず，景気拡大が遅れたため，法人税収等が伸び悩み，財政赤字が拡大し，政府長期債務が累積した。これに加え，急速な人口構成の高齢化により，社会保障給付金の急増が問題視されたことから，国民負担率の見直しが求められていった。中曽根政権の下，第二臨調では，1981年に「増税なき財政再建」を掲げ，財政赤字の元凶といわれた国鉄および電電公社と専売公社の三公社の民営化が答申された。巨額な経営赤字を抱えていた国鉄民営化については，「五五年体制」の清算というもう一つの，いやむしろ主要な政策目的が政府側にあったことは，すでに指摘したとおりである。

第二臨調は，2年間で5回の答申を行い，三公社民営化の推進役となったが，郵政事業に関しては，1983年の最終答申において，「官業は民業を補完しつつ適切な役割を果たしていくこと」を基本に「経営形態の在り方の問題も含め調査審議を行ったが，現行の国営形態を維持することが妥当である」との判断であった[29]。為替貯金事業に関しても，定額貯金の商品性見直しや自主運用の否定等に言及されたものの，「金融自由化の展望が得られた段階においては，郵貯事業の経営形態のあり方についても再検討すべきもの」と課題として提案されるにとどまった[30]。GHQの戦後占領期を除き，民営化の課題が，戦後改革

期以降ここで初めて登場したとはいえ，「五五年体制」において自民党，社会党双方にとっての強固な支持基盤を含み込んでいた郵政事業については，国鉄とは異なる対応が求められたものと考えられる。

1983年，第二臨調を受け継ぎ，臨時行政改革推進審議会（以下，「行革審」）が発足した。郵政事業に関しては「金融の分野における官業の在り方に関する懇談会」（以下，「郵貯懇」）や第二臨調と同様の議論が繰り返されるにとどまった。行革審では，第二臨調後の「社会経済情勢の変化に対応した適正かつ合理的な行政の実現を推進するため」（法第1条），「小さな政府」が目指された[31]。国際収支不均衡，技術革新の急速な進展，行政のサービス化・ソフト化の3点が論議として取り上げられ，それらのすべてについて，新自由主義的な市場原理の復活による経済の活性化，その軸としての民間活力の利用，そのための規制緩和が強調された。しかし，プラザ合意を契機とする急激な円高やその後のバブル経済によって議論は宙に浮き，バブル経済により政府税収が急増したことで，少なくとも財政的要請からする民営化論は一時意味をなさなくなったかにみえたのである。

しかし事態は，1990年代のバブル崩壊とその後の長期不況によって一変した。景気の悪化により税収が減るなか，高齢化が進み，社会保障費の膨張によって財政がますます硬直したことに加え，度重なる景気への梃子入れのため，いったん健全化したかにみえた財政が悪化する一方，当面輸出産業を中心に国際競争力を保っていたものの，クリントン政権によって進められたグローバルな産業構造変化の波に，日本の産業構造変化のテンポが立ち遅れるようになっていた。このような時期に登場したのが，橋本政権による本格的な新自由主義政策だったのである。前節でみたように，橋本政権の下での郵政民営化論は，消費税増税，財投改革等による財政再建を含む総合的な政策パッケージの中に位置づけられており，その政策評価とは別に，その限りで整合的なものであった。郵政民営化は中央省庁改革に組み込まれることによって，議論の中心は財政改革へと移された。

橋本政権以後の小渕，森二代の内閣は，金融危機と景気悪化への対策に追われた。このため，その間に膨大な国債が発行され，財政は悪化の一途を辿るこ

とになった。前述したように，国債増発が重なり，その残高が累積すればする
ほど，その消化先である郵便貯金の民営化は財政問題と抵触し，ますます難し
くなっていく。郵政民営化論は，郵便貯金の民営化を含む限り，その実現はき
わめて繊細な問題になっていった。問題の核心は，財政再建にあった。まさに
その時，この政策的順序関係を逆転し，郵政民営化こそ全改革の一里塚である
として，「ゴルディアスの結び目」を一気に断ち切ってみせるかのように鮮や
かに登場したのが，内閣総理大臣・小泉純一郎であった。

3) 小泉政権発足の衝撃

　小泉政権成立によって，行財政の構造改革路線は，本格化していった。小泉
政権は，「改革なくして成長なし」という基本的な考えのもとに「聖域なき構
造改革」を掲げ，新自由主義的な構造改革を積極的に推進した。小泉政治は，
マスコミの論評などで，「ポピュリズム」，「ワンフレーズ・ポリティクス」と
評された。ポピュリズムという表現は，大衆の意見に同調した機会主義や大衆
に甘い政策を訴える大衆迎合を批判する際に使われることが多く，境界を持ち
込んで悪と善，敵と味方など二分し，自分は人々の味方となって敵と戦うこと
を訴える政治スタイルを指す語である[32]。小泉政権はメディアを上手く利用し
ながら，国民の情念に直接訴えかけるポピュリズムの手法によって，日本政治
にも強いリーダーシップがありうることを示したとの評価もあり，その政治手
法と言語態については，さまざまな評価と分析が続けられているというのが学
問的現状であろう[33]。さしあたり，政策の対象領域から内在的に要請されるこ
となく，政・官・業ないし組合のどこからも支持されない政策を政治的要請か
ら実現するためには，国民的支持を盛り上げ，それを権力の支えとする他はな
い。旧田中派という巨大派閥に抗する中小派閥の領袖であった中曽根首相や，
旧福田派という大派閥に属しつつも，派閥の領袖でなく，政界の「変人」と呼
ばれた小泉首相は，この点についてきわめて意識的であったし，そういった政
治技法に長けていたことは間違いないであろう。しかし歴史研究では，政策の
決定を個性のみに帰すわけにいかない。同時代における政策体系の歴史的前提，
当該期におおむね国民から正当性を得られていると合意される政策理念と政策

パラダイム，諸利害のあり方とその調整可能性を土台にしてこそ，政治手法は実現性をもつ。この点を次に見ていこう。

2001年6月，小泉政権は構造改革の羅針盤として「経済財政運営と構造改革に関する基本方針（骨太の方針）」を発表し，市場における自由な競争を促進する「構造改革」こそが経済財政を活性化させるための基本となる対策であるとした[34]。この方針の下，1990年代以降の日本が抱えていた不況と財政赤字とを同時に解決に向かわせるという重要課題に対し，「金融」，「規制」，「財政（税制，歳出）」の三本柱で改革を推し進めるとした。なかでも，小泉構造改革の「本丸」は，他の多くの改革に連動する郵政民営化にあった。ここに郵政民営化は，政策の最重要課題の一角として再浮上してくることになったのである。

政権の存在意義を郵政改革に賭した小泉首相は，郵政事業，財政投融資，特殊法人の改革を一体のものとしてとらえ，財政投融資の「入口」にあたる郵政と「出口」である特殊法人を一挙に改革するため，2001年4月26日の政権発足後，直ちに「郵政公社設置法案」と郵政の民営化および民間参入を図る「郵便法改正法案」の関連二法案の討議に入ることとした。2001年6月，小泉首相は，「郵政三事業の在り方について考える懇談会」（以下，「郵政懇」）を発足させた。郵政懇は，スタートすらしていない公社について，その限界と問題点を先回りで検討するというきわめて複雑なミッションを与えられた[35]。一方，同年8月には片山虎之助総務大臣主催の「郵政事業の公社化に関する研究会」が設置され，議論をさらに複雑にした。この「公社化に関する研究会」については，業界団体や経済団体はきわめて冷ややかな反応を示した[36]。ここでは，経済同友会の反応について取り上げておこう。

経済同友会経済政策委員会（委員長・生田正治）は，第一次小泉内閣が成立した直後の2001年5月に「今こそ実行の時――日本経済の活性化を目指して――明るい21世紀のためのマスタープラン」を発表した。経済政策委員会の冒頭に，「成果の取りまとめのタイミングに自民党の総裁選挙があり…当経済政策委員会が長期に亘って検討を重ね，まとめてきた情勢判断と提言内容の多くが，小泉新首相の判断および公約と一致していることを知り，わが意を得た」として提言を始めている。「小さな政府」については橋本首相の中央省庁

再編を批判し，「内部の構造改革」，要員のスリム化が提言され，特殊法人の統廃合・民営化については小泉内閣の実行性を見守るとした。郵便貯金および簡易保険については，実質上の補助金を直ちに撤廃し，郵貯・簡保がその巨大な規模のため，「直ちに廃止できないのであれば，廃止に向けてのタイムテーブルを設けて段階的に縮小して廃止し，また，ATM機能のようなユニバーサルサービスとして残すべきものについては民営化の方策を検討」とナローバンクの方向性を示唆するとともに，郵便事業についても，高質のサービスによる「利便性」の向上を図るため民営化すべきとしている[37]。

　2002年5月，経済同友会は経済政策委員会委員長の生田の名で，「小泉改革の進捗について――経済政策委員会提言（2001年5月）との対比」を発表，先の提言項目についての評価を行っている。その際，「郵政事業の公社化に関する研究会」中間報告書を取り上げ，郵便事業の「条件付き開放」については，「実質排除する感がある」と厳しく，郵貯・簡保についても「廃止もしくは段階的縮小について全く議論が進んでいない」としつつ，「首相主導」の郵政懇の議論の進展をチェックしていくとしている[38]。さらに2001年9月，経済同友会は「郵貯改革についての提言（中間報告）」をまとめた。そこでは，①公的金融の肥大が「入口」および「出口」において日本経済に歪みを与え，②国家財政に対する構造的圧迫要因となり，③定額貯金がほとんど無制限に提供されることが，日本の金融構造を特異なものとし，④日本の金融組織を国際的な金融市場，金融業の発展に立ち遅らせ，政官癒着構造とファミリー企業の増殖を生むことになったと断じている。このような理解のうえで，名寄せ後の計数から，郵便貯金は「小口零細貯蓄」とはいえず，高額資産保有者に多く利用されていると分析，個人・家計が競争的市場のプレーヤーとなることが日本の金融ビッグバン成功の条件であるとし，絶対安全な金融資産＝セーフティヘブン（＝郵貯―著者）を提供し，ペイオフ解禁時に郵貯への資金シフトを容認するようでは，金融市場は崩壊するとしている。

　同報告は，以上の認識から，①公的金融改革による日本経済の「活性化」，②国家財政のリスクファクターの解消，③日本の金融資本市場を国際的に開かれたものにするという3点を改革の狙いであるとした。その際，留意する点と

して，郵貯改革を契機に金融行政によるビッグバンの進展，金融機関の経営責任を問うこと，そして改革案は施設，ソフト，人材が投資された国家的資産であることから，それを民間経済の競争原理の世界にうまく溶け込ませ，民間放出によって過去の投資を財政収入として回収できるよう準備していく必要があり，郵政三事業，特殊法人改革の方向と「整合性」のとれた改革でなければならないとし，郵貯・簡保制度の消費者にとってのメリットのうち民間企業で十分提供できないおそれのあるものについては，改革の全体と齟齬しない範囲で「配慮」する必要があるとした[39]。以上のような全銀協や同友会の郵政公社化に対する厳しい視線は，大蔵省が 1995 年 6 月「金融システムの機能回復について」により，2001 年 3 月までは預金を全額保護する方針（ペイオフ凍結）を発表，翌 1996 年の預金保険法改正によって特例措置として認められていたが，1997 年の金融危機から 2000 年の預金保険法改正で，ペイオフ解禁が 2002 年 4 月まで延長（流動性預金については 2003 年 4 月）されることになった直後のことであった。2000 年代に入り，金融業界や経済団体が小泉内閣に求めていたのは，公社化のその先の展望だったのである。小泉首相は，この経済界および金融界のストリームを正確に摑みつつ，郵政懇の議論を主導ないし誘導していこうとしたものと思われる。

郵政懇は 2001 年 6 月に開始され，翌 2002 年 9 月まで 10 回開かれ，9 月に「報告書」がまとめられた。郵政三事業を取り巻く環境変化として，郵便についての国家独占の廃止，携帯電話・E メールの普及，宅配業者の参入，民間金融商品の充実，預金保険制度の整備を挙げ，利用者ニーズに根差したサービスを安定的，継続的に提供するため，郵便局の全国ネットワークを活用した収益基盤の確立と民間業者とのシナジー効果を実現する事業構築が必要であるとした。これとともに，民間の金融機能の再生への影響を考慮し，また財政負担リスクの縮小の要請を踏まえ，特殊法人改革の方向性に沿った新たな枠組みの確立と経済再生への配慮が問われるとし，民営化の姿としては，①特殊会社，②三事業を維持する完全民営化，③郵貯・簡保廃止による完全民営化という三類型が並列的に提示され，それぞれコーポレートガバナンスのあり方，ユニバーサルサービスとネットワーク維持，事業基盤の成立性，企業価値の増大，公正

競争の確保，地域社会への貢献，具体的な組織のあり方という評価軸ごとに，得失を検討している。本書との関係では，同報告書で「郵政事業改革は，郵貯・簡保が大量の国債の消化に直結している現実をふまえるならば，財政再建計画，国債管理政策，引受国債・財投預託等の償還計画という国家財政全体の資金繰りを含め，「日本政府が抱えるすべての債務に関する総合的なコントロールをどのように行っていくのか」という行財政改革の枠組みの中に位置づけられなければならない」としている点が注目される。郵便貯金も非譲渡性の政府債務であり，この点も郵政改革が郵便貯金改革の問題をその核心に置かざるを得ないことを意味するものであったからである。郵政民営化論の次の課題は，「あるべき姿」の列挙ではなく，どのようにして実現していくかに移っていくことになった[40]。

2001 年 7 月には参議院議員選挙が実施され，特定郵便局長会を母体に立候補した元地方郵政局長の選挙運動に関し，地方郵政局幹部が公職選挙法違反の罪に問われた。これは，選挙に際して，公務員の地位を利用して選挙活動を行ったこと（いわゆる「組織ぐるみ選挙」）に対するものであり，実質的には特定郵便局長会の選挙違反が問題とされた事件である。同年 10 月には，渡切費の不正利用をめぐって新聞報道が相次ぎ，国会でも採り上げられた。郵政事業庁は調査の結果，政治資金パーティーへの支出を含め，虚偽の名目で支出を行った（いわゆる「裏金」）多数の特定局長を翌 2002 年 3 月に処分した。これらのことによって，当面特定郵便局長会の政治活動は著しく困難になるとともに，その後の国会審議や国民感情に影響を与えることになった。

日本郵政公社が 2003 年 4 月に発足すると，小泉首相はさらに，同年 9 月の第 157 回衆議院本会議において，「今後，国民的議論を行い，日本郵政公社の中期計画が終了した後の平成 19（2007）年から，郵政事業の民営化を実現します。このため，来年秋ごろまでに民営化案をまとめ，平成 17（2005）年に改革法案を提出します」と所信を表明し，橋本改革では公社化にとどめるとされた郵政の完全民営化を小泉政権の最重要課題として推進することを強調した[41]。この郵政民営化の検討は，小泉首相自ら議長を務める経済財政諮問会議で行い，その取りまとめは，竹中平蔵大臣（2001 年に経済財政政策担当大臣，2002 年に金

融担当大臣，2004年には郵政民営化担当大臣を兼任，2005年には総務大臣兼郵政民営化担当大臣）が担うこととされた。これを受けた竹中大臣は，2003年10月に郵政三事業民営化の指針となる「竹中5原則」を素早く決定した[42]。

2003年11月の衆議院選挙では，郵政民営化が公約に掲げられ，第二次小泉内閣を発足させた小泉首相は，2004年1月の第159国会における施政方針演説で，2005年に改革法案を提出する旨を明らかにした[43]。2004年4月には郵政民営化の具体化案およびその後の法案作成業務を担当するため，内閣官房に「郵政民営化準備室」が設置され，同年5月には「郵政民営化に関する有識者会議」（以下，「有識者会議」）が組織されるとともに，経済財政諮問会議からは「郵政民営化に関する論点整理」が公表された。さらに，衆議院選挙の政権公約にもとづき，翌2004年7月の自民党参議院選挙公約において，小泉首相は「郵政事業を2007年4月から民営化するとの政府の基本方針を踏まえ，日本郵政公社の経営改革の状況をみつつ，国民的議論を行い，2004年秋頃までに結論を得る」と郵政事業改革を精力的にアピールした[44]。

入口である郵便貯金・簡易保険を民営化すれば，資金運用において採算性が重視され，特殊法人に流れる出口も封鎖できるとする小泉首相の主張を受けたマスコミも，「郵便貯金・簡易保険の巨大な公的資金が金融市場を歪めている」とこぞって郵政民営化を支持するようになった[45]。このような政治方針の決定にあたっては，従来のデュー・プロセスは無視され，金融システムに関する詳細な検討がされないまま，首相の個人的人気を梃子に権限が強化された内閣府を最大限活用し，政策公約実現のためには「自民党をぶっ壊す」とのポピュリスト的な政治手法が採用されたのである[46]。

同年8月には「郵政民営化基本方針の骨子」，9月には「郵政民営化の基本方針」の策定が急ピッチで進められた。そして，2004年9月9日，郵政事業の詳細な制度設計がないまま，「郵政民営化の基本方針」が閣議決定された。同月27日に小泉首相は内閣改造を行い，小泉政権の鍵を握る竹中大臣を郵政民営化担当大臣に任命したことをはじめ，政策決定上の重要ポストを政治的立場の近い人物で固めることによって，誰も予想しなかった郵政民営化実現の第一歩を踏み出したのである[47]。

以上，小泉政権の郵政民営化論とその具体化の過程について簡単にみてきたが，「異質のリーダー」と評された小泉首相の郵政民営化論は，政策的要請によるものであるというよりも，小泉の一貫した政治的信条に起源をもつものであり，その点は政権内部で正確に一致して理解されていたわけではなかった。バブル崩壊後，日本で本格的に実行が問われるようになった財政構造改革，あるいは新自由主義的な規制緩和，市場自由化論などのさまざまなイシューが輻輳するなか，「構造改革」というスローガンのみが共有されつつ，路線として定着していったというのが，小泉改革の実相であったといえよう。このような政治主導の郵政民営化推進の下での「郵便貯金改革」論は，当然のことながら，1970年代から進められてきた金融自由化論の延長上に位置づけられてはいなかった。このことが，郵政事業民営化が具体化するなかで大きな問題となっていくのであるが，ここではひとまず，このような小泉首相による郵政民営化の強行という，金融界におけるこれまでの論争のコンテクストが無視されたかたちで現れた外生的ショックに，民間金融機関の側がどのように反応したかに目を転じてみよう。

4）民間金融機関による郵貯民営化論の変化

全銀協は，2002年11月に「郵便貯金事業の抜本的な改革を求める私どもの考え方」をとりまとめ，郵便貯金事業については抜本的改革，具体的には「郵便貯金事業の廃止もしくは民間金融機関との公正な競争を確保したうえでの民営化」が必要であると主張した[48]。ここでは郵便貯金が「制度本来の目的を逸脱し量・質ともに著しい肥大化を遂げる一方，納税義務の免除等といった「隠れた補助金」の存在を通じ，国民に実質的負担を強いている」と指摘され，国家保証等の「官業ゆえの特典」等を有した郵便貯金事業をそのまま民営化することは「巨額の資金を市場原理の埒外に置くこと等により，日本金融市場における資金フローを歪め，効率的な金融市場の形成を大きく阻害」するという，現実的側面からの懸念が言明された。さらに「日本版ビッグバン後の市場原理の貫徹を旨とする金融市場において，こうした矛盾を抱えた国営の郵便貯金が一層肥大化すれば，国民経済的にさらなる悪影響を及ぼすのは必至である」と

して，現状を維持することも政策理念から許されないとし，郵政公社の位置付けおよび郵便貯金事業の抜本的改革について，民営化のあり方等に関する具体的な検討が進められた。

2003年9月の小泉首相の所信表明演説によって郵政民営化が次第に現実味を帯び始めてくると，同年12月に全銀協は基本的な考え方と具体的改革案からなる「郵政民営化と郵便貯金のあり方について（骨子）」を公表した[49]。これに参考資料等が加えられ，翌2004年2月に「郵政民営化と郵便貯金のあり方について」が取りまとめられた[50]。これらにおいて，「郵便貯金のビジネス・モデルは，預入期間10年でありながら半年経過すれば預け替え自由という市場原理と相容れない定額貯金を主たる資金調達手段としており，その運用は容易ではない」うえ，自主運用が拡大するとともにリスクが増大し，経営困難に直面した場合，国民負担の増大と金融システムの不安定化を招くと懸念された。また，「現状の巨大な規模を維持したまま郵便貯金を民営化しても，国民経済的な課題が解決するわけではなく，金融システムの安定性確保などの観点からは，本来は国営の郵便貯金事業を廃止することが望ましい」とした上で，「利用者利便や郵便局ネットワークの有効活用といった観点も踏まえ検討する必要もあり，郵便貯金事業の改革にあたっては，あるべき姿を見据えつつ郵便貯金の機能毎にその今日的意義を踏まえ，広く国民経済的観点から対応を検討していくことが現実的である」とされた。ここで挙げられた郵便貯金が果たしてきた機能については，①財政投融資制度における資金調達機能，②定額貯金に代表される貯蓄性商品を自ら提供し集めた資金を運用する機能，③日常資金の入出金を含む決済サービスの提供機能，④国債等の金融商品の販売機能の4つであった。ここで，①はすでに廃止されたと認定されている。また，現状において残されている②については，すでに役割を終えたと判断されている。③については問題とせず，④国債販売を通じて国民がさまざまなリスク商品に資産運用していくことが望ましいとした。すなわち，自主運用によって財投と切り離された郵便貯金は，定額貯金等の運用リスクを考慮して貯蓄性の貯金は廃止，通常貯金を中心として国債等安全資産に運用するとともに，郵便局ネットワークを生かし，国債や民間金融商品の販売サービスを提供していく姿が描かれた

のである[51]。ここで注目されるのは，自主運用以降，財投の問題と郵便貯金の問題とは切り離されて理解されていることである。そして，郵便貯金の存在自体が金融市場を通じたリスク要因となっていることを指摘し，郵便局における金融業を通じて国債ならびに民間のさまざまな金融商品の販売を行うことを提案している点も見逃せない。

　以上の全銀協の提言の背景には，以下の状況があった。まず，すでに見てきたように，2001 年 4 月の財投改革により，郵便貯金の資金運用部への全額預託義務が廃止され，郵便貯金事業の財政上の特別な役割が消失したことである。加えて，民間金融機関の店舗・ATM 等のネットワーク網は十分充実しており，預金保険制度等のセーフティネットも整備されたことなどを考慮すると，「簡易で確実な少額貯蓄手段の提供」を国営の郵便貯金が行う意義はもはやなくなったと判断されていたことである。しかし現実には，郵便貯金は約 227 兆円（2003 年度末時点）と諸外国に例をみない規模を有していた。また，2003 年 4 月の郵政公社化においても，①郵便貯金への無償の政府保証，②納税義務の免除などの「官業ゆえの特典」は残され，民間金融機関との競争条件は異なったままであった。全銀協の批判の骨子は，こうした巨額の資金を市場原理の埒外に置くことによって，日本の「金融資本市場における公正な価格形成を歪めるとともに，経済の活力を高める効率的な資源配分を阻害」しているというものであった。

　表 6-1 から全銀協による「官業ゆえの特典」をみると，1993 年以降の 10 年間で累計 5 兆円を超えると試算されている。この納税義務の免除や預金保険料負担の免除などの「隠れた補助金」は実質的に国民負担であるとされた。金融自由化が進み，金融ビッグバンへと発展するなかで，郵便貯金が表面上の健全性を維持し，拡大していくことが可能であったのは，郵貯事業が実質的にこのような「官業ゆえの特典」を享受してきたからであり，「隠れた補助金」の存在がコスト面で有利な金利の設定を可能にするとともに，郵便局ネットワークが民間金融機関に対して郵便貯金の利便性を高めているからである。これが全銀協の見立てであった。しかし一方で，郵政公社が民営化すれば，郵便貯金を縛りつけている規制の枠組みが外れることになる。このため，「強力な金融会

表 6-1 「官業ゆえの特典」の推移（推計額）

（億円）

年度	1993	1994	1995	1996	1997	1998	1999	2000	2001	2002
経常費としての税	1,269	1,425	1,863	1,219	1,701	1,337	1,285	1,096	1,306	1,273
預金保険料	204	220	1,660	1,793	1,889	2,021	2,122	2,184	2,099	2,010
準備預貯金相当分の運用利子	920	1,029	847	847	698	514	607	605	387	335
法人税・住民税	0	0	3,021	4,540	750	0	0	0	2,332	6,130
「官業ゆえの特典」合計	2,393	2,674	7,391	8,399	5,039	3,872	4,014	3,885	6,124	9,748

出所）全国銀行協会「郵政民営化と郵便貯金のあり方について」3 頁。
　注）経常費としての税とは，法人税・住民税等以外の税金（固定資産税，印刷税等）。

社が誕生する」郵政民営化を恐れていたのもまた，それまで護送船団方式によって守られ，自身新しいビジネスモデルを描ききれていなかった民間金融機関の実相であった[52]。ここにジレンマがあった。

　2004 年 4 月に郵政民営化準備室が設置され，経済財政諮問会議や郵政民営化の具体案作成の動きが視野に入ってくると，諮問会議に提出された「論点整理」に照らして全銀協に対する意見聴取が行われ，2004 年 7 月「郵政民営化に対する私どもの考え方——全銀協の意見をよりご理解いただくために」が公表された。そこでは，①巨大な規模を有したままでの郵政民営化の問題点，②「準備期間」，「移行期間」中の郵便貯金業務のあり方，③事業間の適切なリスク遮断の 3 つの論点を取り上げ，郵便貯金の新たなビジネスモデルと国債市場への影響について，以下に見る全銀協の「考え方」が提言された[53]。

　まず，①については，巨大な規模を維持したままでの郵貯民営化は，いわゆるオーバーバンキングの深刻化，地域金融の健全性維持への懸念，国民負担発生のおそれなど，弊害が大きいことから，郵便貯金資金を円滑に民間金融システムに統合するため，定額貯金等の貯蓄性商品の新規受入を停止し，既契約分は整理勘定へ移管，改革後の郵便貯金は通常貯金による決済機能を維持しつつも，地域分割により規模を適正化するということを再度述べている。これにより，資金が自然な形で金融資本市場に流れ，肥大化した郵便貯金の適正規模化が進むと同時に，「民間市場へのより円滑な統合が可能」となり，市場原理に基づく民間ベースの活発な競争を通じて，結果として，よりよい金融サービス

の提供につながることが期待されるとした。②については，「準備期間」，「移行期間」を通じた民間金融機関とのイコールフッティングの確保が必要であり，民営化後の「移行期間」においても，政府出資がある間は一定の業務制限が必要とされた。③については，三事業間の適切なリスク遮断を図るため，民間銀行等に課せられる規制，組織上の制約と同等のリスク遮断措置を実施する必要から，三事業分離＝法人格としての独立が必要であるとされた。

　これに対する追加的な質問のうち，全銀協が新たなビジネスモデルとして提案した，通常貯金を提供し，国債等に運用するという手法によって，「民営化後の会社が，少なくともネットワーク維持コストを負担したうえで収支がとれるのか」との問いに対し，全銀協では，「ポストバンクは決済性預金の提供による運用収入に加えて，民間金融商品の販売等を通じた手数料収入の獲得等」に努め，経費面では「今後10年間で郵政事業全体で定年による人員の自然減が2万人程度」，全国の郵便局の6割が集配業務を行わない無集配特定郵便局であり，機能的には簡易郵便局と類似的であることから，簡易郵便局のコスト（5分の2程度）に効率性を高めるための創意工夫等を重ねていけば達成可能であるとした。また，全国3,207市町村のうち，民間金融機関がない市町村は7つに過ぎず，郵便貯金が提供する金融サービスについては，近隣の民間金融機関で代替可能であるとされた。郵便局のユニバーサルサービスについては，その定義も含め，別途十分議論していく必要があり，金融分野におけるユニバーサルサービスについては，民間金融機関のネットワークが整備されているなかで，「民間にできることは民間に」との方針を踏まえ，民営化後の郵便貯金がどこまで担う必要があるのか，十分議論することが必要とした。

　定額貯金を残した現状のまま民営化し，経営困難に直面した場合，保有国債の売却等を通じて，国債市場や金融システムの不安定化を招くおそれがあるため，全銀協の提言によって，定額貯金等の新規受入を停止し，政府保証の付いている既存契約分は，それに見合う資産（国債等）とともに整理勘定へ分離するとしても，やはり「国債市場に及ぼす影響は大きいのではないか」という追加的な問いに対しては，定額貯金等の払戻しに際して資金が必要な場合は，まずは整理勘定において保有する運用益積立金を活用し，それでも不足するよう

な場合には，国債を担保とした借入（レポ取引）等を活用することにより，できるだけ市場に影響を与えないよう配意すること，ならびに郵便局において個人向け国債を積極的に販売すべきことを主張した。

　以上からも，この時点では財政経済諮問会議の民営化論と全銀協の提言の整合性をとる段階にきていたことがわかる。同時に，これまで見た全銀協の提言を通じ，郵政民営化の問題は，郵便局ネットワークの維持問題と国債の問題に収斂していたことが見てとれる。

　郵貯問題は，預貯金市場での競争や貸出市場での競争の議論にとどまるものではなかったのである。すなわち，郵便貯金は国債と表裏の関係にあるという点で，場合によってはマクロ経済構造のリスク要因となり，金融危機や財政危機の問題にも繋がりかねない危うさを孕んでいる。これを先に「ゴルディアスの結び目」と評した。しかしながら，小泉首相が本当に切断したかったのは，実はこの「結び目」ではなく，郵便局ネットワーク機能と郵便局組織の関係という「結び目」のほうであった。そこにこそ「五五年体制」の下で営々と築かれてきた自民党と地域の権益をめぐる特殊な利害関係があると，小泉首相は捉えていたのである。この点で彼が目指したものは，明らかに政治改革であったといえよう。これまで出てきた郵貯民営化論と小泉郵政民営化の断絶点はここにあった。

　小泉首相が「改革の本丸」のもう一つと位置づけた財政投融資制度については，橋本改革を経て，2001年度の財投改革によってすでにひとまず解決がつけられていた。残されたのは，全銀協が可能であるとしつつ，見通せなかった郵政公社の新たなビジネスモデルの構築であった。郵政は，このまま民間に投げ出して「放置すれば15年で破綻する」ともいわれる一方，「民業圧迫」批判から新ビジネスにも乗り出しにくく，かといって官のままでは経営が悪化してもリストラの実施は難しいとされていた[54]。郵政民営化議論が大詰めを迎えた2004年当時，小泉首相や竹中総務大臣は，貯金を集め，利回りの低い国債で運用するだけでは，郵便貯金はいずれ行き詰まり，経営は破綻するとの「郵便貯金ジリ貧論」を唱えていた[55]。財投改革により，資金運用部に預託して得られた「ボーナス金利」が廃止され，2007度以降，利ざやが稼げなくなると予

想されていたからである。それにより郵政が破綻するようなことがあれば，国債市場は激甚なショックを被る。小泉郵政民営化は，未だもう一つの「結び目」を断ち切る術を見出してはいなかったのである。そのミッションは，小泉首相によって一人の財界人と一人の経済学者兼「政治家」に委ねられた。生田正治と竹中平蔵である。この二人の「協働」と「相克」こそが，その後の日本郵政公社，そして日本郵政株式会社の「運命」を決していくことになる。

3　郵政民営化のフレーム――政策課題と政策対応

1）事業庁から日本郵政公社へ――生田路線の定置

2002 年 4 月，小泉首相は「日本郵政公社法案」などの郵政公社化関連 4 法案を国会に上程した。審議は公社化後の民営化を目指そうとする首相の姿勢に対する反発から難航したが，「郵政公社法案」等の一部修正を経て，2002 年 7 月に法案は可決・成立した。

日本郵政公社法の制定を受けて，政府は公社総裁の人選を始め，2002 年 8 月に商船三井代表取締役会長，そして経済同友会副代表幹事であった生田正治を初代総裁に任命した。人選は，与党への根回しもほとんどなく，小泉首相のトップダウンによって進められた[56]。生田を総裁に任命するにあたって，小泉首相は民営化をどのような方針で，いかに進めていくのかなど，郵政公社の民営化に関する具体的な説明を一切行わず，日本郵政公社の経営について「民間的経営手法で，しっかり良い公社をつくってください」と一言述べただけであった[57]。生田は経営ビジョンについて，①お客さまにより良いサービスをという「真っ向サービス」，②赤字構造の郵便も構造改革して黒字化し，公社を挙げて経営を健全化し，それにより国家の財政にも資する，③職員に働きがいと将来展望を感じてもらうという 3 点を示し，「民営化するかしないかは，政治の立場でお決めになることですが，私としては，公社の総裁という立場で，この三つの経営ビジョンを忘れないでいただきたい。民営化を通じて，この三つのビジョンが，より良くより大きく達成できる制度設計にしてほしい」と要

望した。それがのちに，民営化の「海図」を持たされないまま，巨大な「郵政」という船を突然任されることになった現場責任者・生田総裁と，民営化の制度設計を行う政策担当責任者・竹中大臣との間に大きな行き違いを生んでいくことになる[58]。

　ところで「公社法」の第1条では，「国営の新たな公社として，独立採算制の下，信書及び小包の送達の役務，簡易で確実な貯蓄，送金及び債権債務の決済の手段並びに簡易に利用できる生命保険を提供する業務，当該業務を行うための施設その他の経営資源を活用して行う国民生活の安定向上及び国民経済の健全な発展に資する業務等を総合的かつ効率的に行うことを目的」とすると定められた。つまり，郵政公社は公社としての公益性と，独立採算性の健全経営を両立させることを求められたのである。これに対し，公社法の制定を受けた生田総裁は，ユニバーサルサービスと効率的運営の両立の道を以下のかたちで示した。すなわち，①三事業を別々の事業本部として独立採算的に健全化させること，②郵便局の活性化とよりいっそう役立つ工夫をすること，③経営ビジョンと経営戦略，数値目標を示し，一丸となってその実現に向けて努力すること，の3点である。「公社」であり，事業税，法人税などが非課税とされるという特権が認められている以上，ユニバーサルサービスの「公共性」を尊重するのは当然であり，企業として健全な経営をしていくことによってこれを両立させていくことが公社の「使命」だとするものであった[59]。

　公社法で規定された公社の目標・計画には，4年間の「中期経営目標」，「中期経営計画」があり，これらは本来，公社が策定し総務大臣の認可を得るものであるが，公社第1期のそれは，公社法施行法にしたがい，郵政公社設立会議で郵政事業庁から説明，審議の上，総務省に提出され，認可されていた。しかし，民間での経営を十分経験していた生田総裁は，中期経営目標・計画における数値目標が甘く，「市場」で「戦う」ための目標としては役立たないと判断し，新たな戦術を練り直すこととした。それが，2003年5月21日に発表された「アクションプラン」であった。この改革プランは，4年間を「フェーズ1」，「フェーズ2」の各2年間に分け，経営成績，調達コスト，商品シェアにいたるまで具体的な数値目標を掲げたものであった。郵政公社は以降，生田総裁の

「アクションプラン」にもとづいて内部改革を推進し，「市場」を意識した目標を達成していくことになる。生田の総裁としてのミッションは，郵政民営化を展望しつつも，何よりも「市場」競争に耐えうる組織に公社を鍛え上げていくことにあったのである。

2) 郵政民営化の基本原則——「竹中5原則」

　2007年10月1日の郵政民営化につながる議論が実際に動き出したのは，2003年9月26日の経済財政諮問会議であった。小泉首相は，「構造改革のなかでもいわゆる官業の本丸，郵政三事業の民営化をついに内閣の正式議題に持ち上げることができた。これは小泉政権の最大の柱であり，根本的な問題だから断固としてやる」と述べている[60]。自民党総裁選において，2007年の郵政民営化を掲げ圧勝した小泉首相は，これによって郵政民営化の「正当性」は担保されたとし，続いて行われた衆議院選挙の政権公約に「郵政事業を2007年4月に民営化」との項目を盛り込んだ。これ以降，諮問会議を郵政民営化の議論を行う場とし，諮問会議の席上で竹中経済財政政策担当大臣に民営化案をまとめるよう指示したのである。

　小泉首相の決意を受けた竹中大臣は，首相方針どおり2007年4月に民営化を行うという前提のもと，翌週10月3日の経済財政諮問会議で「郵政民営化の検討に当たってのポイント」（以下，「竹中5原則」）を提示した[61]。郵政民営化の枠組みを方向付ける基本原則として，①「官から民へ」の実践による経済活性化を実現する（活性化原則），②構造改革との整合性のとれた改革を行う（整合性原則），③国民にとっての利便性に配慮する（利便性原則），④郵政公社が有するネットワーク等のリソースを活用する形で改革を行う（資源活用原則），⑤郵政公社の雇用には十分配慮する（配慮原則）という5点を挙げた。「活性化原則」，「整合性原則」は，主として郵便貯金・簡易保険の巨大な公的資金が金融市場を歪めているという「民業圧迫」批判に応え，新自由主義的立場から経済の活性化や財政投融資制度の改革と連動させることを目指すものであったのに対し，「利便性原則」，「資源活用原則」，「配慮原則」は，郵便局ネットワークの維持とユニバーサルサービスの継続を念頭においたものであった。

これら竹中 5 原則は，小泉首相が郵政民営化に当たっての「基本原則」として位置づけたことから，強い「正当性」をもったものとして諮問会議の主要なアクターに受け入れられた[62]。この時点における小泉首相の関心は，竹中 5 原則の尊重を前提に，「2007 年に民営化」し，移行期を経て「完全民営化」を達成し，「公務員の身分を剥奪」することの 3 点に絞られており，その他の点については，個々のアクターたちに制度設計上の解釈の余地を広く残していた。このことは，竹中大臣の会議内での権威を高める効果をもったといえよう。諮問会議における民営化議論の展開過程では，個々のアクターがそれぞれの目的とするところをこれらの原則に結びつけるため，いかに竹中 5 原則を解釈し，解釈された個々の原則同士をどのように結び合わせるかが争点となっていった。

諮問会議のアクターが特に強い問題関心を示した政策領域については，木村佳弘によって巧みに整理されている[63]。これによると，①民間議員グループは，「活性化原則」を民間企業・民間金融機関の活動範囲の拡大と解釈し，民間とのイコールフッティング（競争条件の対等化）を最重視した。これに対し，②麻生議員（総務大臣），生田総裁（参考人）は，「活性化原則」を郵政公社の経営基盤の確立と収益の拡大と解釈していた。一方，③福井議員（日本銀行総裁）は「整合性原則」を金融改革に引きつけ，政府保証の廃止と金融秩序維持のためのリスク遮断と解釈した。しかし，④谷垣議員（財務大臣）は，「整合性原則」を財政改革との整合性の確保と解釈し，財政収支の改善，国債管理政策の円滑な遂行に読み替えたとされる[64]。

生田総裁の立脚点で特徴的な点は，「利便性原則」をユニバーサルサービス機能の維持と解釈したうえで，「見えない国民負担」論から生じるイコールフッティング論については，ユニバーサルサービスを維持するための「コインの裏表」として退けたことであった[65]。その一方で，財政とも連動する「整合性原則」を受け入れ，焦点となっていた過小資本の自己積立と国家財政への貢献および国債管理政策の担い手として公社を位置づけた。公社の収益基盤が資金運用上の制約および国家財政への貢献の要請により狭められ，その上でユニバーサルサービス機能の維持費用を負担するとなれば，それを補う公社の経営上の自由度および収益基盤の拡大などの認可が「活性化原則」として必須の条

件となると生田総裁は捉えた。内部補助を妨げ，高コスト化を招くことになる四分社化を受け入れるとなると，分割した各々の会社が健全な状態で経営できるかが問題となってくる。このため，生田総裁は経営の自由度が確保されるようなビジネスモデルが構築可能な民営化を要望したのである。これは民間経営者としての長い経験をもち，現場を率いる立場を委ねられた生田としては，現場の要請に鑑みて当然の要求であった。

　一方，竹中大臣も，経営の自由度を高め，競争の中で柔軟な経営をすることは，民営化の最大目的の一つであるとしたが，そのボトムラインとして，①郵政それぞれの事業が自立するために分社化が必要だと考え，かつ②民営化され分社化された各事業会社には，他の民間企業と同じ法律を厳格に適用するとともに，③経営の自由とイコールフッティングをうまくバランスさせるための仕組みをつくる必要があるとしていた[66]。これは立脚する理論的立場上，競争原理の導入と経営独立を是とする竹中大臣にとって，自然な解であったろう。二人の間には，分社化をめぐり，当初より立場の違いが生まれつつあったように思われる。しかしこの段階においては，竹中大臣が生田総裁と直接対話を重ね，民営化案を調整していく手法をとることで，公社の望む民営化像が案に反映されるよう配慮がなされていた[67]。このため，諮問会議の一部の委員や社会的にも根強かった郵便貯金のナローバンク論や地方別分割論，簡保の歴史的使命は終わったとの廃止論，移行期間中の極端な経営の自由度抑制論などの議論は，次第に影を薄めていき，多くの点で生田総裁の意見が盛り込まれた案になっていったのである。

3）基本方針策定——四分社体制へ

　これまで木村佳弘による整理にしたがって見てきた諮問会議アクターの位置づけを踏まえたうえで，本書の問題関心に沿って，「郵政民営化の基本方針」策定にいたる経済財政諮問会議の議論の流れを追うこととしよう。ペイオフ直後に開催された郵政懇に比べ，郵便貯金民営化の金融機関に与えるリスクへの懸念がかなり退いていたことが感じられる。リスク問題は，むしろ民営化される郵政三事業および郵政懇以来課題となった郵便局窓口ネットワーク機能に向

けられ，各事業間のリスク遮断が重要な論点とされた。この点は，どの議員においても共有されていたといえる。三事業分割民営化という主線は，各社が独立採算を行うことにより，競争を通じ効率化を目指すというだけではなく，各社間におけるリスクを遮断する必要という意味において特に重視された。窓口ネットワーク機能については，郵政懇当時に比べて認識が共有され，フランチャイズ化などのアイデアも出されるようになったものの，各議員の議論は必ずしも収斂しているとは言い難く，同機能の事業化が主題に挙げられながら，具体的な収益モデルを描き出すにはいたらなかった。

　民間議員が原則に従った民営化の方向性を代表していたのに対し，注目されるのは，麻生総務大臣が雇用に注意を喚起し，福井俊彦日銀総裁が金融市場の秩序への影響に関心を向け，谷垣禎一大蔵大臣が一貫して偶発債務の発生による財政資金の投入を認めないとし，何より国債市場に影響を与えないことを要望し続けたという点である。福井日銀総裁としては，金融市場の安定維持は最も枢要な問題関心であり，金融再生法以降，ようやく安定しつつある金融機関への影響をできるだけ排除したかったということであろう。麻生総務大臣としては，民営化についての組合対応が当然課題となる。ここでは，谷垣大蔵大臣の発言が注目される。「借換債とか，いろんな形で大量の国債を発行し続けていかざるを得ないし，それから政策金融の見直しという観点もおっしゃいますけれど，これも財投債と言っておりますけれども国債ですから，大量の国債をどう安定的に消化して，マーケットを不測の混乱に陥らせないように済むかというのは，私にとっては一大の関心事」であるとし，「やはり出来上がった姿の絵だけではなくて，移行期の過程というものを十分事前に……透明にしていただいて，市場の安定を確保しながら進めていく」ことを求めている点は注目されるべきである[68]。これに対し，民間議員の吉川洋東大教授は，移行期の問題はあるかもしれないが，国民が郵便貯金を選択し，それが国債に運用されていることを考えれば，国債以外の資産へシフトするような国民の資産選択の可能性はやや誇張されているとコメントしている。また，谷垣大蔵大臣は，資金運用部ショックを引き合いに，宮澤発言によって「国債長期金利がぴんと跳ね上がったことが，いまだに念頭を去りません」と述べ，慎重に時間をかけて検

討することを重ねて要望している。諮問会議の議事録は，会議の3日後にホームページ上に掲載される。したがって，谷垣発言は市場へのシグナルでもあった。当時の財務省が郵政民営化に抱いていた最大懸念がどこにあったかは明らかであろう。

　この経済財政諮問会議に，生田郵政公社総裁は3度出席している。一回目は2004年2月17日（第3回）で，郵政懇座長であった田中直毅21世紀政策研究所理事長とともに参考人となった[69]。生田の報告は，就任1年間における経営全般に及んだが，郵便事業については構造的に赤字であるものの，黒字転換の目途が出てきたとしたうえで，郵便貯金については運用益が予想よりも順調であり，自己資本を1兆円程度上積みできそうであるとし，2006年度末には公社スタート時資金量約233兆円であったものを208兆円に，10年後には150兆円程度にスリム化できるというシミュレーションを示している。これが高コスト化した巨額の定額貯金の塊のことを指しているのは明らかである。これに対し，簡易保険は，年間800億円までスリム化させようとしたところ，非常に激減し，「これ以上急激に減ると，やや企業体質にひびが入る」危惧があったため，マイナーな新商品を認めてもらい，650億円のところで「滑りどめ」ようとしていると説明をしており，公社の金融2事業のスリム化によるソフトランディングを目指していたことがわかる。しかし，この時の報告で衝撃的であったのは，生田総裁が総裁就任とともに全国を回ったことを挙げ，「公社に入ることが決まるまで，自分が360度見ていると思った世界というものが，実は270度ぐらいで，90度ぐらい自分の見えていない世界があった」と述べたことである。その結果，三事業ともにユニバーサルサービス機能は絶対必要であるとの考えにいたったとしている。これとともに，ネットワークビジネスが事業化しても「ペイ」することはなく，郵便局ネットワークを維持することは不可能だとし，イコールフッティングと経営の自由度はコインの裏表であり，そのうえにユニバーサルサービス負担があるとした。これは経済同友会経済政策委員会委員長としての生田の名でこれまで発表された提言と大きく乖離するものとみられた。財政経済諮問会議を主導していた竹中大臣や民間議員の主線とも大きくずれていた。

第6章　郵政民営化の政策決定過程　**217**

　2回目の出席は2004年4月7日（第7回）の諮問会議であった[70]。郵政民営化の論点整理を目的としたこの会議で，生田総裁は三事業のユニバーサル機能をきちんと維持すべきであると再度述べ，議員の質問にはそれが直接民営化後の組織を含意するわけではないと断っている。加えて前回に重ねて雇用と身分についての配慮を特に要望した。

　2004年4月26日の経済財政諮問会議では，「郵政民営化に関する論点整理」（以下，「論点整理」）が発表された[71]。「論点整理」までにおおむね合意が得られた事項は，先に述べた竹中5原則に加え，窓口ネットワーク，郵便，郵便貯金，簡易保険という四機能の市場での自立を目指すこと，経営の自由度の拡大と民間との競争条件の対等化を表裏一体＝「コインの両面」として捉え，相互の調和を図りつつ進めること，移行期間を設け時間をかけて民営化を実施することなどであった。発表同日，内閣官房に「郵政民営化準備室」および「郵政民営化に関する有識者会議」が設置され，検討体制が整えられた。

　「論点整理」が発表された後，本格的な議論が再開されたのは，参院選後の2004年7月27日に開催された会議からであった。この段階の諮問会議では，ユニバーサルサービスや郵便局数といった現状の利便性維持を優先し，そのための政府関与を求める麻生総務相・生田総裁と，政府関与や国民負担の最小化を優先する竹中大臣・民間議員との間で，意見対立がみられた。とりわけ，竹中大臣が，2007年4月時点の民営化当初から持株会社傘下に四事業会社を分社化する案を強く提起したことに対し，麻生総務大臣と生田総裁は，システム対応上の問題があり，最初から分社化することはできないと反論した[72]。分社民営化には約4200万ステップの準備作業が必要であり，これには3年から5年の時間がかかるとされていたため，麻生総務大臣はひとまず三事業一体のまま民営化して，その後に窓口会社から分社化させるかたちで事業持株会社を設立する案を提起した。また，生田総裁は実務的観点から，四事業分離において情報システム開発の構築にともなう移行期間の設定を求めた[73]。

　もう一点，この時の会議で注目されるのは，生田総裁が窓口ネットワーク機能を付け加えるとき，郵貯・簡保・郵便のユニバーサルサービス履行を義務付けてほしいと重ねて求めたことである。郵便機能については万国郵便条約に規

定されているとしても，貯金・保険機能のユニバーサルサービスは欧米ではみられないという議論があるだろうが，それは「欧米にはもともとないからであります。日本にはもともと大正時代からきちんとあったために，そのベースで社会インフラができているわけであります」と，郵政の歴史的前提を語っている。さらに議員の質問に答え，「生活インフラを守るセーフティネットは公の立場で要ると考えます。これを曖昧な形にしておくと必ず資本の論理が働きます。1か所が転べば，全部が転んできてネットワークはばらばらになると思います。これが資本の論理だし，経営者のマインドです。だから，私は経営者の立場で申し上げたので，経営者に対するきちっとした一定の歯止めは要るだろうと思います。そうじゃなかったというのがドイツの例で，後追いの立法措置が行われた」と述べている[74]。

　2007年4月時点では，分社民営化をめぐって，激しい議論が繰り広げられ，諮問会議は合意にいたらなかった。このため，小泉首相が裁断し，システム構築において，民営化当初からの分社化が可能であるとの専門家の判断が得られることを条件に，竹中案を政府方針とするということで決着がつけられたのである[75]。約1カ月半後の2004年9月10日には，「郵政民営化の基本方針」（以下，「基本方針」）がとりまとめられ，与党の承認を得ないまま，閣議決定された[76]。これ以降，郵政民営化に向けた作業は，基本方針に沿って進められることになる。9月27日の内閣改造の際には，竹中経済財政政策担当大臣が新設の郵政民営化担当大臣に任命され，基本方針をとりまとめた後の制度設計は，竹中大臣の助言機関に衣替えした有識者会議と民営化準備室を中心に進められることになった[77]。この時点で民営化についての意思決定は，民営化準備室に集中し，そのアクターによるトップダウンが首相の一言のもとで一気に進められるようになったのである。

　民営化の基本方針では，「論点整理」で指摘されていた民営化の意義と同様，①事業間の適切なリスク遮断を行いつつ，それぞれの機能が十分に発揮されることによって，国民の利便性を最大限に向上させる「利便性原則」，②郵政公社に対する「見えない国民負担」を最小化する「整合性原則」，③資金の流れを公的部門から民間部門に移し，国民の貯蓄を経済活性化につなげるとともに，

財政の健全化を促す「活性化原則」への対応が挙げられた。このような3つの国民利益を実現するためには、「竹中5原則」を踏まえて、2007年に日本郵政公社を民営化し、10年以内の移行期をおいた2017年までに最終的な民営化を実現するという段階を踏むことが明示された[78]。ここで、窓口サービス、郵便、郵便貯金、簡易保険の四機能は、純粋持株会社の傘下に置き、株式会社として独立させることがはっきりと謳われたのである。基本方針は、郵政事業の四機能がそれぞれの市場に吸収統合され、市場原理の下で自立するための必要条件として、経営の自由度の拡大を挙げ、「郵政公社法」による業務内容・経営権に関する制限を緩和し、最終的な民営化では民間企業として自由な経営を可能にするとした。また、民間とのイコールフッティングの確保では、競争条件を対等にするとともに、民間企業と同様の納税義務を負うことが明記された。これと同時に、政府保証の廃止、郵便貯金と簡保の預金保険機構および生命保険契約者保険機構への加入も明記され、さらに事業間のリスク遮断の徹底としては、事業ごとの損益を明確にすることが記されたのである。

　以上のような基本方針の決定過程において、竹中大臣と生田総裁は意見対立を深め、さらには決定的な齟齬をきたすこととなった。2007年4月時点での四分社化実施をめぐり、専門家に判断が委ねられることとなったシステム構築問題がそれである。四分社化の実施がシステム構築上物理的に不可能であるとする生田総裁と、なんとか可能であると証明しようとする竹中大臣は、2004年10月に設置された「郵政民営化情報システム検討会議」（以下、「システム検討会議」、加藤寛座長）などを舞台として激しく対立した[79]。システム検討会議は、同年11月に、郵政公社のシステムは2007年4月までに経営可能レベルには達しないとの見解を報告した[80]。ところが、翌12月のシステム検討会議は、一転してシステムを暫定的に構築する方針へと変更し、2007年4月分社化について、「管理すべき一定のリスクが存在するとしても、制度設計や実際の制度運用において、適切な配慮をすれば、情報システムの観点からは、暫定的に対応することが可能である」という折衷的な結論を提出した[81]。事実上、竹中路線が貫徹されたのである。

　このように四分社化をめぐって熾烈な争いが起きていた最中の2004年11月

17 日の有識者会議では，民営化準備室が作成した将来の経営試算が報告された[82]。この経営試算は，四事業会社の 10 年間の経営収支を機械的に推定し，各事業会社とも黒字確保が可能であることを示すものであった[83]。生田総裁は同日開かれた記者会見において，無理やり「黒字化できることを示す試算だ」と不信感を露わにし，10 年後の売上・利益ともに大きく減少するため，現状と同質のユニバーサルサービスや郵便局ネットワークの維持，雇用などが困難となるばかりか，国民負担増を来しかねないとの懸念を述べた[84]。さらに，日本郵政公社は郵政民営化準備室に対し，「「骨格経営試算」に対する意見」を提出した。試算結果は，長期的には事業が成り立たないことを示すものであり，事業経営の自由を大きく規制している法律の緩和が必要であるとの意見を公式に表明したのである[85]。

　以上のように，基本方針の決定過程が具体的な細部に入り込むとともに，当初からあった分社化をめぐる双方の疎隔はもはや抜き差しならないものとなっていき，事態を懸念した生田総裁は透明性と公正性の観点から，意識的にインターネット上で，あるいは記者会見やマスコミを通して，竹中大臣との対立点をオープンにさせていくようになったのである。

4）民営化の強行──郵政民営化法案の可決

　2003 年 9 月 26 日に経済財政諮問会議が民営化の議論をスタートしたのに続き，自民党の「郵政事業改革に関する特命委員会」は，2004 年 1 月から 9 月までに 25 回，また，総務・財政金融・国土交通の自民党 3 部会を中心とする「郵政改革に関する合同部会」は，2004 年 10 月から 2005 年 4 月 26 日までに 33 回開かれたが，政策決定過程にまったく影響力を行使できなかった。小泉首相は法案の制定過程において，自民党内で反対意見の根強かった政府 – 与党間の議論中止を指示していた[86]。

　このような一方通行の状態のまま，「郵政民営化関連 6 法案」は，2005 年 4 月 27 日閣議決定の上，第 162 回国会に提出された。この法案は，衆議院の郵政民営化特別委員会で 109 時間，参議院でも 82 時間という「平成に入って最長」の審議時間を費やした[87]。自民党内部での激烈な抗争を含む，きわめて異

例な事態であった。2005 年 7 月 5 日衆議院で可決されたものの，8 月 8 日参議院本会議で自民党議員から反対投票がなされ，否決廃案になった。これにより，同案の行く末がきわめて不透明となるかにみえたが，小泉首相は参議院の廃案をもって衆議院を即日解散するという前例のない手に打って出た[88]。いわゆる「郵政解散」である。解散当日の記者会見で，小泉首相は「民営化法案が否決されたが，郵政民営化を本当にしなくていいのか，国民に聞いてみたい。国民が反対なら，私は退陣する」と演説し，政策と選挙とを結びつけ，世論からの支持をもって首相の地位を決する条件とした[89]。

　この演説以降，「郵政選挙」に対するマスコミの報道は異常なまでに過熱し，小泉首相の国民的人気だけでなく，総選挙に対する関心が大変な高まりをみせ，それは祝祭のようですらあった。このような，郵政民営化を是か非かという一つの切り口で迫る小泉首相独自のポピュリスト的手法は，本来きわめて複雑な政治経済的テーマを至極シンプルにみせ，国民の閉塞感に訴えることができた。9 月 11 日に執行された第 44 回衆議院議員総選挙では，無党派層を中心とした国民の広汎な支持を集め，自民党が目標としていた過半数獲得を大きく上回る「歴史的勝利」となった[90]。「郵政民営化関連 6 法案」は，総選挙を受けて始まった第 163 回特別国会に再度提出され，10 月 14 日に可決成立，10 月 21 日に公布された。この法案成立にともなう唯一の変更点は，否決・解散・総選挙を経て，法案成立が遅れたことにより民営化の移行時期が 2007 年 4 月から同年 10 月にずらされたことのみであった。一切の妥協を排した小泉首相の完全勝利に終わったのである。

　自民党の多くが賛同せず，もともと国民の興味もそれほど強くなかった郵政民営化というテーマによって，小泉が自民党総裁の座を得，首相として圧倒的勝利を得ることができたのはなぜであろうか。多くの論者はそこに小泉特有の政治手法のしたたかさを見出している。このことに異論はなく，本書もそれを踏襲するものであるが，なぜそれが郵政民営化でなければならなかったかについては，歴史的な「内的必然」が働いていたはずである。すでに指摘したように，小泉構造改革のもう一つの目玉とされた出口の財投改革については，橋本構造改革によって緒に就き，財政構造改革法の凍結以外，小渕内閣，森内閣で

も引き継がれ，入口である郵便貯金とは市場を通じた間接的関係に移行しつつあった。残された課題は，切り離された政策金融機関および特殊法人の位置づけであった。郵政民営化自体についても，橋本内閣の行政改革の中間報告で，郵便事業は国営として存続するものの，郵貯・簡保の金融2事業については民営化に向けた条件整備に入ることが述べられていた。ただ，これに閣外協会に転じたとはいえ与党であった社会党，ひいては労働組合が反対したことで，最終報告では「民営化」の文言が削除され，郵政公社案へ改組されることとなり，決着は公社職員が国家公務員としての身分を保障されるという形でつけられた[91]。

　郵政民営化に対する同様の反発は，自民党と特定郵便局長会との関係にも当てはまる。小泉は1995年の自民党総裁選挙で，平成研究会に支持され圧倒的に有利であった橋本に挑戦して敗れている。さらに橋本の辞任に際しても総裁選挙に出馬したが，最下位で平成研究会の小渕に敗れることになった。転機が訪れたのは，小渕首相の急逝により，急遽清和会の森喜朗内閣が発足した時であった。すでに2度の総裁選挙に挑んできた小泉にとって，森首相が総裁・総理を辞任した後の総裁選挙に出馬するかどうかは，有力政治家としての政治生命にかかわるものであったと思われる。後継総裁として最も有力視されていたのは，構造改革の志半ばで退陣し，政権に意欲を燃やしていた橋本であった。一方，細川非自民連立政権成立以来，野党も政権選択の可能性を追求し，新自由主義政策パラダイムに立った「改革競争」を推し進めていた。郵政民営化には構造改革路線をとる民主党の旧民政党系が熱心であり，小泉の主宰する郵政民営化研究会には松沢成文，藤村修などの民主党有力議員が参加し，むしろ研究会の多数派であった[92]。国民を郵政完全民営化という一点で巻き込めれば，郵政民営化反対派は公務員身分を守ろうとする特定既得権益とそれに支持された政治勢力であるという印象を与えることが可能になる。改革の旗手であったはずの橋本を守旧派に封じこめ，その後の国政選挙においても政権に迫る民主党に対しても，民営化派と組合派の二派へと分裂させ，力を奪うことで，優位を確保できる[93]。自身の固有の信念とは別に，小泉は郵政民営化を誰よりもラディカルに推し進めることが，党総裁，政権奪取の道であることを確信し，国民を郵政民営化に巻き込む最大のキーワードが公務員改革にあることを政治家

として鋭く見て取っていたといえよう。郵政懇や経済財政諮問会議で、郵政公社職員の公務員身分に一貫してこだわりを見せたのは、そのためだったのではなかったかと思われる[94]。経済同友会の論客であった生田は、小泉に日本における構造改革の希望を見出し、経済学者であった竹中は、当初すでに終わったと思えた郵政改革への小泉の情熱を不思議に感じていた。生田が郵政公社の総裁に転じ、経営者としての責務に誠実であろうとし、竹中が小泉改革の司令塔である経済財政諮問会議の担当大臣に就任し、小泉改革を推進するようになったとき、立場の違いが大きな齟齬を生んでいくことになったといえそうである。

「郵政民営化関連6法案」の成立によって、2006年1月持株会社としての日本郵政株式会社が発足し、10年後の2017年までに完全民営化を目指すこととなった。日本郵政株式会社は当面全株式を保有するものの、郵便貯金、郵便保険会社の株式については段階的に放出し、2017年10月までに全株式の売却を完了することとなった。同時に、独立行政法人郵便貯金・簡易生命保険管理機構が創設され、既存の政府保証のついた債務および債権を郵便貯金・簡易保険の旧勘定に整理し、国債に運用、管理することになった。これらの新会社設立によって、日本郵政公社の職員は新会社の社員となり、国家公務員の身分から離脱することになったのである。

4 小　括

「失われた10年」を通じ、日本経済は不良債権と財政赤字という二つの負の遺産を背負うことになった。日本経済に対する先行き不安は、さらなる株価の低迷と、記録的な低金利にすら反応しないデフレの深刻さに反映された。改革を一向に進められない政府に、国民の失望感は深まった。1990年代終盤になると、不良債権処理の過程で深刻な金融不安が起き、ついには金融危機を惹起するにいたった。度重なる不況対策のための財政出動により、財政収支はさらに悪化した。このようなバブル崩壊後の日本経済と政治の閉塞状況を背景として登場したのが、郵政民営化を持論としてきた小泉純一郎であった。

224

　2001 年 4 月の小泉政権発足によって，構造改革路線は本格化していった。小泉政権は，「改革なくして成長なし」という基本的考えのもとに「聖域なき構造改革」を掲げ，新自由主義政策を積極的に推進した。2001 年 6 月には，構造改革の羅針盤として「経済財政運営と構造改革に関する基本方針（骨太の方針）」を発表し，市場における自由な競争を促進する構造改革こそが経済財政を活性化させるための基本となる対策であるとした[95]。このような方針の下，小泉政権は，1990 年代以降の日本が抱えていた金融不安定性・不況と財政赤字とを同時に解決に向かわせるという重要課題に対し，「金融」，「規制」，「財政（税制，歳出）」の三本柱で改革を進めた。小泉構造改革では，消費税増税を封印し，「国債発行 30 兆円枠の堅持，従来型公共投資の抑制」など，不況期にもかかわらず財政出動を回避する一方，かねてより主張してきた郵政改革を「本丸」として，その実現に政権の命運を賭けた。

　本章では，小泉構造改革の本丸として位置づけられた郵政民営化の政策決定過程を追い，小泉構造改革の政策責任者であった竹中大臣と，日本郵政公社の設立と私企業としての生まれ変わりの過程において現場責任者であった生田総裁に焦点を当て，分析を行った。低迷する 1990 年代の日本経済と政治の動揺を背景として，大胆な政策を打ち出すことが期待され，政治改革を始点とした政党再編が進み，橋本改革でなされた中央省庁再編によって首相の制度的リーダーシップが強化されたこと，さらに「国民的人気」を政治的基盤とした小泉政権下で，「聖域なき構造改革」全般の司令部として，経済財政諮問会議が非公式的な合意形成の場として活用されたことを考察した。郵政民営化の実現過程に入ると，諮問会議など首相直属の組織が政策決定の軸となり，結果として，小泉首相と竹中大臣に属人的に委ねられていった。

　最後に，民営化に関わったアクターたちのその後にふれておこう。2003 年 4 月 1 日に郵政事業庁の後を引き継いだ日本郵政公社は，設立から 4 年半後の 2007 年 10 月 1 日に株株会社と四事業会社に分割，民営化された。その 1 年後，生田元総裁は「公社のままでは規制が厳しく経営の自由度が乏しかった。当時郵便貯金と簡保の資金量は約 355 兆円あり，三大メガバンクの合計を上回っていたが，公社の試算だと，10 年後には資金量も利益も半減する見通しだった。

そうなれば，郵便局網を維持することも，全国の利用者に等しくサービスを提供することも難しくなり，納税者に追加負担が生じかねなかった。だからこそ，余力があるうちに民営化して高コスト構造や不合理な習慣を思い切って改革し，競争力をつけることが絶対に必要だった」と振り返った[96]。政治，社会，経済の世界的な規模での構造転換過程にあって，郵政に求められてきたユニバーサルサービスという公共的機能を維持するためにも，逆説的に私企業としての経営の自由度が不可欠であったということであろう。

　小泉政権が郵政民営化のハードランディングを目指す一方，日本郵政公社は生田総裁の指揮のもとで民営化後を展望し，経営の主体的条件を構築するとともに，組織のソフトランディングを目指して郵便貯金の健全性と体力強化を図りつつあった。小泉首相自ら1カ月半にわたり三顧の礼を尽くし要請したことに応じて2003年4月日本郵政公社発足時に初代総裁として民間から就任した生田はしかし，2007年3月，政権交代とともに「交替してほしい」という政治的意向を受けることになった。生田は，「それが現内閣のご判断であり，ご意思であるなら，それは真摯に受け止め尊重させて頂きます」と述べ，任期満了をもってその職を退いた[97]。2005年10月に成立した「郵政民営化法案」において，民営化の時期は2007年4月から同年10月に半年ずらされたことから，生田は任期を満了したものの小泉首相に約束された「最初で最後の郵政公社総裁」とはならなかったのである[98]。

　数分間の引継ぎ後に郵政公社最後の半年間の総裁となったのは，元三井住友銀行頭取で，2006年1月に設立された民営化の準備企画会社「日本郵政株式会社」の最高経営責任者（CEO）に就任していた西川善文であった。世界最大の民営化を担うCEOの選定時，竹中郵政民営化担当大臣は，複数の財界人や関係者が揃って推薦する共通人物に注目し，マスコミ報道を回避しながら，小泉首相との直談判により人事を一気に進めたとされる[99]。民営化開始が半年後に差し迫るなか，政府は経営のすべて，民営化のすべてを西川に委ね，一切の準備作業の指揮を行わせた方がスムーズに民営化に移行できるとの判断を下し，総裁兼務を要請した。政権最末期のこのような人事政策からは，竹中の目指した郵政民営化が，生田の目指した民営化と必ずしも一致していなかったことが

みてとれる。しかし，生田の事実上の更迭後，完全民営化の第二段階への移行
は，政治的混迷の中で不透明となっていく。

　2006年9月小泉は自民党総裁の任期満了をもって首相の座を去った。郵政
民営化を1年後に控え，総裁任期延長が検討されたのを固辞しての退任であっ
た。郵政全体の複雑な制度的事情を考えれば，「小泉内閣がなかったなら，郵
政民営化は話題にすらなっていなかった」と竹中は述べている[100]。同様に小
泉改革の経済政策面での右腕であった竹中なくして，郵政民営化は成しえな
かったにちがいない。2005年10月31日以降，総務大臣と郵政民営化担当大
臣を兼任していた竹中は，「政治の世界における私の役割は，あくまで小泉総
理を支えること」であったとして，小泉内閣の終焉直前の2006年9月に任期
を残して議員を辞職した[101]。

　竹中は，郵政民営化から1年後の『朝日新聞』の紙面で，民営化した以上，
「政治は経営の邪魔をすべきではない」と言及し，「郵政民営化法は極めて精巧
な法律だ。民営化の枠組みを変えるには，法律を改正しなければいけない。首
相が指示を出して運用方針を転換させるようなことはできない。経営は順調に
門出したのだから，大きな枠組みを見直す必要もない。まだ1年なのだから，
経営者に引続きかじ取りをお願いするのが当然」であるとの意見を寄せた[102]。
しかし，次章でみるように，2009年2月には政策それ自体が揺り戻されるこ
とになる。こうした事情に鑑みれば，そもそも民営化とはいかなる理念によっ
て問われたものだったかにつき，あらかじめより深い議論がなされるべきだっ
たのではないかと考えずにはいられない。

　2007年10月1日，持株会社「日本郵政株式会社」（社員3,600名，資産9兆
4580億円）が発足し，郵便貯金は「株式会社ゆうちょ銀行」（社員11,600名，資
産222兆2250兆円）として再出発した。しかし，郵政民営化，そして郵貯事業
の民営化は，小泉というエンジンを失った。産業界で培ってきた民間手法に
よって郵政公社をまとめ，主体的条件を構築しつつあった生田も経営の現場を
去った。竹中がその現場の後事を委ねた西川は，産業界＝船舶業界のリーダー
であった生田とは異なり，金融界出身，全銀協会長を務め，金融のプロである
という強烈な自負を背景に，新たな挑戦に意欲を燃やしていた。郵政民営化の

核心が郵貯事業民営化にあったことは，これをみても明らかであろう。

　属人的な政策決定の下では，郵政民営化案の作成当初，直接議論を重ねていた竹中と生田との疎隔が，郵政民営化の具体化の過程で次第に大きな理解と認識のギャップとなって表れていった。ワンフレーズで語られる小泉首相の政治「言説」は，国民の広汎な支持を集めたが，その意味するところは必ずしも明確ではなかった。明らかであったのは，「完全民営化」，「2007 年 4 月実施」，「公務員身分の剥奪」という非妥協的な 3 点であり，なかでもタイムスケジュールこそが小泉首相と生田総裁の方向性を分かつことになった。小泉首相の言葉は単純で力強い分多義的に解釈されうるものであった。郵政民営化の政策決定過程では，小泉の「言説」の意図せざる効果が，竹中と生田との間に齟齬を生じさせ，両者に与えられた立場と役割の違いがそれを決定的にしていった。まさにそこにおいてこそ，郵政民営化とは何かが本格的に問われなければならなかったはずなのである。

第 7 章

郵政民営化の現在と巨大郵貯のゆくえ

1　ポスト小泉改革下の政策対応

1）迷走する郵政民営化

　日本郵政公社は，「郵政民営化関連 6 法案」によって，2007 年 10 月 1 日に持株会社の日本郵政株式会社と 4 つの事業会社のあわせて 5 社および独立行政法人郵便貯金・簡易生命保険管理機構に分割，民営化された。郵政公社の郵便貯金業務は，ゆうちょ銀行に引き継がれた。日本郵政の株式は，政府が 100 ％保有し，郵便事業会社，郵便局会社，ゆうちょ銀行，かんぽ生命の株式は親会社である日本郵政の 100 ％保有，すなわち出発段階では 5 社とも 100 ％政府出資のもとでのスタートであった。同法では，政府が保有する日本郵政株の 3 分の 2 弱を公開売却によって手放す目標のほか，金融 2 社については日本郵政が保有するゆうちょ銀行，かんぽ生命の株式について段階的に全処分することで，2017 年 9 月までに「完全民営化」を達成することが義務付けられた[1]。

　しかし，それに向けた道筋は必ずしも平坦ではなかった。小泉政権の後継内閣である第一次安倍晋三内閣は，小泉改革を引き継ぐものと考えられたが，小泉以後の財政と経済の方針をめぐり，政権内に成長重視派（上げ潮派）と税制改革派（財政規律派）との路線対立が内訌した。さらに，郵政選挙において自民党から放逐された議員を安倍首相が自民党に復党させたことにより，「改革」そのものが後退したのではないかとの印象を与え，小泉改革に「熱狂」した国

民の政権支持は急速に冷え込んだ。これらに加えて年金記録問題や閣僚辞任などが相次いで生じたことにより，2007年7月の参議院選挙で自民党は惨敗を喫した。安倍首相は，健康上の理由をもって辞意を表明した。参議院選挙の大敗で生じた「ねじれ国会」を打開すべく民主党との大連立を模索し果たせなかった福田康夫首班内閣，小泉郵政改革で分割民営化に必ずしも同調せず，政権前面から退いていた麻生太郎首班内閣と続いたものの，どちらも「ねじれ国会」によって短命に終わる[2]。構造改革の「一丁目一番地」であるはずの郵政民営化の方向性は政治の不安定化とともに一気に不透明になった。

　ここではまず，郵政民営化，分社化に際して起きた事象について，2010年2月26日の第8回郵政改革関係政策会議民営化検証ワーキングチームで行われた「民営化検証」における日本郵政の提出資料より整理しておこう[3]。第一に，郵便局ネットワーク維持にかかわるものとして，民営化法成立後，簡易郵便局の一時閉鎖が急増し，利用できる窓口が減少したため利便性が低下した。第二に，分社化を起因とするものとして，①郵便の配達担当社員が配達途中に貯金等を預かることができなくなった（いわゆる「総合担務」の問題），②郵便の不着申告について，郵便局に問い合わせても要領を得ない，③昔からの顔なじみであった郵便局長による集荷ができなくなった。第三に，郵便サービスについては，集配拠点の再編（実際は公社時代の施策）により，①これまでの配達時間と異なる時間に配達される，②ゆうゆう窓口の閉鎖により，郵便局が営業しない夜間および土休日には，不在持ち戻り郵便物の受け取りができなくなった。第四に，金融サービスでは，①郵便局の窓口における待ち時間の延長，②高額貯金の払戻し等の請求手続きの煩雑化がみられた。このうち，第一に掲げた，ユニバーサルサービスに影響する簡易局の一時閉鎖については，公社時（2003年3月末）に71局であったものが，民営化時（2007年10月）一時的に417局となったとし，その原因として「個人受託者の病気・高齢等」，「農協等の統廃合等」，および民営化にともなう業務マニュアルの膨大化等による業務の複雑化を挙げている。一方，金融2社の直営店舗（ゆうちょ銀行233店舗）が民営化と同時に設置された。このことは，民営化構想では直営店をもたないことで郵便局依存が長期に維持されるとされていたゆうちょ銀行あるいはかんぽ生命

が，完全民営化によって郵便局離れし，金融のユニバーサルサービスが保証されなくなるのではないかとの懸念を生むことになった[4]。

このような現業部門における混乱，完全民営化後のユニバーサルサービスに対する不安に追い打ちをかけたのが，かんぽの宿の売却問題であった。2007年12月，日本郵政が赤字施設のオリックス不動産への一括売却を公表したことに総務省（鳩山邦夫総務大臣）が異議を申し立て，契約が解約された[5]。これとともに，日本郵政に対する業務改善命令が出されたことで，民営化の進め方自体に「懐疑」が生じるようになった。2009年2月5日の衆議院予算委員会では，麻生首相が四分社化の見直しに言及し，その後の委員会でも答弁が揺れた。このことから，民営化のあり方をめぐり，政府および自民党内部にまで混乱が広がった[6]。2009年3月，「郵政民営化委員会」（田中直毅委員長）は，郵政民営化推進本部（麻生太郎本部長）に対し，「郵政民営化の推進状況についての総合的な見直しに関する郵政民営化委員会の意見について（意見）」を提出した。この「意見」では，四分社化問題に直接ふれていないものの，日本郵政の混乱について指摘し，郵便局ネットワークおよびサービス水準を維持し，多様なメニューのサービスを提供するとともに，健全経営を確立するよう求めた。ゆうちょ銀行については，「定額貯金による資金調達と国債による運用に偏ることに伴う金利リスク」が取り上げられており，構想段階で指摘されていた点が依然として民営化段階でも残されていたことを示している[7]。

民営化をめぐる政府与党内の混乱とリーマン・ショック後の世界的景気後退のなか，2009年8月の衆議院総選挙で自公政権は大敗し，民主党・国民新党・社民党の連立政権による歴史的な政権交代が実現した。「成長」から「分配」への転換を主張した鳩山由紀夫を首班に民主党を中心として成立した政権に，郵政民営化に一貫して反対してきた亀井静香率いる国民新党が与党として加わったことから，事態は急転することになった。同年9月，郵政事業に関する抜本的見直しが連立政権で政策合意され，同10月には「郵政改革の基本方針」が閣議決定された。その要旨は，①共有の財産である郵便局ネットワークを活用し，郵便，郵貯，簡保の基本的サービスを全国あまねく公平・簡便に郵便局で一体的に利用できるようにする，②郵便局ネットワークを地域や生活弱者の

権利を保障し格差を是正する拠点と位置づけ，地域のワンストップ行政の拠点としても活用，郵貯，簡保についてのユニバーサルサービスを法的に担保する，③四分社化体制を抜本的に見直すというものであった[8]。これを受け，2009年12月「郵政改革法案」策定まで株式の上場売却を停止することとし，「日本郵政グループの株式売却凍結法（日本郵政株式会社，郵便貯金銀行及び郵便保険会社の株式の処分の停止等に関する法律）」が成立したことで，民営化プロセスは凍結されることになった。

新政権の下，総務省は2010年1月，日本郵政グループがこれまで，かんぽの宿の一括譲渡案件，郵便事業株式会社と日本通運株式会社との宅配便統合計画，クレジットカード業者選定等において，社内意思決定過程が不透明で，企業ガバナンスを問題視されてきたとして，今後の日本郵政グループの適正な企業ガバナンスのあり方の検討を行うため，「日本郵政ガバナンス検証委員会」を設置した。同委員会のメンバーのなかから国会議員を除いた弁護士，学者等で構成する「専門調査委員会」は，関係者のヒアリング等を行った後，同年5月に「日本郵政ガバナンス問題調査専門委員会報告書」および「検証総括報告書」を総務大臣に提出した[9]。その内容は，西川社長の意思決定方法，会社の経営委員会および取締役会の（委員会設置会社としての）機能，コンプライアンス体制を批判したものであった。報告書は，日本郵政が「委員会設置会社」として設立されたにもかかわらず，国が100％の株式を所有する段階では市場からの監視機能が働かないとし，民営化の早い段階で株式を市場に売却することを予定されていたがゆえに「前のめりに」委員会設置会社方式を選択したことによって，多くの問題を発生させたと指摘した。そして，日本郵政の経営および業務執行が「外部要因」に強く影響されるため，その変化を見越し，環境が大きく変化する前に短期的に結果を出そうと，拙速に経営上の意思決定が行われ事業がずさんに遂行される危険性があることを指摘し，社外者による「経営諮問委員会（仮称）」の設置検討を提言した。この報告書で，宅配便統合に関し，いったん総務省が統合子会社（JPEX）への出資および準備活動を認可しながら，統合自体は採算性を考慮して認可せず，統合事業計画の失敗が決定的になったとしている点は，出資会社に対する国の監督と会社の経営自主性との

関係がきわめて難しいものであったことを物語っている。

　以上の経過を経て，政府は2010年4月「郵政改革法案」，「日本郵政株式会社法案」，「郵政改革法及び日本郵政株式会社法の施行に伴う関係法律の整備等に関する法律案」の，いわゆる「郵政改革関連3法案」を閣議決定した。その骨子は，①日本郵政が，郵便事業会社および郵便局会社の業務ならびに権利・義務を合併により承継する，②政府は常時日本郵政の総株主の議決権の3分の1を超える議決権を保有し，日本郵政は常時基本的役務を締結した銀行および生命保険会社の総株主の議決権の3分の1を超える議決権を保有する，③政府の日本郵政に対する議決権比率が2分の1以下になるまで郵政改革推進委員会を置く，④郵便貯金会社，郵便保険会社，独立行政法人郵便貯金・簡易生命保険管理機構に関し，各業法の特例と経過措置を設けるというものであった[10]。2005年の郵政選挙で民主党は，郵便事業を行う日本郵政公社とその100％子会社の郵便貯金会社の設置，定額貯金の廃止，簡易保険の廃止による金融事業の徹底縮小を提案していたが，この段階では日本郵政グループの株式会社化は後退させないものの，持株会社と四事業会社体制は持株会社と三事業会社体制に再編し，国民に対する責務として金融を含めたユニバーサルサービスを保証するため金融2社の民営化は行わず，郵便局に公共的な役割を総合的に担わせることを目指していた。

　同法案については，骨子作成段階で国民新党の亀井静香金融・郵政改革担当大臣，原口一博総務大臣が郵便貯金の上限額を2000万円に上げることとし，これに仙谷由人国家戦略大臣，菅直人副総理・財務大臣が反発，鳩山首相が一任を受けて亀井・原口ラインで取りまとめるなど，連立政権内で法案の足元の弱さが露呈した。2011年12月には，「郵政改革を考える民間金融機関の会」（一般社団法人全国銀行協会・一般社団法人全国地方銀行協会・一般社団法人信託協会・社団法人第二地方銀行協会・社団法人全国信用金庫協会・社団法人全国信用組合中央協会・JAバンク・JFマリンバンク）より，①政府が日本郵政株式会社の総株主の議決権の3分の1超を常時保有し，経営上の重要事項に係る拒否権を保持し続けるなど，現在のみならず将来にわたって政府の強い関与が残る日本郵政グループは，官業とみなさざるを得ず，金融事業の規模を縮小の上，民業

補完に徹すべきである，②ゆうちょ銀行の業務範囲を検討する場合には，これ
までの郵政民営化法と同様，中立・公正な第三者機関による，十分かつ事前の
意見を聴いたうえで，内閣総理大臣および総務大臣の認可制とすべきである，
③預金者保護等の観点から，ゆうちょ銀行は他の事業から厳格に分離・独立さ
せる等，郵政三事業（郵便・郵便貯金・簡易保険）間の適切なリスク遮断が担保
される仕組みを構築すべきであるとの共同声明が出された[11]。また，法案の内
容が明らかになると，2010年3月ルース駐日米大使，リチャードソン駐日EU
連合大使がWTOの協定に違反するとの警告を日本政府に伝えた[12]。米国通商
代表部（USTR）は，『外国貿易障壁報告書』で「日本の金融市場における競争
に深刻な悪影響を及ぼしかねない」とし，「公正な条件を実現するために必要
なあらゆる措置を講じるよう日本政府に求める」とした[13]。さらに5月には，
アメリカおよびEUのWTO担当大使が日本の担当大使に「強い懸念」を表明，
WTOへの提訴に含みを残した[14]。

　このような内外の厳しい視線のなか，同法案は5月衆議院を通過した。これ
により，小泉改革において「構造改革」の「本丸」とされた郵政「完全民営
化」路線は「終わり」を告げたかに見えた。しかし，普天間基地移設問題等に
絡むその後の国会の空転により，同法案は参議院で審議未了廃案となった。同
年6月，鳩山首相は普天間問題等で行き詰まり，民主党代表と内閣総理大臣の
辞任を表明，同月に菅直人が民主党代表に選出され，国会において首班に指名
された。菅首相は就任後すぐに，民主党が政権を奪取した際に発表したマニ
フェストで取り上げなかった消費増税を含む税制改革に取り組むことを言明，
民主党内は混乱に陥った。結果，民主党は同年7月の参議院選挙で議席の過半
数を失い，日本の政治は攻守を代えた「ねじれ国会」に逆戻りすることになっ
た。2010年10月，政府は同じ内容の「郵政改革法案」を国会に提出したが，
「ねじれ国会」の下で審議に入れず，継続審議に終わった[15]。これにより，国
民を結ぶ巨大なネットワークを有し，正職員だけで20万人を超える日本郵政
グループの未来は宙に浮くこととなった。

　しかし，郵政民営化は，思わぬ事情により，それまでとは異なる理由をもっ
て民主党政権下において進められることになる。2011年3月に発生した東日

本大震災という外生要因によって，民営化の方向性が決するのを待たず，いったん凍結された株式公開売却の道が再び開かれることになったのである。

2) 改正郵政民営化法

　民主党を中心とした連立政権の経済財政方針は，消費増税を封印し，政府支出の抜本的見直しにより，「コンクリートから人へ」，「成長」から「分配」へと政策の重心を移そうとするものであった。ところが，当初の目論見であった歳出の削減が達成できず，財源として当てにしたいわゆる「埋蔵金」＝特別会計積立金も思うように掘り起こせないなか，政権は「1000 年に一度」といわれる大災害の復興財源の確保を迫られることになった。菅内閣は，復興債・年金債の発行によって当面の財源を確保したうえで，日本郵政株の売却益をもって震災の復興財源に充当することを決定した。2011 年 11 月，同内閣は国会に「東日本大震災からの復興のための施策を実施するために必要な財源の確保に関する特別措置法」を提出し，可決成立させた。同法附則第 14 条により，政府は，租税収入以外の収入による復興債の償還費用の財源を確保するため，日本郵政株式会社法第 3 条の規定により，政府が保有していなければならない議決権に係る株式を除く日本郵政株式会社の株式について，日本郵政株式会社の経営の状況，収益の見通しその他の事情を勘案しつつ処分のあり方を検討し，その結果にもとづいて，できる限り早期に処分することが規定された[16]。

　このことをもって，民主党政権の方針が小泉 – 竹中路線である郵政「完全民営化」に復したとはいえない。しかしこれによって，膠着状態に陥っていた日本郵政のあり方について，株式売却の方向で何らかの落としどころを探らなければならなくなった。菅首相の後を襲った野田佳彦内閣では，民主党，自民党，公明党の実務者による協議が進められ，公明党の主導により「郵政民営化法等の一部を改正する等の法律案」（以下，「改正民営化法」）が民自公三党合意にいたった。これにもとづき郵政民営化関連法を改正，2012 年 5 月，議員立法によって国会に改正民営化法が提出され可決・成立することとなった[17]。同法の主要骨子は，持株会社と四事業会社体制の日本郵政グループを持株会社と三事業会社体制に組織再編するものであった。具体的には，政府が 3 分の 1 超の株

式を保有する持株会社である日本郵政の下，その100％子会社である日本郵便に郵便事業会社と郵便局会社を統合するとともに，全株売却を「目指」すことが求められているゆうちょ銀行，かんぽ生命についても当面グループにとどめることとされた[18]。政府が日本郵政の株式を3分の1以上保有する点に変更はないものの，金融2社の全株式売却については「義務」付けから「努力」規定に改められた。その期限については，「ユニバーサルサービス確保の業務の遂行への影響等を勘案しつつ，できる限り早期に処分」することに努めるとされ，日本郵政によっていったん売却された金融2社の株式を同社が購入することも可能とされた。この限りでは，金融2社の株式完全売却による日本郵政グループの「完全民営化」はむしろ巻き戻されたかの印象を与え，当時そのような報道もなされた。

　郵便事業会社と郵便局会社との統合については，竹中5原則で定式化され，「郵政民営化の基本方針」で挙げられている三つの利益の一つ，すなわち，①国民の利便性を最大限向上させる「利便性原則」が満足されているかが論点であった。これは，民主党政権が「郵政改革法案」で目指したところにかかわっている。民営化段階では，竹中の論点整理にしたがい，窓口ネットワーク・郵便・郵便貯金・簡易保険の四機能がそれぞれ自らの責任において市場での自立を目指すこととされ，これらの機能を四分社体制で担うこととなったが，先述のような利用者の不便や各機能の連携不足が指摘されたことを重くみた連立三党からなる新政権は，当初「郵政改革関連法案」（2010年4月）において，持株，郵便事業，郵便局の三社を統合，一本化して，金融2社の持株会社（新日本郵政）とする構想を描いた。この意味で，改正民営化法は竹中の論点整理からみれば「後退」であり，民営化後の事実に照らせば「見直し」ということになる。この「後退」ないし「見直し」は，基本方針の残る二つの利益，②見えない国民負担を最小化する「整合性原則」，および③資金の流れを公的部門から民間部門に移し，国民の貯蓄を経済活性化につなげるとともに財政健全化を促す「経済活性化原則」に抵触する可能性があった。結局，郵政改革関連法案が撤回され，「郵政民営化法等の一部を改正する等の法律」として成立した2012年4月の段階では，郵便事業株式会社と郵便局株式会社が日本郵便株式

会社に統合されるにとどまった。このことが民営化後の混乱に即した改善となったかは，にわかに判断できないが，これにより民営化論議の初発よりあった郵便局ネットワーク機能の活用と郵便局組織の峻別の問題は後退したといえる。すでに前章においてみたように，「経済活性化原則」こそが小泉‐竹中路線の主眼であり，「整合性原則」は郵便貯金および簡易保険民営化にあたっての金融界からの強い要望＝イコールフッティングの必要から導き出されたものであったから，この点の成否，妥当性も問われることになった。

　次いで，改正民営化法では，郵政事業にかかわる基本的な役務の確保に関する規定が新設された。郵政民営化の段階では織り込まれていなかった金融ユニバーサルサービス（簡易な貯蓄，送金および債権債務の決済の役割）の提供が，日本郵政および日本郵便の責務となった。「郵便局」は，「郵便窓口業務，銀行窓口業務及び保険窓口業務を行うもの」と定義され，その必須業務として，金融を含むユニバーサルサービスの提供義務が法的に義務づけられた。その費用については，ゆうちょ銀行，かんぽ生命との間の契約にもとづく委託業務料によって当面賄われるものとされた。ところが同法案では，委託業務関係でカウンターパートとなるゆうちょ銀行およびかんぽ生命には，金融を含むユニバーサルサービスの提供義務は課されていない。株式売却が進み，資本間関係が解消されたとき，金融ユニバーサルサービスがどのように制度的に保証されるのかについては，この限りで判然としない。

　もともと民営化法では，ゆうちょ銀行の新規事業の展開については，日本郵政によるゆうちょ銀行の株式保有割合が 50％以上の場合は国の「認可制」とし，株式処分が進み，50％未満となったときに「届出制」となるよう定められていた。民営化＝株式の公開売却が再開され，このラインを割ったとき，金融ユニバーサルサービスにつき片務的な関係にある政府出資3分の1の日本郵政の活動と，ゆうちょ銀行，かんぽ生命の私企業としての営利活動および一般株主利益とがどのように調整されるかについては，同法では踏み込まれていない。小泉改革時に「約束」されたユニバーサルサービスの範囲が，銀行・保険にまで及んだことで，金融2社の将来の事業展開をより複雑なものにした可能性がある[19]。

改正民営化法は，日本郵政グループの「完全民営化」をせき止めるものとも，「完全民営化」を進めるものとも捉えられる内容となった。建前上その判断は，民営化され「経営の自由」を得たはずの日本郵政に任せられていた。しかし，日本郵政の全株式は政府が保有しており，民営化の進度と方向についても，「郵政民営化を推進するとともに，その状況を監視するため，郵政民営化の推進に関する総合調整，必要な法律案及び政令案の立案に関すること等を所掌事務する」内閣府郵政民営化推進本部とその下に置かれた郵政民営化推進委員会が事前にコミットし，事後にチェックすることになっている。そのどちらのほうに日本郵政が舵を切るかは実際上，時の政権の方針に委ねられたのである。

野田内閣では，改正民営化法の成立と並行し，菅内閣において非公式に閣内了解されていた「社会保障と税の一体改革」を踏襲し，2012 年 2 月 17 日に「社会保障・税一体改革大綱」を閣議決定した[20]。野田首相は自民党の谷垣総裁と公明党の山口代表に呼びかけ，2012 年 6 月，消費税を 5 ％ から 10 ％ に段階的に引き上げる民自公三党合意が成立した[21]。この三党合意は，「社会保障と税の一体改革」の一環と位置づけられ，小泉政権の構造改革では留保されていた，毎年増え続ける社会保障費の財源確保と財政健全化の両立を目指すものであった。しかし，2012 年 8 月 10 日，「社会保障の安定財源の確保等を図る税制の抜本的な改革を行うための消費税法の一部を改正する等の法律案」が国会に提出され成立したのを機に民主党は分裂し，同年 12 月 16 日の衆議院総選挙では大惨敗を喫した。自民党・公明党が政権与党に返り咲き，「短命内閣の時代」が幕を開けたが，その後自民党総裁に返り咲いていた安倍晋三が内閣首班指名を受け，第一次安倍内閣が誕生した。民主党政権がいったん閉ざしながら東日本大震災という予測されざる事態で自ら開くこととなった郵政民営化＝日本郵政，ゆうちょ銀行，かんぽ生命の株式公開売却の道は，この第二次安倍政権の下で実施されていくことになったのである。

3) 郵政民営化の再始動

2014 年 12 月，西室泰三日本郵政社長は，持株会社の日本郵政と傘下のゆうちょ銀行，かんぽ生命保険につき，2015 年 9 月を目途に同時上場する計画案

を発表した。グループ三社の時価総額は，国有企業の民営化案件として最大規模の計 15 兆円超となり，1987 年の NTT 以来の大型新規上場案件に金融各社は「貯蓄から資産形成へ」の起爆剤にしようと沸き立った。2015 年 9 月 24 日の「新 3 本の矢」発表によるアベノミクス「第二ステージ」の幕開け直後となった 2015 年 11 月 4 日，郵政グループ三社は新規株式公開による異例の親子同時上場を果たした。売出にあたってはブックビルディング方式を採用し，売出価格は日本郵政 1,400 円，ゆうちょ銀行 1,450 円，かんぽ生命保険 2,200 円で，初値はそれぞれ 1,631 円（上昇率 16.5 %），1,680 円（同 15.9 %），2,929 円（同 33.1 %）となった。この新規株式公開によって，日本郵政，ゆうちょ銀行，かんぽ生命保険の株式は，いずれも発行済み株式数の約 11 % が民間投資家保有となった。日本郵政では約 77 万人，ゆうちょ銀行では約 74 万人，かんぽ生命では約 29 万人が株主となり，以後これらの株主の意向がユニバーサルサービスの方向に影響を与えていくことになる[22]。なお，日本郵政の株式については，2017 年 9 月に財務省が第二次株式売却を実施し，政府の日本郵政株の保有比率は 8 割強から 6 割弱となった。

　2018 年 6 月には，「独立行政法人郵便貯金・簡易生命保険管理機構法の一部を改正する法律」が施行されたことにともない，2019 年 4 月より「郵便貯金・簡易生命保険管理機構」の名称が「郵便貯金簡易生命保険管理・郵便局ネットワーク支援機構」に変更された。同機構の目的には，「郵便局ネットワークの維持の支援のための交付金を交付することにより，郵政事業に係る基本的な役務の提供の確保を図り，もって利用者の利便の確保及び国民生活の安定に寄与すること」が追加された[23]。同法にもとづき，2020 年 3 月期からは，日本郵便自身が負担すべき分を除いた金額分を，ゆうちょ銀行とかんぽ生命保険からの拠出金を原資として機構から日本郵便に交付するものとし，3 分の 1 政府出資の日本郵政に課された金融を含むユニバーサルサービスという「公共」的責務と，ゆうちょ銀行，かんぽ生命の完全民営化による「私」企業としての営利活動とを両立させていくことを目指している。おそらくこれが，改正民営化法にみられたユニバーサルサービスの片務性についての一つの解答とされていくものと思われる[24]。以上の整備を受け，翌 2019 年 4 月，同年秋を目安に日本

郵政株の追加売却を行うことで，保有比率を改正民営化法が定めている下限の
3分の1超まで下げ，同法にもとづく売却を完了する旨が発表され，民営化が
再始動することになった。

　ところで，先にみたような政局の激しく揺れ動く政治の下では，日本郵政の
経営が安定することは期待できなかった。郵政民営化後10年間における日本
郵政の歴代社長は，西川善文（元・三井住友銀行頭取，2007年10月～09年10
月），斎藤次郎（元・大蔵次官，2009年10月～12年12月），坂篤郎（元・財務省，
2012年12月～13年6月），西室泰三（元・東芝会長，2013年6月～16年3月），
長門正貢（旧日本興業銀行出身，2016年4月～現在）の5名であり，おおむね2
年で交代している。とりわけ，小泉政権下で日本郵政の舵取りを任され，完全
民営化を目指していた西川社長は，民主党政権の成立と民営化の凍結により辞
職したが，事実上の解任であったともいわれている。それを継いだ斎藤社長も，
天下り禁止を党是とした感のある民主党の方針に背理するとの理由で野党から
厳しく批判され，自公の政権復帰を前に辞任した。後継に指名した副社長の坂
社長にいたっては，政権移行過程での社長交代が，自公の逆鱗に触れ短命に終
わり，急遽ゆうちょ銀行社長であった西室社長が就任するなど，政権交代によ
る方針転換が日本郵政のトップマネジメントの進退に直接影響する事態が続いた。

　ゆうちょ銀行についてみれば，高木祥吉（金融庁出身，2007年10月～09年10
月），井沢吉幸（三井物産出身，2009年10月～15年3月），西室泰三（東芝出身，
2015年4月～15年5月），長門正貢（日本興業銀行出身，2015年5月～16年3月），
池田憲人（横浜銀行出身，2016年4月～現在）の5名の社長が誕生しているが，
西室社長以後の人事は，明らかに日本郵政のトップ人事の玉突きによるもので
あった。ゆうちょ銀行のトップ人事にも政権が強い影響力をもち，事実上介入
していたといえよう[25]。このように政治的環境の変化で経営者が容易に交代さ
せられる状況下では，長期的な経営ビジョンが打ち出しにくく，少なくとも，
政治からの自由という意味での「経営の自由」は見出しがたい。

　その中にあって，2016年4月，旧日本興業銀行出身の長門正貢がゆうちょ
銀行から転身して日本郵政のトップに立ち，地方銀行トップ，横浜銀行の生え
抜きの経営者であった池田憲人がゆうちょ銀行の社長に就任した。激しい政争

の結果としてではあったろうが，日本郵政とゆうちょ銀行のトップに銀行経営者がともに並んでいることに，郵政民営化の核心的な課題が郵便貯金民営化であることが見てとれよう。

2　ポスト小泉改革下の郵便貯金

1）郵便貯金の動向

　上場前2014年度決算において，ゆうちょ銀行は日本郵政グループの持株会社と四事業会社の連結総資産295兆8497億円のうちの208兆1793億円を占め，連結純利益4826億円のうちの3546億円を占めるグループ全体の収益基盤であった。ゆうちょ銀行の貯金構成について，郵貯残高は1999年度末に約260兆円のピークに達した後，毎年10兆円規模で減少し，2007年度末には約181.7兆円となった。民営化に際し，通常貯金等はそのままゆうちょ銀行に継承されたが，定額貯金等の定期性貯金は満期まで政府保証が付与されることから，独立行政法人郵便貯金・簡易生命保険管理機構に承継されたのち，ゆうちょ銀行の「特別預金」（旧勘定）として合同運用されるしくみとなった。2007年10月の民営化時の郵貯残高約188.9兆円の内訳は，特別貯金が約131.8兆円，残りの約57.1兆円は民営化以前の流動性貯金（振替貯金＋通常貯金＋貯蓄貯金）で，こちらはゆうちょ銀行に「新規」に受け入れた政府保証のない貯金とみなされ，新勘定に移されることになった[26]。

　その後の推移について表7-1よりみてみよう。定額貯金の総貯金残高に占める構成比は，新勘定に移行した2008年度には16.4％，2009年度20.1％，2010年度30.6％，2011年度38.1％で推移している。この比率は，2006年度まで60％に上っていたから，新しく預け入れられた貯金に占める定額貯金の比重はきわめて小さいものとなったことがわかる。同時に，その後定額貯金が比重を高めている点にも留意が必要である。これにそのほとんどが定額貯金であったと推定される特別貯金（旧勘定）を加えると，郵便貯金残高も，定期性の貯金（新勘定＋旧勘定）残高構成比も，民営化前後の10年ほとんど変化がなく，

表 7-1 種類別郵便貯金残高の推移

(兆円)

年度	郵貯合計（対前年度増減率）	通常貯金（構成比）	定期性貯金（構成比）	定額貯金（構成比）	特別貯金（構成比）	その他貯金（構成比）	特別貯金＋通常貯金（構成比）	定期性貯金＋特別貯金（構成比）
2007	181.7 (−2.2)	48.2 (26.5)	15.6 (8.6)	9.8 (5.4)	109.5 (60.3)	8.4 (4.6)	157.7 (86.8)	125.1 (68.8)
2008	177.5 (−2.3)	46.1 (26.0)	46.5 (26.2)	29.1 (16.4)	76.8 (43.3)	8.1 (4.6)	122.9 (69.2)	123.3 (69.5)
2009	175.8 (−0.9)	44.0 (25.0)	62.1 (35.3)	35.2 (20.1)	61.4 (34.9)	8.3 (4.7)	105.4 (60.0)	123.5 (70.3)
2010	174.7 (−0.7)	44.7 (25.6)	75.4 (43.2)	53.5 (30.6)	45.1 (25.8)	9.5 (5.4)	89.8 (51.4)	120.5 (69.0)
2011	175.6 (0.6)	45.0 (25.6)	85.4 (48.6)	67.0 (38.1)	35.1 (20.0)	10.1 (5.8)	80.1 (45.6)	120.5 (68.6)
2012	176.1 (0.3)	44.9 (25.5)	90.4 (51.3)	71.6 (40.6)	30.0 (17.0)	10.8 (6.1)	74.9 (42.5)	120.4 (68.4)
2013	176.6 (0.3)	45.2 (25.6)	93.8 (53.1)	79.0 (44.7)	26.0 (14.7)	11.6 (6.6)	71.2 (40.3)	119.8 (67.8)
2014	177.7 (0.6)	46.1 (26.0)	97.2 (54.7)	83.6 (47.0)	22.1 (12.4)	12.3 (6.9)	68.2 (38.4)	119.3 (67.1)
2015	177.8 (0.1)	47.5 (26.7)	97.0 (54.5)	85.6 (48.1)	19.0 (10.7)	14.3 (8.0)	66.5 (37.4)	116.0 (65.2)
2016	179.4 (0.9)	52.1 (29.0)	102.6 (57.2)	92.5 (51.6)	11.1 (6.2)	13.6 (7.6)	63.2 (35.2)	113.7 (63.4)
2017	179.8 (0.2)	57.0 (31.7)	105.9 (58.9)	97.2 (54.1)	2.0 (1.1)	14.9 (8.3)	58.9 (32.8)	107.9 (60.0)
2018	180.9 (0.6)	– (–)	100.9 (55.8)	93.8 (51.8)	– (–)	–	63.4 (35.0)	– (–)

出所）ゆうちょ銀行『ゆうちょ銀行ディスクロージャー誌』各年度，ゆうちょ銀行「2019 年 3 月期決算説明資料」より作成。

注 1 ）定期性貯金は，定額貯金，定期性貯金。
　 2 ）その他貯金は，貯蓄貯金，振替貯金，その他貯金。
　 3 ）特別貯金（通常郵便貯金相当）は，独立行政法人 郵便貯金簡易生命保険機構・郵便局ネットワーク支援機構からの預かり金のうち，同機構が日本郵政公社から承継した定期貯金，定額貯金，積立貯金，住宅積立貯金，教育積立貯金に相当する郵便貯金で満期になったもの。
　 4 ）2018 年度については，「2019 年 3 月期決算説明資料」による。同資料では，特別貯金は「通常貯金等（通常貯金＋特別貯金）」として一括表記されている。
　 5 ）対前年度増減率および構成比は ％。

旧勘定減を新勘定の増加分で埋め合わせていたといえる。これを郵便貯金の競争力の一つであった「安全性」の観点からみれば，この間に全額政府保証の定額貯金（旧勘定）が，預金保険機構によって 1000 万円まで保証された定額貯金（新勘定）と入れ替わっていくことになる。2016 年の改定まで，郵便貯金の預入限度額は 1000 万円とされていたから，貯金者にとってこの入れ替えは実質上意味ある変化ではないが，ゆうちょ銀行の側としては，この期間を通じて

民間の預金取扱機関とのイコールフッティングを着実に進めたことになる。日本郵政グループが政府との資本関係を残す限り，「暗黙の保証」を得ているとの批判はあるものの，政府全額保証という郵便貯金の特権部分が実質失われ，郵便貯金の限度額を残さなければならない理由は新勘定についてはかなり薄まってきていた。現状のままの限度額で推移するのであれば，それはそれで一つの回答であったかもしれない。事実ゆうちょ銀行は，当初この限度額についての変更を求めることはしていない。

　ところが，2014年12月の衆議院選挙で自民党が選挙公約に郵便貯金の預入限度額引上げを盛り込んだことで事態が大きく動いた。選挙後自民党は「郵政事業に関する特命委員会」を立ち上げ，郵便局しかない過疎地でのサービス改善を目的に2015年6月，郵便貯金預入限度額を同年9月末に2000万円，2年後に3000万円に引き上げるとの提言を行った[27]。郵政民営化委員会は，貯金者の「便益性」の改善を理由に，ゆうちょ銀行およびかんぽ生命の預入・加入限度額引上げを認めることとした。また，ゆうちょ銀行に対しては，限度額に合わせた目標額の設定や委託手数料の変更を行うなどにより，民間金融機関から郵便貯金への大幅な資金シフトが起きないよう求めた。これを受け，2016年4月より郵便貯金については預入限度額が当面1300万円に引き上げられることとなった[28]。郵貯残高をみる限り，懸念された1990年代初頭のような郵便貯金へのシフトは起きておらず，預入限度額引上げの効果がポスト小泉時代ではきわめて限定的であったことがわかる[29]。

　定額貯金の強みは，その特異な付利方法にある。そこで次に図7-1より，ポスト小泉時代の金利の推移とその効果をみてみよう。日銀がゼロ金利政策を解除したことを受け，ゆうちょ銀行は2006年4月まで0.06％であった定額貯金金利（3年以上）を，2007年6月から2008年11月には0.4％に引き上げることを決定したため，金利水準に敏感な利用者の貯金が集中したとされる[30]。しかし，定額貯金と定期貯金を合わせた定期性貯金（新勘定）と特別貯金（旧勘定）を合計した数字でみると，民営化直前の2006年度に定期性貯金が合計約129.5兆円であったところ，2007年度約125.1兆円，2008年度約123.3兆円と減少し，2009年度に入ってようやく約123.4兆円と下げ止まっている。残高

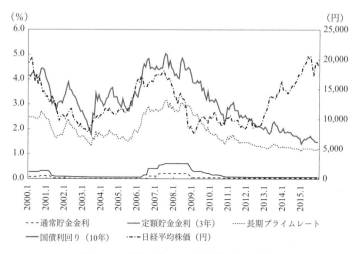

図 7-1　各種金利および日経平均株価の推移

出所）日本銀行「時系列統計データ検索サイト」および日経 NEEDS「NEEDS-Financial QUEST」より作成。
注）日経平均株価（東証 225 種）は，月間終値（終値ベース）。

ベースでみれば，預貯金市場を通じた郵便貯金への資金シフトは見出されない。特殊貯金（旧勘定）から定額貯金（新勘定）への預替えについての直接のデータは得られないが，先の報道の実際は満期ないし途中解約の定額貯金利用者の預替えが一定程度集中したというにすぎず，郵便貯金からの資金流出を抑止する効果はほとんどなかったのである。

次いで，定額貯金の 10 年周期の満期集中に直面した 2010 年度には，民間銀行や証券会社に顧客を奪われないように金利を 0.1％ 上乗せする貯金流出防止策が講じられた[31]。先の表 7-1 をみれば定額貯金の構成比は，2012 年度に 40％，2016 年度には 50％ を超えて推移するようになった。しかしこれを定期性貯金（新勘定）と特別貯金（旧勘定）の合計でみると，2010 年には約 120.5 兆円と減少し，2011 年は同額にとどまったものの，2012 年以降 2017 年まで減少が続いている。これは 1980 年に始まった大型の定額貯金満期集中の波が，この時点においてほぼ均されたことを意味する。資金吸収面で見る限り，郵便貯金は 1980 年以後抱え込んできた資金コストの下方硬直性を解消し，満期集中

第7章 郵政民営化の現在と巨大郵貯のゆくえ　245

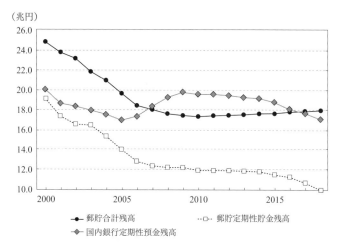

図7-2　郵便貯金と国内銀行の定期性預貯金残高の推移

出所）日本銀行「時系列統計データ検索サイト」，郵政省貯金局『貯蓄経済統計年報』各年度，日本郵政公社『郵便貯金——郵便貯金のディスクロージャー』各年度，ゆうちょ銀行『ゆうちょ銀行ディスクロージャー誌』各年度，ゆうちょ銀行「2019年3月期決算説明資料」より作成．

による期間リスクを分散することになったのである．

　以上の点を図7-2により，預貯金市場におけるゆうちょ銀行定期性貯金とそのほかの国内銀行定期性預金の推移で確認してみよう．2000年代前半の定期性の郵便貯金の落ち込みは，国内銀行の定期性預金に比べて大きく，落ち込みが緩やかになるのは適用金利が引き上げられた2007年度からである．2005年度より国内銀行の定期性預金は増加に転じているから，この時の定額貯金の金利改定が，やはり防衛的なものに終わったことが確認できよう．これ以降，郵便貯金の定期性貯金の動きは，国内銀行の定期性預金とほぼシンクロするようになり，高度成長期から長らくみられた，定額貯金の商品特性を活かした独自の動きは見出せなくなっている．なお，郵便貯金の預入限度額が引き上げられた2016年には，定期性貯金が大きく減っており，郵貯残高合計が保たれたのは，旧勘定の定額貯金に発生した貯金利子が新勘定の通常貯金につけ替えされたことによるものであったと考えられる．2016年からは，2006年の利子改定によって預け入れられた定額貯金の満期が予想されたが，預入限度額引上げに

あたって，郵政民営化委員会より特別の目標額の設定等の販売促進策を採らないよう求められていたこと，さらに黒田日銀総裁によってマイナス金利政策が導入され，運用面に困難を抱えたゆうちょ銀行が，金利上乗せによる定額貯金の流出防止策を講じる誘因がなかったことが影響し，満期を迎えた定額貯金資金が流出したものと考えられる[32]。1980 年に生まれた金利改定による定額貯金の大型の波というパターンは，こうして最終的に収束することになったのである。

　民営化後 10 年の推移をみる限り，インフレ期に魅力を増す定額貯金は，低金利のデフレ期，さらにデフレ対策の一環として株高が演出されたアベノミクスの下にあって，その強みを発揮することはなかった。換言すれば，少なくとも 2000 年代のデフレ経済にあって，定額貯金が民間預金取扱機関の脅威となることはなかったのである。もちろん，日本経済がデフレを脱し，インフレに転ずることがあれば，定額貯金が再びその強みを発揮し，預貯金市場に強いプレゼンスを復活させる可能性は否定できない。しかし，それをかつての郵便貯金の単純な再来と考えるとすれば，民営化過程における郵貯問題の本質を見逃すことになる。というのも，財政投融資から切り離された郵便貯金には，運用面からの制約が課されているからである。

2) 郵貯資金の運用構造

　表 7-2 より，ゆうちょ銀行の保有資産の内訳の推移を確認しよう。ゆうちょ銀行の運用資産合計は，2007 年度末約 212 兆円から 2010 年度末約 193 兆円に減少したのち微増傾向に転じた。運用資産の大宗は，有価証券保有であり，2009 年度には約 178 兆円，構成比では 91.6 ％ を占めている。なかでも，国債運用は 2009 年度に約 155 兆円，運用資産のうち 80 ％ 以上を占めていた。表掲期間を通じ，郵貯資金による国債運用額は漸減しており，2012 年度以降，ゆうちょ銀行の保有資産合計額が増加に向かうなか，国債に集中した運用構造は急速に解消されていく。2018 年度には国債運用が約 30 ％ 以下となる一方，その他証券（外債や不動産，ヘッジファンド等）の構成比が 2012 年度 7.9 ％ から 2018 年度 30.3 ％ に上昇しており，利回りの高いリスク資産での運用多様化

表 7-2　ゆうちょ銀行の保有資産内訳

(億円)

年度	2007	2008	2009	2010	2011	2012	2013	2014	2015	2016	2017	2018
預け金等	88,351 (4.2)	59,991 (3.1)	44,408 (2.3)	50,509 (2.6)	27,446 (1.4)	91,959 (4.6)	194,636 (9.6)	333,011 (16.0)	458,951 (22.2)	512,134 (24.7)	493,146 (23.7)	506,742 (24.6)
コールローン	36,550 (1.7)	512 (0.0)	2,616 (0.1)	4,297 (0.2)	12,063 (0.6)	18,377 (0.9)	18,436 (0.9)	19,615 (0.9)	9,788 (0.5)	4,700 (0.2)	4,800 (0.2)	4,000 (0.2)
買現先勘定	1,498 (0.1)	—	—	—	—	—	—	—	—	—	—	83,681 (4.1)
債券貸借取引支払保証金	0 (0.0)	7,258 (0.4)	24,956 (1.3)	44,834 (2.3)	57,788 (3.0)	81,415 (4.1)	72,128 (3.6)	83,741 (4.0)	79,232 (3.8)	87,189 (4.2)	82,242 (3.9)	—
買入金銭債権	209 (0.0)	664 (0.0)	1,241 (0.1)	1,332 (0.1)	949 (0.0)	588 (0.0)	6,223 (0.3)	1,220 (0.1)	1,785 (0.1)	2,522 (0.1)	2,786 (0.1)	—
商品有価証券	2 (0.0)	2 (0.0)	2 (0.0)	3 (0.0)	2 (0.0)	2 (0.0)	3 (0.0)	0 (0.0)	2 (0.0)	0 (0.0)	0 (0.0)	—
金銭の信託	4,126 (0.2)	12,247 (0.6)	10,154 (0.5)	18,068 (0.9)	37,154 (1.9)	30,389 (1.5)	29,190 (1.4)	34,916 (1.7)	35,611 (1.7)	38,179 (1.8)	42,415 (2.0)	39,908 (1.9)
有価証券	1,725,321 (81.3)	1,735,511 (88.3)	1,782,307 (91.6)	1,750,264 (90.5)	1,759,533 (89.9)	1,715,966 (85.9)	1,660,579 (82.0)	1,561,698 (75.0)	1,440,768 (69.6)	1,387,924 (66.2)	1,392,013 (67.0)	1,371,353 (66.6)
国債	1,567,732 (73.9)	1,554,902 (79.1)	1,558,916 (80.1)	1,464,610 (75.7)	1,449,398 (74.0)	1,381,987 (69.2)	1,263,911 (62.4)	1,067,670 (51.3)	822,557 (39.7)	688,050 (32.8)	627,497 (30.2)	583,566 (28.3)
地方債	74,992 (3.5)	61,772 (3.1)	52,892 (2.7)	56,588 (2.9)	57,356 (2.9)	58,061 (2.9)	55,504 (2.7)	55,251 (2.7)	58,565 (2.8)	60,822 (2.9)	64,052 (3.0)	63,840 (3.1)
短期社債	0 (0.0)	5,429 (0.3)	3,650 (0.2)	1,030 (0.1)	1,810 (0.1)	5,490 (0.3)	3,340 (0.2)	2,270 (0.1)	2,050 (0.1)	2,340 (0.1)	2,300 (0.1)	2,210 (0.1)
社債	78,017 (3.7)	98,805 (5.0)	119,163 (6.1)	128,048 (6.6)	126,654 (6.5)	113,040 (5.7)	110,502 (5.5)	107,561 (5.2)	103,627 (5.0)	107,528 (5.2)	104,863 (5.0)	95,749 (4.6)
株式	0 (0.0)	9 (0.0)	9 (0.0)	9 (0.0)	9 (0.0)	9 (0.0)	9 (0.0)	9 (0.0)	14 (0.0)	14 (0.0)	312 (0.0)	993 (0.0)
その他証券	4,580 (0.2)	14,595 (0.7)	47,678 (2.4)	99,980 (5.2)	124,306 (6.3)	157,378 (7.9)	227,313 (11.2)	328,937 (15.8)	453,956 (21.9)	529,170 (25.3)	592,988 (28.5)	624,996 (30.3)
貸出金	37,715 (1.8)	40,316 (2.1)	40,225 (2.1)	42,388 (2.2)	41,345 (2.1)	39,680 (2.0)	30,763 (1.5)	27,840 (1.3)	25,420 (1.2)	40,641 (1.9)	61,455 (2.9)	52,974 (2.6)
外国為替	135 (0.0)	99 (0.0)	59 (0.0)	47 (0.0)	26 (0.0)	31 (0.0)	307 (0.0)	493 (0.0)	253 (0.0)	786 (0.0)	875 (0.0)	—
その他	225,142 (10.6)	104,806 (5.3)	39,021 (2.0)	19,545 (1.0)	18,042 (0.9)	16,366 (0.8)	15,293 (0.8)	16,039 (0.8)	15,733 (0.8)	18,717 (0.9)	24,423 (1.2)	1,094 (0.1)
預託金	207,000 (9.8)	87,000 (4.4)	20,000 (1.0)	—	—	—	—	—	—	—	—	—
合計	2,121,492 (100.0)	1,964,808 (100.0)	1,946,784 (100.0)	1,934,434 (100.0)	1,958,199 (100.0)	1,998,407 (100.0)	2,025,129 (100.0)	2,081,793 (100.0)	2,070,560 (100.0)	2,095,688 (100.0)	2,106,306 (100.0)	2,059,752 (100.0)

出所）ゆうちょ銀行「ゆうちょ銀行ディスクロージャー誌」各年度，ゆうちょ銀行「2019年3月期決算説明資料」より作成。
注）（ ）は構成比（％）。

図 7-3 ゆうちょ銀行の国債運用額と貯金残高の推移

出所) ゆうちょ銀行『ゆうちょ銀行ディスクロージャー誌』各年度, ゆうちょ銀行「2019年3月期決算説明資料」より作成。

が図られていることがみてとれる。

　この運用転換の過程を, 先にみた民営化過程の貯金の「入れ替え」と重ねてみると, きわめて印象的な姿が浮かび上がる。図 7-3 は, 郵便貯金の国債保有高と, 政府全額保証の特殊貯金(旧勘定)に(満期後通常貯金のかたちで滞留していた可能性も考えて)通常貯金残高(新勘定)を足し加えたものについて, それぞれ推移を辿ったものである。2007 年時, その資金的性格から, 政府保証のある特殊貯金はすべてリスクのない国債に運用された。その後特殊貯金は, 満期解約による自然減, 中途解約と新勘定への預替えを通じて急速に減っていく。これに対し, 国債運用高はよりゆるやかに減少していたが, 2013 年からは急減に転じ, 2017 年に再び特殊貯金および普通貯金残高とほぼ等しくなっている。ゆうちょ銀行は, 民営化後の特殊貯金の自然減と歩調を合わせるかたちで国債運用高を漸減させ, 2012 年度以降急速に国債を手放すことにより, 2017 年段階にはその保有残高をほぼ特殊貯金(旧勘定分)に見合う額に落とし込んでいることがみてとれる。定額貯金を中心とし国債へ運用されることで郵便貯金が抱えていた価格リスクや財務リスクが解消されたといえる。2013 年

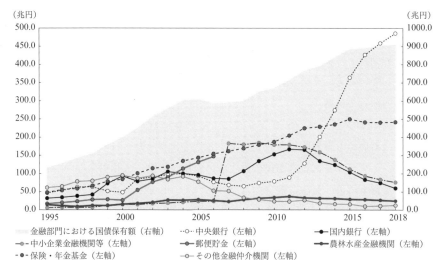

図 7-4　金融部門における国債保有額の推移

出所) 日本銀行「時系列統計データ検索サイト」より作成。
注) 国債には国庫短期証券 (T-Bill) を含む。

度から顕著となる運用多角化は，2000年代の低金利時代に預け入れられた定額貯金 (新勘定) と国債売却で得られた資金によって担われるようになったと考えられる。

ところで，郵便貯金が国債偏重の運用構造を解消することができた背景には，2000年代における国債流通市場の激変がある。図7-4は，国債・政府短期証券保有の金融機関別構成比の推移である。データ上，郵便貯金は2006年までは独自の項目で示されるが，2007年度からは中小企業金融機関に組み込まれたため，この図だけではその前後を比較できない。そこで先に掲げた表7-2の郵便貯金の保有国債残高推移をあわせ考察することとする。第5章で述べたように，1990年代後半より国内銀行はBIS規制強化に対応し，国債保有を増加させていった。これと対照的に郵便貯金は保有国債を減少させていった。民営化前の2000年代前半になると，郵便貯金は国債保有残高を増していた。とりわけ2003年の財投改革以後，この動きは強まっている。2007年に郵便貯金が消え，中小企業金融機関等の国債保有額が急増しているのは，2007年10月の

郵政民営化により，郵便貯金の国債保有残高が同項目に組み込まれたためであり，その大宗はみての通り郵便貯金である。郵便貯金の保有国債残高は，2007年度以降漸減しており，中小企業金融機関等の動向はおおむね郵便貯金の動きを反映しているといえよう。これと代わるように国債保有を増大させていったのが国内銀行である。

　2007年には，リーマン・ショックによるグローバル金融危機が勃発し，実体経済においても世界的に景気が後退することになった。日本では日本法人のリーマン・ブラザーズ証券が民事再生法の適用を申請，大和生命保険会社が経営破綻したものの，金融危機自体は避けられた。しかしグローバル金融危機の中で，世界経済の景気収縮に加え，輸出企業の海外でのドル調達に困難が生じ，海外現地法人の子会社が資金ショートする可能性が懸念された。国内においてもCP市場でクレジット・クランチが発生，企業金融の面から製造業にも危機が波及することになった[33]。これにより企業の投資意欲は急激に冷え込んだ。このため，遊資を抱え込んだ金融機関が国債運用によって収益を上げるようになっていった。皮肉なことに，民間金融機関の「郵貯化」が起きたのである。これに対し，民営化を進めるゆうちょ銀行だけは国債運用を減らしていくことになる。2000年代後半のポスト小泉改革の短命政権時代に，郵便貯金は，国債流通市場での価格変動リスクを負うことなく，保有国債を国内銀行へ「肩代わり」させることで，「民間金融機関化」を進めることができたのである。この動きを加速し，国債流通市場の様相を激変させたのが，第二次安倍政権の成立と「アベノミクス」であった。

3) アベノミクスの衝撃

　国債流通市場に大きな変化が生じたのは2011年のことであった。同年より日銀の国債保有が増加し，2012年に急増する。これを機に，国内銀行の国債保有が減少に転じた。その背景について少し述べよう。リーマン・ショックからの立ち直りが滞るなか，2009年のアラブ首長国の政府系持株会社ドバイ・ワールドが債務支払い猶予を求めたこと（いわゆる「ドバイ・ショック」）によって，世界的な株安と急速な円高が進行した。翌2010年にはギリシア発の

第 7 章　郵政民営化の現在と巨大郵貯のゆくえ　　251

欧州債務危機が勃発，グローバル金融危機の再来が懸念され，景気後退がより深刻化し，世界経済は「長期不況」の様相を呈するようになった[34]。アメリカ連邦準備制度理事会（FRB）のベン・バーナンキ理事長は，2008 年に開始した実質ゼロ金利政策に続き，2009 年 3 月に住宅ローン担保証券，社債，中長期国債を購入する量的緩和第 1 弾（QE1），2010 年 3 月には長期国債 6000 億ドルを購入する量的緩和第 2 弾（QE2）を打ち出し，さらに 2012 年 1 月には物価上昇率を 2 ％とする「インフレ目標」を公表，そして同年 9 月には雇用条件の明確な改善にいたるまで毎月 400 億ドル分の住宅ローン担保証券を，期限を決めず購入するという，量的緩和第 3 弾（QE3）を打ち出した[35]。

　欧州発の金融危機とアメリカ FRB の非伝統的金融政策の展開により，円高が進み，為替レートは 1 ドル 75 円台にまで進んだ。これが日本の輸出産業に打撃を与えた。このため，与党民主党，野党自民党から，デフレ対策・円高対策のための金融政策の出動を求める声が高まり，日銀へのプレッシャーが強まった。2010 年 10 月，白川方明日銀総裁は，政策金利誘導目標を年 0.0 ％ないし 0.1 ％に引き下げることとした。実質的ゼロ金利政策を復活させ，物価の安定が展望できると判断されるまで続けるとする「時間軸政策」を採用するとともに，新型オペ 30 兆円に加え，長期国債や社債，上場不動産投資信託（J-REIT）等 5 兆円を追加した「資産買入等の基金」を設定する「包括的な金融緩和政策」が公表された。日銀は，2011 年 10 月の金融政策決定会合において，「資産買入等の基金」を 5 兆円積み増し，増額分を長期国債の購入に向けることとし，加えて 2012 年 2 月には，「資産買入等の基金」をさらに 10 兆円積み増して，この増額分を長期国債の購入に向けると発表した。このような白川日銀の金融政策の転換により，日銀の国債買入れが大幅に増加することになったのである[36]。

　これをいっそう加速したのが，2012 年末の第二次安倍政権の成立であった。安倍首相は，長期デフレを克服するための経済政策，いわゆる「アベノミクス」を打ち出した。アベノミクスでは，期待インフレ率を高める「異次元」の金融緩和政策，景気浮揚のための公共支出を中心とした機動的な財政政策，今後の日本経済の力強い発展を目指すために民間投資を喚起する成長戦略という，

いわゆる「3本の矢」が提唱された。安倍首相は，第三次小泉改造内閣の官房長官時代に，福井俊彦日銀総裁による量的緩和，ゼロ金利解除に最後まで反対した経緯がある。この福井日銀総裁下の「金融政策の失敗」が，デフレ脱却の機会を失わせたとの理解を示していた[37]。この時，武藤敏郎副総裁とともに政府への説得に努めたのが，当時日銀理事の白川方明であった[38]。上記したように，白川日銀総裁下では2010年，2011年と，金融政策を大胆に転換している。しかし政権交代過程にあって，自民党と日銀との間の対話は必ずしもうまくいかず，白川日銀総裁は任期満了を待たずに辞意を表明した[39]。後を受けて2013年3月，黒田東彦が日銀総裁に就任し，この時からアベノミクスが本格稼働する。就任翌月に黒田日銀総裁は，「量的・質的金融緩和」の導入を発表した[40]。約2年間で2％のインフレ目標を達成するために，①金融調整の操作目標とするマネタリーベースを年60〜70兆円増加すること，②EFT（上場投資信託），J-REITのようなリスク性資産の保有額を2年間で2倍にすること，③長期国債の買入れを年間50兆円ペースに拡大し，その平均残存期間を3年から7年と2倍以上に延長することを掲げた。2014年10月末には，①マネタリーベースの増加を80兆円に拡大し，②ETF，J-REITの購入量を年3倍で増加し，③長期国債買入れを20兆円ないし30兆円増加し，平均残存期間を7〜10年に長期化するという「追加的な金融緩和」が発表されるとともに，「資産買入等の基金」は廃止され，通常オペとして行われることが決まった。こうした異次元金融緩和政策が，日銀による国債の大規模な買入れを通じて，国債流通市場に激甚な影響を与えたのである。これ以降，特別貯金（旧勘定）の減少に合わせ，郵便貯金が保有する国債の残高は急速に減っていくことになった。

　前掲の図7-4でみると，中央銀行の国債保有額は，2015年に主体別保有額トップとなった。数次にわたる異次元金融緩和政策の実施過程で，日銀の国債保有額は，2015年8月に300兆円，2016年10月に400兆円，2017年6月に500兆円を突破した。日銀による国債保有の増加は，本来投資に向かうべき資金が民間の資金需要を生むことなく，景気刺激策のための国債運用に還流する一方，金融機関に国債保有による安定的な収益を生み出すことを可能とすると

いうパラドックスを生み出した。郵便貯金の側からすれば，アベノミクスにより日銀に保有国債とその価格変動リスクを「肩代わり」してもらった構図となる。郵便貯金は，日本郵政公社以来の方針であった国債偏重の運用構造からの離脱をこれによりほぼ実現したのである。

　2000年代の低金利下において郵便貯金は，定額貯金の満期集中の大きな波による期間リスクを解消しつつ，その資金コストを引き下げ，しかも国債偏重の運用構造が日銀によって「肩代わり」された。これにより，1980年代に始まった郵便貯金の財務リスクは大幅に軽減した。とはいえ，そのことが即座にゆうちょ銀行の収益の高いビジネスモデルへの展開に繋がったわけではない。日本郵政の株式保有割合が50％以下となるまで，ゆうちょ銀行は貯金等を担保とした貸出は可能であるものの，通常の銀行が行っているような無担保や不動産等を担保とした貸出は許可されていない。こうした規制の存在によって，運用資産における貸出金の構成比は，1～2％台と非常に低い割合で推移しており，市場で運用しきれない資金は，日銀の当座預金に積むことになる。前掲表7-2よりゆうちょ銀行の保有資産に占める預け金等をみると，2012年度約9.1兆円（構成比4.6％）であったのに対し，2014年度には約33.3兆円，2015年度には約45.8兆円，2016年度には51.2兆円，構成比は24.7％まで上昇している。

　この点をやや俯瞰してみてみよう。図7-5は，部門別資金過不足（対GDP比）の推移を示している。資金余剰部門は家計と民間企業であり，資金不足部門は一般政府部門および海外部門である。小泉改革で資金不足が解消に向かっていた一般政府は，リーマン・ショック後，民主党政権下で2007年度−3.2％から2009年度−9.1％と，再び資金不足を亢進させていったが，この傾向は，2013年度から2015年度にかけて変化している。政府部門が2013年度−6.1％から2015年度−2.5％と資金不足解消に向かうと同時に，海外部門が2013年度−0.4％から2015年度に−3.3％となり，資金不足部門の筆頭に躍り出ている。クロダノミクスは，金融政策の目標を金利からマネタリーベースに移すこと（マネタリーベース・コントロール）によって，投資の刺激を狙うものであった。現状においてこのような効果は現れておらず，国債流通市場の再度の硬直

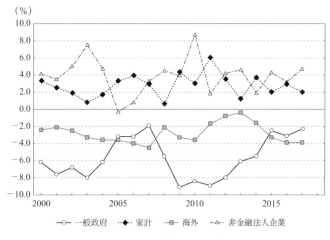

図 7-5　部門別資金過不足の推移

出所）内閣府「国民経済統計」，日本銀行「資金循環統計」
注 1 ）名目 GDP は 2011 年基準（2008SNA）。
　2 ）各部門資金過不足／名目 GDP×100（%）。

化と資金の外国への流出をもたらしている。換言すれば，郵政民営化ないしは郵便貯金民営化を改革の本丸として，「官から民へ」の資金シフトを目指した小泉改革の所期の目的は，いまだその成果を見出していないといえよう。

　図 7-6 は，ゆうちょ銀行および国内銀行における国債と預け金の運用割合の推移を示したものである。量的・質的金融緩和および追加的量的・質的金融緩和の実施後には，金融機関の国債保有比率が減少する一方，国内銀行の日銀当座預金は 2012 年末以降急速に上昇した。ゆうちょ銀行の預け金の高さは，民営化移行過程における新事業の規制という特殊な個別条件のみならず，クロダノミクスによる預金取扱機関全体に当てはまる一般的環境条件によっても規定されていたのである。

　日銀は，2016 年 1 月に，インフレ目標達成時期を 2017 年前半ごろに再延期するとともに，2 %の「物価安定の目標」をできるだけ早く実現するため，従来の「量」と「質」を維持しつつ，日銀当座預金残高の一部にマイナス金利を適用するという「マイナス金利付き量的・質的金融緩和」の導入を発表した[41]。

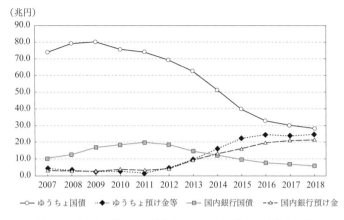

図 7-6 ゆうちょ銀行と国内銀行における国債と預け金の推移
出所）日経 NEEDS「NEEDS-Financial QUEST」，ゆうちょ銀行『ゆうちょ銀行ディスクロージャー誌』各年度，ゆうちょ銀行「2019 年 3 月期決算説明資料」より作成。
注）国債には国庫短期証券（T-Bill）を含む。

金融政策の操作目標を量から金利に変更するという方針転換に市場は大きく反応し，日銀の意図に反して金利水準全体が大きく低下，10 年物国債金利まで一時はマイナスになった[42]。さらに，同年 9 月には，「イールドカーブ・コントロール」によって，10 年物の長期金利を 0.0％ 程度に誘導する「長短金利操作付き量的・質的金融緩和政策」が導入された[43]。この「マイナス金利付き量的・質的金融緩和」による金利の低下は，金融機関の運用環境を一変させた。預け金の一部はマイナス金利の対象となり，日銀預け金に対する利ざやをゆうちょ銀行や国内銀行が払う構図となったのである[44]。これにより，ゆうちょ銀行の収益構造はますます厳しさを増すことになった。このことは，ゆうちょ銀行だけの問題にとどまらず，当面金融 2 社の収益に依存する日本郵政，ひいては郵便事業会社の今後をも占うものとなる。

　今後たとえ「普通の金融機関」となったとしても，ゆうちょ銀行をめぐる経営環境が依然として厳しいものであることは，以上の分析からも明らかであり，ユニバーサルサービスという「公共性」を，民間金融機関としてどのように担っていくかについては，これからの課題として残されているのである。

終　章

郵政民営化とは何だったのか

1　小泉郵政改革と郵便貯金

　戦後の混乱期，国民全般に定期性の貯金に所得を振り向けるだけの余裕がな
かったころ，定額貯金が郵便貯金に占める比重は大きいものではなかった。と
ころが，高度成長期に入り，マイルドなインフレーションと所得上昇がみられ
るようになると，軍事支出によるインフレ対応のため戦時期に開発された定額
貯金を中心に郵便貯金は大きく発展し，郵便貯金の大宗を占めるにいたった，
定額貯金が，郵便貯金の動向を規定するようになっていった。本書では，定額
貯金という特異な商品を主力商品として，郵便局ネットワークの拡充を梃子に
郵便貯金の増大を生み出すメカニズムを「郵貯増強メカニズム」と名付けた。
「郵貯増強メカニズム」によって増大した郵貯資金は，投資主導の高度成長期
に，大蔵省資金運用部資金を通じて，相対的に先進国に遅れをとっていた社会
資本整備へと充当され，国土の開発や生活環境の整備を支えた。定額貯金はま
た，政府による貯蓄優遇税制にも支えられ，個人貯蓄の増強を促すことによっ
て，それまでの貯金者層に加え，都市を中心に勃興した新中間層の資産形成を
可能にした。これらの新中間層は，財政投融資による国土開発，都市基盤整備
の上に住環境を確保し，定額貯金や学資保険などの有利な貯蓄機会を提供され
ることによって，生活の向上と産業構造の高度化に対応した次世代の教育投資
＝進学率上昇をも可能にしていった。このようにみれば，定額貯金を中心とし

た「郵貯増強メカニズム」は，企業中心の高度成長や産業構造の高度化と，家計による自助を基本にした「日本的福祉社会」とを結びつけ，「公」と「私」を精緻に繋ぐ，それなりに「幸せな仕組み」であったといえるかもしれない。

その鍵となる人物として，本書は田中角栄という政治家に注目した。田中は，代議士としての立法活動や閣僚経験を通じ，都市の生活基盤整備のための行政システムを巧みに作り上げ，首相になるとそれを全国の地方都市に展開しようとした。その資金的基盤となったのが，田中郵政時代に自らその発展の基盤を整備した郵便貯金であった。しかし，田中の構想のベースとなった高度成長の条件は，1970年代になると世界的に失われていった。1970年代後半からは，「郵貯増強メカニズム」はマクロ経済政策に組み込まれ，郵貯資金は世界的なスタグフレーションの進行のなかで求められた内需拡大，円高不況対策や公共事業のため増発された新規財源債の消化に当てられ，郵貯残高に合わせて機械的に膨張する財政投融資の原資として，日本の財政を肥大させていく条件となっていった。

1980年代に入ると，郵便貯金自体に変調がみられるようになった。きっかけは，最高利率8.0％に達した1980年の金利の改定時に，定額貯金の預入が激増したことであった。この1980年に生まれた定額貯金の塊が，満期時に合わせた10年周期の巨大な波を生み出すことになった。これ以降，1980年代を通じて預貯金市場における郵便貯金残高の伸長が続く。これをもって「強い郵貯」のイメージが生まれていった。しかし，この残高に見られた力強い増勢は，1980年に預け入れられた巨額の定額貯金利子の元金組み入れによって事後的にもたらされた名目的な「増勢」であった。財政投融資への預託によって生まれた利子であったから，郵便貯金の，ひいては定額貯金の残高の増大は，「官」から「官」への資金循環が膨れ上がっていくことの影絵のようなものであったといえる。この元金組み入れ分を除けば，1980年代の郵便貯金は，民間金融機関と同様，いやむしろ民間の自由金利商品に譲るほど停滞的に推移していたのである。1980年代に進行した証券市場の急激な拡大による間接金融から直接金融への移行の動きは，銀行等の民間金融機関同様，郵便貯金にも大きく影響していたのであった。しかし金融市場では，証券市場の台頭によって民間金

終　章　郵政民営化とは何だったのか　　259

融機関の規制金利預金が減少するなか，残高を増やし続ける郵便貯金の存在が
きわめて特異あるいは脅威と捉えられ，郵便貯金は金融分野における「官」と
「民」との分担をめぐる問題の中心に浮上することとなっていった。

　1990年，証券市場がバブルのピークに向かうなか，郵政部内で懸念されて
いた通り，定額貯金の満期集中によって，郵貯資金が証券市場に大量に流出し
た。もしこの時，金利に敏感な貯蓄が郵便貯金から証券市場にシフトし，「安
全性」や「利便性」を重視する貯蓄を中心に郵便貯金にとどまることになった
とすれば，その後の郵便貯金は，その設立時に求められた制度理念に漸進的に
収斂していった可能性がある。しかしバブル崩壊によって，事態は予想されざ
る方向に転換する。証券市場から預貯金市場への資金の逆流が生じ，政策金利
の廃止実施前であったことも相まって，金融機関経営に不安をもった貯蓄が，
郵便貯金へ大量に流れ込むことになったのである。「郵貯増強メカニズム」は
この時点でもそのメカニズムを最大限発揮した。こうして証券市場の拡大過程
で微弱ながら現れていた，市場を通じた戦後郵便貯金の縮小再編の方向性は閉
ざされ，残されたのは新たにつくり出された定額貯金の巨額な塊と，10年周
期の巨大な満期の波動であった。

　1990年の経験は，郵便貯金，財政双方に大きな課題を残した。まず郵便貯
金からみれば，景気の繁閑とかかわりなく，定額貯金に固有な巨額の貯金の満
期が一時に集中するという事態が，期間構成のマネジメント上，きわめて高い
リスクをともなうことが明らかになった。運用の大宗をなしていた国債は，
1977年から国債流通市場が動き出したことによって価格が自由に変動するよ
うになっており，国債に運用することにともなう金利リスクも無視できなく
なっていた。さらに資金運用部を通じ，当該期の郵貯資金が国債消化を円滑に
進めたことは，郵便貯金が国債を引き受け続けることによって国債発行が安易
となり，財政規律を損ねる元凶となっているという，のちの民営化論に論拠を
与えることにもなったのである。次に財政の側からみれば，1980年の「大膨
張」時に預け入れられたまま，郵便貯金に滞留している巨額の定額貯金が，金
融環境の変化によって，1990年の満期集中時のように一気に流出した場合，
郵貯の予想増加率を前提に編成されていた財投計画に支障を来たすにとどまら

ず，国債流通市場に激甚な影響を与える可能性があることが示された。

　1990年代の郵便貯金は，バブル崩壊後の証券市場の低迷と金融危機の勃発，さらには戦後初めての銀行倒産という金融不安が強まるなかで，安全資産としての評価を受けつつ増加を遂げた。しかし，1990年代の超低金利下で郵便貯金の大宗をなす10年満期の定額貯金には逆ざやが生じ，郵便貯金の財務を悪化させていた。一方，その大半を国債に運用していた郵便貯金の動向が，国債市場を通じて金融・資本市場に大きな影響を与えかねない状況が生み出されていた。1990年代の不況による税収減と，景気対策に組み込まれた減税により歳入が落ち込んだのに対し，不況対策のための公共事業などによって歳出は増大し，特例＝赤字国債が大量発行されるとともに，その短期化が進んだことで，財政にはいったん金利が上昇すれば国債費が増大し，財政赤字がさらに急拡大するという懸念が生じていた。長期不況からの回復過程で金利が上昇し，財務リスクを抱えた金融機関が保有国債を一気に放出した場合，国債価格の急落＝長期金利の急上昇に直結する可能性があった。このような事態が生じれば，金融機関自身が膨大な損失を被り，実体経済にも打撃を与え，不況からの回復シナリオが腰折れすることになりかねない。2000年の大量満期を間近に控えていた郵便貯金の動向が郵貯「2000年問題」として浮上したのは，このためである。1998年12月の「資金運用部ショック」によって，漫然と国債市場の拡大を許すことはできないとの認識を得た財務省は，国債管理政策に力点を置き，国債の安定消化による価格維持を最重要課題の一つとするようになった。潜在的な危機が醸成されるなか，2000〜01年に集中していた定額貯金の満期償還金は，民間金融機関の期待をよそに郵便貯金から一気に流出する事態にはいたらず，懸念された「2000年問題」は不発に終わった。民間金融機関にとって，郵貯の国家保証による「安全性」が容易ならざるものであることがわかったのはこの時であった。しかし，2001年の財投改革による郵貯資金の全額自主運用開始によって，郵便貯金は新たな局面に直面していくことになった。

　郵便貯金側からすれば，政策金利によって収益が保証されるとともに，赤字の場合には一般会計からの補塡が可能であった資金運用部資金から離れ，自主運用を進めていく上では，収益性という観点を優先せざるを得ない。高コスト

で，満期の周期が自動的に巨大な波を打つ巨額の資金を，収益性の低い国債に集中運用することは，経営の安定度を著しく損なうものであった。このことから，自主運用にあたっては，郵便貯金の動向が国債に与える影響をどのように遮断するかという財政的問いと，どのように収益を上げ，経営を健全に保てるかという経営的問いとの，相互に矛盾しかねないデリケートな課題が生まれざるを得ない。郵便貯金の改革問題は，もっぱら民間金融機関との競合に焦点を当てられていたが，むしろ深刻であったのは，定額貯金を中心とした郵便貯金の性格をコントロールすることと，その国債流通市場への影響をどのように制御するかであった。以上の問題を抱えながら，橋本構造改革の中央省庁再編の一環として，森内閣の下で2001年4月より郵政省は総務省に統合され，郵政事業は郵政事業庁に再編された。この年，森首相の辞職を受け，大方の予想を裏切り，郵政民営化を掲げた小泉純一郎が自民党総裁選で橋本龍太郎を破り総裁に就任，小泉内閣が発足した。橋本内閣時には政権与党や野党，閣僚内部に存在した反民営化の意向に掣肘され，郵政三事業は公社化にとどまり，民営化は封印されたが，小泉内閣の成立により，郵貯完全民営化へと事態は大きく転換をみせることになったのである。

　2003年4月，日本郵政公社が設立された。生田総裁率いる日本郵政公社では，郵便貯金残高の「激やせ」を避け，自然減によって適正な規模に着地を目指すと同時に，資金量の減少が金融機関の体力を奪う前に，運用面での国債依存を減らし，成長分野に進出していくことが至上命題とされた。郵便貯金残高は2000年をピークに，郵便貯金の歴史上初となる長期的な残高の減少過程に移行していった。しかし運用面をみれば，公社に対する民間金融機関からの強い警戒心によって運用においても新商品への参入について厳しい制約を受け，生田総裁の方針と異なり，国債保有率はむしろ飛躍的に高まり，2005年度には郵貯資金の自主運用分の約80％が国債購入に向けられた。郵便貯金の減少によって消極的な「官から民」への資金流出はみられたものの，その本体部分は「官」の内部を還流しつづけ，積極的な「官から民」への郵貯資金のシフトは起きず，ただ資金運用部という仲介を外したことにより「官」内部での資金のやり取りがダイレクトなかたちで姿を現すにとどまっていた。郵政公社の経

営を考えれば，このような郵貯資金運用の国債依存から自由に，より収益性のあるビジネスモデルを目指していくことが求められる。郵便貯金や簡易保険の適正規模での健全な発展なくして，収益面に厳しさを増していた郵便事業の経営や郵便局ネットワークのユニバーサルサービスの保証は見通せない。しかし，郵便貯金が自主運用を進め，さらには株式会社化まで進んでいくとすれば，金融市場に巨大なプレーヤーを生み出すということを超えて，その国債流通市場に与える影響は財務省や民間金融機関にとって大きな懸念材料となる。経営を健全に保ちつつ，三事業一体でこのようなデリケートな課題を解決し，民営化へとソフトランディングさせていくこと，これが生田総裁の方針であった。

　一方，郵政民営化委員会にとっては，「官から民」への速やかな資金シフトこそが課題であり，ソフトランディングを目指した郵政公社の漸進的経営方針は，郵政事業全般に配慮しすぎ，あるいは企業グループ全体の経営の健全性にあまりにも重きを置きすぎるように映った。郵政民営化のエンジンであった小泉首相の任期は 2006 年 9 月までであった。生田総裁の任期は 2007 年 3 月まで，2001 年の財投改革により，郵便貯金の運用している財投債は 7 年で償還を終える。定額貯金の次の満期集中は 2010 年であった。郵政改革で中央突破していくには，ぎりぎりのタイミングであったといえる。小泉首相が 2007 年 4 月の民営化実施にこだわり続けた理由の一つは，このタイムスケジュールにあったであろう。政治経験を積んできた小泉首相の譲れない一線だったと思われる。竹中の言うところの「戦略的アジェンダ」は小泉にとってこの点に焦点化される。一方，竹中大臣にとって，小泉改革とは郵政民営化であり，それは取りも直さず郵便貯金の完全民営化のことであった。そのためにも，分割民営化は不可避であった。竹中大臣は国鉄民営化の成功の鍵が分割にあり，NTT 民営化にあっては分割が回避されたことによって通信産業の国際競争力の強化が遅れを取ったと考えていた。2004 年，生田総裁が三事業一体により体力を保った状態で民営化に移行することを要望し，万全を期すためにシステム改革の延期を申し出た姿勢に，民営化後退の懸念を強めたのはそのためであった。竹中はボーリングの比喩を使い，ドミノ倒しで波及効果の大きいセンターピンに狙いを定めることを「戦略的アジェンダ」として捉えていた[1]。それがハードラン

ディングであっても，竹中にとって波及効果が大きいということは，決して憂慮する事態ではなかった。分割された各社が，それぞれの事業分野において競争にさらされることにより競争力が強化される。この竹中の比喩は，「公準」を「自由な競争」に求め，強い政治的コミットを通じて押し通せば，自ずから最適な「解」が得られるという新自由主義の信条を見事に表現している。まずセンターピンを倒すこと，それが何よりも重要だったのである。

2　小泉構造改革の歴史的位置

　本書の課題は，小泉構造改革の歴史的役割を，郵政民営化，その中でも郵便貯金民営化を通じて明らかにすることにあった。言うまでもなく，小泉改革は，郵政改革に限定されるものではない。「骨太の方針」では多くの課題が挙げられ，その後の日本の経済や社会に大きな影響を与えたものも少なくない。郵政民営化を主要な政治テーマとして前面に打ち出すことによって，小泉改革は国民を巻き込み，日本の新自由主義政策を推し進めることに成功した。1970年代の雇用を企業内に維持した上での企業努力の経験から，1990年代の政官の不祥事が国民の不信の下地をつくり上げていること，郵政公社職員が国家公務員として待遇されたことが，これまでの政治基盤から遊離し流動化しつつある都市新中間層の批判を水面下で生んでいることに，小泉は気づいていた。小泉が郵政を構造改革の本丸としたことには，それなりの冷徹な政治的考量があったといえよう。1990年代に，「革新」という言葉は「改革」という言葉に置きかえられたのである。

　この章の最後に，小泉構造改革を戦後の日本の歴史の中に位置づけ，小泉郵政改革で残された課題を取り出したい。

　1955年に保守諸政党と社会党がそれぞれ統一あるいは合併し，戦後政治体制として「五五年体制」が確立した。日本の新自由主義政策への転換は，この「五五年体制」の一翼である社会党が基盤としていた国鉄等官業労働組合の弱体化と深く絡み合いながら，中曽根内閣によって導入され，推進された政策を

起源とするものであった。中曽根内閣は,「戦後政治の総決算」を唱え,1982年に発足した。鈴木内閣において設立された第二臨調が「増税なき財政再建」を掲げ,中曽根内閣下の行政改革で,肥大化した政府関係機構全体の見直しから「小さな政府論」が展開した。国民的運動となっていった「小さな政府論」の政治的眼目は,財政赤字の元凶といわれた旧国鉄の民営化であった。この国鉄民営化を突破口に,三公社五現業の民営化を進めることが,第二臨調によって明確に定式化され,日本における新自由主義政策が開始された。この時に第4部会長として民営化に主導性を発揮したのが,公共選択学派の加藤寛・慶應義塾大学教授であったことは明記しておきたい。国鉄の抱える膨大な赤字の大きさを考えれば,この時期に国鉄の経営に抜本的な対策を講じる必要があったことは明らかである。しかしこの時点では,国鉄改革を新自由主義的な「小さな政府論」に直接結びつけるマクロ経済的な内的要請は,それほど強く存在していたわけではなかった。

　第二次オイルショック後,英米ではインフレと不況の同時存在=スタグフレーションに陥っていた。このため,ケインズ主義政策の有効性が問われるようになり,フリードマンを筆頭としたマネタリスト,ブキャナン等の公共選択学派,ハイエクを継承した現代オーストリア学派等の「反ケインズ連合」が形成された。新自由主義政策=規制緩和による競争力強化と産業構造転換,民営化による「労働力の柔軟化」路線が次第に政策の全面に押し出されていくようになった。これに対し,当時の日本経済やその国際競争力を考えれば,もともと自助に多くを依存し福祉国家化が微弱であった日本が,この時期とりわけ積極的に福祉国家から撤退しなければならない切迫した事情にあったとは考えにくい。

　輸出産業等の基幹産業では,企業レベルの労使協調によって,フレキシブルな生産体制が構築され,国際競争力が強化されたため,スタグフレーションの影響を比較的軽微に乗り切り,相対的高成長を維持していた。1970年代の特例=赤字国債増発によって悪化した財政収支をバランスさせる「増税なき財政再建」=行財政改革が問われていたことは間違いないが,それはいまだ戦後均衡予算主義の枠組み内部での要請にとどまるものであった。スタグフレーショ

ンの深刻な影響や生産性の比較劣位から国際収支が悪化した英米のような，政策パラダイムの本格的転換への切迫感は乏しかったといえる。

　このことからすれば，国鉄の「民営化」は，自民党とともに「五五年体制」を構成していた社会党の最大地盤の一つである国鉄の労働組合を弱体化させるという政治的意図を誘因としていたというのが事の真実に近いであろう。「五五年体制」が，ポスト熱戦としての冷戦体制の「矮小版」であったとすれば，この時点で中曽根首相の念頭にあったのは，むしろ相対的に競争力を失いつつあったソ連を念頭に置いたレーガンの「強いアメリカ」政策の方であったように思われる。国内的には，①この間の自民党内の激越な政局の中で，大平首相の死によって消費税が葬られ，中曽根政権においても売上税構想が撤回され，増税路線がいったん挫折したこと，②鈴木内閣で「不本意」であった行政管理庁長官に就任してからも，政権への意欲を強烈にもち続け，政治的テーマとして再発見したという個人的キャリア，さらには，③対外的に日米貿易摩擦が激化し，対米協調路線を再構築する必要性が高まったこと等，多分に政治家個人としての偶然的事情も手伝い，中曽根をしてレーガン，サッチャーにみられる新自由主義政策へ接近させる誘因となったと考えられる。

　当面このように内的切実さの乏しい政策転換に国民が支持を与えていった背景としては，スタグフレーションの芽を早期に摘み，輸出競争力によって担保された日本の相対的高成長が，民間企業の労使による徹底したコスト削減努力によって支えられていたということが挙げられる。国民の多くは民間セクターにおいて雇用されていたから，第二次オイルショック後の苦しいミクロ的調整過程にあり，大規模な赤字にもかかわらずスト権ストを打つ国鉄の組合に対する違和感や反発が醸成されていった。これが土光敏光という清貧なイメージの経営者の強烈なパーソナリティとも相まって，一気に問題の所在を「官対民」という対立図式のかたちで浮上させることになったのである。そこには国民の中に，先進国中でも唯一相対的高成長を保っていた日本経済のパフォーマンスからくる「民活」論に対するリアリティが存在していたということは否定しがたい。この点を旧社会党，国労，官公労あるいは国鉄の首脳陣すら見誤っていたといえよう。

もとより新自由主義政策は，「官対民」というシンプルな二項対立の枠組み
だけの問題ではない。それは，資本主義とはいかなる経済社会システムである
のかという根源的な問いを内包していた。重化学工業化においてはさして引け
を取らなかったソ連型社会主義が，柔軟な生産と情報経済化には決定的に脆弱
であることが露呈し，資本主義対社会主義という構図が薄まり，資本主義対資
本主義という国際競争力をめぐる世界規模でのレジームの変容が始まったこと
を契機として，戦後ケインズ主義福祉国家化の下で逼塞していた新自由主義は
歴史の表舞台に登場してきた。労働組合側にも，途中から事態を察知する動き
が出始めた。国鉄において厳しい形で表出した労使対立は，経営的には健全で，
産業構造の高度化と技術革新に棹さすことが期待された NTT 民営化において
は先取り的実現となって現れ，それゆえ NTT 分割は当面免れる結果となった。
この二つの経験は，郵政民営化では労働組合の先取り的な柔軟路線と郵政民営
化委員会の断固たる分割路線に反映することとなる。
　しかし国民は，国鉄民営化のこの段階では，戦後に確立した「日本的経営」
が維持され，雇用確保を主命題とした労使協調路線による「労働力の柔軟化」
＝フレキシブルな生産体制と内部労働市場によって改革が実現されることを自
明としていた。このため，「官対民」という対立図式に視点が固定され，民営
化という新自由主義政策の中心課題が，市場の競争原理の導入によって「完全
雇用」を政策目的から外すこと，端的にいえば失業の脅威による労働規律の回
復にこそあることに気づいていなかった。さらにソ連をはじめとした社会主義
の崩壊や中国の市場経済化等を通じ，膨大な低賃金労働力が世界的に供給され，
世界的なマネーの激流がそれらと結合することによって，新興工業国が台頭し
てくるとは夢想だにしていなかった。
　以上のように，サッチャー政権，レーガン政権の新自由主義政策が，日本や
ドイツに対する相対的な自国の国際競争力の低下に対応し，対外競争力強化を
目指す「労働力の柔軟化」政策であったのとは異なり，日本の新自由主義政策
は，もっぱら「戦後政治の総決算」という政治的課題によって主導され，対米
協調という外枠によって補強されたものであるという特異性をもっていた。そ
の手段となったのが，「民営化＝プライヴァタイゼーション」であった。すな

わち，この時の政策は，レーガン，サッチャー政権とは，経済，財政の置かれていた環境も，政策が第一義的に目的とするものも異なっていたのである。このため，1970年代に始まった行財政改革の動きは，行革審に引き継がれ，その後の財政経済についての議論の底流をなしていくものの，バブルに突入していた日本経済は，課題としていた赤字国債依存からの脱却を一時ではあったがあっさりと達成し，日本国民は大型の景気拡大の波に呑まれ，バブル経済に踊っていくことになった。

　しかし，戦後国際経済システムの外枠であった冷戦構造が終焉すると，国際環境は一変した。ソ連，東欧における社会主義の崩壊，中国の改革開放路線の本格化は，世界経済にグローバリゼーションの津波を起こした。さらに，レーガン政権のもとで進められた軍事技術の莫大な投資が，冷戦の終焉とともに，クリントン民主党政権のもとで民生化され，デジタル革命，IT革命を生み出すと同時に，金融のグローバリゼーションが進行した。世界経済は競争構造とそのルールを確実に変容させつつあったのである。この間，円高等も手伝い，グローバル競争の中で，日本の輸出産業の中心をなした加工組立産業の国際競争力が陰りをみせ始め，生産拠点の海外への展開が進むとともに，新産業については国内の立ち遅れが懸念されるようになっていた。加えて，「日米構造協議」，「日米包括経済協議」を通じた日米の「構造調整」の経験から，日本経済の主体的な「構造改革」の必要性が厳しく問われるようになっていったのである。

　1990年代初めのバブル崩壊とともに長期不況に突入し，財政は悪化の一途をたどることになった。細川非自民連立政権の成立により野に下った自民党は，自社さ連立によって政権に返り咲き，政府首班であった村山富市の辞任により1994年橋本龍太郎が首相となった。社会党，さきがけが閣外協力に転じたことにより，1996年自民党単独の第二次橋本内閣を発足させた橋本首相は，財政のスタンスを緊縮に置き，「行政改革」「財政構造改革」「経済構造改革」「金融システム改革」「社会保障構造改革」「教育改革」の六大改革を掲げ，「財政構造改革法」を成立させるなど，本格的な新自由主義政策を打ち出すことになった。この間の1995年，日本経営者団体連盟（日経連）は「新時代の「日

本的経営」」を発表，雇用のあり方の多様化を通じた戦後企業システムからの離脱が宣言される[2]。日本的経営の根幹である内部労働市場に風穴が空けられたのである。さらに1997年には橋本内閣の構造改革方針を受け，経済同友会が「市場主義宣言——21世紀のアクションプログラム」を発表，三つの基本理念を打ち立てた[3]。将来の経済の姿は「市場機能を通じで発揮される先見性」に委ねられるべきであること，個人，企業，政府の役割分担を明確にすべきこと，そして特筆すべきは，三つ目の基本理念としてグローバリズムを挙げ，「もはや経済活動に国境はない」とし，日本企業が最適配置を求めて世界に進出することが空洞化ではなく，内外の企業が日本で国際競争力を発揮できる経済活動を行えなくなることが「真の空洞化」であると断じていることである。1980年代のいわゆる新保守主義的な新自由主義とは明らかに異なる位相に，1990年代の日本の新自由主義は移行したといえよう。グローバリズムを体現した新自由主義の流れは，着実に国内への広がりを見せていたのである。

　消費税の増税とアジア金融危機による景気の悪化により，1998年の参議院選挙で敗北した橋本首相が辞職した翌年，経済審議会は「経済社会のあるべき姿と経済新生の政策方針——知恵の時代へ」を発表，小渕内閣がこれを閣議決定している[4]。この報告書は，戦後の社会が「効率」，「平等」，「安全」を正義としてきたとし，「効率」については，社会全体の効率の向上を，「平等」については，20世紀の各国が「結果の平等」を求め，生産手段の国有化や官僚統制を行い失敗したとして，21世紀には「機会の平等」と「事後の調整」がこれに代わるのでなければならないとした。「安全」は戦後日本が最優先とした正義であるが，個人の資産については自らの判断によってリスクをとる自覚が求められる。そしてこれまでの日本社会では，「自由」は正義として認められていなかったが，「あるべき姿」の経済社会では，「自由」が社会的正義と認められなければ，「個人の自立と競争による繁栄と楽しさを追求する仕組みと気質」をもてず，日本は世界経済の主要なプレーヤーにとどまり続けることはできないとした[5]。

　橋本構造改革とその周辺において，新自由主義政策パラダイム，経済財政諮問会議などの小泉構造改革の基本的枠組みやアクターは，ほぼ出揃っていたと

見るべきであろう[6]。ところが，後継の小渕内閣は，アジア金融危機の勃発とその日本経済への波及を受けて「財政構造改革法」を停止し，緊急経済対策へと舵を切ることになる。景気後退による税収の大幅な落ち込み，景気対策のための減税に加え，大型一般会計予算と財投計画を組むことになり，この方針は森内閣にも引き継がれた。経済構造の転換と財政構造の健全化を目指した構造改革路線が後景に退き，金融危機とデフレ，財政構造の急速な悪化により，国民が「失われた10年」を意識せざるを得なくなったまさにその時，「ゴルディアスの結び目」を一気に断ち切ってみせるかのように鮮やかに登場したのが，内閣総理大臣小泉純一郎だったのである。小泉構造改革では，消費増税は封印され，「痛みなくして（構造）改革なし」として，「国債発行30兆円枠の堅持，従来型公共投資の抑制」等，不況下にもかかわらず，新自由主義改革を積極的に推進した。

　このような政治方針が貫かれたのは，この時期比較的速やかにITバブルの崩壊からアメリカが立ち直り，金融を中心に景気が拡大に転じたことによるところが大きい。しかし，市場における自由な競争を促進する「聖域なき構造改革」こそが景気を回復させ，新たな成長路線を生み出すことで経済を活性化させるというシンプルな方針は，1990年代後半の金融危機とデフレによって日本経済の将来に行き詰まりを感じていた国民の目には，きわめて斬新なものとして映った。その圧倒的支持の下，小泉首相の強烈な政治意思に貫かれ，「労働力の柔軟化」改革，「規制緩和」改革が矢継ぎ早に打ち出された。長きにわたった金融の不安定性，不良債権問題についても金融再生プログラムによってひとまず決着をみることとなった。残された課題は「民営化」であったが，小泉政権では，郵政民営化こそが全改革の「一丁目一番地」とされたのであった。

　小泉政権における民営化の主要なテーマとして挙げられたのは，財政投融資資金の「出口」の一つである道路公団の民営化と，資金の「入口」である郵便貯金の民営化であった。財政投融資改革自体はすでに橋本改革において進められていたから，「入口」と「出口」はダイレクトには繋がらない。「入口」および「出口」の改革を共通の土俵において理解するとすれば，両者がともに戦後，田中角栄という異例な政策立案能力をもった政治家によってデザインされた郵

便貯金‐財政投融資による地方への成長の利益再分配機構を代表するものであり，財政悪化の元凶であるとみなされていた点，そして自民党の最も有力な集票マシーンと認められていたという点にみる他はない。この意味で小泉首相の政策ターゲットがどこにあったかは鮮明である。

　中曽根政権が「五五年体制」の一翼を担った旧社会党の基盤であった国労や官公労に痛撃を与え，その後の総評の解散，社会党解党の道筋をつけたとすれば，小泉政権の痛撃は，「五五年体制」の残された一翼である自民党の従来の支持基盤に向けられた。自民党の支持基盤には特定郵便局長会があり，民主党の支持基盤には日本郵政公社労働組合，全日本郵政労働組合があり，これらすべてが民営化に反対していた。国民の支持を得られる郵政民営化によって中央突破できれば，自民党の反対勢力だけでなく，「改革競争」を挑む民主党も身動きが取れなくなる。一度は小泉旋風による大勝を博した自民党であったが，小泉以後には短命政権が続き，その後2007年10月，民主党に政権を奪われることになった。自民党は，社会党のように解党への道を歩むことはなく，民主党政権が迷走したことにより，2012年安倍総裁の下，政権復帰を果たすが，その間野党としての厳しい試練にさらされることになった。中曽根康弘と小泉純一郎，新自由主義を標榜する二人の宰相のきわめて政治的な「改革」によって，「五五年体制」は完全に終焉した。「五五年体制」が第二次世界大戦後における冷戦構造と福祉国家化の世界的潮流に対応した日本の政治的レジームであったとすれば，小泉改革は，このような意味での戦後日本の政治・経済・社会システムを決定的に変えたのだといえよう。

　郵政改革とアベノミクスの関係性については，歴史的アプローチから郵政民営化を考えるという本書のスタンスから，現在進行形の安倍政権についての総括的検討は控え，第一次アベノミクスの第一の矢であるクロダノミクスが，橋本構造改革で増強が推し進められた日本銀行の独立性を抑え，財政と金融の一体性を再強化するものとなったこと，郵便貯金の国債問題がいまや日銀の出口政策の問題に移行し，生まれてそれほど長くない戦後日本の国債流通市場が逼塞してしまっていることを指摘するにとどめる。

　本節では小泉構造改革にいたる経済政策体系の流れを，新自由主義政策パラ

ダイムの浸透と定着という視点で整理してきた。本書を終わるにあたり，残された二つの課題につき述べておきたい。

一つは，分割による民営化の正当性の論理は，分社化された各社が独立採算により，新しいビジネスモデルを展開することにあるという点である。郵政民営化の議論にあって，郵便局ネットワークのビジネス展開についてさまざまな模索がなされながら，具体的なブレイクスルーを見出せていなかったことを本書では確認した。タイムスケジュールに規定された四分社化は，この意味で見切り発車であったとの感は否めない。その後郵便局会社は，郵便事業会社と統合されることになったが，郵便事業につき新しいビジネスモデルを生み出したとはいえない状況にある。郵便会社の新事業の展望もないとすれば，これまで同様，簡易郵便局や無集配郵便局における仕事の多くは貯金，保険業務に限られることになる。ネットワークとは何であるのか，民営化は本来この問いから始められ，その問いに回答するところから出発すべきではなかったであろうか。そうでなければ，民営化は「経営の自由」の名の下に，プロクルステスの寝台（ノルマとクリームスキミング）に終わる可能性を秘めているのである。

もう一つの，やはり郵政民営化論で議論を戦わせられながら，ついに答えを見出せなかった課題は，ユニバーサルサービスである。これまで「官」，「民」という言葉をあえて立ち止まって説明することなく使用してきた。あるいは，これらに「公」，「私」という言葉を付け加えてもよいだろう。さまざまな史資料でもこれらの言葉は，特に定義することもなく扱われている場合が多いようである。阿川尚之は，「公」と「私」を活動の領域，「官」と「民」を活動主体の分類ととらえている[7]。このように考えれば，官にも民にも，公的領域，私的領域があり，官による公の独占，民による私の独占を両極として，それがどのように社会的活動の中で分担されるのかによって，社会のあり方は大きく異なってくる。しかも，公＝開かれた領域，私＝閉じられた領域とイメージされがちであるが，たとえば貯蓄はきわめて私的な活動である一方，それは金融システムという開かれたネットワークの一部をなしている。近代の郵便はユニバーサルサービスを前提としているが，そこで流通しているのは，きわめて私的な信書である。経済活動で利益を生み出すためには，なんらかのかたちで私

的な領域を作り出さなければならないが，それもまたオープンなシステムを前提としている。民営化とは，このような複雑な領域関係を官と民に再配分させていくことを意味する。また，猪木武徳は，経済学の論理と日本近代の文化的考察を重ね合わせ，日本においては歴史的に公と私は二項対立にあるのではなく相互依存の関係にあると指摘している[8]。そうであるならば，官と民もその分担する公と私との相互依存性のゆえに，そう簡単に二項対立でとらえることはできないのではないであろうか。既存の議論が「官から民」，「民から官」への公と私の再分配を扱うに際しては，この問題を迂回してアジェンダを設定してきたように思われる。しかしそれは，公と私が相互に依存しあいながら，不断に再定義を重ねていく過程であろう。郵政改革を検証するときに，つねに感じられるのはこのことである。改革はなされたが，その結果が明らかになるには，いましばらく時間が必要である。郵政改革は，官民と公私とが交差するところでまだ揺れ動いている。

注

序章　郵政民営化と郵便貯金

1）戦後郵便貯金の歴史的研究としては，財政社会学の側から小泉郵政民営化と財政投融資とのかかわりで分析している，木村佳弘「郵政事業の民営化と公的金融の再編」（金澤史男編『公私分担と公共政策』日本経済評論社，2008 年），木村佳弘「現代日本における政府債務の受容構造──中央銀行の法的独立性と財政赤字の「相関」検証」（井手英策編『危機と再建の比較財政史』ミネルヴァ書房，2013 年），木村佳弘「政策金融改革──小泉改革期における公的金融システム改革の一側面」（小西砂千夫『日本財政の現代史 III──構造改革とその行き詰まり 2001 年～』有斐閣，2014 年）がある。本書では，郵便貯金の問題を国債との関係で分析しているが，財政投融資とのかかわりについては，木村の一連の研究に学ばせていただいている。

2）もっとも，歴史研究の分野において，その成果の現代的意義を問う意欲的な研究はこれまでにも存在する。たとえば，経済史の分野では，谷口明丈・須藤功編『現代アメリカ経済史──「問題大国」の出現』（有斐閣，2017 年）が，アメリカ経済の各分野において今日の「問題群を噴出されるに至った歴史的背景」を，歴史展開の検討・統合を通じて描き出している。金融史の分野では，国際銀行史研究会編『金融の世界現代史──凝集する富・グローバル化する資本取引・派生される証券の実像』（一色出版，2018 年）が，「多くの解明されるべき論点が「歴史」を「現代」に転換」していったことを踏まえ，「「歴史から現代への架橋」というこの困難な課題」に挑んでいる。また，財政史の分野では，井手英策・諸富徹・小西砂千夫編『日本財政の現代史』（全 3 巻，有斐閣，2014 年）が，「「いま」を，経済成長を前提として構築されたモデルの粘着性と限界の両面から抉っていくこと」を課題としている。本書も，これらの研究の驥尾に付すことを期している。

3）たとえば，上川龍之進『経済政策の政治学──90 年代経済危機をもたらした「制度配置」の解明』（東洋経済新報社，2005 年），渡辺治『構造改革政治の時代──小泉政権論』（花伝社，2005 年），大嶽秀夫『小泉純一郎ポピュリズムの研究──その戦略と手法』（東洋経済新報社，2006 年），竹中治堅『首相支配──日本政治の変貌』（中央公論新社，2006 年），東京大学社会科学研究所編『「失われた 10 年」を超えて II　小泉改革への時代』（東京大学出版会，2006 年），東大法・第 7 期蒲島郁夫ゼミ編『小泉政権の研究』（木鐸社，2008 年），上川龍之進『小泉改革の政治学──小泉純一郎は本当に「強い首相」だったのか』（東洋経済新報社，2010 年），等がある。

4）中曽根構造改革のブレーンであった加藤寛は，元郵政民営化担当大臣であった竹中平蔵との対談の中で，「小泉さんは，郵政改革と言った。竹中さんは，真意はどうだったか言いにくいところがまだあると思いますが，あれが失敗なんです。郵政改革と言っちゃいけない，郵貯改革なんです」と指摘し，対する竹中は，「私の理解では，小泉さんは

郵政改革という言葉を使いましたが，頭の中の半分は郵貯改革だったと思いますよ。だから，新しい組織のトップは金融がわかる人じゃないといけないという思いで，西川善文さんにお願いしたのです」と応答している（加藤寛・竹中平蔵『改革の哲学と戦略——構造改革のマネジメント』日本経済新聞出版社，2008年，67-68頁）。この点については，日本郵政初代社長であった西川善文においても同様の回顧がなされている（西川善文『ザ・ラスト・バンカー——西川善文回顧録』講談社，2011年）。

5）郵便貯金の民営化にかかわる研究には，滝川好夫『郵政民営化の金融社会学』（日本評論社，2006年）がある。また，郵政民営化後の展開にかかわる現状分析の論考には，伊藤光雄「ゆうちょ銀行の現状と今後——郵政民営化1年を経て」（島根大学法文学部『経済科学論集』第35号，2009年），伊藤光雄「郵政民営化の見直しについて——金融2社を中心に」（島根大学法文学部『経済科学論集』第37号，2011年），伊藤光雄「郵政民営化の現段階——金融2社を中心に」（島根大学法文学部『経済科学論集』第39号，2013年），伊藤光雄「郵政民営化の新段階——金融2社を中心に」（島根大学法文学部『経済科学論集』第42号，2016年），伊藤光雄「郵政民営化の10年——金融2社を中心に」（島根大学法文学部『経済科学論集』第44号，2018年），等がある。

6）明治23年5月28日付閣議講議「郵便貯金条例制定ノ件」中「理由書」「第一」（郵政省編『郵政百年史資料 第5巻 為替貯金・保険年金』吉川弘文館，1970年，48頁）。

7）大内兵衛「郵便貯金における小市民性と社会性の矛盾」（大内兵衛『大内兵衛著作集 第4巻 日本と世界の政治と経済』岩波書店，1975年）。

8）迎由理男「大蔵省資金預金部の成立と展開」（渋谷隆一編『明治期日本特殊金融立法史』早稲田大学出版会，1977年），迎由理男「1900年代における大蔵省預金部の機能と性格」（金融経済研究所『金融経済』第177号，1979年），迎由理男『郵便貯金の発展とその諸要因』（国際連合大学，1981年）。同書では，郵便貯金に零細な貯金が集中した理由として，①都市有力銀行の零細預金吸収の消極性と貯蓄銀行や中小銀行の脆弱性，②きわめて積極的な貯蓄奨励策の基盤の上に，貯蓄奨励運動が展開されていったことが明らかにされている。

9）寺西重郎「金融的発展の一側面——安定資産の利用可能性と銀行業の集中過程」（大川一司・南亮進編『近代日本の経済発展』東洋経済新報社，1975年）。

10）杉浦勢之「大衆的零細貯蓄機関としての郵便貯金の成立——日清戦後の郵便貯金の展開とその性格」（社会経済史学会『社会経済史学』第52巻第4号，1986年）。

11）杉浦勢之「日露戦後の郵便貯金の展開と貯蓄奨励政策」（社会経済史学会『社会経済史学』第56巻第1号，1990年），杉浦勢之「日露戦後の郵便貯金と預貯金市場」（名古屋大学経済学部『経済科学』第38巻第1号，1990年）。

12）金澤史男「預金部地方資金と地方財政(1)——1920〜30年代における国と地方の財政金融関係」（東京大学社会科学研究所『社会科学研究』第37号第3号，1985年），金澤史男「預金部地方資金と地方財政(2)——1920〜30年代における国と地方の財政金融関係」（東京大学社会科学研究所『社会科学研究』第37号第6号，1986年）。

13）杉浦勢之「金融危機下の郵便貯金」（石井寛治・杉山和雄編『金融危機と地方銀行——戦間期の分析』東京大学出版会，2001年）。

注（序章） **275**

14) 伊藤真利子「1930 年代の預貯金市場と郵便貯金」（郵政歴史文化研究会編『郵政博物館研究紀要』第 9 号，通信文化協会博物館部，2017 年）。本書では，定額貯金の機能と役割について，その論旨を活かしているが，定額貯金創設を要請するにいたった当該期日本の経済の事情については尽くすことができなかった。あわせ参照いただければ幸いである。

15) 日本郵政史を対象に先行研究の整理を行った石井寛治「日本郵政史研究の現状と課題」（郵政歴史文化研究会編『郵政資料館 研究紀要』創刊号，日本郵政株式会社郵政資料館，2010 年）では，「第二次大戦後については，現状分析的な研究はあるものの，歴史的研究がきわめて乏しい」と指摘され，その対象から外されている。また，戦前の産業組合と系統金融，郵便貯金と預金部資金といった個人少額貯蓄とその役割につき実証的に分析している田中光『もう一つの金融システム——近代日本とマイクロクレジット』（名古屋大学出版会，2018 年）も，戦後郵便貯金についての歴史研究の難しさを指摘し，石井と同じ評価を下している。

16) 杉浦勢之「戦後改革と公的金融の再編成」（渡邉昭夫編『戦後日本の形成』日本学術振興会，1995 年）によれば，GHQ の占領政策によって再編成された戦後の公的金融は，戦時金融の資金的基軸をなした大蔵省預金部を中心とする政府系金融機関の戦時経済への動員からの解除と，民間金融機関の質的補完機能への復帰が図られる一方，戦後復興への計画的な重点資金配分が要請されるという，二つのベクトルの合成として形成・定着された。同論文では，高度成長期の公的金融が民間金融機関に対する補完に一定の役割を演じることになったと予見されているものの，その詳しい分析については課題として残している。

17) 以上の戦後復興期における公団，公社の展開については，奥住弘久『公企業の成立と展開——戦時期・戦後復興期の営団・公団・公社』（岩波書店，2009 年）に詳述されている。

18) その後の展開については，岡崎哲二・奥野正寛・植田和男・石井晋・堀宣昭『戦後日本の資金配分——産業政策と民間銀行』（東京大学出版会，2002 年）が，戦後から高度成長期前半までの資金配分のメカニズムを，政府と民間の組織・制度の相互関係に焦点をあてて検討している。

19) 戸原つね子『公的金融の改革——郵貯問題の変遷と展望』（農林統計協会，2001 年）は，郵便貯金を調達部門，財政投融資を運用部門とする公的金融の一つとして捉えたうえで，財政投融資改革の実施を視野に入れつつ，主に運用面から郵便貯金の問題を検討している。

20) P. F. ドラッカー『断絶の時代——いま起こっていることの本質』（林雄二郎訳，ダイヤモンド社，1969 年），238-239 頁。

21) 「新自由主義」とならび多用されている「新保守主義」という用語は，主に政治的文脈で用いられ，「市場の自由」だけではなく，「近代国民国家」をめぐる問題を含むので，本書では議論を複雑にすることを避けるため使用しなかった。

22) この点については，ダグラス・C. ノース『ダグラス・ノース 制度原論』（瀧澤弘和・中林真幸監訳，水野孝之・川嶋稔哉・髙槻泰郎・結城武延訳，東洋経済新報社，2016

年）を参照。

23) フリードマンによって主導されたマネタリズムこそが新自由主義の旗手とされたが，その牙城であった英米両政権にあってもその有効性は必ずしも実証されず，その後のディスインフレーションという事態も相まって，その影響力は後退しているとされる（翁邦雄『ポスト・マネタリズムの金融政策』日本経済新聞出版社，2011 年，56 頁）。現代オーストリア学派では，政策理念が「自由」そのものであるのに対し，新古典派では「市場の自由」は経済の効率化による「資源の最適配分」という政策目的の手段と考えられている。また，公共選択学派にあっても「市場の自由」は，大衆民主主義のコストの排除という，これも政策目的の手段であるというニュアンス上の差異が見てとれる。具体化された新自由主義政策がどこに重点をおいているかによって，理論的「傾斜」を推測することが可能であろう。本書で後述するように，均衡予算主義・行財政改革と規制緩和・構造改革が複雑に織り交ぜられ，税制改革を焦点に政策に裂け目が生じるという点が，日本における新自由主義政策の展開過程の特徴となっている。

24) 加藤榮一「公企業の「民営化」」（武田隆夫・林健久編『現代日本の財政金融 III 昭和 50 年代』東京大学出版会，1986 年），263-264 頁。

25) 同上加藤「公企業の「民営化」」263-264 頁。加藤によると，「民営化」＝「Privatization」の語は，イギリスや西ドイツでも多義的に使われており，「公企業の形態を私法的会社に改組するのも，政府保有化株の一部を民営化に売り出すのも，そしてもちろん公企業の私企業化も，みなプライヴァタイゼーションである」とされ，「民営化」第一の波においては「民営化」＝「私企業化」ではなかったが，「民営化」の第二の波では，その発想の基調が「私企業化」への志向を内在させるようになったと指摘している。

26) 三和良一「経済政策体系」（社会経済史学会編『1930 年代の日本経済——その史的分析』東京大学出版会，1982 年）および橋本寿朗「経済政策——三和良一説の継承と批判」（大石嘉一郎『日本帝国主義史 2 世界大恐慌期』東京大学出版会，1987 年）。

27) なお，日英米の新自由主義政策を比較した試みとしては，次の研究書がある。川上忠雄・増田寿男『新保守主義の経済社会政策——レーガン，サッチャー，中曽根三政権の比較研究』（法政大学出版局，1989 年），豊永郁子『新版 サッチャリズムの世紀——作用の政治学へ』（創文社，2010 年），豊永郁子『新保守主義の作用——中曽根・ブレア・ブッシュと政治の変容』（勁草書房，2008 年）。また，レーガン政権に関する研究としては，渋谷博史『レーガン財政の研究』（東京大学出版会，2000 年），渋谷博史『20 世紀アメリカ財政史 3——レーガン財政からポスト冷戦へ』（東京大学出版会，2005 年），等があり，本章でも参考にさせていただいている。

28) ヨーロッパ経済史の立場からは，雨宮昭彦『競争秩序のポリティクス——ドイツ経済政策思想の源流』（東京大学出版会，2011 年），および権上康男編『新自由主義と戦後資本主義——欧米における歴史的経験』（日本経済評論社，2006 年）。また，日本経済史の立場からは，菊池信輝『日本型新自由主義とは何か——占領期改革からアベノミクスまで』（岩波書店，2016 年），および同書に関して，歴史学研究会現代史部会が開催したシンポジウムの記録を所収した「年報日本現代史」編集委員会編『新自由主義の歴史的射程』（現代史料出版，2018 年），がある。

注（第 1 章） **277**

29) 同上雨宮『競争秩序のポリティクス』295 頁。

30) 以下，権上康男・石山幸彦「総括——論点の整理」（前掲権上編『新自由主義と戦後資本主義』）407 頁を参照。

31) 雨宮は，ドイツのオルド自由主義において，労働市場は理論的には「事実」として受け止めざるを得ず，政策的には働きかけるべき「対象」であるという意味で「与件」であったとしている（雨宮昭彦「ドイツ新自由主義の生成——資本主義の危機とナチズム」前掲権上編『新自由主義と戦後資本主義』130 頁）。一方，権上・石山は，新自由主義政策を巨大な集積体（大企業）と職業団体（労働組合）による寡占市場に競争秩序を貫徹させるための政策であるとした。アメリカでは前者については自生的なものとして寡占を受け入れ，1890〜1910 年代に法制面から独占価格規制による競争が促進され，後者については遅れて 1980 年代に労働市場の規制緩和＝労働組合の弱体化を推し進めたとしている（前掲権上・石山「総括」414 頁）。普遍性を掲げつつも，新自由主義政策には労働市場を中心に各国固有の歴史的前提ないし与件があったといえる。

32) 浅井良夫「現代日本経済と資本主義——経済史の観点からの考察」（「年報日本現代史」編集委員会編『新自由主義の歴史的射程』現代史料出版，2018 年）16-17 頁。

33) 同上浅井「現代日本経済と資本主義」17 頁。

34) 同上浅井「現代日本経済と資本主義」19 頁。

35) 同上浅井「現代日本経済と資本主義」21 頁。

36) マーク・マゾワー『国際協調の先駆者たち——理想と現実の 200 年』（依田卓巳訳，NTT 出版，2015 年），327-329 頁。

第 1 章 「郵貯増強メカニズム」の誕生

1) 星野進保『政治としての経済計画』日本経済評論社，2003 年，238-239 頁。なお，浅井良夫は，同計画を「完全雇用五カ年計画」と呼ぶほうがふさわしいとしつつ，経済政策としてはデフレ的緊縮政策を採っていたところに，目標と手段との矛盾があったとしている（浅井良夫「「新長期経済計画」と高度成長期の経済・産業政策」成城大学経済学研究所研究報告，No. 25，2000 年 3 月，3 頁）。1955 年に自由党と民主党の合同により自由民主党が設立されたが，これは同年に左右の社会党が統一したことによる危機感をばねとするものであった。いわゆる「五五年体制」の成立である。自民党のカウンターパートを演じることになった社会党では，1961 年に江田三郎書記長が，「今年のわれわれの課題」という論文で「構造改革論」を提起した。このいわゆる「江田ビジョン」は，社会主義の未来像として，①高いアメリカの生活水準，②ソ連の徹底した社会保障，③イギリスの議会制民主主義，④日本の平和憲法を当面の目標としたが，その後党内論争に敗北し，社会党の主流となることはなかった。日本に「構造改革」という言葉が登場したのはこの時が最初であり，「資本主義から社会主義」への戦略として用いられたものであったのに対し，1990 年代に登場する「構造改革」が，「社会主義から資本主義へ」という新自由主義の政策となったことは，歴史の「皮肉」であった（楠精一郎「日本社会党「構造改革論」と疑似「現実主義」」中村隆英・宮崎正康編『岸信介政権と高度成長』東洋経済新報社，2003 年，141 頁）。石橋自民党が「完全雇用」を掲げ，江田

社会党が「構造改革」を模索した 1950 年代後半から 60 年代初頭は，日本における福祉国家化が模索された時期であったといえるかもしれない。

2）同上浅井「「新長期経済計画」と高度成長期の経済・産業政策」22 頁。

3）同上浅井「「新長期経済計画」と高度成長期の経済・産業政策」53 頁。

4）前掲星野『政治としての経済計画』243 頁。

5）井手英策「統治の全体像としての「土建国家」」（井手英策編『日本財政の現代史 I 土建国家の時代 1960〜85 年』有斐閣，2014 年）12 頁。井手は，このような減税による成長利益の再分配を基礎に，地域間，所得間の再分配への合意を形成しつつ，経済成長を実現した高度成長期のメカニズムを「プロト土建国家」として，1970 年代後半に始まる日本経済の統合メカニズムと区分している。

6）郵政省『続逓信事業史 第 7 巻 為替貯金』前島会，1960 年，232 頁を参照。

7）同上『続逓信事業史 第 7 巻』233-238 頁。同一年度内の貯蓄奨励運動であるにもかかわらず，名称変更によって急激に実績を伸ばしたことからは，この時の国民が求めるものがどこにあったのかが明瞭に読み取れよう。ただし，「基本協定」が結ばれた際，全国地方銀行協会および全国農業協同組合中央会からは「このような協定は民業圧迫である」との理由から善処方の要望書が提出されており，郵便貯金が競合する相手は明らかであった。

8）郵便貯金振興会編『為替貯金事業百年史』（郵便貯金振興会，1978 年）580 頁。

9）「定額郵便貯金規則」は，逓信省令第 84 号をもって 1941 年に制定され，同年 10 月 1 日に施行された。なお，郵便貯金はこの時期，国家の金融機関として，その運用の大半が戦費調達に向けられていた。戦費調達のために日銀引受による国債発行が著増し，預金部資金の運用の重点が国債消化に傾いたことから，預金部資金の運用総残高に占める国債の比率は，金解禁の年に当たる 1930 年には 28 ％ 程度であったが，満州事変が勃発した 1932 年には 50 ％，戦争末期の 1944 年には 74 ％ に増大した（前掲『為替貯金事業百年史』24 頁）。定額貯金の開設については，伊藤真利子「1930 年代の預貯金市場と郵便貯金」（郵政歴史文化研究会編『郵政博物館 研究紀要』第 9 号，通信文化協会博物館部，2017 年，63-79 頁）を参照。

10）戸原つね子『公的金融の改革——郵貯問題の変遷と展望』（林統計協会，2001 年）17 頁。後に詳しく見るように，銀行預貯金金利は臨時金利調整法によって機関別，種類別に統制されていたのに対し，郵便貯金は郵政省自身で金利や商品性の変更を決定可能であった。

11）東京証券取引所編『東京証券取引所 50 年史』（東京証券取引所，2002 年）245 頁。

12）大蔵省財政史室編『昭和財政史 昭和 27〜48 年度 第 10 巻 金融 (2)』（東洋経済新報社，1991 年）589-590 頁。

13）日本銀行百年史編纂委員会編『日本銀行百年史 第 6 巻』（日本銀行，1986 年）131 頁。

14）大蔵省銀行局編『銀行局金融年報』昭和 36 年版，1961 年，金融財政事情研究会，44 頁。

15）郵政省編『郵政百年史』（逓信協会，1971 年）876 頁。

16）前掲『昭和財政史 昭和 27〜48 年度 第 10 巻』591-592 頁。

17）前掲『東京証券取引所 50 年史』263 頁。公社債投資信託募集をめぐる問題点について

注（第 1 章）　279

は，経済企画庁『年次経済報告書』昭和 37 年度，196 頁に詳述されている。

18）以下，前掲『日本銀行百年史 第 6 巻』126 頁。

19）以下，杉浦勢之「1965 年の証券危機──封じられた「金融危機」の構図」（伊藤正直・靎見誠良・浅井良夫編『金融危機と革新』日本経済評論社，2000 年，310-316 頁）を参照。また，長期信用銀行については，杉浦勢之「戦後金融システムの生成──「日本的金融システム」の原型創出過程」（青山学院大学総合研究所経済研究センター研究叢書第 6 号『金融史の国際比較』1998 年）に詳述されている。

20）寺西重郎は，1971 年に預金保険制度が制定されるまで，銀行倒産があった場合の預金払戻が担保されておらず，銀行預金の払戻は銀行の信頼に依存していたことから，制度上民間金融機関は安全確実な貯蓄手段であるとは必ずしも言い切れない面があったと指摘している（寺西重郎『日本の経済発展と金融』岩波書店，1982 年）。

21）高度成長期の金融システムの規制やその特質については，伊藤修『日本型金融の歴史的構造』（東京大学出版会，1995 年）において歴史的視角から包括的な研究がなされている。また，高度成長期のきわめて強い規制に基づく金融制度の導入と存続・定着については，寺西重郎・長瀬毅「高度成長と金融」（深尾京司・中村尚史・中林真幸編『岩波講座 日本経済の歴史 第 5 巻 現代 1 日中戦争期から高度成長期（1937-1972）』岩波書店，2018 年，第 2 章）132 頁以下で整理されている。

22）郵政大学校『本科事業研究報告書 為替貯金』昭和 41 年度，1966 年，221 頁。以下の叙述は同報告書による。

23）金融問題調査会専門委員会『わが国の金利体系（中間報告）』（金融問題調査会専門委員会，1961 年）77 頁。定額貯金の利子率について，たとえば，預入期間が 1 年以内で名目利子率が 4.5 ％の場合，実質利回りは 4.55 ％となる。

24）前掲『わが国の金利体系（中間報告）』79 頁。同中間報告では，定額貯金の平均滞留期間は 2 年半であるから，実際に支払われる利率は定額貯金のほうが割高となっており，据置期間経過後の払戻自由という性格を考えると，結果としては長期になったものに，このような割高な金利が支払われることには問題があると指摘されている。

25）以上については，前掲『銀行局金融年報』昭和 36 年版，31 頁を参照。なお，この時期における「金融正常化」は，オーバーローンの是正を意味した。

26）前掲『日本銀行百年史 第 6 巻』25 頁。

27）大蔵省財政史室編『昭和財政史 昭和 27〜48 年度 第 9 巻 金融(1)』（東洋経済新報社，1991 年）167 頁。

28）前掲『日本銀行百年史 第 6 巻』25-26 頁。日本銀行は 1961 年の公定歩合引下げに際し，預貯金金利を引き下げうる環境が整備されることが前提であるとの観点から，利率改定にあたって「郵便貯金法」の改正を要する郵貯金利を同時に引き下げるか等の問題の推移を見守っていたことにより，公定歩合引下げの適切なタイミングを見失ったとされる。

29）以上，中央郵政研修所『研究部事業研究報告書 為替貯金』昭和 36 年度，30 頁。

30）前掲『郵政百年史』570 頁。

31）このことから，郵便貯金における定期貯金が定額貯金に取って代わることはなく，また

貯金募集の際にも郵便局員や外務員が強いて勧誘することはなかったとされる。

32)「第43回衆議院本会議」1963年6月7日。

33) 以下，郵政大学校『本科事業研究報告書 為替貯金』昭和40年度，119頁。

34) 前掲『為替貯金事業百年史』348頁。

35) 大蔵省銀行局編『銀行局金融年報』昭和38年版，金融財政事情研究会，1963年，208頁。その後，1963年6月10日の全国銀行大会における挨拶の中で，田中角栄大蔵大臣は預貯金金利について，情勢に著しい変化が認められない限り，当面これを据え置く考えであるとした。

36) 前掲『為替貯金事業百年史』596頁。

37) 郵政大学校『本科事業研究報告書 郵便』昭和40年度，1965年，81頁。

38)「護送船団方式」の語の意味は，最も速度の遅い船（最も経営効率の悪い銀行）の速度（経営効率）に合わせて，一艘（一行）の落後者も出さないように船団（業界）全体の進行をコントロールする，ということであった。もっとも，まったく落後者を出さないことは，銀行間の競争を制限することによって可能であり，経営効率の低い銀行でも存続上必要な最低限の収益が確保できるような環境を実現することを含意するものである（池尾和人『開発主義の暴走と保身──金融システムと平成経済』NTT出版，2006年，126頁。）。

39) 前掲『昭和財政史 昭和27〜48年度 第10巻 金融(2)』199-201頁。

40) 金融財政事情研究所編『金融──世紀を超えて』（金融財政事情研究所，2000年）127頁。

41) 杉浦勢之「戦後改革と公的金融の再編成」（渡邉昭夫編『戦後日本の形成』日本学術振興会，1995年）122-123頁。

42) 同上杉浦「戦後改革と公的金融の再編成」126頁。

43) 同上杉浦「戦後改革と公的金融の再編成」130-132頁。

44)「資金運用部資金法」法律第100号，1951年3月31日。

45) 大蔵省財政史室編『昭和財政史 昭和27〜48年度 第8巻 財政投融資』（東洋経済新報社，2000年）67頁。

46) 新藤宗幸『財政投融資』（東京大学出版会，2006年）37頁。

47) 拠出制国民年金の運用部預託額は，初年度に350億円，平均年度で約600億円が見込まれており，改革問題の重要性は衆目の一致するところであった（竹原憲雄『戦後日本の財政投融資』文眞堂，1988年，162-163頁）。

48) 前掲『昭和財政史 昭和27〜48年度 第8巻』240-241頁。同書では，「建議」が政府資金の統合運用の原則を維持しつつ，その枠組みの中で個々の資金の性質に応じた措置を講じていこうとする大蔵省の基本的な考え方におおむね沿うものであったと評価している。一方，郵政省貯金局にとっても，「建議」は貯金局の要望にほぼ沿う内容であった（前掲『為替貯金事業百年史』143頁）。

49) 前掲竹原『戦後日本の財政投融資』166-167頁。

50) 大蔵省財政史室編『昭和財政史 昭和27〜48年度 第5巻 特別会計・政府関係機関・国有財産』（東洋経済新報社，1995年）45-46頁。

注（第1章） 281

51) 以下，大蔵省財政史室編『昭和財政史 昭和27〜48年度 第16巻 資料(4) 特別会計・政府関係機関・財政投融資・国有財産』（東洋経済新報社，1999年）265-266頁を参照。

52) 郵便貯金に対する特別利子は，1952〜60年度まで，毎年度0.1％ずつ逓減されながら付された。こうした特別利子が付与される等の「郵貯優遇」は，従来から厚生年金や簡保積立金の自主運用を主張するうえでの根拠となっていた。1958年度における預託利子の支払い状況をみると，各資金の平均残高に対し，厚生年金5.78％，簡保積立金4.81％であったのに対し，郵便貯金5.94％であり，赤字補填分を加えた実質預託利子は約6.8％であった（同上『昭和財政史 昭和27〜48年度 第16巻』228頁）。

53) 1954年度の「資金運用部資金法」の一部改正により，資金運用部が直接，郵貯特別会計への不足額の補填をできるようになり，1955年7月には，決算上の剰余ではなく，予算の定めるところにより繰り入れられることとなった。その際，「郵便貯金法」第3条において，特別の損失等が生じ，必要となるような場合には，国が最終的な責任をもつものとされていた（前掲『昭和財政史 昭和27〜48年度 第8巻』247頁）。

54) 前掲『為替貯金事業百年史』143頁。

55) 前掲大蔵省財政史室編『昭和財政史 昭和27〜48年度 第5巻』45-46頁。

56) 前掲『為替貯金事業百年史』140頁。

57) 同上『為替貯金事業百年史』140頁。

58) 前掲『郵政百年史』65頁。

59) 前掲竹原『戦後日本の財政投融資』169頁。

60) 前掲新藤『財政投融資』36頁。

61) 目標額は年度当初の財投計画のうちに郵貯資金見込額として計上され，それを上回る増加分は年度中の自然増収となるが，高い達成率ゆえに自然増収の規模は安定的な増大傾向を示すところとなった。さらに，税収見積り同様，財投計画でも増加目標額を過小に見積もることでこの自然増収はいっそう増幅された（前掲竹原『戦後日本の財政投融資』174頁）。

62) 西村吉正編『復興と成長の財政金融政策』（大蔵省印刷局，1994年）195頁。

63) 1963年度予算計画の編成過程では，一般財源難が問題の焦点とされ，建設国債の発行等を求める声が上がっていた。財投についても原資面において，簡保資金500億円相当の減少が予想されていた。このような状態に対し，田中大蔵大臣は，「明年度一般会計の財源はかなり窮屈になるので，財政投融資の原資対策を強化し，行政投資を拡大する」ことで積極財政を展開する一方，外資導入等のために「あくまでも前面には均衡，健全財政をゆるめないということを押し出すことが必要であって，国内的には，適時，適切にゆるめるべきところには手を打っていけばよい」との姿勢を示した。一般会計は均衡財政を維持し，それ以外は財政投融資が受け皿となって財源を調達することで積極財政を展開するという姿勢は，閣議の基本方針とされた（前掲『昭和財政史 昭和27〜48年度 第8巻』292-294頁）。

64) 大蔵省財政史室編『昭和財政史 昭和27〜48年度 第2巻 財政——政策及び制度』（東洋経済新報社，1998年）190-191頁。

65) 前掲『昭和財政史 昭和27〜48年度 第8巻』291頁。

66) 以下宇沢弘文・武田晴人編『日本の政策金融 I 高成長経済と日本開発銀行』（東京大学出版会，2009 年）310 頁を参照。

67) 前掲『昭和財政史 昭和 27〜48 年度 第 8 巻』58-59 頁。

68) 前掲『昭和財政史 昭和 27〜48 年度 第 2 巻』195 頁。このような公団・事業団等特別法人が後に天下り問題につながっていくことになり，その批判が後の財投改革へと結びついていくことになる。

69) とりわけ，1963 年度には高速道路や東海道新幹線等を中心とする運輸通信施設建設拡充施策により，道路三公団に対する投融資が対前年度増加率 68.2 ％という大幅増となった。また，1965 年には名神高速道路，1969 年には東名高速道路が開通し，その後も全国に高速道路網が拡張していった（河野惟隆『財政投融資と一般会計』御茶の水書房，1986 年，40 頁）。

70) 前掲『昭和財政史 昭和 49〜63 年度 第 5 巻』307-308 頁。同法では「毎会計年度新たに運用する資金運用部資金及び簡易生命保険及び郵便年金の積立金のうち，その運用が 5 年以上にわたるものは，その運用を予定する金額につき，資金及び積立金の別に，かつ，運用対象区分ごとに預金をもって国会の議決を経なければならない」とされた。

71) 林健久「昭和 60 年代財政金融の展望」（武田隆夫・林健久編『現代日本の財政金融 III 昭和 50 年代』東京大学出版会，1986 年）368 頁。

72) この点については，土山希美枝『高度成長期「都市政策」の政治過程』（日本評論社，2007 年）に詳しい。

73) 道路整備に関する長期計画は，1954 年 5 月に「第一次道路整備 5 カ年計画」が閣議決定されたのち，経済計画の一環として位置づけられるようになり，第二次（1958〜62 年度），第三次（1961〜63 年度），第四次（1964〜66 年度），第五次（1967〜71 年度），第六次（1970〜74 年度），第七次（1973〜77 年度）が相次いで実施された。「5 カ年計画」は，各計画における道路需要の見込みが実績を大幅に上回ったことからおよそ 3 年ごとに改定された（今井勝人『現代日本の政府間財政関係』東京大学出版会，1993 年，78 頁）。

74) ここでは革新勢力に対する自民党の対抗手段という点を強調したが，しかしいうまでもなく，財投が民生中心に成長の地域間格差を是正する手段としても用いられたとすれば，いわゆる革新側にとっても，それを拒絶する理由はなかったであろう。すなわち，財投は成長が続く限り，イデオロギーの次元を離れ，しかもタックスペイヤー（納税者）の論理が届かない場所で，政治における保革，各省庁，地元がともに合意し受け入れられるシステムであったことを示している。日本の財投が異例の膨張を来すことになった理由の一端はそこにあったと考えられる。「五五年体制」の語には，このような共通利害による自社「もたれ合い」の構造を揶揄する意味が込められていたが，その中心にいたのが田中角栄であることは，つとに指摘されているところである。

第 2 章　郵便局政策の地域的展開

1) 原朗「被占領下の戦後変革——いわゆる「戦後改革」の歴史的意義」（石井寛治・原朗・武田晴人編『日本経済史 4　戦時・戦後期』東京大学出版会，2007 年）275 頁。

2）大淵寛「20 世紀日本の人口変動と経済発展」（大淵寛・森岡仁編『人口学ライブラリー 5 人口減少時代の日本経済』原書房，2006 年）11 頁。

3）以下，吉川洋『日本経済とマクロ経済学』（東洋経済新報社，1992 年）82 頁を参照。

4）2000 年代を展望するうえでは，戦争のインパクトによる人口の年齢構成変化といわゆる「団塊世代」の形成およびそのライフステージの移行という歴史的に一度限りの事態が，戦後の消費と貯蓄の動向，したがって戦後経済成長システムのパターンを規定したという視点から，長期的に見直しを行うことが必要であろう。

5）橋本寿朗・長谷川信・宮島英昭・齊藤直編『現代日本経済 第 4 版』（有斐閣アルマ，2019 年）118 頁。

6）住宅政策は，内務省社会局による 1919 年度大蔵省預金部融資をもとに実施された公営社宅（賃貸）の建設奨励に始まり，1924 年には関東大震災復興のため，財団法人同潤会の設立が進められた。しかし，準戦時期になると，生産力拡充政策に重点が移動し，同局は厚生省に移管され，1941 年に公営財団が設立された。敗戦後は GHQ の営団廃止方針により，体系的住宅政策に空白が生じた（奥住弘久『公企業の成立と展開──戦時期・戦後復興期の営団・公団・公社』岩波書店，2009 年，54 頁）。

7）横浜銀行六十年史編纂室編『横浜銀行六十年史』（横浜銀行，1980 年）259 頁。

8）神奈川県企画調査部統計調査課編『統計神奈川県史──戦後 20 年のあゆみ』（上巻，神奈川県，1966 年）52 頁。

9）土山希美枝『高度成長期「都市政策」の政治的過程』（日本評論社，2007 年）17 頁。

10）前掲『横浜銀行六十年史』260 頁。

11）下村恭広「不動産資本による郊外地区の空間形成」（玉野和志・浅川達人編『東京大都市圏の空間形成とコミュニティ』古今書院，2009 年）203 頁。

12）このことは，特定時期に特定の地域に住宅を求めた世帯が集住し，その第二世代が登場してくることによって，比較的所得や年齢の近い都市新中間層の塊による世代の波動が生み出され，ライフステージの同期化とライフモデルの同調となって現れることを示唆するものであろう。預貯金市場の地域展開を課題とする本書との関係でいえば，当該地域に，家族構成，年齢推移にしたがい，貯蓄目的が近似しつつ変化していく核家族世帯の大きな塊が形成されたことを意味する。『統計神奈川県史』によると，第一次ベビーブームが終わったのちの 1960 年の年齢別人口構成比では，男女とも，15 歳以上 45 歳未満人口の割合が全国に比べ大きく，15 歳未満および 45 歳以上の構成比はむしろ小さいという特徴が指摘されている。ベビーブームが終わるのは 1950 年前後であるから，このことは，高度成長期前半に，比較的若い生産年齢人口，すなわちこれから貯蓄を高めていく年齢層が，神奈川県に大きく流入していたことを示している（前掲『統計神奈川県史──戦後 20 年のあゆみ』上巻，55 頁）。

13）大島宏「ベビーブーム世代の進学問題」（老川慶喜編『東京オリンピックの社会経済史』日本経済評論社，2009 年）162 頁。

14）以下，香川めい・児玉英靖・相澤真一『〈高卒当然社会〉の戦後史』（新曜社，2014 年）166 頁を参照。

15）玉野和志「住宅開発と地域形成」（玉野和志・浅川達人編『東京大都市圏の空間形成と

コミュニティ』古今書院，2009 年）210 頁。

16) 北原遼三郎『東急・五島慶太の生涯──わが鐵路，長大なり』（現代書館，2008 年）325 頁。

17) 前掲『横浜銀行六十年史』264 頁。

18) ただしこのことは，高度成長期，特にその前半に低所得の単身世帯が京浜工業地帯へと集中し，劣悪な環境を形成していたことを否定するものではない。敗戦復興期の木造賃貸から公営共同賃貸住宅，高度成長期の公団（賃貸→分譲），郊外戸建住宅へと居住のスタイルの中心を変えつつ，時間的推移のなかで範囲を拡大しながら地域を重層的に構成していったということがここでは重要である。同時に，このことが預貯金市場の空間編成を大きく規定した要因となることを指摘しておきたい。

19) 郵政省編『郵政百年史』（通信協会，1971 年）718-719 頁。

20) 『通信文化新報』第 1488 号，1960 年 8 月 20 日。郵便事業においては，郵便需要の増大および大口利用者による業務用通信の増加など利用形態の変化に即応することが難しく，1958 年頃から局舎施設および要員増加の面で立ち遅れが生じ，業務運行が乱れたことにより，郵便遅配が社会問題化するにいたった（前掲『郵政百年史』824 頁）。

21) 『通信文化新報』第 1565 号，1961 年 5 月 17 日。「5 カ年計画」は，初めての郵政三事業全般にかかわる長期計画（郵便事業・貯金事業は 5 年計画，簡易保険事業は 10 年計画）として策定された。

22) 前掲『郵政百年史』813 頁。

23) 同上『郵政百年史』824 頁。

24) 郵政省編『続逓信事業史 第 3 巻 郵便』（前島会，1960 年）66 頁。

25) 簡易局の設置については，①受託者が限定されていること，②手数料が低いこと，③1953 年以降の大幅な町村合併にともない，新地方公共団体が受託を引き継がない傾向が見られたことから，1951 年度以降増置の勢いが鈍化した（同上『続逓信事業史 第 3 巻 郵便』70 頁）。

26) 三等郵便局制度の設立過程に関する詳細な分析については，藪内吉彦・田原啓祐『近代日本郵便史──創設から確立へ』（明石書店，2010 年）を参照されたい。

27) 前掲『郵政百年史』700 頁。

28) 前掲『続逓信事業史 第 1 巻 総説』290-291 頁。この調査会の答申を受けて，田中郵政大臣は，報道関係者に「答申は尊重する」旨表明し，第 28 回国会および 1958 年 2 月 7 日の衆議院逓信委員会，同年 2 月 11 日の参議院逓信委員会では，特定局の運営について，「簡易郵便局の受託者の範囲を公益法人，個人にまで広げ，恩給その他国庫金の取扱いを行うことが出来るようにして，簡易郵便局方式を活用し，郵政財政の負担を軽減し，郵政事業の窓口機関の増設に資する方策をとるべきである」と説明を行っている。この発言をふまえ，1962 年度からの簡易局の増加が実現した。

29) 郵政大学校『本科事業研究報告書 郵便』昭和 40 年度，1965 年，87 頁。

30) 郵政省編『続逓信事業史 第 9 巻 経理・資材・建築』（前島会，1962 年）378 頁。なお，この場合の局舎は，国の指導により設計され，工事についても国の監督を受けて施工された。

注（第2章）　285

31) 以下前掲『本科事業研究報告書　郵便』昭和40年度，88頁を参照。
32) 同上『本科事業研究報告書　郵便』昭和40年度，89頁。
33) 郵政大学校『本科事業研究報告書　為替貯金』昭和48年度，97頁。
34) 前掲『続逓信事業史　第3巻　郵便』34-35頁。
35) 同上『続逓信事業史　第3巻　郵便』69頁。
36) 以下，同上『続逓信事業史　第3巻　郵便』36頁。
37) 前掲『本科事業研究報告書　為替貯金』昭和48年度，21頁。
38) 以下，「第34回国会衆議院決算委員会」1960年2月12日。
39) 西村吉正『金融システム改革50年の軌跡』（金融財政事情研究会，2011年）26頁。
40) 池尾和人『開発主義の暴走と保身——金融システムと平成経済』（NTT出版，2006年）62頁。
41) 香西泰「高度成長期の経済政策」（安場保吉・猪木武徳編『日本経済史8　高度成長』岩波書店，1989年）229頁。
42) 寺西重郎『日本の経済発展と金融』（岩波書店，1982年）500頁。
43) 大蔵省財政史室編『昭和財政史　昭和27〜48年度　第10巻　金融(2)』（東洋経済新報社，1991年）101頁。
44) 同上『昭和財政史　昭和27〜48年度　第10巻』102頁。
45) 同上『昭和財政史　昭和27〜48年度　第10巻』199頁。
46) 金融財政事情研究所編『金融——世紀を超えて』（金融財政事情研究所，2000年）126頁。
47) 前掲『昭和財政史　昭和27〜48年度　第10巻』445頁。ただし，1行（金庫）2店舗以内の配置転換，および人口急増地区（団地，新設駅周辺など）で適当と認められる場合については1行（金庫）1店舗以内の新設を認め，若干の弾力化が導入された。また，1967年度以降は急速な地域経済の変動に即応するため，純増新設を抑制しつつ配置転換を弾力的に活用する方針が採用されるようになった。
48) 前掲『昭和財政史　昭和27〜48年度　第10巻』445頁。その主な内容は，①通達の多年変化（店舗設置認可について従来の単年度形式から多年度形式へと変更），②配置転換の弾力化（従来の1行2店舗という数的制限を廃止し，廃止店舗があればそれに見合うだけの店舗設置を認める），③新設店舗の抑制（新設適地がある場合，1行1店舗を限度に新設を認める。また同一地区に新設の希望が競合した場合には地元金融機関を優先する）などであった。
49) 前掲『横浜銀行六十年史』221頁。
50) 同上『横浜銀行六十年史』236頁。
51) 同上『横浜銀行六十年史』236頁。
52) 前掲『本科事業研究報告書　為替貯金』昭和48年度，35頁。
53) 同上『本科事業研究報告書　為替貯金』昭和48年度，36頁。
54) 郵政大学校『本科事業研究報告書　為替貯金』昭和49年度，1974年，125-126頁。
55) 下河辺淳『戦後国土計画への証言』（日本経済評論社，2016年）31頁。
56) 住宅金融公庫総務部編『住宅金融公庫十年史』（住宅金融公庫，1960年）28頁。預金部

資金の住宅建設充当案はこの限りで戦前の地方還元資金に近いものであるが，GHQ は
その主体である内務省の解体・預金部を廃止する方針であり，復興金融金庫についても
その存在自体について否定的であった。したがって，均衡予算主義の下，占領政策の延
長上において可能であったのは，公団・公庫方式による財政投融資方式だけであったと
いえる。

57) 同上下河辺『戦後国土計画への証言』220 頁。

58) 御厨貴『戦後をつくる──追憶から希望への透視図』（吉田書店，2016 年）86 頁。

59) 同上，135 頁。

第 3 章　金融構造の変化と郵貯「大膨張」

1) 郵便貯金をめぐる論争については，内閣官房内閣審議室監修『金融の分野における官業
の在り方──懇談会報告並びに関連全資料』（金融財政事情研究会，1981 年）および財
政省財務総合政策研究所財政史室編『昭和財政史 昭和 49〜63 年度 第 10 巻 資料 (3)』
（東洋経済新報社，2002 年）にまとめられている。また，郵便貯金を擁護する立場から
は，郵便貯金に関する調査研究会編『郵便貯金に関する調査研究会報告書──パーソナ
ル・ファイナンスの充実に対応した金融システムと郵便貯金の機能』（郵便貯金に関す
る調査研究会，1981 年）等がある。

2) 伊藤正直「通貨危機と石油危機」（石井寛治・原朗・武田晴人編『日本経済史 5 高度成
長期』東京大学出版会，2010 年）328 頁。

3) 財政省財務総合政策研究所財政史室編『昭和財政史 昭和 49〜63 年度 第 1 巻 総説・財
政会計制度』（東洋経済新報社，2005 年）5 頁。

4) 下谷政弘「大変化をもたらした 30 年──概説 I 日本経済の 1955〜85 年」（下谷政弘・
鈴木恒夫編『講座日本経営史 5 「経済大国」への軌跡 1955〜1985』ミネルヴァ書房，
2010 年）15 頁。

5) 財政省財務総合政策研究所編『安定成長期の財政金融政策──オイル・ショックからバ
ブルまで』（日本経済評論社，2006 年）72 頁。

6) 財政省財務総合政策研究所財政史室編『昭和財政史 昭和 49〜63 年度 第 5 巻 国債・財
政投融資』（東洋経済新報社，2004 年）25 頁。

7) 林健久「昭和 50 年代の財政金融の展開」（武田隆夫・林健久編『現代日本の財政金融 II
昭和 40 年代』東京大学出版会，1982 年）343 頁。国債発行額が少額であった 1975 年以
前において，国債は金融機関によって組織される国債引受シンジケート団（シ団）によ
る引受と資金運用部引受との 2 つの方法にもとづき発行され，シ団引受の新発国債は一
定期間後にほぼ全額が日本銀行による買いオペによって吸収されていた。しかし，1975
年度以降の大量の国債発行によって，シ団引受の負担が大きくなり，それまでの国債発
行・消化枠組みの継続が不可能となったことから，大蔵省は国債流通市場の開設を余儀
なくされた。この点については，第 4 章において詳述する。

8) 志村嘉一『日本公社債市場史』（東京大学出版会，1980 年）384 頁。

9) 前掲『安定成長期の財政金融政策』72 頁。

10) 前掲『東京証券取引所 50 年史』488-489 頁。

注（第 3 章）　287

11) 前掲『東京証券取引所 50 年史』508 頁。

12) このような低金利実現にあたっては，水田三喜男大蔵大臣と田中角栄通産大臣が極秘会談でその早期実現を確認し合ったとされる。水田大蔵大臣は，1972 年 5 月の OECD 閣僚理事会を目前に控え，各国の日本批判をかわすための「手土産」とする新たな対策の早期確立に意欲を燃やし，田中通産大臣は「内外の経済調整を図るためには公定歩合を含む金利引下げが必要」であると持論を提唱したとされる（高本光雄編『戦後金融財政裏面史』金融財政事情研究会，1980 年，490-491 頁）。1972 年 7 月，田中は首相に就任した。

13) 郵便貯金振興会編『為替貯金事業百年史』（郵便貯金振興会，1978 年）596 頁。

14) 財政省財務総合政策研究所財政史室編『昭和財政史 昭和 49〜63 年度 第 6 巻 金融』（東洋経済新報社，2003 年）10 頁。

15) このほか，1977 年 4 月には，前月の公定歩合引下げにともない，民間金利が引き下げられたが，郵貯金利は付利方法変更等に関する「郵便貯金法」の改正案を国会に提出中だったことから引下げ実施が見送られた。

16) この金融引締政策への転換については，日本銀行百年史編纂委員会編『日本銀行百年史 第 6 巻』（日本銀行，1986 年）495-526 頁に詳述されている。

17) 前掲『安定成長期の財政金融政策』72 頁。

18) 日本銀行（森永貞一郎総裁）は公定歩合の早期引上げの考えを固め，1979 年 4 月上旬，当時の大平正芳首相に対し，最近の物価情勢の悪化，円安の急進に対処するために公定歩合の引上げを早期に実施する必要性を訴えた。第一次オイルショックに際し，金融政策の転換が大幅に遅れ，狂乱インフレを招いた経験から時機を逸しないようにしたいという日本銀行の強い意向により，政府側との調整は急速に進展し，同月 16 日に公定歩合を 0.75 ％引き上げることが決定した（前掲『日本銀行百年史 第 6 巻』500 頁）。

19) 前掲『昭和財政史 昭和 49 年〜63 年度 第 6 巻』28 頁。

20) 公社債引受協会編『公社債年鑑』（昭和 55 年度版，公社債引受協会，1980 年）2 頁。このような市況暴落に対応して各種対策が実施されたものの，1980 年 2 月中旬から 4 月上旬にかけて，アメリカをはじめとする欧米主要国の金利の急上昇の影響等も受け，ロクイチ国債の流通価格は史上最安値を記録した。人為的低金利政策を脱し，債券価格と金利が連動し始める一方，海外の金融情勢にも影響されるようになっていったこの時期の債券市場の動きは，その後の郵便貯金の運用面と債券流通市場の関係性の起点となった。

21) この預貯金金利の引上げについて，日本銀行は引上げ幅を公定歩合の引上げ幅よりも小幅にとどめるべきであると考えていたのに対し，政府側は預金金利の水準が低いうえ（1 年以上〜2 年以上で 5 ％以下），前回引下げ時（1978 年 4 月）の折衝の経緯から，今回こうした措置をとることは郵政省の納得が得られないと反対した（前掲『日本銀行百年史 第 6 巻』502 頁）。なお，のちに郵政民営化を実現した小泉純一郎は，1979 年 11 月から 80 年 7 月までの異常な預替えの時期に大蔵政務次官を務めている。

22) この点について戸原は，通常貯金からのシフトと民間流動性預金からのシフトであると指摘している（前掲戸原『公的金融の改革』31-32 頁）。

23) 郵政省貯金局編『為替貯金事業史——昭和50年から平成7年まで』（郵便貯金振興会，1997年）47頁。この後，預入限度額は1988年4月に500万円に引き上げられるまで据え置かれた。

24) 少額貯蓄非課税制度による非課税限度額は，1972年1月に100万円から150万円に，1974年4月に150万円から300万円に改定された（前掲『銀行局金融年報』昭和49年版，157-158頁）。

25) 前掲『銀行局金融年報』昭和55年版，99頁。

26) 少額貯蓄非課税制度は，限度額管理の適正化を図ることを目的として，1963年に国民貯蓄組合制度を改定するかたちで設けられたものであったが，その濫用を防ぐことはできなかった。このため，1980年代に入ると，総合課税実施に向けた本人確認と的確な名寄せの手段として「少額貯蓄等利用者カード」，いわゆるグリーンカードの導入が検討されることになる。しかし，グリーンカード導入にあたっては，預貯金者の批判が高まったことから，1983年3月にその実施が3年間凍結され，1985年には制度そのものが廃止された（全国銀行協会連合会・東京銀行協会編『銀行協会五十年史』全国銀行協会連合会，1997年，110-111頁）。

27) 前掲『昭和財政史 昭和49～63年度 第10巻』299-301頁。なお，1988年4月に，マル優等の非課税貯蓄制度は原則廃止され，これと同時に税率20％の一律分離課税制度に移行した。

28) 以上，前掲『銀行局金融年報』昭和49年版，158頁を参照。

29) 同上『銀行局金融年報』昭和49年版，158頁。定額貯金を払い出す際には，郵便局側で，1974年1月14日に預替えしたと仮定した場合の元利合計と，同日に預替えしなかったと仮定した場合の元利合計とを計算し，前者のほうが大きい場合には自動的に預替えされたものとみなすという「みなし規定」の措置がとられた。

30) 戸原つね子「最近における郵貯資金の特質と機能」（日高晋ほか編『大内力教授還暦記念論文集 マルクス経済学 理論と実証』東京大学出版会，1978年）346頁。預替え制度の施行にあたっては，郵便貯金規則が一部改正され，定額貯金の利率引上げが行われた場合，業務の円滑な遂行のために必要があるときは，利率引上げの日より前に預入された定額貯金についても，郵政大臣が別途に定める特別措置をとることができるとされた。

31) 以上については，『週刊金融財政事情』1980年11月10日号，48頁参照。

32) 『朝日新聞』1989年12月8日付朝刊。

33) 郵政対大蔵の問題も，どちらかと言えば，郵政省側による郵貯資金の自主運用という運用面の問題にのみ焦点が当てられたが，この時の郵便貯金自体の真の問題は高コストの資金を抱えざるを得ない定額貯金の設計にこそあった。一方，大蔵省の中でも，郵便貯金については，主計局，理財局，銀行局の間で必ずしも利害，見解が一致していたわけではない。この点も郵便貯金問題の複雑さのゆえんである。

34) 同懇談会については，内閣官房内閣審議室監修『金融の分野における官業の在り方——懇談会報告並びに関連全資料』（金融財政事情研究会，1981年）にまとめられている。

35) 前掲『昭和財政史 昭和49年～63年度 第6巻』143頁。

注（第4章）　289

第4章　金融自由化と「1990年ショック」

1）財政省財務総合政策研究所財政史室編『昭和財政史 昭和49〜63年度 第1巻 総説・財政会計制度』（東洋経済新報社，2005年）293頁。第二次オイルショック以降，各国金利は異常に高騰し，特にアメリカではポール・ボルガー率いるアメリカ連邦準備制度がインフレ退治のための高金利政策を断行し，1979〜81年に公定歩合12〜13％，プライムレート15〜21％という高金利が現出した。

2）金澤史男「日本における福祉国家財政の再編」（林健久・加藤榮一・金澤史男・持田信樹編『グローバル化と福祉国家財政の再編』東京大学出版会，2004年）158-159頁。同書において金澤は，1990年代の政策基調について，「経営資源が効率性を求めて地球規模で動き回る状況のなかに積極的に参入し競争に勝ち抜くことでそのメリットを享受しようとする戦略であり，そのためにも国民負担を抑制し「小さな政府」が必要という考え方である」としつつ，1980年代後半の「「前川レポート」に代表される構造調整では，短期的には貿易黒字を急速に減らし，中長期的には内需主導型経済に転換することが「国際協調型」，「国際国家日本」を実現することであり，「グローバルな視点に立った施策」の内実」をなすものであったと整理している。本書の問題関心からすれば，「前川レポート」に見られたこのような視点の転換こそが，市場機能の普遍性を主張する新自由主義政策思想を国際協調の名の下に内面化していく起点となり，1990年代のグローバル化を通じて政策パラダイムとなっていったと考えられる。1980年代に公約された内需拡大は，1990年代に持ち越され，財政赤字を拡大するとともに，行財政改革の必要性を切実なものとし，産業構造変化の遅れと相まって本格的な新自由主義的構造改革を準備していったと考えられる。ただし井手英策は，日本の新自由主義化の最初の衝撃を金澤より遡及して「ニクソン・ショック」，「オイル・ショック」，「カーター・ショック」の3つのショックに求めており，そうであれば，新自由主義政策への転換の起点は1970年代中期にまで遡ることになる（井手英策『経済時代の終焉』岩波書店，2015年，20頁）。

3）1985年9月には日米蔵相会議が行われ，事業量総額3兆6360億円におよぶ内需拡大政策を実施することが公約された（石井晋「プラザ合意・内需拡大政策とバブル（1985〜89年を中心に）」小峰隆夫編『バブル／デフレ期の日本経済と経済政策（歴史編）1 日本経済の記録──第二次石油危機への対応からバブル崩壊まで（1970年代〜1996年）』内閣府経済社会総合研究所，2011年，132頁）。

4）財政省財務総合政策研究所財政史室編『昭和財政史 昭和49〜63年度 第6巻 金融』（東洋経済新報社，2003年）41頁。

5）前掲石井「プラザ合意・内需拡大政策とバブル」132-133頁。利下げ直後にはパリでG7会合が開かれ，2月22日「現状においては，為替レートを現在の水準の周辺に安定させることを促すために緊密に協力することに合意した（いわゆる「ルーブル合意」）」。

6）前掲『昭和財政史 昭和49〜63年度 第6巻』46頁。

7）相沢幸悦『平成金融恐慌史──バブル崩壊後の金融再編』（ミネルヴァ書房，2006年）154頁。

8）東京証券取引所編『東京証券取引所50年史』（東京証券取引所，2002年）635頁。

9）全国銀行協会連合会・東京銀行協会編『銀行協会五十年史』（全国銀行協会連合会，1997 年）141-142 頁。

10）前掲『安定成長期の財政金融政策』257-258 頁。

11）前掲『昭和財政史 昭和 49〜63 年度 第 6 巻』49 頁。

12）西村吉正『金融システム改革 50 年の軌跡』（金融財政事情研究会，2011 年）295 頁。

13）債券市場における規制の変化過程については，星岳雄／アニル・カシャップ『日本金融システム進化論』（日本経済新聞社，2006 年）318-322 頁に詳述されている。

14）同上星／カシャップ『日本金融システム進化論』328 頁。

15）西村吉正『日本の金融制度改革』（東洋経済新報社，2003 年）173 頁。アメリカで預金から他の金融資産への大規模なシフトが生じたのは，1970 年代のインフレ期に金利規制のため銀行離れが起こったことによる。これに対し日本では，預金という間接金融の原資が過剰であり，資金供給力に問題がないにもかかわらず，資金需要者側が資金コスト圧縮のため，銀行を離れ，市場経由の資金調達に移行していった。この点については，岡崎哲二・星岳雄「1980 年代の銀行経営——戦略・組織・ガバナンス」（村松岐夫・奥野正寛編『平成バブルの研究』上巻，東洋経済新報社，2002 年）が詳細な分析を行っている。

16）前掲『東京証券取引所 50 年史』561 頁。なお，新規上場株式数は 1980 年代前半のほぼ倍のペースで増加し，この中には NTT のような超大型企業が含まれていた。

17）深尾京司「日本の貯蓄超過と「バブル」の発生——バブルの発生とその背景」（松村岐夫・奥野正寛編『平成バブルの研究』上巻，東洋経済新報社，2002 年）217 頁。同書では，1970 年代以降の日本経済が抱えていた慢性的な貯蓄超過問題について，過剰貯蓄の使途の観点から「バブル」発生前後のマクロ経済政策を評価している。

18）前掲『東京証券取引所 50 年史』644 頁。

19）大蔵省銀行局『銀行局金融年報』昭和 62 年版，1987 年，16 頁。

20）大蔵省銀行局『銀行局金融年報』平成元年版，1989 年，13 頁。

21）以下，同上『銀行局金融年報』平成元年版，13 頁を参照。

22）前掲『銀行局金融年報』平成元年版，13 頁。

23）前掲石井「プラザ合意・内需拡大政策とバブル」316 頁。

24）中原広「小口 MMC の導入について」（大蔵省財務協会『ファイナンス』24 巻 11 号，1989 年）。

25）以下，大蔵省銀行局『銀行局金融年報』平成 2 年版，1990 年，11 頁を参照。

26）MMC の金利が CD 金利より 0.75 ％下回るのは，CD 発行単位と MMC 受入単位の差異によるコストを反映するものである。

27）小口 MMC の商品性について，1990 年 5 月の金融問題研究会報告書「1,000 万円未満の定期性預金金利の金利自由化について」において，円滑な自由化の推進の観点から「現行の小口 MMC を大口定期預金の店頭表示金利を基本的な指標とする金額階層別の MMC に改組することが適当」とされ，1990 年 11 月に改組された（前掲『銀行局金融年報』平成 2 年版，11-13 頁）。

28）前掲石井「プラザ合意・内需拡大政策とバブル」317 頁。なお，2 年もの以下の小口

注（第4章）　291

MMC 金利は，CD 金利高騰時に金利が上昇しすぎるのを防ぐため，3 年ものの小口
MMC 金利を上回らないようにギャップが設定された。また，小口 MMC と規制金利商
品との金利差は平均して 0.2〜0.3 ％ 程度であった。中小金融機関における小口 MMC
の導入にあたっては，比較的小口預金が多い信用金庫で，300〜1000 万円の預金が総預
金中に占めるシェアが 15 ％ 程度であったことから，大きなコストアップ要因とはなら
ないと見込まれた。

29) 大蔵省銀行局『銀行局金融年報』平成 3 年版，1991 年，13-14 頁。

30) 大蔵省銀行局『銀行局金融年報』平成 5 年版，1993 年，6-11 頁。なお，金利自由化後
の定額貯金金利は，順イールド時には「3 年定期預金金利×0.95 ％ 程度」，逆イールド
時には「長期国債クーポン−0.5 ％ 程度」とされた（郵政省貯金局監修『為替貯金事業
史──昭和 50 年から平成 7 年まで』郵便貯金振興会，1997 年，14 頁）。

31) 金融問題研究会「定期性預金の金融自由化の実施状況及び流動性預金の金利自由化につ
いて（平成 5 年 12 月 22 日）」（大蔵省財務協会『ファイナンス』29 巻 12 号，1994 年）。

32) 寺田稔「流動性預金金利自由化に関する大蔵・郵政両省間合意について」（大蔵省財務
協会『ファイナンス』30 巻 2 号，1994 年）。

33) 前掲西村『金融システム改革 50 年の軌跡』216 頁。

34) 『朝日新聞』1990 年 4 月 16 日付朝刊。

35) 『週刊金融財政事情』1990 年 4 月 16 日。定額貯金の継続は証書裏面に捺印すれば予約
処理が完了する。しかし，小口 MMC への乗り換えの場合は，満期時点で別途預入手続
きを行う必要がある。郵便貯金では 1990 年 3 月から事前予約による預入処理で定額満
期金の小口 MMC へのシフト処理を完了する「先日付預入処理」サービスを開始した。

36) さらに郵政省は，1991 年度予算の概算要求にともなう重点施策として，預入限度額の
いっそうの大幅引上げを大蔵省に要求した。郵政省側の預入限度額の大幅引上げ要求の
根拠としては，①定額貯金満期金の一部流出等の影響で郵便貯金は現在伸び率が年間 4
％ 弱と不振状態にあること，②退職金の大型化・高齢化の進行で大口の貯蓄ニーズが
強まっていること，③日米構造協議で決定したように今後 10 年間で 340 兆円の公共投
資拡大を実施するうえで，財政投融資資金の原資を確保する必要があることが挙げられ
た（『週刊金融財政事情』1990 年 8 月 20 日）。この結果，郵便貯金の預入限度額は，
1991 年 4 月にさらに 1000 万円まで引き上げられた。

37) 『週刊金融財政事情』1990 年 12 月 17 日。当初は，郵便貯金の 3〜4 割以上が流出する
と予想されていた。

38) 大蔵省銀行局『銀行局金融年報』平成 6 年版，1994 年，176 頁。

39) 前掲『東京証券取引所 50 年史』655 頁。

40) 前掲『大蔵省証券局年報』平成 2 年版，310 頁。

41) 前掲『東京証券取引所 50 年史』635 頁。1991 年夏には，国会の特別委員会で大手銀行
や証券会社の首脳に対する証人喚問や参考人聴取が行われ，住友，富士，日本興業銀行
や野村，日興証券の首脳が不祥事の責任を取って次々に辞職した。橋本蔵相も大蔵省へ
の監督責任を取って 1991 年 10 月に辞任した。

42) 『週刊金融財政事情』1990 年 6 月 4 日。

43) 前掲『大蔵省証券局年報』平成3年版，5頁。逆転幅は最大2％弱と第二次オイル
ショックの頃（最大4％半ば）に比べて小幅であるものの，逆転期間が長期に及んだ。

44) 『日経金融新聞』2000年3月27日付朝刊。なお，史上最高利率を記録した1980年の
ピーク時の利率は8.0％，最終利回りは11.9％であったものの，インフレ率を考慮すれ
ば，実質金利は1980年ピーク時が5.6％，1991年ピーク時が6.15％と1991年の方が
高率であった（戸原つね子『公的金融の改革——郵貯問題の変遷と展望』農林統計協会，
2001年，44頁）。

45) 『朝日新聞』1990年10月20日付朝刊。

46) 前掲『大蔵省証券局年報』平成3年版，77頁。

47) 前掲『大蔵省証券局年報』平成5年版，3頁。

48) 前掲戸原『公的金融の改革』51頁。

49) 同上戸原『公的金融の改革』53頁。

50) この時の少額非課税貯蓄制度の改正により，高齢者を除き，民間金融機関，郵便貯金と
もに預貯金には20％の税が課されることとなった。

51) 『日経金融新聞』1994年4月10日付朝刊。大蔵省と郵政省の協議では，民間普通預金
と郵貯通常貯金の金利差について，大蔵省が0.9％を，郵政省が規制金利時代と同じ
1.1％を主張して対立し，結局妥協案として「1％程度」というあいまいな合意となっ
た。合意発表も，大蔵省が預金（民間）金利連動の原則を確認したとしているのに対し，
郵政省は市場金利重視，貯金者利益，民間配意の3点に沿って合意したとする等，利害
調整に終始したために両省の食い違いが随所にみられるものであった。

52) なお，貯蓄広報中央委員会が1994年6月に実施した世論調査によると，金利で取引金
融機関を変えるつもりはないとの回答が全体の6割弱を占め，金利によって変更を考え
るとの回答のうち，「金利差が1％以上なら考える」とする人が半分以上にのぼった
（『日経金融新聞』1994年12月27日付朝刊）。

53) 1990年度計画では，定額貯金の大量償還が織り込まれ，郵便貯金の新規預託額は1989
年度に比べ15％減の7兆2000億円とされた。しかし，郵便局の「V90作戦」が失敗
し，計画以上に郵貯資金が減少した場合，大蔵省は住宅金融公庫，日本開発銀行，日本
道路公団といった財投機関から他の資金源の開拓を迫られ，運用部資金より調達コスト
の高い政府保証債の増発を行う必要が出てくる。このため，大蔵省も郵便貯金の満期償
還金の動向を注視していた（『日本経済新聞』1990年3月19日付朝刊）。

54) 1975年度の予算成立直後の衆議院大蔵委員会において，大平正芳大蔵大臣は「当面の
財政事情について」緊急特別演説を行い，いわゆる財政危機宣言を発した。これは，
1974年度に約8000億円の税収不足が生じることに至った背景とその対処方法について
説明し，その上で，①安定成長下では従来の自然増収に期待するのが困難であること，
②行政経費の節約等極力歳出削減を図る必要があること，③高度成長下の財政運営を根
本的に改善することを強調した（財務省財務総合政策研究所財政史室編『昭和財政史
昭和49〜63年度 第2巻 予算』東洋経済新報社，2004年，89頁）。

55) 特例国債の発行について，事務当局は翌年も赤字国債が必要となるのだから毎年適用さ
れる一般法を出すべきだとしたのに対し，大平蔵相は「絶対ダメだ。毎年，法案を出し

注（第 4 章）　293

て，成立に苦労することによって，少しでも赤字国債を減らそうという思いを致さなくてはいけない」として，1 年ごとの特例法として毎年予算案とともに提出される特例公債法案となった（『朝日新聞』2011 年 8 月 13 日付朝刊）。その後大平は，赤字国債に財政が依存する体質になったことへの「罪の意識（ギルティー・コンシャス）」から，「国民が好まないことでもやらなければならないときがある。それが政治というものだ」と側近に漏らしていたとされる（『日本経済新聞』2011 年 11 月 21 日付朝刊）。また，大平の娘婿であり元運輸相である森田一の回想によれば，大平は赤字国債を出してしまったことについて，「一生かかっても，この償いをする」と語っていたという（『朝日新聞』2011 年 8 月 13 日付朝刊）。

56) 一木豊『蔵相──時代と決断』（日本経済新聞社，1984 年）415 頁。

57) 財政省財務総合政策研究所財政史室編『昭和財政史 昭和 49〜63 年度 第 1 巻 総説・財政会計制度』（東洋経済新報社，2005 年）238 頁。

58) 同上『昭和財政史 昭和 46〜63 年度 第 1 巻』217 頁。

59) 真渕勝『大蔵省統制の政治経済学』（中公公論社，1994 年）358 頁。

60) 前掲『昭和財政史 昭和 49〜63 年度 第 2 巻』370 頁。

61) 財政省財務総合政策研究所財政史室編『昭和財政史 昭和 49〜63 年度 第 5 巻 国債・財政投融資』（東洋経済新報社，2004 年）20 頁。1975 年度以降に大量発行された国債は，1985 年度以降に順次満期を迎え，その償還額は 1984 年度 6.2 兆円，1985 年度 10.3 兆円，1986 年度 12.5 兆円を予定されていた。

62) 同上『昭和財政史 昭和 49〜63 年度 第 5 巻』261 頁。1984 年 1 月の財政制度審議会報告において，当時の総合減債制度の下では減債基金の積立てが発行 60 年後の償還に見合うように行われてきたことも考慮し，建設国債と同様の「60 年償還ルール」によることとされた。

63) 『昭和財政史 昭和 49〜63 年度 第 5 巻』278 頁。

64) 前掲『東京証券取引所 50 年史』562 頁。

65) 前掲『昭和財政史 昭和 49〜63 年度 第 2 巻』328 頁。

66) 貝塚啓明・財務省財務総合政策研究所『経済成長と財政健全化の研究──持続可能な長期戦略を求めて』（中央経済社，2010 年）33 頁。1988 年度以降にはマイナス・シーリングの外側で民営化された NTT 株式売却益等が財源として活用された。これらにより当初予算において一般歳出の対前年度比が増加に転じ，一般会計歳出総額の対前年度増加率も上昇した。

67) シ団には，金融・資本市場を構成する機関のほとんどが加入している。都市銀行，長期信用銀行，農林中央金庫のほかは，業態ごとに主要なメンバーが代表してシ団に加わり，さらに業態ごとに参加した銀行等が一定のシェアにもとづいて国債引受を行っていた。たとえば，1979 年 3 月のシ団のメンバーは，都市銀行（13 行），長期信用銀行（3 行），地方銀行（代表 5 行），信託銀行（代表 1 行），相互銀行（現在の第二地銀，代表 1 行），全国信用金庫連合会，農林中央金庫，生命保険会社（代表 1 社），損保会社（代表 1 社），証券会社（代表 6 社）であり，これらの合計 33 行（社）が国と国債の募集引受契約を締結する際に契約書に名を連ねたとされる（前掲『昭和財政史 昭和 49〜63 年度 第 5

巻』132 頁）。

68）1987 年度税制改正の一環として郵便貯金非課税制度が改定され，一律分離課税制度が導入されると，郵便局における国債の窓口販売を求めてきた郵政省は，1987 年度予算において 1 兆円の国債販売等に関する制度改正要求を行った。これを受けて「郵便貯金非課税制度の改正に際しての政府・党合意」によって，①郵便貯金の金融自由化対策資金の創設（いわゆる自主運用，1987 年度 2 兆円），②預入限度額の引上げ（300 万円から 500 万円へ），国債等の販売等（1987 年度 1 兆円），④預託金利法定制の改正，等が決定された（同上『昭和財政史 昭和 49〜63 年度 第 5 巻』203-204 頁）。

69）日本銀行百年史編纂委員会編『日本銀行百年史 第 6 巻』（日本銀行，1986 年）528 頁。

70）全国銀行協会連合会・東京銀行協会編『銀行協会五十年史』（全国銀行協会連合会，1997 年）128 頁。

71）鹿野嘉昭『日本の金融制度 第 3 版』（東洋経済新報社，2013 年）277 頁。

72）斉藤美彦・須藤時仁『国債累積時代の金融政策』（日本経済評論社，2009 年）54 頁。この流れを決定づけた事態は，1983 年 2 月に大蔵省が景気を考慮し，長期金利全体の引上げに繋がる国債の発行条件の維持を打ち出したのに対し，シ団との調整が不調に終わったため，休債となったことであった（前掲『昭和財政史 昭和 49〜63 年度 第 5 巻』55 頁）。

73）前掲『東京証券取引所 50 年史』583 頁。

74）前掲『昭和財政史 昭和 49〜63 年度 第 5 巻』173 頁。

75）真壁昭夫・玉木伸介・平山賢一『国債と金利をめぐる 300 年史』（東洋経済新報社，2005 年）203 頁。

第 5 章 国債問題の顕在化

1）伊藤正直「1990 年代日本の金融システム危機」（鷲見誠良編『アジアの金融危機とシステム改革』法政大学出版会，2000 年）70 頁。

2）植田和男『ゼロ金利との闘い──日銀の金融政策を総括する』（日本経済新聞社，2005 年）46 頁。同書によれば，その骨格は，金融政策の操作目標をコールレートから日銀当座預金残高に変更すること，この金融調整方式を「コア消費者物価指数の前年比が安定的にゼロ % 以上となるまで」継続すること，さらに当座預金額の目標達成に必要な限りにおいて長期国債買入れ額を増大させるというものであった。

3）浅井良夫・井手英策「デフレ下の長期景気回復（2002〜2006 年を中心に）」（小峰隆夫編『バブル／デフレ期の日本経済と経済政策（歴史編）2 日本経済の記録 金融危機，デフレと回復過程（1997 年〜2006 年）』内閣府経済社会総合研究所，2011 年）217-219 頁。

4）杉浦勢之「戦後復興期の銀行・証券──「メインバンク制」の形成をめぐって」（橋本寿朗編『日本企業システムの戦後史』東京大学出版会，1996 年）254 頁。

5）鹿野嘉昭『日本の金融制度 第 3 版』（東洋経済新報社，2013 年）47 頁。

6）池尾和人『開発主義の暴走と保身──金融システムと平成経済』（NTT 出版，2006 年）126 頁。

注（第 5 章）　295

7）前掲西村『金融システム改革 50 年の規制』423 頁。

8）中村宗悦・永江雅和・鈴木久美「金融危機とデフレーション（1997〜2001 年を中心に）」（小峰隆夫編『バブル／デフレ期の日本経済と経済政策（歴史編）2 日本経済の記録 金融危機，デフレと回復過程（1997 年〜2006 年）』内閣府経済社会総合研究所，2011 年）36 頁。

9）以下，大蔵省「金融システム改革」（https://www.fsa.go.jp/p_mof/big-bang/bb1.htm）を参照。

10）白川方明「「ゼロ金利制約」論再考」（吉川洋編『バブル／デフレ期の日本経済と経済政策 2 デフレ経済と金融政策』慶應義塾大学出版会，2009 年）101 頁。

11）前掲中村・永江・鈴木「金融危機とデフレーション」47 頁。

12）同上中村・永江・鈴木「金融危機とデフレーション」24-25 頁。

13）宇沢弘文・武田晴人編『日本の政策金融 II 石油危機後の日本開発銀行』（東京大学出版会，2009 年）491 頁。これは，自己資本比率が一定の基準を下回る金融機関に対し，監督当局が経営改善を指導するというものであり，政府保証にもとづき日銀および民間金融機関から預金保険機構に対して融資がなされた。

14）前掲西村『金融システム改革 50 年の軌跡』458-459 頁。

15）大手銀行のうち，旧東京三菱銀行は資本注入を拒否した。

16）大村敬一・水上慎士『金融再生危機の本質――日本型システムに何が欠けているのか』（日本経済新聞社，2007 年）212 頁。

17）以下，金融庁「金融再生プログラム」（https://www.fsa.go.jp/policy/kinsai/index.html）および金融庁「金融再生法開示債権の状況について」（https://www.fsa.go.jp/status/npl/index.html）を参照。このような再評価の実施に際し，竹中金融担当大臣は「デフレ不況の主な原因は，銀行が抱える不良債権」であるとし，資金不足状態にある銀行を躊躇せずに一時国有（国営）化する姿勢をにじませた。この一方，国有化されるような事態を回避するため，大手都市銀行においても組織変更や外部資金調達による資本増強が推進された（前掲池尾『開発主義の暴走と保身』180 頁）。

18）前掲浅井・井手「デフレ下の長期景気回復」188 頁。なお，ペイオフは，2002 年 4 月 1 日から一部解禁され，2005 年 4 月から全面解禁となった。

19）前掲中村・永江・鈴木「金融危機とデフレーション」40 頁。

20）以下，三井住友銀行総務部行史編纂室『三井住友銀行十年史』（三井住友銀行，2013 年）194 頁を参照。

21）この過程では，「金融再生法」にもとづき国有化された長期信用銀行は新生銀行として，日本債券信用銀行はあおぞら銀行として再生された。

22）前掲宇沢・武田編『日本の政策金融 II』491 頁。

23）財務省財務総合政策研究所財政史室編『平成財政史 平成元〜12 年度 第 2 巻 予算』657 頁。

24）小渕首相は，1998 年 8 月の所信表明演説において，自らの政権を「経済再生内閣」と位置付け，不良債権の抜本的処理，10 兆円を超える第二次補正予算の策定，66 兆円を上回る恒久的減税（所得税と住民税合計の最高税率 50 ％，法人税実効税率 40 ％）の実

施，大規模な財政出動を表明した。また，橋本内閣による「財政構造改革法」については凍結した（前掲中村・永江・鈴木「金融危機とデフレーション」68頁）。

25) 内閣府「経済新生対策」1999年11月11日（https://www5.cao.go.jp/keizai1/keizaitaisaku/1999/19991111b-taisaku.html）。

26) 富田俊基『日本国債の研究』（東洋経済新報社，2006年）150頁。同書によれば，5年国債は，金融債を発行する長期信用銀行が2行破綻し，過去に大量に発行された10年国債が満期まで5年近くとなったことにともない，7年ものの金融債に配慮し，発行を抑制する意味が失われたとされる。

27) 財務省によると，標準ケースと比べて金利が2％から3％へ上昇した場合には，国債費が2005年度時点で1.2兆円，2007年度時点で3.7兆円あまり増加するとの計算が示されている（財務省「平成16（2004）年度予算の後年度歳出・歳入への影響試算」https://www.mof.go.jp/budget/topics/outlook/sy160123a.htm）。

28) 前掲財務省財務総合政策研究所財政史室編『平成財政史 平成元～12年度 第2巻 予算』675頁。これは，国債管理政策において，2008年に償還予定の国債が前後の年に比べて，10兆円以上も突出するという「2008年問題」の懸念材料となった（『日経金融新聞』2006年1月6日付朝刊）。

29) 財務省財務総合政策研究所財政史室編『平成財政史 平成元～12年度 第5巻 国債・財政投融資』（2015年，大蔵省財務協会）106-107頁。

30) 以下，同上『平成財政史 平成元～12年度 第5巻』106-107頁。

31) 日本郵政公社広報部門広報部『稿本 日本郵政公社史』（日本郵政公社広報部門広報部，2007年）60頁。

32) 前掲真壁・玉木・平山『国債と金利をめぐる300年史』222頁。

33) 富田俊基『日本国債の研究』（東洋経済新報社，2006年）132頁。

34) 前掲『平成財政史 平成元～12年度 第5巻』107頁。

35) 同上『平成財政史 平成元～12年度 第5巻』110-111頁。

36) 首相官邸「行政改革会議」（http://www.kantei.go.jp/jp/gyokaku/）を参照。

37) 前掲戸原『公的金融の改革』110頁。

38) 前掲郵政省貯金局監修『為替貯金事業史』292頁。

39) 国債金利と連動することとなった財投金利は，公的年金の運用利回りの向上を求める厚生大臣が，郵便貯金と公的年金とでは資金の性格が異なるという理由から，預託金利の引上げを求めたことによって，預託者に配慮するという資金運用部資金法の規定のもとに，市場金利と乖離することになった（前掲富田『日本国債の研究』235頁）。

40) 高橋洋一『財投改革の経済学』（東洋経済新報社，2007年）84頁。なお高橋は，1991～92年に大蔵省理財局資金第一課課長補佐として郵便貯金の資産運用面，具体的には資金運用部への預託と市場運用を，また1994～98年には「財投改革」を担当していた。さらに，2003年からは，内閣府経済財政諮問会議特命室および内閣官房郵政民営化準備室において，竹中平蔵経済財政・郵政民営化担当大臣のもとで，郵政民営化法案作成等に携わっていた政策作成当事者である。

41) 前掲戸原『公的金融の改革』75頁。

注（第 5 章）　297

42) 同上戸原『公的金融の改革』87 頁。

43) 1999 年 11 月，日銀は郵便貯金の集中満期によって資金運用部の資金繰りの逼迫が予想された 2000〜01 年度の 2 年間に限定し，国債の売り現先で入札未達などが生じた場合，あるいは運用部の要調達額が入札額を上回る場合については，日銀が期間 3 カ月以内の売り現先の相手方になることで国債消化を円滑に行う旨を発表し，郵便貯金集中満期にともなう長期金利上昇回避のための先手が打たれた（前掲富田『日本国債の研究』143-144 頁）。

44) 前掲鹿野『日本の金融制度　第 3 版』514 頁。

45) 中田真佐男「日本の財政投融資——バブルの発生・崩壊から現在までの動向と今後の課題」（井堀利宏編『バブル／デフレ期の日本経済と経済政策 5 財政政策と社会保障』慶應義塾大学出版会，2010 年）508 頁。

46) 前掲西村『金融システム改革 50 年の軌跡』547 頁。

47) 元大蔵省理財局資金企画室長として財投改革のシミュレーションを行った高橋洋一は，「預託で結ばれていた郵便貯金と大蔵省資金運用部では，それぞれの破綻は相手の破綻に直結する。こうして大蔵省が決断したのが財投改革だった。そうすると，郵便貯金はどんな運命をたどるか。リスクは財投改革前よりはるかに高くなる。大蔵省に利益を保証してもらい，国債しか扱ってこなかった運用能力のない郵便貯金が市場に放り出される。しかも，官営のままでは，国債以外の有利な金融商品に手を出せない。これは真っ裸で手足を縄で縛られて荒波に投げ出されたに等しかった」としている（高橋『さらば財務省！——官僚すべてを敵にした男の告白』講談社，2008 年，66 頁）。

48) 大下英治『財務省秘録——大物次官，大臣らの証言で綴る』（徳間書店，2012 年）257 頁。この結果，資金運用部の貸付金にかかわる貸付金利と財政融資資金の 9 年超え 10 年以内満期一括償還の貸付金にかかわる貸付金利について，10 年利付国債と市場金利との乖離幅を比較すると，財投改革後大幅に縮小しており，財政融資部の収益は改善されている。なお，財投債は国債と異なるものではないが，政府債務には勘定されない。

49) 預託金が満期を迎えるまでの 7 年間については経過措置が設けられ，郵便貯金，簡易保険，公的年金の財投債引受により，市中発行予定額が抑制された（前掲富田『日本国債の研究』234 頁）。

50) 『通信協会雑誌』2002 年 10 月号，5-6 頁。

51) この点について，高橋洋一は「公社化した郵便貯金は従来の財投システムからの「ミルク補給」を受けられなくなったので，運用対象を国債とする以上，いずれ経営破綻するはずだ」と指摘している（前掲高橋『財投改革の経済学』235 頁）。

52) 小和口亮『郵政夏の陣　上巻』（リュウブン，2005 年）125 頁。

53) 前掲戸原『公的金融の改革』95-96 頁。

54) 当時の郵便貯金預入限度額 700 万円を満期日まで預けた場合，元利合計額は 1200 万円以上と試算されている（『日経金融新聞』2000 年 3 月 27 日付朝刊）。

55) 『日本経済新聞』1999 年 8 月 26 日付朝刊。

56) 前掲戸原つね子『公的金融の改革』75 頁。

57) 郵政省貯金局編『為替貯金事業史——昭和 50 年から平成 7 年まで』（郵便貯金振興会，

1997 年) 76 頁。国債等窓販開始の具体的な内容としては，①国債のほか，地方債，政府保証債の販売を行う，②特別マル優（少額公債利子非課税制度）の取扱い，③国債等を担保とする貸付，④郵便局で販売した国債等の買取りの請求に応じる，⑤万一，売れ残りがあった場合，郵貯資金で引き受けること，等であった。

58）前掲池尾『開発主義の暴走と保身』222 頁。池尾によれば，個人向け国債の発行以前は，「個人が保有しやすいような商品性の国債を財務省が直接に発行することは行わず，郵貯の資産返還機能を利用してきた」とし，定額貯金は「機能的には個人向け国債の一種に他ならない」としている。また高橋は，「定額郵貯の金利＝国債金利＋流動性プレミアム－オプション料」であることから，「定額郵貯は，金利も解約オプションを考慮すれば国債と同等，個人向け国債（貯蓄国債）の代替となっている」と分析している（前掲高橋『財投改革の経済学』215 頁）。

59）前掲『稿本 日本郵政公社史』64 頁。なお，後述するように，これにはペイオフ解禁に向けて名寄せが厳格化され，預入限度額を超えたものについては強制的に解約，あるいは国債購入させたことの影響も大きいと思われる。その後の民営化のためのイコールフッティングとして，2004 年 3 月以降に郵便貯金で名寄せが進められたことは，郵貯減少の一つの要因であったと考えられる。

60）『日経金融新聞』2006 年 1 月 16 日付朝刊。

61）前掲『稿本 日本郵政公社史』64 頁。

62）この点について，西川善文元日本郵政社長は，「自主運用が増えるのは民営化したメリットだが，一方で利回りが高かった資金運用部預託が減れば，当面経営が苦しくなるというのが，痛し痒しだった。自力での運用能力の向上が不可欠なのに，「郵貯は政府保証付き」というしがらみがある。資金の多くを国債や地方債の購入に充てるしかなかった」とし，「国債偏重の運用には，利回りが低くなるだけではなく，金利上昇という別のリスクも潜んでいる。長いデフレ経済が何らかの理由で転換して金利が上昇局面に入れば，短期の調達金利と，運用している長期の国債金利との金利差は縮小する。つまり利ざや収入が大きく減少し，収益力を低める危険性」があり，「金利の上昇は国債価格の下落であるから，巨額の含み損を抱え込むことになる」と回顧している（西川善人『ザ・ラストバンカー──西川善文回顧録』講談社，2011 年，227 頁）。

63）ただし，世界経済が 20 世紀的な成長路線から転換し，資本が新たな投資機会を求め，グローバルに移動していく時代において，かかるリスクマネーを国民の「過去の遺産」でもある郵便貯金に求められるかどうかは，さらに慎重な検討が必要であろう。

64）『朝日新聞』2007 年 10 月 1 日付朝刊。

65）前掲『稿本 日本郵政公社史』61 頁。

第 6 章　郵政民営化の政策決定過程

1）首相官邸「改革と創造──橋本内閣 6 つの改革」（https://www.kantei.go.jp/jp/kaikaku/pamphlet/p1.html）。

2）首相官邸「行政改革改革会議」（https://www.kantei.go.jp/jp/gyokaku/）。

3）内山融『小泉政権──「パトスの首相」は何を変えたのか』中公新書，2007 年，16 頁。

注（第 6 章）　299

4）J. E. スティグリッツ『世界を不幸にしたグローバリズムの正体』（鈴木主税訳，徳間書店，2002 年）36 頁。

5）事実，橋本龍太郎は自民党の政治家としては異例なほど強硬な対米姿勢を有していた。橋本が通産大臣であった村山内閣下でクリントン政権との間で進められた日米自動車協議において，そのことは明らかである。このときクリントン政権は，対外的に強硬な保護主義的姿勢を示していた。橋本はこの点に強く反発を示し，むしろ日本の自動車業界のほうが橋本の対米姿勢の強硬さに懸念を覚え，自主規制による妥協の道を探ることになった。この時期の日本の政策はアメリカに強いられたことのみでなかったのである。「橋本外交」についての証言については，橋本および政策担当当事者へのインタビューをまとめた五百旗頭真・宮城大蔵編『橋本龍太郎──外交回顧録』（岩波書店，2013 年）に詳しい。

6）首相官邸「行政改革会議 中間報告」1997 年 9 月 3 日（https://www.kantei.go.jp/jp/gyokaku/0905nakaho-01.html）。

7）首相官邸「行政改革会議 最終報告」1997 年 12 月 3 日（https://www.kantei.go.jp/jp/gyokaku/report-final/）。

8）以下，首相官邸「中央省庁等改革基本法」1998 年 6 月 12 日（https://www.kantei.go.jp/jp/gyokaku/980303houan.html）を参照。

9）公社は，1946 年内閣に置かれた行政調査部が，現業官庁を一般行政機構から分離することを目的に「鉄道公庁」，「逓信公庁」，「専売品公庁」の要綱案を策定し，GHQ と折衝していたところ，1948 年 7 月公務員から争議権と団体交渉権を剥奪する公務員法改正を趣旨としたマッカーサー書簡が芦田伸介首相に出され，これを機縁に鉄道および専売については「公社」とするという方向でまとまったことを起源としている。この時，逓信については公社化はなされず，1949 年郵政省と電気通信省に分割され，1952 年電気通信省は日本電信電話公社（電電）に移行した。公社の成立過程については，奥住弘久『公企業の成立と展開──戦時期・戦後復興期の営団・公団・公社』（岩波書店，2009 年）214 頁以下に詳しい。

10）労働側については，1989 年社会党系の日本労働組合総評議会（総評）と民社党系の全日本労働総同盟（同盟），中間派の中立労働組合連絡会議（中立労連），全国産業別労働組合連合（新産別）が統一し，日本労働組合総連合（以下，「連合」）がナショナル・センターとして設立されたが，総評系の全逓信労働組合（以下，「全逓」）と同盟系の全日本郵政労働組合（以下，「全郵政」）は，別組織のまま連合に加盟していることから，民主党系となった。全逓は日本郵政公社設立とともに，日本郵政公社労働組合と改称している。どちらも郵政民営化には反対の立場をとっていたが，2007 年民営化とともに統一されることとなり，日本郵政グループ労働組合（以下，「JP 労組」）として今日にいたっている。

11）上川龍之進『小泉改革の政治学──小泉純一郎は本当に「強い首相」だったのか』（東洋経済新報社，2010 年）123 頁。

12）飯尾潤『政局から政策へ──日本政治の成熟と転換』（NTT 出版，2008 年）203 頁。

13）前掲上川『小泉改革の政治学』9 頁。

14) この時の改革について，橋本首相は，「火だるま」となって行政改革を推進すると述べている（中村宗悦・永江雅和・鈴木久美「金融危機とデフレーション（1997～2001年を中心に）」小峰隆夫編『バブル／デフレ期の日本経済と経済政策（歴史編）2 日本経済の記録 金融危機，デフレと回復過程』内閣府経済社会総合研究所，2011年，98頁）。

15) 五百旗頭真・伊藤元重・薬師寺克行編『森喜朗——自民党と政権交代』（朝日出版社，2007年）267頁。

16) 前掲五百旗頭・伊藤・薬師寺編『森喜朗』204-206頁。

17) 五百旗頭真・伊藤元重・薬師寺克行編『野中広務——権力の興亡』（朝日出版社，2008年）281頁。野中は，この選挙を通じ，利益配分型政治はもはや国民の支持を得られないことを感じ取り，郵政はこのままでは守り切れないし，ただ守り切るのも問題だと考えるようになり，その妥協点を探り始めたと回顧している。一方，森は，小泉が野中との妥協という課題を，マスコミを通じ，いとも簡単に乗り越えていくところに小泉の政治手法を見ている。森は小泉が旧田中派潰しを直接目的としていたわけではなく，結果としてそうなったのだと述べている。ただし，マスコミが囃すような「角福の怨念」のようなものと小泉のパーソナリティはおよそ縁遠いものの，旧田中派が多く関わっていた自民党と業界との癒着構造にメスを入れることを小泉が意識していたことは否定しないとしている。郵政民営化が，政治的次元では，社会党なき後，「五五年体制」の一翼である自民党の「田中派的なるもの」にとって最大の脅威となることは，橋本政権における自民党内の抵抗によって明らかであった。だとすれば，小泉の後見役を任じていた森が述べているところは，かつて中曽根首相が国鉄民営化によって目指したところのものとぴたりと符合する。それは「五五年体制」の残されたもう一つの翼を叩き折ることに照準を当てていたといえるのではないだろうか。

18) グレゴリー・W. ノーブル「政治的リーダーシップと構造改革」（杉之原真子訳，東京大学社会科学研究所編『「失われた10年」を超えてII 小泉改革への時代』東京大学出版会，2006年）87頁。

19) 竹中平蔵『構造改革の真実——竹中平蔵大臣日誌』（日本経済新聞社，2006年）258頁。なお，小泉内閣下の経済財政諮問会議は，議長である首相のほか，5人の閣僚と日本銀行総裁，4人の民間有識者（牛尾治ウシオ電機会長，奥田碩・トヨタ自動車会長，本間正明・大阪大学教授，吉川洋・東京大学教授）で構成され，竹中平蔵が2005年10月まで経済財政政策担当大臣として会議の運営に当たった。以下，諮問会議の議事要旨や資料については，経済財政諮問会議（https://www5.cao.go.jp/keizai-shimon/index1.html）および郵政民営化準備室のホームページを参照（2011年9月30日現在閉鎖）。

20) 同上竹中『構造改革の真実』261頁。竹中は，こうした経済財政諮問会議の利点から，「郵政民営化のプロセス全体を，どうしても"総理直轄"で進める必要がある」と考えていた。

21) 同上竹中『構造改革の真実』248頁。

22) 同上竹中『構造改革の真実』246頁。

23) 町田徹『日本郵政——解き放たれた「巨人」』（日本経済新聞社，2005年）216頁。

24) 朝日新聞「変転経済」取材班編『失われた〈20年〉』（岩波書店，2009年）199頁。

注（第 6 章）　301

25）もちろんのこと，政策目的はつねに一義的であるとは限らない。むしろ同じ政策によっ
て複数の効果が期待されることのほうが一般的であり，政治の過程においては特にそう
であろう。新自由主義政策が最初に登場したサッチャー政権においてすでに，労働力の
柔軟化による国際競争力の強化政策は，野党である労働党の支持基盤をなす労働組合の
弱体化と表裏の関係にあった。だがそのような場合にあっても，政策の主眼がどちらに
あるかは，一連の政策体系の中に当該政策がどのように位置づけられているかをみるこ
とによって判断する他ない。中曽根政権，小泉政権の民営化は，政策の対象領域からの
内在的要請と切れた格好で，政策が打ち出された点に類似性がある。このため，この二
つの民営化の実現過程においては，橋本政権にみられたような妥協は一切排され，対立
軸が鮮明にされるとともに，内在的要請との乖離が，国民的議論を巻き起こすことによ
り，政治的に埋められていくというプロセスを辿ったことが特徴である。この二つの政
権が高度成長期以後のものとしては異例の長期政権であったことは，おそらくこのこと
と無縁ではないであろう（田中秀征『自民党本流と保守本流──保守二党ふたたび』講
談社，2018 年，128 頁）。むろんそれは，二つの改革にコミットした政治家，官僚，学
者知識人，財界人が新自由主義政策の理念を信じ，政策を立案し，実践していったこと
と何ら矛盾しない。

26）全国銀行協会連合会・東京銀行協会編『銀行協会五十史』（全国銀行協会連合会，1997
年）443 頁。

27）同上『銀行協会五十史』135 頁。

28）『朝日新聞』2007 年 10 月 1 日付朝刊。

29）郵政省貯金局編『為替貯金事業史──昭和 50 年から平成 7 年まで』（郵便貯金振興会，
1997 年）472 頁。

30）同上『為替貯金事業史』474 頁。

31）同上『為替貯金事業史』476 頁。

32）大嶽秀夫は，ポピュリズム政治の特徴について，「善玉悪玉二元論を基礎にして，政治
を道徳次元の争いに還元する。その際，プロフェッショナルな政治家や官僚を政治・行
政から「甘い汁」を吸う「悪玉」として，自らを一般国民を代表する「善玉」として描
き，その両者の間を勧善懲悪的ドラマとして演出する」と整理している（大嶽秀夫『小
泉純一郎ポピュリズムの研究』中公新書，2003 年，92-94 頁）。

33）たとえば，高瀬淳一『武器としての〈言葉政治〉──不利益分配時代の政治手法』（講談
社選書メチエ，2005 年），星浩・逢坂巌『テレビ政治──国会報道から TV タックルま
で』（朝日新聞社，2006 年），上杉隆『小泉の勝利 メディアの敗北』（草思社，2006 年），
東照二『選挙演説の言語学』（ミネルヴァ書房，2010 年）等，小泉首相が強いリーダー
シップを発揮できた理由について，その巧みなメディア戦略や「劇場型政治」に着目す
る見解は，小泉が世論を誘導・操作し，時代状況を作り出したとみるものである。

34）内閣府「今後の経済財政運営及び経済社会の構造改革に関する基本方針」2001 年 6 月
26 日（https://www5.cao.go.jp/keizai-shimon/cabinet/2001/0626kakugikettei.pdf）。宮澤内閣
下で導入された「骨太の方針」が「新手法」として活用されたことについては，前掲竹
中『構造改革の真実』「第 4 章 経済財政諮問会議の真実」に詳しい。

35)「郵政三事業の在り方について考える懇談会」2002 年 9 月 6 日（https://www.kantei.go.jp/jp/singi/yusei/dai10/10gijisidai.html）。

36) 全国銀行協会「「郵政事業の公社化に関する研究会」中間報告について」2001 年 12 月 19 日（https://www.zenginkyo.or.jp/news/2001/n2651/），同「郵政事業の公社化に関する研究会最終報告について」2002 年 9 月 8 日（https://www.zenginkyo.or.jp/news/2002/n2673/），経済同友会「郵政事業の公社化に関する研究会中間報告骨子案に対するパブリックコメント」2001 年 11 月 27 日。

37) 全国銀行協会「「郵政事業の公社化に関する研究会」中間報告について」2001 年 12 月 19 日，同「郵政事業の公社化に関する研究会最終報告について」2002 年 9 月 8 日，経済同友会「郵政事業の公社化に関する研究会中間報告骨子案に対するパブリックコメント」2001 年 11 月 27 日，社団法人経済同友会経済政策委員会「今こそ実行の時——日本経済の活性化を目指して——明るい 21 世紀のためのマスタープラン」2001 年 5 月 29 日（https://www.doyukai.or.jp/policyproposals/articles/2001/pdf/010529d.pdf）。

38) 以上，経済同友会経済政策委員会委員長生田正治「「小泉改革の進捗について」——経済政策委員会提言（2001 年 5 月）との対比」2002 年 5 月 24 日（https://www.doyukai.or.jp/policyproposals/articles/2002/pdf/020524_20.pdf）。

39) 西村は，「1990 年代半ば以降の金融システム改革の特徴は，伝統的な金融制度改革の集大成である日本版金融ビッグバンに代表されるものというよりは，むしろ日本経済の構造変化と競争・市場原理への転換に伴う新たな均衡の模索（さしあたり破綻処理・金融安定化制度の整備）ともいうべきものであったのではないか」と問いかけている（前掲西村『金融システム改革 50 年の軌跡』425 頁）。終章でみるように，わが国の家計，行政，金融機関がグローバルプレーヤーとして世界経済に参画していくことの自覚と自己責任の喚起が問われていた。

40) 郵政懇の議論については，木村佳弘が詳細な検討を加えており，参照されたい（木村佳弘「郵政事業の民営化と公的金融の再編」金澤史男編『公私分担と公共政策』日本経済評論社，2008 年，第 3 章）。郵政懇のミッションはきわめて複雑であったため議論は多岐にわたった。その主な論点は，全国的に展開されている郵便局ネットワークをどのように活用するかと，郵便貯金・簡保の金融 2 事業をどのように展望するかという問題に関わっていた。前者を重視する限り，後者の民営化論に付きまとう地域分割による民営化という方式は封印されることになる。③の類型はもっぱらこの点を切り離すために後者の廃止を図ったものであったといえよう。しかしそうなると，全国規模の郵便局ネットワークによるユニバーサルサービスを支える収益基盤をどのように考えるかが問題になる。これは，その後の議論でも繰り返される問題であったが，木村はこの審議過程の分析で，小泉首相のスタンスにつき，きわめて示唆的な指摘をしている。小泉は，郵政民営化とともに，民間からの郵便事業への参入による競争環境の創出を重視していた。民間からの参入業者がクリームスキミングを行っても，郵便局がユニバーサルサービスを提供できるのだから，何にも問題がないという小泉の楽観的主張に，委員が困惑したことに，木村は注意を喚起している。民営化の過程ではクリームスキミングがユニバーサルサービスの実現をつねに妨害せざるを得ないとすれば，これは議論そのものを無意

味化させかねない（金澤史男「現代財政と公私分担の再編」金澤史男編『公私分担と公共政策』日本経済評論社，2008年，38頁）。郵政懇でネットワーク外部性や社会化，負担の帰着について激論が交わされ，集約しきれなかったのはそのためであった。小泉首相が議論の枢要な論点にほとんど無関心であったという事実は，小泉の姿勢が委員たちの依拠する経済学の文脈や現場の実感とは異なる問題関心に貫かれていたことを示すものであろう。この点は，後述する経済財政諮問会議における生田総裁との間に生まれた疎隔とも相通じるものがある。

41）「衆議院本会議」2003年9月26日。

42）「竹中5原則」とは，「活性化の原則」，「整合性の原則」，「利便性の原則」，「資源活用の原則」，「雇用配慮の原則」の5つの基本原則で，これに則って郵政民営化に関する検討が進められた（前掲竹中『構造改革の真実』150-151頁）。

43）以下の郵政民営化関連法案の成立過程については，郵政民営化研究会『郵政民営化ハンドブック』（ぎょうせい，2004年）および滝川好夫『郵政民営化の金融社会工学』（日本評論社，2006年）を参照。

44）郵政民営化は当初，有権者にあまり重要と認識されていないテーマであった。大嶽秀雄によれば，小泉首相は郵政民営化に国民の関心を引きつけるため，反対勢力は郵便局長・局員の公務員としての特権を守ろうとしていると主張し，国民の官僚に対する反発心に訴えることにした。また，郵政民営化は「構造改革」の一里塚であり，この程度の改革ができずに他の改革はできるのかと問いかけ，郵政民営化に反対する勢力は構造改革全体に反対する「抵抗勢力」であると主張した。これは，小泉が一般有権者には財投改革のための郵政民営化という自らの理念を訴えても，理解されにくいと考えていたからであるとされる。大嶽はこうした小泉の選挙戦術について，「ハード・イシュー」（一般有権者には理解の難しい争点）を「イージー・イシュー」（一般国民に緊急の課題としてストレートに受け入れられる争点）に転換する戦術であったと説明している（前掲大嶽『小泉純一郎ポピュリズムの研究』92-94頁）。

45）小和口亮『郵政夏の陣 上巻』（リューブン，2005年）269頁。小泉政権は，2001年4月26日の内閣発足後最初のNHKによる世論調査において81％という驚異的な支持率を記録し，圧倒的な国民的支持を得ていた。

46）橘川武郎「「失われた10年」の意味」（東京大学社会科学研究所編『「失われた10年」を超えてI 経済危機の教訓』東京大学出版会，2006年）3頁。なお，小泉首相は就任当初，郵政民営化を自民党の公約として取り上げることができなかった。上川龍之進によると，小泉は2005年の総選挙までは自民党を完全に掌握していたわけではなく，自民党内で支配を確立していなかったからこそ，自民党の大勢に抗して「構造改革」を進めるために経済財政諮問会議を活用しなければならなかったとされている。小泉のセンセーショナルな発言が，けっしてその場限りのものでなく，その意志を正確に表現していたことを示すものであろう。おそらく党内反対勢力は，この点で小泉がどこにターゲットを絞っていたかを見誤っていたのである（前掲上川『小泉改革の政治学』312頁）。

47）前掲ノーブル「政治的リーダーシップと構造改革」100頁。

48) 以下，全国銀行協会「郵便貯金事業の抜本的な改革を求める私どもの考え方」2002 年 11 月 14 日（https://www.zenginkyo.or.jp/fileadmin/res/news/news141114.pdf）。

49) 全国銀行協会「郵政民営化と郵便貯金のあり方について（骨子）」2003 年 12 月 24 日（https://www.zenginkyo.or.jp/fileadmin/res/news/news151224_2.pdf）。

50) 以下，全国銀行協会「郵政民営化と郵便貯金のあり方について」2004 年 2 月 3 日（https://www.zenginkyo.or.jp/fileadmin/res/news/news160203.pdf）。

51) この他に，ポストバンクについては「官業ゆえの特典」の廃止（政府保証の解除と預金保険制度への加入，納税義務，民間金融機関と同一の規制・監督）や適切な地域分割の実施のほか，雇用や郵便局ネットワークの効率化に対する激変緩和措置として，最長 10 年にわたり，整理勘定の運用益の一定額をポストバンクに補助金として交付すること等が述べられた。このような具体的改革のイメージは，その後も一貫して主張されるものであった（同上全国銀行協会「郵政民営化と郵便貯金のあり方について」2004 年 2 月 3 日）。

52) 前掲小和口『郵政夏の陣 上巻』269 頁。

53) 以下，全国銀行協会「郵政民営化に対する私どもの考え方──全銀協の意見をよりご理解いただくために」2004 年 7 月 29 日（https://www.zenginkyo.or.jp/fileadmin/res/news/news160729.pdf）。

54) 『朝日新聞』2007 年 10 月 1 日付朝刊。

55) 『日経金融新聞』2007 年 5 月 30 日付朝刊。

56) 前掲山脇『郵政攻防』18 頁。生田総裁の任命過程については，財界編集部編『郵政改革の原点──生田正治・日本郵政公社初代総裁 四年間の軌跡』（財界研究所，2007 年）日本郵政公社広報部門広報部『生田さんの真っ向日記』（日本郵政公社広報部門広報部，2007 年）等に詳細が描かれている。

57) 前掲財界編集部編『郵政改革の原点』288 頁。「民間的経営手法」とはいうものの，そのマニュアルはなく，三事業それぞれで留意しなければならないものは異なる。合併や倒産でかなりの会社が姿を消しつつあるという当時の状況から模範的な民間的経営モデルを見出すことも難しいとの認識により，生田総裁はそれまでの商船三井や経済同友会等での経験を生かし，最も簡単で内外にわかりやすい手法を採用することとした。その具体物が，2003 年 4 月郵政公社発足と同時に制定した「経営理念」「行動憲章」「環境基本宣言」「経営ビジョン」であった。

58) 前掲山脇『郵政攻防』18 頁。

59) 以下，前掲『生田さんの真っ向日記』12 頁。

60) 前掲『生田さんの真っ向日記』194 頁。竹中平蔵は，この日の会議の締めくくりに，小泉首相が「いよいよ本丸中の本丸だ。これで郵政民営化が，内閣にとって正式課題となった」と発言したと記している（前掲竹中『構造改革の真実』148 頁）。

61) 以下，経済財政諮問会議「郵政民営化の検討に当たってのポイント（竹中議員提出資料）」2003 年 10 月 3 日（https://www5.cao.go.jp/keizai-shimon/minutes/2003/1003/item2.pdf）。

62) 前掲木村「郵政事業の民営化と公的金融の再編」116 頁。これらの前提は，その後の諮問会議の場でも確認されているが，異議は唱えられずに承認されている。諮問会議では，

民間の有職者議員が，資料を提出して自らの意見を発表している。しかし，竹中大臣は，諮問会議を議論の場というよりも，すでに出ている結論を正式決定する場と認識していた。

63) 前掲木村「郵政事業の民営化と公的金融の再編」116-118 頁。

64) 同上木村「郵政事業の民営化と公的金融の再編」117 頁。

65) 同上木村「郵政事業の民営化と公的金融の再編」118 頁。なお，民営化にかかわる議論に際し，生田総裁は一貫して，民営化の基本政策問題について，「公社は執行機関でありいわばまな板の上，従って民営化する／しないは政府／政治が決めるべき問題」との立場を維持するとともに，民営化を前提とした諮問会議や国会の両院における審議等で意見を求められた際には，民営化するとすれば満たされねばならない要件に照準を絞って発言した。

66) 前掲竹中『構造改革の真実』156 頁。

67) 諮問会議で議論が進行し，民営化のかたちが徐々に決まっていく過程において，生田総裁は非公式的にも竹中大臣と議論したり，麻生総務大臣と連携をとったりしていた。

68) 経済財政諮問会議「平成 16 年第 6 回経済財政諮問会議議事録」2004 年 3 月 23 日（https://www5.cao.go.jp/keizai-shimon/minutes/2004/0323/minutes_s.pdf）。

69) 経済財政諮問会議「平成 16 年第 3 回経済財政諮問会議議事録」2004 年 2 月 17 日（https://www5.cao.go.jp/keizai-shimon/minutes/2004/0217/minutes_s.pdf）。

70) 経済財政諮問会議「平成 16 年第 7 回経済財政諮問会議議事録」2004 年 4 月 7 日（https://www5.cao.go.jp/keizai-shimon/minutes/2004/0407/minutes_s.pdf）。

71) 経済財政諮問会議「郵政民営化に関する論点整理」2004 年 4 月 26 日（https://www5.cao.go.jp/keizai-shimon/minutes/2004/0426/item1.pdf）。

72) 経済財政諮問会議「平成 16 年第 18 回経済財政諮問会議議事録」2004 年 8 月 2 日（https://www5.cao.go.jp/keizai-shimon/minutes/2004/0802/minutes_s.pdf）。このような議論から，小泉首相は生田総裁が民営化に反対していると判断して，2004 年 9 月 7 日に生田総裁を官邸に呼び出した。「2007 年 4 月に分社化したい」と要請する小泉首相に対し，生田総裁は「協力したいが，システムの問題は別」であり，「経営を預かっている立場として，できないものはできない」と断言した。結局，この話し合いはシステムの専門家の議論を反映させることで収拾された（前掲山脇『郵政攻防』33 頁）。

73) 経済財政諮問会議「生田日本郵政公社総裁提出資料」2004 年 8 月 2 日（https://www5.cao.go.jp/keizai-shimon/minutes/2004/0802/item1.pdf）。

74) 前掲経済財政諮問会議「平成 16 年第 18 回経済財政諮問会議議事録」2004 年 8 月 2 日。以上からすれば，生田はこの諮問会議に参考人の郵政公社総裁として出席し，経営者として自らの立場を限定した上で，資本の論理の外部にある「社会」についての配視を要請していたことになる。この意味で生田は経営者の立場としての抑制と，経営者であることの抑制という二重の自己抑制を自らに課したといえる。この点が「あるべき姿」を追求していた諮問会議の議員との間の齟齬となって現れたものと思われる。なお，生田は『郵政改革の原点——生田正治・日本郵政公社初代総裁 四年間の軌跡』で，「私は自由化論者で，市場主義者です。規制総合改革の委員でもありましたから，自由競争には

大賛成ですが，やはり手順と一定のルールがあります。なんでも既存のものを壊せばいいというものではありません。秩序ある自由化をすべきです」と述べている。生田は，日本の地方の生活とともに，この時期ドイツから多くを学んでいたものと思われる。

75) 前掲『稿本 日本郵政公社史』10 頁。

76) 同上『稿本 日本郵政公社史』10-11 頁。

77) 前掲町田『日本郵政──解き放たれた「巨人」』238 頁。

78) 以上，経済財政諮問会議「郵政民営化の基本方針」2004 年 9 月 10 日（https://www5. cao.go.jp/keizai-shimon/minutes/2004/0910/item1.pdf）。

79) システム問題をめぐって，参事官が記者会見で「暫定システムで分社化できる」と郵政公社の見解を差し替え，異なる説明をしたとして，郵政公社側は竹中大臣や郵政民営化準備室長らに厳重抗議をしていた。2004 年 11 月 17 日の総裁会見の質疑応答時には，会見直前に郵政民営化準備室長から誤った記者対応があったと謝罪を受けたことが報告され，それに対して，生田総裁は公正性と透明性を再度求めたと発言した。なお，総裁会見など日本郵政公社の報道発表資料は，2019 年 8 月時点において，日本郵政のホームページ上の「旧日本郵政公社 報道発表資料など」（https://www.japanpost.jp/corporate/milestone/privatization/past/pressrelease/）からみることができる。

80) 「郵政民営化情報システム検討会議第 4 回会合」2004 年 11 月 22 日（https://www.yuseimineika.go.jp/system/dai4/4gijiyousi.html）。

81) 「郵政民営化情報システム検討会議報告（案）」2004 年 12 月 27 日（https://www.yuseimineika.go.jp/system/dai7/7siryou1.pdf）。この報告では，2007 年 4 月に間に合うようにとの期限ありきの方向性が示され，本来必要とする作業の約 3 分の 1 にあたる 1700 万ステップの暫定作業により民営化を断行し，残された問題には法律で対応するという多分に問題を残す結論が打ち出されていた。実際，この論点は，民営化直後のシステムにまつわる混乱となって現実化した。

82) 「郵政民営化に関する有識者会議」2004 年 11 月 17 日（http://www.yuseimineika.go.jp/yuushiki/kaisai.html）。

83) 前掲『稿本 日本郵政公社史』12 頁。

84) 日本郵政公社「総裁定例会見」2004 年 11 月 17 日。

85) 日本郵政公社「「骨格経営試算」に対する意見」2004 年 11 月 22 日（http://www.kantei.go.jp/jp/singi/yuseimineika/iken/041124iken.html）。

86) 自民党内の政策決定過程においては，政府保証の廃止，郵貯・簡保の民営化後の国債消化機関化，法人税・固定資産税の維持，ユニバーサルサービス費用を国庫繰入しないことに関しては合意がとりつけられていた。四分社化と，それにともなって郵貯銀行および簡易保険会社が金融行政に服することについても，少なくとも自民党の 5 役間においては合意がなされていた（前掲木村「郵政事業の民営化と公的金融の再編」126 頁）。

87) 衆議院における当初の 1 週間は時間稼ぎのような議論が多く見られ，内容のある審議は行われなかった。それに対し，参議院では「どうして民営化をする必要があるのか」という問題を含めて，公社のままでは経営が成り立たない，早い段階で民営化しなければならない等，厳しい問いかけがなされた。

注（第7章）　307

88）衆議院で可決された郵政民営化法案が参議院で否決されたのは，小泉首相の任期が切れるまで参議院選挙がなかったからでもある。

89）首相官邸「第2次小泉内閣ホームページ」（http://warp.ndl.go.jp/info:ndljp/pid/234460/www.kantei.go.jp/index.html）参照。

90）前掲内山『小泉政権』202頁。この小泉旋風を引き起こしたのは，人口構成において多数を占めつつあり，従来の政治基盤と距離を生み，無党派化を進めていた都市新中間層であったと考えられる。

91）前掲浅井・井手「デフレ下の長期景気回復（2002〜2006年を中心に）」269頁。

92）藤村修『民主党を見つめ直す――元官房長官・藤村修回想録』（毎日新聞社，2014年）251頁。同研究会に参加した民主党議員は10名，自民党から参加したのは小泉を加えて2名のみであった（小泉純一郎・松沢しげふみ編『郵政民営化論――日本再生の大改革！』PHP研究所，1999年）。

93）事実，竹中は，2005年3月に民主党が郵政民営化に反対する決定を下したことを，小泉首相が「民主党の最大の戦略ミス」と評したとして，竹中の最大の心配が民主党が民営化に賛成するだけでなく，よりラディカルな案を示すことで，政権が自民党の反民営化派と改革派の民主党に挟撃されることにあったと回顧している（前掲竹中『構造改革の真実』200頁）。岡田勝也民主党代表は郵政民営化に賛成であったが，日本郵政公社労働組合（旧全逓）が民営化に反対したため党の方針に上げられなかったのである（同上藤村『民主党を見つめ直す』272頁）。

94）郵政公社職員の人件費は独立採算であり，年金についても国家負担部分を公社が引き受けており，その限りでは財政改革に貢献するわけではなかった。しかし橋本首相による中央省庁再編が，省庁の統合を進めながら公務員数を減らすことができなかった過去と比べることで，小泉改革のラディカルさを主張できたのである。

95）前掲竹中『構造改革の真実』148頁。

96）『朝日新聞』2008年10月2日付朝刊。

97）前掲財界編集部編『郵政改革の原点』251頁。

98）前掲竹中『構造改革の真実』148頁。

99）この点については，朝日新聞記者による有田哲文・畑中徹『ゆうちょ銀行――民営郵政の罪と罰』（東洋経済新報社，2007年）に詳しい。

100）前掲竹中『構造改革の真実』243頁。

101）小泉に9月の内閣交代とともに参議院議員を辞職する意向を伝えていた竹中は，ポスト小泉を選ぶ自民党総裁選の真っただ中，安倍信三官房長官の当選確実となった日の翌日に議員辞職の意向を公にした（加藤寛・竹中平蔵『改革の哲学と戦略――構造改革のマネジメント』日本経済新聞出版社，2008年，263頁）。

102）『朝日新聞』2008年10月2日付朝刊。

第7章　郵政民営化の現在と巨大郵貯のゆくえ

1）日本郵政については3分の1以上の株式を保有することによって，特別決議の拒否権を政府に対して留保した。本書では，このことを念頭において「完全民営化」という言葉

を使用する。

2）麻生は，2013 年 3 月 15 日の衆院財務金融委員会において，「竹中平蔵と正面からぶつかった記憶があります。残念ながら私の方が負けました」と振り返っている。麻生は財政出動によるデフレ脱却を考えており，コストカッターの竹中は政権の方針に合わないと考えていたとされる（『朝日新聞』2016 年 6 月 20 日付朝刊）。

3）この点については，郵政改革「第 8 回 郵政改革関係政策会議民営化検証ワーキングチーム」配布資料，2010 年 2 月 26 日（https://www.cas.go.jp/jp/seisaku/youseikaikaku/dai8/shiryou1.pdf）および『逓信協会雑誌』第 1164 号，2008 年 5 月号，を参照。

4）橋本賢治「郵政事業の抜本的見直しに向けて」（参議院事務局企画調整室『立法と調査』No. 305，2010 年 6 月）12 頁。

5）かんぽの宿は，民営化により日本郵政が簡易保険事業から承継したものであり，2012年までの処分が日本郵政株式会社法附則第 2 条で義務づけられていた。

6）『朝日新聞』2009 年 2 月 6 日付朝刊。

7）郵政民営化委員会「郵政民営化の進捗状況についての総合的な見直しに関する郵政民営化委員会の意見（意見）」2009 年 3 月 13 日（https://www.yuseimineika.go.jp/iinkai/iken/iken_090313.pdf）。

8）前掲橋本「郵政事業の抜本的見直しに向けて」13 頁。

9）総務省「日本郵政ガバナンス問題調査専門委員会報告書」2010 年 5 月 17 日（http://www.soumu.go.jp/main_content/000066080.pdf）。

10）郵政改革「郵政改革に関連する法案骨子について」2010 年 4 月 20 日（https://www.cas.go.jp/jp/seisaku/youseikaikaku/yuusei/100420siryou1.pdf）。

11）郵政改革を考える民間金融機関の会「共同声明」2011 年 12 月 2 日（https://www.zenginkyo.or.jp/news/2011/n3189/）。

12）『朝日新聞』2010 年 4 月 2 日付夕刊。

13）The Office of the United States Trade representative, "2010 National Trade Estimate Report on Foreign Trade tarries," p. 202.

14）『朝日新聞』2010 年 5 月 22 日付朝刊。

15）一般財団法人ゆうちょ財団『ゆうちょ銀行等の動向』平成 30 年版，2019 年，191 頁。

16）財務省「東日本大震災からの復興のための施策を実施するために必要な財源の確保に関する特別措置法案要綱」2011 年 10 月 28 日（https://www.mof.go.jp/about_mof/bills/179diet/zk231028y.htm）。

17）この時期には，後述するように，民自公三党間で「社会保障と税の一体改革」が進められており，政権交代をまたいだ「ねじれ国会」の下にあって，大連立に代わる政策協調の可能性が模索されていたといえる。

18）「郵政民営化法等の一部を改正する等の法律」2012 年 5 月 8 日（http://www.shugiin.go.jp/internet/itdb_housei.nsf/html/housei/18020120508030.htm）。

19）完全民営化を前提に，ゆうちょ銀行は銀行法に，かんぽ生命は保険業法にもとづき設立され，各業法によって規定されていることから，2 社にユニバーサルサービスを法的に義務づけることは難しい。もし 2 社にユニバーサルサービスを課すとするならば，民主

党の「郵政改革法案」のように別途規定を設ける必要があるが，すでに指摘したように，このような方法にはかんぽ生命をめぐり海外からの強い反発があり，また当時民主党政権が模索していた TPP 交渉に影響することも考えられた。一方，自民党は金融 2 社の全株売却の立場を維持するものの，民営化時に説明されていたような金融ユニバーサルサービスの保証がないことについてはこれを認め，日本郵政を含む郵便事業会社側に義務づけるという公明党の案を「法的に一定の解決策」として受け入れた。しかし，それだけでは「やや法律上の便宜」に過ぎないとして，政府の何らかの関与を検討すべきであるとした。つまり，整合的「解」は見出されなかったといえよう（自由民主党「郵政改革法案への対応の考え方」2012 年 3 月 16 日 https://www.jimin.jp/policy/policy_topics/pdf/seisaku-100.pdf）。

20)「社会保障・税一体改革大綱」2012 年 2 月 17 日（http://www.cas.go.jp/jp/seisaku/syakaihosyou/kakugikettei/240217kettei.pdf）。

21)『朝日新聞』2016 年 6 月 5 日付朝刊。なお，三党合意の経緯については，今井勝人「累積債務の圧力と財政運営」（持田信樹・今井勝人編『ソブリン危機と福祉国家財政』東京大学出版会，2014 年），永廣顕「財政健全化と持続可能な社会保障」（持田信樹・今井勝人編『ソブリン危機と福祉国家財政』東京大学出版会，2014 年）に詳しい。

22) 大森麻衣「日本郵政グループ 3 社の株式上場と今後の課題」（参議院事務局企画調整室『立法と調査』No. 371，2015 年 12 月）133 頁。

23)「独立行政法人郵便貯金・簡易生命保険管理機構法の一部を改正する法律」2018 年 6 月 8 日（http://www.shugiin.go.jp/internet/itdb_housei.nsf/html/housei/19620180608041.htm）。

24) 独立行政法人は，「独立行政法人通則法」第 2 条第 1 項に規定される「国民生活及び社会経済の安定等の公共上の見地から確実に実施されることが必要」な事業にあって，「国が自ら主体となって直接に実施する必要のないもののうち，民間の主体にゆだねた場合には必ずしも実施されないおそれがあるもの」につき，同法および個別法によって設立される法人である。官民分担にあって，民に「公共」を担わせることを目的としている。これは，1980 年代の新自由主義政策と並行して進められた新公共経営（NPM）の，やや遅れて 1990 年代に始まった日本的展開といえる。その手法は，小泉政権において定式化され，政権交代では，鳩山由紀夫首相が「新しい公共」を掲げることになった。しかし，自民党政権と民主党政権を通じた「公共」の連続と断絶については，民主党政権の瓦解によって見通すことができなくなった。政府全額保証の旧勘定を管理ないし整理する目的であった「管理機構」を「支援機構」に再編することによって，民による「公共」がどのように保証されるかは，海外事例から考えても相当に難しいテーマである。その機能についての評価はこれからの課題といえよう。

25)『日本経済新聞』2018 年 5 月 23 日朝刊。

26) 伊藤光雄「ゆうちょ銀行の現状と今後——郵政民営化 1 年を経て」（島根大学法文学部『経済科学論集』第 35 号，2009 年）31 頁。

27)『日本経済新聞』2015 年 2 月 22 日付朝刊。

28)『日本経済新聞』2015 年 12 月 23 日付朝刊。

29) この頃には，ゆうちょ銀行と地域金融機関との連携が模索されていたとされており，預

入限度額引上げが政治主導であったという側面は拭えない。民営化委員会は，人口減少
社会におけるゆうちょ銀行と民間金融機関との協調の必要を指摘し，一部地銀に懸念を
生みつつも，この提言を民間金融機関はこれを歓迎していたのであるから，この限度額
引上げは冷水を浴びせるものになった観がある（『日本経済新聞』2015 年 12 月 26 日付
朝刊）。なお，この時の預入限度額引上げ幅は低く抑えられたが，引上げの動きはその
後も続いている。2018 年 5 月，特定郵便局長会は総会で限度額見直しを打ち出し，日
本郵政の長門社長は通常貯金の限度額廃止を要望，これに対し，金融庁森信親長官が強
く反発する事態となった（『日本経済新聞』2018 年 5 月 23 日付朝刊）。その後，2019 年
3 月まで郵便貯金の預入限度額は 1300 万円，2019 年 4 月に通常貯金 1300 万円，定期性
貯金 1300 万円までの合計 2600 万円となった。

30) 『日本経済新聞』2016 年 2 月 10 日付朝刊。

31) 同上『日本経済新聞』2016 年 2 月 10 日付朝刊。

32) 同上『日本経済新聞』2016 年 2 月 10 日付朝刊。

33) 西野智彦『平成金融史——バブル崩壊からアベノミクスまで』（中公新書，2019 年）
251 頁。

34) 赤川省吾「ユーロ圏——欧州の失われた 10 年」（国際銀行史研究会編『金融の世界現代
史——凝集する富・グローバル化する資本取引・派生される証券の実像』一色出版，
2018 年）588-589 頁。

35) リーマン・ショック前後の金融市場における諸問題からアメリカの量的金融緩和政策の
出口問題をめぐる議論については，翁百合『不安定化する国際金融システム』（NTT 出
版，2014 年），日本銀行の非伝統的金融政策の評価については，木内登英『金融政策の
全論点——日銀審議委員 5 年間の記録』（東洋経済新報社，2018 年）に依る。

36) 以上の内容は，白川方明『中央銀行——セントラルバンカーの経験した 39 年』（東洋経
済新報社，2018 年，第 12 章）に依っている。

37) 前掲西野『平成金融史』242 頁。

38) 同上西野『平成金融史』239 頁。

39) この経緯の詳細については，前掲白川『中央銀行』第 17 章「政府・日本銀行の共同声
明」で述べられている。

40) 以下，2013 年 4 月の量的金融緩和開始以降の黒田日銀総裁下の金融政策については，
岩田一政・左三川郁子・日本経済研究センター編『金融正常化へのジレンマ』（日本経
済新聞出版社，2018 年）において詳しく分析されている。

41) 『日本経済新聞』2016 年 1 月 30 日付朝刊。

42) 北坂真一「アベノミクスと金融政策」（佐竹光彦・飯田泰之・柳川隆編『日本経済政策
学会叢書 1 アベノミクスの成否』勁草書房，2019 年）33 頁。

43) 翁邦夫は，同政策の導入により，長期国債金利による財政への警告機能は完全に失われ
るようになったと指摘している（翁邦夫『金利と経済——高まるリスクと残された処方
箋』ダイヤモンド社，2017 年，219-222 頁）。

44) 持田信樹『日本の財政と社会保障』（東洋経済出版社，2019 年）33 頁。なお，2017 年
度には，約 10 兆円が日銀当座預金に入れられマイナス金利を適用された（『日本経済新

聞』2017 年 10 月 2 日付朝刊）。

終章　郵政民営化とは何だったのか

1 ）加藤寛・竹中平蔵『改革の哲学と戦略——構造改革のマネジメント』日本経済新聞出版
　　社，2008 年，130 頁。
2 ）新・日本的経営システム等研究プロジェクト編『新時代の「日本的経営」——挑戦すべ
　　き方向とその具体策：新・日本的経営システム等研究プロジェクト報告』（日本経営者
　　団体連盟，1995 年）。
3 ）以下，経済同友会「市場主義宣言——21 世紀のアクションプログラム」1997 年 1 月 9
　　日（https://www.doyukai.or.jp/policyproposals/articles/1996/pdf/970109a.pdf）を参照。
4 ）以下，経済審議会「経済社会のあるべき姿と経済新生の政策方針——知恵の時代へ」
　　1999 年 7 月 5 日（http://www.ipss.go.jp/publication/j/shiryou/no.13/data/shiryou/souron/14.
　　pdf）を参照。
5 ）同上経済審議会「経済社会のあるべき姿と経済新生の政策方針」。同報告は，自立した
　　個人の横のつながりを「公」として，健康における「安全」に言及するなど，日経連，
　　経済同友会とは若干ニュアンスを異にしている。
6 ）なお，加藤寛は 1990 年代を通じて政府税制調査会の会長に，竹中平蔵は 1998 年の小渕
　　内閣において経済戦略会議委員に就任している。
7 ）阿川尚之「アメリカ憲法史から見た公と私，官と民」（猪木武徳／マルクス・リュッ
　　ターマン編『近代日本の公と私，官と民』NTT 出版，2014 年）74 頁。
8 ）猪木武徳「公と私の境界，転換点，収束点」（前掲猪木／リュッターマン編『近代日本
　　の公と私，官と民』）14 頁。

参考文献

1 一次史料

①郵政関係

中央郵政研修所『研究部事業研究報告書 為替貯金』各年度

逓信協会（通信文化振興会，株式会社通信文化新報）『通信文化新報』

逓信協会『逓信協会雑誌』

逓信研究会『逓信 耀』

逓信省編『逓信事業五十年史』逓信協会，1911 年

逓信省編『逓信事業史』全 7 巻，逓信協会，1940〜1941 年

日本郵政公社広報部門広報部『稿本日本郵政公社史』日本郵政公社広報部門広報部，2007
年

日本郵政公社広報部門広報部『生田さんの真っ向日記』日本郵政公社広報部門広報部，2007
年

郵政公社法研究会編『詳解日本郵政公社法』ぎょうせい，2004 年

郵政互助会局舎部『特定郵便局舎建設実施手続——付附属資料及び記録』1965 年

郵政省『郵政統計年報 為替貯金』各年度

郵政省『郵政統計年報 郵便』各年度

郵政省『郵政統計年報』各年度

郵政省編『続逓信事業史』全 10 巻，前島会，1960〜1963 年

郵政省編『郵政百年史資料』全 30 巻，吉川弘文館，1968〜1972 年

郵政省編『郵政百年史』通信協会，1971 年

郵政省編『郵政百年史年表』吉川弘文館，1972 年

郵政省貯金局『為替貯金事業概況』各年度

郵政省貯金局『貯蓄経済統計便覧』各年

郵政省貯金局『郵政行政統計年報』各年度

郵政省貯金局『貯金外務員のために——貯金外務員の理論と実際』1970 年度

郵政省貯金局『郵便貯金参考統計』郵政省貯金局，1981 年

郵政省貯金局編『為替貯金事業概説——郵政研修所用教科書』通信教育振興会，1952 年

郵政省貯金局編『郵便為替貯金事業八十年史』郵貯研究会，1957 年

郵政省郵政研究所編『郵貯・簡保の最新事情』東洋経済新報社，1996 年

郵政審議会編『21 世紀を展望した郵便局改革ビジョン』日刊工業新聞社，1997 年

郵政大学校『本科事業研究報告書 為替貯金』各年度

郵政大学校『本科事業研究報告書 郵便』各年度

郵政民営化研究会『郵政民営化ハンドブック』ぎょうせい，2006 年

郵貯研究会『為替貯金事業企画資料集 (1)』郵貯研究会，1968 年

ゆうちょ財団『ゆうちょ銀行等の動向』

郵便貯金振興会編『為替貯金事業史――昭和 50 年から平成 7 年まで』郵便貯金振興会，1997 年

郵便貯金振興会編『為替貯金事業百年史』本編・別冊資料編，郵便貯金振興会，1978 年

郵便貯金に関する調査研究会編『パーソナル・ファイナンスの充実に対応した金融システムと郵便貯金の機能』郵便貯金に関する調査研究会，1980 年

株式会社ゆうちょ銀行「ゆうちょ銀行 ディスクロージャー誌」各年度（https://www.jp-bank.japanpost.jp/ir/financial/ir_fnc_disclosure.html）

日本郵政株式会社「日本郵政グループ統合報告書 ディスクロージャー誌」各年度（https://www.japanpost.jp/ir/library/disclosure/）

日本郵政株式会社「旧日本郵政公社情報」（http://www.japanpost.jp/financial/past/）

日本郵政公社「統計データ」（https://www.japanpost.jp/corporate/milestone/privatization/past/date/）

日本郵政公社編「日本郵政公社（日本郵政公社のディスクロージャー誌）」各年度（https://www.japanpost.jp/corporate/milestone/privatization/past/disclosure/）

②官庁等出版物

大蔵省印刷局編『大蔵大臣財政演説集』大蔵省印刷局，1972 年

大蔵省財政金融研究所財政史室『大蔵省史――明治・大正・昭和』全 4 巻，大蔵財務協会，1998 年

大蔵省財政史室編『昭和財政史 昭和 27〜48 年度』全 20 巻，東洋経済新報社，1990〜2000 年

金融制度研究会編『金融制度調査会資料』全 4 巻，別巻，金融財政事情研究会，1969〜1970 年

金融問題調査専門委員会『わが国の金利体系（中間報告）』金融問題調査専門委員会，1961 年

経済企画庁編『戦後日本経済の軌跡――経済企画庁 50 年史』大蔵省印刷局，1997 年

財務省財務総合政策研究所編『安定成長期の財政金融政策――オイル・ショックからバブルまで』日本経済評論社，2006 年

財務省財務総合政策研究所財政史室編『昭和財政史 昭和 49 年度〜63 年度』第 1〜12 巻，東洋経済新報社，2002〜2005 年

財務省財務総合政策研究所財政史室編『平成財政史――平成元〜12 年度』第 1〜11 巻，大蔵財務協会，2012〜2019 年

内閣官房内閣審議室監修『金融の分野における官業の在り方――懇談会報告並びに関連全資料』金融財政事情研究会，1981 年

③社史・業界史

伊藤正直・小林襄治『山一証券 100 年史』下巻，日本経営史研究所，2011 年

宇沢弘文・武田晴人編『日本の政策金融』全 2 巻，東京大学出版会，2009 年

粕谷誠・伊藤修・橋本寿朗『山一証券 100 年史』上巻，日本経営史研究所，2011 年

神奈川県『統計神奈川県史——かながわのあゆみ（昭和 40 年～60 年）』上下巻，別巻，神奈川県，1989 年

神奈川県企画調査部統計調査課編『統計神奈川県史——戦後 20 年のあゆみ』神奈川県，上下巻，1966 年

経済団体連合会編『経済団体連合会五十年史』経済団体連合会，1999 年

住宅金融公庫編『住宅金融公庫五十年史』本編，資料編，住宅金融普及協会，2000 年

住宅金融公庫総務部編『住宅金融公庫十年史』住宅金融公庫，1960 年

全国銀行協会連合会・東京銀行協会編『銀行協会三十年史』全国銀行協会連合会，1979 年

全国銀行協会連合会・東京銀行協会編『銀行協会五十年史』全国銀行協会連合会，1997 年

東京証券取引所編『東京証券取引所 50 年史』東京証券取引所，2002 年

投資信託協会編『投資信託 50 年史』全 3 巻，投資信託協会，2002 年

日本銀行百年史編纂委員会編『日本銀行百年史』全 6 巻，資料編，日本銀行，1982～1986 年

日本興業銀行年史編纂委員会編『日本興業銀行七十五年史』日本興業銀行，1982 年

日本興業銀行年史編纂委員会編『日本興業銀行百年史』日本興業銀行，2002 年

日本証券経済研究所編『日本証券史資料 戦後編』全 10 巻，日本証券経済研究所，1981～1996 年

野村證券 50 年史編纂委員会編『野村證券株式會社五十年史』野村證券，1976 年

三井住友銀行総務部行史編纂室編『三井住友銀行十年史』三井住友銀行，2013 年

山一証券社史編纂室編『山一證券史』山一証券，1958 年

山一證券・山一証券経済研究所編『我が国企業の資金調達——その回顧と展望』商事法務研究会，1977 年

横浜銀行六十年史編纂室編『横浜銀行六十年史』横浜銀行，1980 年

④定期刊行物・新聞

大蔵省財務協会（財務省広報誌）『ファイナンス』

貨幣経済研究所『月刊金融ジャーナル』

金融財政事情研究会『週刊金融財政事情』

経済企画庁『年次経済報告（経済白書）』

参議院事務局企画調整室『立法と調査』

全国銀行協会『金融』

『朝日新聞』

『日経金融新聞』

『日本経済新聞』

⑤統計・統計サイト

大蔵省『財政金融統計月報』各月

大蔵省銀行局『銀行局金融年報』各年

大蔵省証券局年報編集委員会『大蔵省証券局年報』各年

大蔵省理財局『国債統計年報』各年度

公社債引受協会『公社債年鑑』各年

財務省「関連資料・データ」(https://www.mof.go.jp/budget/reference/index.html)

財務総合政策研究所「財政金融統計月報」(http://www.mof.go.jp/pri/publication/zaikin_geppo/index.htm)

全国銀行協会「各種統計資料」(http://www.zenginkyo.or.jp/stats/)

総務省統計局「統計で見る日本「e-Stat」(https://www.e-stat.go.jp/)

東京証券取引所調査部『証券統計年報』各年

内閣府「国民経済計算(GDP統計)」(https://www.esri.cao.go.jp/jp/sna/menu.html)

日経 NEEDS「NEEDS-FinancialQUEST」

日本銀行「時系列統計データ検索サイト」(http://www.stat-search.boj.or.jp/)

日本銀行調査局『本邦経済統計』各年

日本銀行調査統計局『経済統計年報』各年

日本銀行調査統計局『金融経済統計月報』各月

日本銀行調査統計局『日本銀行 金融・経済データ2000』ダイヤモンド社,2000年

国立国会図書館「国会会議録検索システム」(http://kokkai.ndl.go.jp/)

丸善雄松堂「都道府県統計書データベース」

⑥その他オンライン資料

The Office of the United States Trade representative, "2010 National Trade Estimate Report on Foreign Trade Barriers," pp. 202. (https://ustr.gov/sites/default/files/uploads/reports/2010/NTE/NTE_COMPLETE_WITH_APPENDnonameack.pdf)

大蔵省「金融システム改革」(https://www.fsa.go.jp/p_mof/kaikaku.htm)

金融庁「金融再生プログラム」(http://www.fsa.go.jp/policy/kinsai/index.html)

金融庁「金融再生法開示債権の状況等について」(http://www.fsa.go.jp/status/npl/index.html)

財務省「最近20カ年間の年度末の国債残高の推移」(https://www.mof.go.jp/jgbs/reference/appendix/30zandaka01.pdf)

財務省「財政投融資リポート」各年(http://www.mof.go.jp/filp/publication/filp_report/index.html)

財務省「戦後の国債管理政策の推移」(https://www.mof.go.jp/jgbs/reference/appendix/hakkou01.pdf)

首相官邸「過去の首相官邸ホームページ」(http://www.kantei.go.jp/jp/archive/index.html)

首相官邸「郵政三事業の在り方について考える懇談会」(https://www.kantei.go.jp/jp/singi/yusei/kaisai.html)

首相官邸「行政改革会議」(http://www.kantei.go.jp/jp/gyokaku/)

首相官邸「中央省庁等改革基本法」1998 年 6 月 12 日（https://www.kantei.go.jp/jp/gyokaku/980303houan.html）

首相官邸「金融危機対応会議」（http://www.kantei.go.jp/jp/singi/index/kinyu_index.html）

首相官邸「郵政民営化」（https://www.kantei.go.jp/jp/singi/yuseimineika/index2.html）

首相官邸「郵政民営化推進本部」（https://www.kantei.go.jp/jp/singi/yuseimineika2/index2.html）

全国銀行協会『郵便貯金事業の抜本的改革を求める私どもの考え方——郵政三事業の在り方について考える懇談会報告書を踏まえて』2002 年（https://www.zenginkyo.or.jp/fileadmin/res/news/news141114.pdf）

総務省「日本郵政ガバナンス問題調査専門委員会報告書等の公表」（http://www.soumu.go.jp/menu_news/s-news/02ryutsu13_000022.html）

内閣府「経済財政諮問会議」（https://www5.cao.go.jp/keizai-shimon/）

日本銀行「金融政策決定会合議事要旨」（https://www.boj.or.jp/mopo/mpmsche_minu/minu_all/index.htm/）

2 二次史料

相沢幸悦『平成金融恐慌史——バブル崩壊後の金融再編』ミネルヴァ書房，2006 年

赤川省吾「ユーロ圏——欧州の失われた 10 年」国際銀行史研究会編『金融の世界現代史——凝集する富・グローバル化する資本取引・派生する証券の実像』一色出版，2018 年

阿川尚之「アメリカ憲法史から見た公と私，官と民」猪木武徳／マルクス・リュッターマン編『近代日本の公と私，官と民』NTT 出版，2014 年

秋山謙祐『語られなかった敗者の国鉄改革——「国労」元幹部が明かす分割民営化の内幕』情報センター出版局，2009 年

浅井良夫「戦後経済改革と高度成長」渡邉昭夫編『戦後日本の形成』日本学術振興会，1995 年

浅井良夫『戦後改革と民主主義』吉川弘文館，2001 年

浅井良夫「「新長期経済計画」と高度成長期の経済・産業政策」成城大学経済学研究所研究報告，No. 25，2002 年

浅井良夫「高度成長と財政金融」石井寛治・原朗・武田晴人編『日本経済史 5 高度成長期』東京大学出版会，2010 年

浅井良夫『IMF8 条国移行——貿易・為替自由化の政治経済史』日本経済評論社，2015 年

浅井良夫「現代日本経済と資本主義——経済史の観点からの考察」「年報日本現代史」編集委員会編『新自由主義の歴史的射程』現代史料出版，2018 年

浅井良夫・井手英策「デフレ下の長期景気回復（2002～2006 年を中心に）」小峰隆夫編『バブル／デフレ期の日本経済と経済政策（歴史編）2 日本経済の記録 金融危機，デフレと回復過程（1997 年～2006 年）』内閣府経済社会総合研究所，2011 年

朝日新聞「変転経済」取材班編『失われた「20年」』岩波書店，2009 年

東照二『選挙演説の言語学』ミネルヴァ書房，2010 年

跡田直澄『郵貯消滅——超借金国家・日本を破産させないために』PHP 研究所，2005 年

雨宮昭彦『競争秩序のポリティクス——ドイツ経済政策思想の源流』東京大学出版会，2011 年

雨宮昭彦／ヨッヘン・シュトレープ編『管理された市場経済の生成——介入的自由主義の比較経済史』日本経済評論社，2009 年

有田哲文・畑中徹『ゆうちょ銀行——民営郵政の罪と罰』東洋経済新報社，2007 年

安藤博『責任と限界——赤字財政の軌跡』上下巻，金融財政事情研究会，1987 年

飯尾潤『民営化の政治過程——臨調型改革の成果と限界』東京大学出版会，1993 年

飯尾潤『政局から政策へ——日本政治の成熟と転換』NTT 出版，2008 年

飯尾潤編『政権交代と政党政治』中央公論新社，2013 年

飯島勲『小泉官邸秘録』日本経済新聞社，2006 年

飯島勲『実録小泉外交』日本経済新聞出版社，2007 年

五百旗頭真・伊藤元重・薬師寺克行編『宮澤喜一——保守本流の軌跡』朝日新聞社，2006 年

五百旗頭真・伊藤元重・薬師寺克行編『小沢一郎——政権奪取論』朝日新聞社，2006 年

五百旗頭真・伊藤元重・薬師寺克行編『森喜朗——自民党と政権交代』朝日新聞社，2007 年

五百旗頭真・伊藤元重・薬師寺克行編『菅直人——市民運動から政治闘争へ』朝日新聞出版，2008 年

五百旗頭真・伊藤元重・薬師寺克行編『野中広務——権力の興亡』朝日新聞社，2008 年

五百旗頭真・宮城大蔵編『橋本龍太郎外交回顧録』岩波書店，2013 年

池尾和人『開発主義の暴走と保身——金融システムと平成経済』NTT 出版，2006 年

池尾和人『連続講義・デフレと経済政策——アベノミクスの経済分析』日経 BP 社，2013 年

池尾和人編『バブル／デフレ期の日本経済と経済政策 4 不良債権と金融危機』慶應義塾大学出版会，2009 年

石井寛治『日本銀行金融政策史』東京大学出版会，2001 年

石井寛治「日本郵政史研究の現状と課題」郵政歴史文化研究会編『郵政資料館 研究紀要』日本郵政株式会社郵政資料館，創刊号，2009 年

石井寛治『資本主義日本の歴史構造』東京大学出版会，2015 年

石井寛治『資本主義日本の地域構造』東京大学出版会，2018 年

石井寛治・杉山和雄編『金融危機と地方銀行——戦間期の分析』東京大学出版会，2001 年

石井寛治・原朗・武田晴人編『日本経済史』全 6 巻，東京大学出版会，2000〜2010 年

石井晋「プラザ合意・内需拡大政策とバブル（1985〜89 年を中心に）」小峰隆夫編『バブル／デフレ期の日本経済と経済政策（歴史編）1 日本経済の記録 第 2 次石油危機への対応からバブル崩壊まで（1970 年代〜1996 年）』内閣府経済社会総合研究所，2011 年

石橋湛山『石橋湛山著作集』全 4 巻，東洋経済新報社，1995〜1996 年

石弘光『消費税の政治経済学——税制と政治のはざまで』日本経済新聞出版社，2009 年

一木豊『蔵相——時代と決断』日本経済新聞社，1984年

一之瀬篤編『現代金融・経済危機の解明』ミネルヴァ書房，2005年

井手英策『高橋財政の研究——昭和恐慌からの脱出と財政再建への苦闘』有斐閣，2006年

井手英策『財政赤字の淵源——寛容な社会の条件を考える』有斐閣，2012年

井手英策編『危機と再建の比較財政史』ミネルヴァ書房，2013年

井手英策「統治の全体像としての「土建国家」」井手英策編『日本財政の現代史 I 土建国家
　の時代 1960〜85年』有斐閣，2014年

井手英策『経済の時代の終焉』岩波書店，2015年

井手英策／ジーン・パーク編『財政赤字の国際比較——民主主義国家に財政健全化は可能
　か』岩波書店，2016年

井手英策・諸富徹・小西砂千夫編『日本財政の現代史』全3巻，有斐閣，2014年

伊藤修『日本型金融の歴史的構造』東京大学出版会，1995年

伊藤隆敏『日本財政「最後の選択」——健全化と成長の両立は成るか』日本経済新聞出版社，
　2015年

伊藤正直「1990年代の金融システム危機——国際比較からの論点提示」伊藤正直・浅井良
　夫・靎見誠良編『金融危機と革新——歴史から現代へ』日本経済評論社，2000年

伊藤正直「1990年代日本の金融システム危機」靎見誠良編『アジアの金融危機とシステム
　改革』法政大学出版局，2000年

伊藤正直「郵貯民営化の歴史的意義——経済史的観点からの検討」金融構造研究会『金融構
　造研究』第27巻，2005年

伊藤正直『戦後日本の対外金融——360円レートの成立と終焉』名古屋大学出版会，2009年

伊藤正直「通貨危機と石油危機」石井寛治・原朗・武田晴人編『日本経済史5 高度成長期』
　東京大学出版会，2010年

伊藤正直・浅井良夫・靎見誠良編『金融危機と革新——歴史から現代へ』日本経済評論社，
　2000年

伊藤正直・浅井良夫編『戦後 IMF 史——創生と変容』名古屋大学出版会，2014年

伊藤正直・佐藤政則・杉山和雄『戦後日本の地域金融——バンカーたちの挑戦』日本経済評
　論社，2019年

伊藤正直・藤井史朗編『グローバル化・金融危機・地域再生』日本経済評論社，2011年

伊藤昌哉『池田勇人 その生と死』至誠堂，1966年

伊藤昌哉『実録自民党戦国史——権力の研究』朝日ソノラマ，1982年

伊藤昌哉『新・自民党戦国史』朝日ソノラマ，1983年

伊藤真利子「郵便貯金の資金的役割——1990年代の経験から」ゆうちょ財団『季刊 個人金
　融』第9巻第1号，郵便貯金振興会，2014年

伊藤真利子「1930年代の預貯金市場と郵便貯金」郵政歴史文化研究会『郵政博物館 研究紀
　要』第9号，通信文化協会博物館部，2017年

伊藤光雄「郵貯・簡保資金と国債市場——郵政民営化後を展望して」島根大学法文学部『経
　済科学論集』第32号，2006年

伊藤光雄「郵政民営化計画について——金融2事業を中心に」島根大学法文学部『経済科学

論集』第 33 号，2007 年

伊藤光雄「ゆうちょ銀行の現状と今後——郵政民営化 1 年を経て」島根大学法文学部『経済科学論集』第 35 号，2009 年

伊藤光雄「郵政民営化の現段階—金融 2 社を中心に」島根大学法文学部『経済科学論集』第 39 号，2013 年

伊藤光雄「郵政民営化の新段階——金融 2 社を中心に」島根大学法文学部『経済科学論集』第 42 号，2016 年

伊藤光雄「郵政民営化の 10 年——金融 2 社を中心に」島根大学法文学部『経済科学論集』第 44 号，2018 年

伊藤元重『経済危機は世界に何をもたらしたか——2010 年代，政策転換の行方』東洋経済新報社，2009 年

伊藤裕香子『消費税日記——検証：増税 786 日の攻防』プレジデント社，2013 年

猪木武徳『経済成長の果実 1955-1972』中央公論新社，2000 年

猪木武徳「公と私の境界，転換点，収束点」猪木武徳／マルクス・リュッターマン編『近代日本の公と私，官と民』NTT 出版，2014 年

猪木武徳／マルクス・リュッターマン編『近代日本の公と私，官と民』NTT 出版，2014 年

猪瀬直樹『決戦・郵政民営化』PHP 出版，2005 年

井堀利宏編『日本の財政赤字』岩波書店，2004 年

井堀利宏編『バブル／デフレ期の日本経済と経済政策 5 財政政策と社会保障』慶應義塾大学出版会，2010 年

今井勝人「転機に立つ財政投融資」武田隆夫・林健久編『現代日本の財政金融 III 昭和 50 年代』東京大学出版会，1986 年

今井勝人『現代日本の政府間財政関係』東京大学出版会，1993 年

今井勝人「累積債務の圧力と財政運営」持田信樹・今井勝人編『ソブリン危機と福祉国家財政』東京大学出版会，2014 年

伊牟田敏光『昭和金融恐慌の構造』経済産業調査会，2002 年

岩下有司『日本の景気循環と低利・百年国債の日銀引き受け』勁草書房，2010 年

岩田一政・内閣府経済社会総合研究所編『バブル／デフレ期の日本経済と経済政策——我々は何を学んだのか』内閣府経済社会総合研究所，2011 年

岩田一政・左三川郁子・日本経済研究センター編『金融正常化へのジレンマ』日本経済新聞出版社，2018 年

岩田規久男『日銀日記——五年間のデフレとの闘い』筑摩書房，2018 年

上杉隆『小泉の勝利 メディアの敗北』草思社，2006 年

植田和男『ゼロ金利との闘い——日銀の金融政策を総括する』日本経済新聞社，2005 年

粂住弘久『公企業の成立と展開——戦時期・戦後復興期の営団・公団・公社』岩波書店，2009 年

宇沢弘文『宇沢弘文の経済学——社会的共通資本の論理』日本経済新聞出版社，2015 年

宇沢弘文『宇沢弘文傑作論文全ファイル』東洋経済新報社，2017 年

宇沢弘文・花崎正晴編『金融システムの経済学——社会的共通資本の視点から』東京大学出

版会，2000 年

内山融『小泉政権——「パトスの首相」は何を変えたのか』中公新書，2007 年

梅田雅信『日銀の政策形成——「議事録」等にみる，政策判断の動機と整合性』東洋経済新報社，2011 年

永廣顕「土建国家形成期の社会保障」井手英策編『日本財政の現代史 I 土建国家の時代 1960〜85 年』有斐閣，2014 年

永廣顕「財政健全化と持続可能な社会保障」持田信樹・今井勝人編『ソブリン危機と福祉国家財政』東京大学出版会，2014 年

老川慶喜編『東京オリンピックの社会経済史』日本経済評論社，2009 年

大石嘉一郎・金澤史男編『近代日本都市史研究——地方都市からの再構成』日本経済評論社，2003 年

大石嘉一郎編『日本帝国主義史 2 世界大恐慌期』東京大学出版会，1987 年

大石嘉一郎・金澤史男編『近代日本都市史研究——地方都市からの再構成』日本経済評論社，2003 年

大内兵衛『大内兵衛著作集 4 日本と世界の政治と経済』岩波書店，1975 年

大内兵衛「郵便貯金における小市民性と社会性の矛盾」大内兵衛『大内兵衛著作集 4 日本と世界の政治と経済』岩波書店，1975 年

大川一司・南亮進編『近代日本の経済発展』東洋経済新報社，1975 年

大下英治『財務省秘録——大物次官，大臣らの証言で綴る』徳間書店，2012 年

大島宏「ベビーブーム世代の進学問題」老川慶喜編『東京オリンピックの社会経済史』日本経済評論社，2009 年

大瀧雅之『景気循環の理論——現代日本経済の構造』東京大学出版会，1994 年

大瀧雅之・宇野重規・加藤晋編『社会科学における善と正義——ロールズ『正義論』を超えて』東京大学出版会，2015 年

大嶽秀夫『日本型ポピュリズム——政治への期待と幻滅』中公新書，2003 年

大嶽秀夫『小泉純一郎ポピュリズムの研究——その戦略と手法』東洋経済新報社，2006 年

大竹文雄・柳川範之編『平成不況の論点——検証・失われた十年』東洋経済新報社，2004 年

大竹文雄『日本の不平等——格差社会の幻想と未来』日本経済新聞社，2005 年

大田弘子『経済財政諮問会議の戦い』東洋経済新報社，2006 年

太田康夫『グローバル金融攻防三十年——競争，崩壊，再生』日本経済新聞出版社，2010 年

太田康夫『金融失策 20 年の真実』日本経済新聞出版社，2018 年

大平正芳『大平正芳全著作集』全 7 巻，講談社，2010〜2012 年

大淵寛「20 世紀日本の人口変動と経済発展」大淵寛・森岡仁編『人口学ライブラリー 5 人口減少時代の日本経済』原書房，2006 年

大淵寛・森岡仁編『人口学ライブラリー 5 人口減少時代の日本経済』原書房，2006 年

大村敬一・水上慎士『金融再生危機の本質——日本型システムに何が欠けているのか』日本経済新聞出版社，2007 年

大森麻衣「日本郵政グループ 3 社の株式上場と今後の課題」参議院事務局企画調整室編『立法と調査』No. 371, 2015 年 12 月

岡崎哲二「戦後日本の金融システム」森川英正・米倉誠一郎編『日本経営史 5 高度成長を超えて』岩波書店, 1995 年

岡崎哲二・奥野正寛・植田和男・石井晋・堀宣昭『戦後日本の資金配分——産業政策と民間銀行』東京大学出版会, 2002 年

岡崎哲二・星岳雄「1980 年代の銀行経営——戦略・組織ガバナンス」村松岐夫・奥野正寛編『平成バブルの研究』上巻, 東洋経済新報社, 2002 年

岡本英男「福祉国家財政論の到達点と今後の課題」林健久・加藤榮一・金澤史男・持田信樹編『グローバル化と福祉国家財政の再編』東京大学出版会, 2004 年

岡本英男『福祉国家の可能性』東京大学出版会, 2007 年

小川一夫『「失われた 10 年」の真実——実体経済と金融システムの相克』東洋経済新報社, 2009 年

翁邦雄『ポスト・マネタリズムの金融政策』日本経済新聞出版社, 2011 年

翁邦雄『経済の大転換と日本銀行』岩波書店, 2015 年

翁邦雄『金利と経済——高まるリスクと残された処方箋』ダイヤモンド社, 2017 年

翁百合『不安定化する国際金融システム』NTT 出版, 2014 年

奥村洋彦『現代日本経済論——「バブル経済」の発生と崩壊』東洋経済新報社, 1999 年

小和口亮『郵政夏の陣——定点観測 30 年』リューブン, 2005 年

貝塚啓明・植田和男『変革期の金融システム』東京大学出版会, 1994 年

貝塚啓明・財務省財務総合政策研究所編『再訪日本型経済システム』有斐閣, 2002 年

貝塚啓明・財務省財務総合政策研究所編『経済成長と財政健全化の研究——持続可能な長期戦略を求めて』中央経済社, 2010 年

貝塚啓明・財務省財務総合政策研究所編『持続可能な高齢社会を考える——官民の「選択と集中」を踏まえた対応』中央経済社, 2014 年

ガイトナー, ティモシー・F.『ガイトナー回顧録——金融危機の真相』日本経済新聞出版社, 2015 年

香川めい・児玉英靖・相澤真一『「高卒当然社会」の戦後史——誰でも高校に通える社会は維持できるのか』新曜社, 2014 年

角本良平『三つの民営化——道路公団改革, 郵政改革と JR』流通経済大学出版会, 2005 年

葛西敬之『未完の「国鉄改革」——巨大組織の崩壊と再生』東洋経済出版社, 2001 年

片岡剛士『日本の「失われた 20 年」——デフレを超える経済政策に向けて』藤原書店, 2010 年

加藤榮一「財政支出の規模と構造」武田隆夫・林健久編『現代日本の財政金融 I 昭和 30 年代』東京大学出版会, 1978 年

加藤榮一「公企業の「民営化」」武田隆夫・林健久編『現代日本の財政金融 III 昭和 50 年代』東京大学出版会, 1986 年

加藤榮一「福祉国家システムの再編——プライヴァタイゼーションの歴史的意味」東京大学社会科学研究所編『現代日本社会 1 課題と視角』東京大学出版会, 1991 年

加藤榮一「福祉国家と資本主義」工藤章編『20 世紀資本主義 II——覇権の変容と福祉国家』東京大学出版会，1995 年

加藤榮一「20 世紀福祉国家の形成と解体」加藤榮一・三和良一・馬場宏二編『資本主義はどこに行くのか——二十世紀資本主義の終焉』東京大学出版会，2004 年

加藤榮一『現代資本主義と福祉国家』ミネルヴァ書房，2006 年

加藤榮一『福祉国家システム』ミネルヴァ書房，2007 年

加藤榮一・三和良一・馬場宏二編『資本主義はどこに行くのか——二十世紀資本主義の終焉』東京大学出版会，2004 年

加藤三郎『政府資金と地方債——歴史と現状』日本経済評論社，2001 年

加藤寛・山同陽一『郵貯は崩壊する——頭取のいない「国家銀行」のゆくえ』ダイヤモンド社，1984 年

加藤寛・竹中平蔵『改革の哲学と戦略——構造改革のマネジメント』日本経済新聞出版社，2008 年

金澤史男「預金部地方資金と地方財政(1)——1920〜30 年代における国と地方の財政金融関係」東京大学社会科学研究所『社会科学研究』第 37 号第 3 号，1985 年

金澤史男「預金部地方資金と地方財政(2)——1920〜30 年代における国と地方の財政金融関係」東京大学社会科学研究所『社会科学研究』第 37 号第 6 号，1986 年

金澤史男『近代日本都市史研究——地方都市からの再構成』日本経済評論社，2003 年

金澤史男「日本における福祉国家財政の再編」林健久・加藤榮一・金澤史男・持田信樹編『グローバル化と福祉国家財政の再編』東京大学出版会，2004 年

金澤史男「現代財政と公私分担の再編」金澤史男編『公私分担と公共政策』日本経済評論社，2008 年

金澤史男『近代日本地方財政史研究』日本経済評論社，2010 年

金澤史男編『現代の公共事業——国際経験と日本』日本経済評論社，2002 年

金澤史男編『公私分担と公共政策』日本経済評論社，2008 年

金澤史男編『福祉国家と政府間関係』日本経済評論社，2010 年

釜江広志『日本の国債市場と情報』有斐閣，2005 年

川上忠雄・増田寿男『新保守主義の経済社会政策——レーガン，サッチャー，中曾根三政権の比較研究』法政大学出版局，1989 年

上川龍之進「バブル経済と日本銀行の独立性」村松岐夫・奥野正寛編『平成バブルの研究』上巻，東洋経済新報社，2002 年

上川龍之進『経済政策の政治学——90 年代経済危機をもたらした「制度配置」の解明』東洋経済新報社，2005 年

上川龍之進『小泉改革の政治学——小泉純一郎は本当に「強い首相」だったのか』東洋経済新報社，2010 年

上久保敏『下村治——「日本経済学」の実践者』日本経済評論社，2008 年

軽部謙介『官僚たちのアベノミクス——異形の経済政策はいかに作られたか』岩波書店，2018 年

軽部謙介・西野智彦『検証経済失政——誰が，何を，なぜ間違えたか』岩波書店，1999 年

木内登英『金融政策の全論点――日銀審議委員 5 年間の記録』東洋経済新報社，2018 年

菊池信輝『日本型新自由主義とは何か――占領期改革からアベノミクスまで』岩波書店，2016 年

岸信介・河野一郎・福田赳夫・後藤田正晴・田中角栄・中曽根康弘『私の履歴書 保守政権の担い手』日本経済新聞出版社，2007 年

北坂真一「アベノミクスと金融政策」佐竹光彦・飯田泰之・柳川隆編『日本経済政策学会叢書 1 アベノミクスの成否』勁草書房，2019 年

北原遼三郎『東急・五島慶太の生涯――わが鐵路，長大なり』現代書館，2008 年

橘川武郎・久保文克編著『講座日本経営史 6 グローバル化と日本型企業システムの変容 1985～2008』ミネルヴァ書房，2010 年

ギデンズ，アンソニー『第三の道――効率と公正の新たな同盟』佐和隆光訳，日本経済新聞社，1999 年

木村佳弘「郵政事業の民営化と公的金融の再編」金澤史男編『公私分担と公共政策』日本経済評論社，2008 年

木村佳弘「現代日本における政府債務の受容構造――中央銀行の法的独立性と財政赤字の「相関」検証」井手英策編『危機と再建の比較財政史』ミネルヴァ書房，2013 年

木村佳弘「政策金融改革――小泉改革期における公的金融システム改革の一側面」小西砂千夫編『日本財政の現代史 III 構造改革とその行き詰まり 2001 年～』有斐閣，2014 年

キャンベル，ジョン・C.『自民党政権の予算編成』真渕勝訳，勁草書房，2014 年

及能正男『日本の都市銀行の研究――その生成・発展と現況課題の解明』中央経済社，1994 年

金泰昌・佐々木毅編『公共哲学』全 15 巻，東京大学出版会，2002～2004 年

キンドルバーガー，チャールズ・P./ロバード・Z. アリバー『熱狂，恐慌，崩壊――金融危機の歴史』原著第 6 版，高遠裕子訳，日本経済新聞出版社，2014 年

金融財政事情研究所編『金融～世紀を超えて――週刊『金融財政事情』に見るドキュメンタリー・アンソロジー』金融財政事情研究所，2000 年

金融問題研究会「定期性預金の金利自由化の実施状況及び流動性預金の金利自由化について（平成 5 年 12 月 22 日）」大蔵省財務協会『ファイナンス』29 巻 12 号，1994 年

鯨岡仁『日銀と政治――暗闘の 20 年史』朝日新聞出版，2017 年

楠精一郎「日本社会党「構造改革論」と疑似「現実主義」」中村隆英・宮崎正康編『岸信介政権と高度成長』東洋経済新報社，2003 年

工藤章編『20 世紀資本主義 II 覇権の変容と福祉国家』東京大学出版会，1995 年

クリントン，ビル『マイライフ クリントンの回想』楡井浩一訳，朝日新聞社，2004 年

黒田東彦『財政金融政策の成功と失敗――激動する日本経済』日本評論社，2005 年

小泉純一郎・梶原一明『郵政省解体論――「マルチメディア利権」の読み方』光文社，1994 年

小泉純一郎・松沢しげふみ編『郵政民営化論――日本再生の大改革！』PHP 研究所，1999 年

香西泰「高度成長期の経済政策」安場保吉・猪木武徳編『日本経済史 8 高度成長』岩波書

店，1989 年

香西泰・白川方明・翁邦雄編『バブルと金融政策――日本の経験と教訓』日本経済新聞社，2001 年

香西泰・寺西重郎編『戦後日本の経済改革――市場と政府』東京大学出版会，1993 年

香西泰・寺西重郎編『戦後日本の経済改革――市場と政府』東京大学出版会，1993 年

公社債市場研究会編『戦後公社債市場の歴史を語る』日本証券経済研究所，2011 年

河野惟隆『財政投融資と一般会計』御茶の水書房，1986 年

国際銀行史研究会編『金融の現代史――貨幣・信用・証券の系譜』悠書館，2012 年

国際銀行史研究会編『金融の世界現代史――凝集する富・グローバル化する資本取引・派生される証券の実像』一色出版，2018 年

国立歴史民俗博物館編『高度経済成長と生活革命』吉川弘文館，2010 年

後藤謙次『ドキュメント平成政治史』全 3 巻，2014 年

後藤新一『郵貯民営論――郵貯・銀行論争史』有斐閣，1987 年

後藤新一『銀行崩壊』東洋経済新報社，1995 年

小西德應編『三木武夫研究』日本経済評論社，2011 年

小林和子『日本証券史論――戦前期市場制度の形成と発展』日本経済評論社，2012 年

小峰隆夫『平成の経済』日本経済新聞出版社，2019 年

小峰隆夫編『政権交代の経済学』日経 BP，2010 年

小峰隆夫編『バブル／デフレ期の日本経済と経済政策（歴史編）』全 2 巻，内閣府経済社会総合研究所，2011 年

小峰隆夫・岡崎哲二・寺西重郎・松島茂・中村尚史・中林真幸・日本経済研究センター 50 年史編纂委員会編『エコノミストの戦後史――日本経済 50 年の歩みを振り返る』日本経済新聞出版社，2013 年

小峰隆夫・岡田恵子「バブル崩壊と不良債権対策（1990〜96 年を中心に）」小峰隆夫編『バブル／デフレ期の日本経済と経済政策（歴史編）1 日本の記録 第 2 次石油危機への対応からバブル崩壊まで（1970 年代〜1996 年）』内閣府経済社会総合研究所，2011 年

権上康男「新自由主義の誕生（1938〜47 年）――リップマン・シンポジウムからモンペルラン協会の設立まで」権上康男編『新自由主義と戦後資本主義――欧米における歴史的経験』日本経済評論社，2006 年

権上康男編『新自由主義と戦後資本主義――欧米における歴史的経験』日本経済評論社，2006 年

権上康男・石山幸彦「総括――論点の整理」権上康男編『新自由主義と戦後資本主義――欧米における歴史的経験』日本経済評論社，2006 年

権上康男・廣田明・大森弘喜編『20 世紀資本主義の生成――自由と組織化』東京大学出版会，1996 年

近藤健彦『プラザ合意の研究』東洋経済新報社，1999 年

近藤誠「石油危機後の経済構造調整とグローバリゼーションへの対応（1970 年代〜84 年を中心に）」小峰隆夫編『バブル／デフレ期の日本経済と経済政策（歴史編）1 日本経済の記録 第 2 次石油危機への対応からバブル崩壊まで（1970 年代〜1996 年）』内閣府経

済社会総合研究所，2011 年

財界編集部編『郵政改革の原点──生田正治・日本郵政公社初代総裁 四年間の軌跡』財界
　　研究所，2007 年

斉藤淳『自民党長期政権の政治経済学──利益誘導政治の自己矛盾』勁草書房，2010 年

斉藤叫編『世界金融危機の歴史的位相』日本経済評論社，2010 年

斉藤美彦・須藤時仁『国債累積時代の金融政策』日本経済評論社，2009 年

桜井良治『政府債務の世紀──国家・地方債務の全貌』新評論，2004 年

桜井良治『コスト大国日本の財源──資金調達の財政学』勁草書房，2005 年

佐々木毅編『政治改革 1800 日の真実』講談社，1999 年

佐々木実『資本主義と闘った男──宇沢弘文と経済学の世界』講談社，2019 年

佐竹光彦・飯田泰之・柳川隆編『日本経済政策学会叢書 1 アベノミクスの成否』勁草書房，
　　2019 年

サッチャー，マーガレット『サッチャー回顧録──ダウニング街の日々』上下巻，石塚雅彦
　　訳，日本経済新聞社，1993 年

佐藤隆文『金融行政の座標軸──平時と有事を越えて』東洋経済新報社，2010 年

佐藤政則『日本銀行と高橋是清──金融財政ガバナンスの研究序説』麗澤大学出版会，2016
　　年

塩田潮『内閣総理大臣の日本経済』日本経済新聞出版社，2015 年

鹿野嘉昭『日本の金融制度』第 3 版，東洋経済新報社，2013 年

鎮目雅人『世界恐慌と経済政策──「開放小国」の経験と現代』日本経済新聞出版社，2009
　　年

柴孝夫・岡崎哲二編著『講座日本経営史 4 制度転換期の企業と市場 1937〜1955』ミネル
　　ヴァ書房，2011 年

柴田善雅『戦時日本の特別会計』日本経済評論社，2002 年

柴田善雅『戦時日本の金融統制──資金市場と会社経理』日本経済評論社，2011 年

渋谷博史『レーガン財政の研究』東京大学出版会，2000 年

渋谷博史『20 世紀アメリカ財政史』全 3 巻，東京大学出版会，2005 年

渋谷博史編『レーガン財政からポスト冷戦へ』東京大学出版会，2005 年

渋谷博史・内山昭・立岩寿一編『福祉国家システムの構造変化──日米における再編と国際
　　的枠組み』東京大学出版会，2001 年

渋谷博史・平岡公一編『福祉の市場化をみる眼──資本主義メカニズムとの整合性』ミネル
　　ヴァ書房，2004 年

渋谷博史・丸山真人・伊藤修編『市場化とアメリカのインパクト──戦後日本経済社会の分
　　析視角』東京大学出版会，2001 年

渋谷博史・渡瀬義男・樋口均編『アメリカの福祉国家システム──市場主導型レジームの理
　　念と構造』東京大学出版会，2003 年

渋谷隆一編『明治期日本特殊金融立法史』早稲田大学出版部，1977 年

渋谷隆一編『大正期日本金融制度政策史』早稲田大学出版部，1987 年

清水真人『首相の蹉跌──ポスト小泉権力の黄昏』日本経済新聞出版社，2009 年

清水真人『消費税——政と官との「十年戦争」』新潮社，2013 年

清水真人『平成デモクラシー史』筑摩書房，2018 年

志村嘉一『日本公社債市場史』東京大学出版会，1980 年

志村嘉一編『現代日本の公社債市場』東京大学出版会，1986 年

下河辺淳『戦後国土計画への証言』日本経済評論社，1994 年

下谷政弘「大変化をもたらした 30 年——概説 I 日本経済の 1955～85 年」下谷政弘・鈴木恒夫『講座日本経営史 5 「経済大国」への軌跡 1955～1985』ミネルヴァ書房，2010 年

下谷政弘・鈴木恒夫編『講座日本経営史 5 「経済大国」への軌跡 1955～1985』ミネルヴァ書房，2011 年

下村恭広「不動産資本による郊外地区の空間形成」玉野和志・浅川達人編『東京大都市圏の空間形成とコミュニティ』古今書院，2009 年

社会経済史学会編『1930 年代の日本経済——その史的分析』東京大学出版会，1982 年

社会経済史学会編『社会経済史学の課題と展望——社会経済史学会創立 70 周年記念』有斐閣，2002 年

シャンド，A. H.『自由市場の道徳性——オーストリア学派の政治経済学』中村秀一・池上修訳，勁草書房，1994 年

白川方明『現代の金融政策——理論と実際』日本経済新聞出版社，2008 年

白川方明「「ゼロ金利制約」論再考」吉川洋編『バブル／デフレ期の日本経済と経済政策 2 デフレ経済と金融政策』慶應義塾大学出版会，2009 年

白川方明『中央銀行——セントラルバンカーの経験した 39 年』東洋経済新報社，2018 年

代田純『日本国債の膨張と崩壊——日本の財政金融政策』文眞堂，2017 年

代田純編『日本の国債・地方債と公的金融』税務経理協会，2007 年

新藤宗幸『財政投融資』東京大学出版会，2006 年

新藤宗幸『政治主導——官僚制を問いなおす』筑摩書房，2012 年

新・日本的経営システム等研究プロジェクト編『新時代の「日本的経営」——挑戦すべき方向とその具体策：新・日本的経営システム等研究プロジェクト報告』日本経営者団体連盟，1995 年

神野直彦「日本型福祉国家財政の特質」林健久・加藤榮一編『福祉国家財政の国際比較』ミネルヴァ書房，1992 年

随清遠「90 年代の「郵貯シフト」について」東京大学社会科学研究所『社会科学研究』第 52 巻第 4 号，2001 年

杉浦勢之「大衆的零細貯蓄機関としての郵便貯金の成立——日清戦後の郵便貯金の展開とその性格」社会経済史学会『社会経済史学』第 52 巻第 4 号，1986 年

杉浦勢之「日露戦後の郵便貯金の展開と貯蓄奨励政策」社会経済史学会『社会経済史学』第 56 巻第 1 号，1990 年

杉浦勢之「日露戦後の郵便貯金と預貯金市場」名古屋大学経済学部『経済科学』第 38 巻第 1 号，1990 年

杉浦勢之「1910 年代の逓信省の危機」近代日本研究会『年報・近代日本研究 13 経済政策と

産業』山川出版社，1991 年

杉浦勢之「戦後復興期における融資規制と貸出市場──業態間構造をめぐって」青山学院大学経済学会『青山経済論集』第 44 巻第 3 号，1992 年

杉浦勢之「戦後改革と公的金融の再編成」渡邉昭夫編『戦後日本の形成』日本学術振興会，1996 年

杉浦勢之「戦後復興期の銀行・証券──「メインバンク制」の形成をめぐって」橋本寿朗編『日本企業システムの戦後史』東京大学出版会，1996 年

杉浦勢之「戦後金融システムの生成──「日本的金融システム」の原型創出過程」青山学院大学総合研究所経済研究センター研究叢書第 6 号『金融史の国際比較』1998 年

杉浦勢之「1965 年の証券危機──封じられた「金融危機」の構図」伊藤正直・靎見誠良・浅井良夫編『金融危機と革新──歴史から現代へ』日本経済評論社，2000 年

杉浦勢之「金融危機下の郵便貯金」石井寛治・杉山和雄編『金融危機と地方銀行』東京大学出版会，2001 年

杉浦勢之「日本の経済成長と産業資金供給──高度成長期前半の金融と証券市場の役割」青山学院大学総合研究所経済研究センター研究叢書第 11 号『ファイナンスとファンダメンタルズ』2002 年

杉本有造「国鉄と道路公団の民営化」金澤史男編『公私分担と公共政策』日本経済評論社，2008 年

杉山伸也『日本経済史──近世－現代』岩波書店，2012 年

杉山伸也編『岩波講座「帝国」日本の学知 2「帝国」の経済学』岩波書店，2006 年

須田慎一郎『国債クラッシュ──震災ショックで迫り来る財政破綻』新潮社，2011 年

スティグリッツ，J. E.『世界を不平にしたグローバリズムの正体』鈴木主税訳，徳間書店，2002 年

須藤功『アメリカ巨大企業体制の成立と銀行──連邦準備制度の成立と展開』名古屋大学出版会，1997 年

須藤功『戦後アメリカ通貨金融政策の形成──ニューディールから「アコード」へ』名古屋大学出版会，2008 年

須藤時仁『国債管理政策の新展開──日米英の制度比較』日本経済評論社，2007 年

ストレンジ，スーザン『カジノ資本主義』小林襄治訳，岩波書店，1989 年

セネット，リチャード『公共性の喪失』北山克彦・高階悟訳，晶文社，1991 年

総合研究開発機構編・星野進保『政治としての経済計画』日本経済評論社，2003 年

高島博『郵政事業の政治経済学──明治郵政確立史，日英経営比較と地域貢献』晃洋書房，2005 年

高瀬淳一『武器としての「言葉政治」──不利益分配時代の政治手法』講談社，2005 年

高田創・柴崎健・石原哲夫『世界国債暴落──世界を蝕む日本化現象（ジャパナイゼーション）』東洋経済新報社，2010 年

高橋洋一『財投改革の経済学』東洋経済新報社，2007 年

高橋洋一『さらば財務省！──官僚すべてを敵にした男の告白』講談社，2008 年

高橋洋一『日本郵政という大罪──「まやかしの株式上場」で国民を欺く』ビジネス社，

2015 年

高本光雄編『戦後金融財政裏面史』金融財政事情研究会，1980 年

高本光雄編『実録戦後金融行政史』金融財政事情研究会，1985 年

滝川好夫『あえて「郵政民営化」に反対する』日本評論社，2004 年

滝川好夫『郵政民営化の金融社会学』日本評論社，2006 年

滝川好夫『どうなる「ゆうちょ銀行」「かんぽ生保」——日本郵政グループのゆくえ』日本評論社，2007 年

滝田洋一・鹿島平和研究所編『日米通貨交渉——20 年目の真実』日本経済新聞社，2006 年

竹下登『政治とは何か——竹下登回顧録』講談社，2001 年

武田隆夫・林健久編『現代日本の財政金融』全 3 巻，東京大学出版会，1978〜1986 年

武田晴人『「国民所得倍増計画」を読み解く』日本経済評論社，2014 年

武田晴人編『高度成長期の日本経済——高成長実現の条件は何か』有斐閣，2011 年

竹中治堅『首相支配——日本政治の変貌』中央公論新社，2006 年

竹中治堅『二つの政権交代——政策は変わったのか』勁草書房，2017 年

竹中平蔵『郵政民営化——「小さな政府」への試金石』PHP 研究所，2005 年

竹中平蔵『構造改革の真実——竹中平蔵大臣日誌』日本経済新聞社，2006 年

竹原憲雄『戦後日本の財政投融資』文眞堂，1988 年

橘木俊詔『家計からみる日本経済』岩波書店，2004 年

橘木俊詔編『戦後日本経済を検証する』東京大学出版会，2003 年

立原繁・栗原啓『欧州郵政事業論』東海大学出版部，2019 年

田中秀征『自民党本流と保守本流——保守二党ふたたび』講談社，2018 年

田中秀征『平成史への証言——政治はなぜ劣化したか』朝日新聞出版，2018 年

田中隆之『「失われた十五年」と金融政策——日銀は何を行い何を行わなかったか』日本経済新聞出版社，2008 年

田中光『もう一つの金融システム——近代日本とマイクロクレジット』名古屋大学出版会，2018 年

谷口明丈・須藤功編『現代アメリカ経済史——「問題大国」の出現』有斐閣，2017 年

谷口将紀『日本の対米貿易交渉』東京大学出版会，1997 年

谷口将紀『現代日本の選挙政治——選挙政治改革を検証する』東京大学出版会，2004 年

田野慶子『ドイツ資本主義とエネルギー産業』東京大学出版会，2003 年

玉野和志「住宅地開発と地域形成」玉野和志・浅川達人編『東京大都市圏の空間形成とコミュニティ』古今書院，2009 年

土屋剛俊・森田長太郎『日本のソブリンリスク——国債デフォルトリスクと投資戦略』東洋経済新報社，2011 年

土山希美枝『高度成長期「都市政策」の政治過程』日本評論社，2007 年

筒井清忠編『政治的リーダーと文化』千倉書房，2011 年

靎見誠良編『アジアの金融危機とシステム改革』法政大学出版局，2000 年

ティロール，ジャン『良き社会のための経済学』村井章子訳，日本経済新聞出版社，2018 年

寺田稔「流動性預貯金金利自由化に関する大蔵・郵政両省間合意について」大蔵省財務協会『ファイナンス』30 巻 2 号，1994 年

寺西重郎「金融的発展の一側面——安定資産の利用可能性と銀行業の集中過程」大川一司・南亮進編『近代日本の経済発展』東洋経済新報社，1975 年

寺西重郎『日本の経済発展と金融』岩波書店，1982 年

寺西重郎『日本の経済システム』岩波書店，2003 年

寺西重郎『歴史としての大衆消費社会——高度成長とは何だったのか？』慶應義塾大学出版会，2017 年

寺西重郎編『バブル／デフレ期の日本経済と経済政策 7 構造問題と規制緩和』慶應義塾大学出版会，2010 年

寺西重郎・長瀬毅「高度成長と金融」深尾京司・中村尚史・中林真幸編『岩波講座 日本経済の歴史 第 5 巻 現代 1』岩波書店，2018 年

東京大学社会科学研究所編『「失われた 10 年」を超えて』全 2 巻，東京大学出版会，2005 年

東京大学社会科学研究所編『20 世紀システム』全 6 巻，東京大学出版会，1998 年

東京大学社会科学研究所編『現代日本社会』全 7 巻，東京大学出版会，1991〜1992 年

東京大学社会科学研究所編『戦後改革』全 8 巻，東京大学出版会，1974〜1975 年

東大法・第 7 期蒲島郁夫ゼミ編『小泉政権の研究』木鐸社，2008 年

戸原つね子「最近における郵貯資金の特質と機能」日高晋ほか編『大内力教授還暦記念論文集 マルクス経済学 理論と実証』東京大学出版会，1978 年

戸原つね子『公的金融の改革——郵貯問題の変遷と展望』農林統計協会，2001 年

富田俊基『財投解体論批判』東洋経済新報社，1997 年

富田俊基『日本国債の研究』東洋経済新報社，2001 年

富田俊基『国債の歴史——金利に凝縮された過去と未来』東洋経済新報社，2006 年

富田俊基『財投改革の虚と実』東洋経済新報社，2008 年

豊永郁子『新保守主義の作用——中曽根・ブレア・ブッシュと政治の変容』勁草書房，2008 年

豊永郁子『サッチャリズムの世紀——作用の政治学へ』新版，勁草書房，2010 年

ドラッカー，P. F.『断絶の時代——いま起こっていることの本質』林雄二郎訳，ダイヤモンド社，1969 年

ドラッカー，P. F.『ドラッカー名著集 8 ポスト資本主義社会』上田惇生訳，ダイヤモンド社，2007 年

中島将隆『日本の国債管理政策』東洋経済新報社，1977 年

中曽根康弘『自省録——歴史法廷の被告として』新潮社，2004 年

中田真佐男「日本の財政投融資——バブルの発生・崩壊から現在までの動向と今後の課題」井堀利宏編『バブル／デフレ期の日本経済と経済政策 5 財政政策と社会保障』慶應義塾大学出版会，2010 年

中野瑞彦「不良債権処理と金融システムの将来像」一之瀬篤編『現代金融・経済危機の解明』ミネルヴァ書房，2005 年

中原広「小口 MMC の導入について」大蔵省財務協会『ファイナンス』24 巻 11 号，1989 年

中村昭雄『日本政治の政策過程』新版，芦書房，2011 年

中村太和『民営化の政治経済学――日英の理念と現実』日本経済評論社，1996 年

中村隆英『昭和経済史』岩波書店，1986 年

中村隆英『日本経済』第 3 版，東京大学出版会，1993 年

中村隆英編『日本経済史 7「計画化」と「民主化」』岩波書店，1989 年

中村隆英・宮崎正康編『岸信介政権と高度成長』東洋経済新報社，2003 年

中村宗悦・永江雅和・鈴木久美「金融危機とデフレーション（1997～2001 年を中心に）」小峰隆夫編『バブル／デフレ期の日本経済と経済政策（歴史編）2 日本経済の記録 金融危機，デフレと回復過程（1997 年～2006 年）』内閣府経済社会総合研究所，2011 年

西垣鳴人「官業の特典についての再推計――郵便貯金事業民営化前の 10 年間について」岡山大学経済学会『岡山大学経済学会雑誌』第 41 巻第 1 号，2009 年

西垣鳴人『ポストバンク改革の国際比較――相対化された郵貯論争』柘植書房新社，2013 年

西川輝『IMF 自由主義政策の形成――ブレトンウッズから金融グローバル化へ』名古屋大学出版会，2014 年

西川善文『挑戦――日本郵政が目指すもの』幻冬舎，2007 年

西川善文『ザ・ラストバンカー――西川善文回顧録』講談社，2011 年

仁科剛平『郵貯崩壊――国が「民営化」を急ぐ本当の理由』祥伝社，2004 年

西野智彦『検証 経済迷走――なぜ危機が続くのか』岩波書店，2001 年

西野智彦『検証 経済暗雲――なぜ先送りするのか』岩波書店，2003 年

西野智彦『平成金融史――バブル崩壊からアベノミクスまで』中公新書，2019 年

西村吉正『復興と成長の財政金融政策』大蔵省印刷局，1994 年

西村吉正『日本の金融制度改革』東洋経済新報社，2003 年

西村吉正『金融システム改革 50 年の軌跡』金融財政事情研究会，2011 年

日本銀行金融研究所編『わが国の金融制度』新版改訂，日本銀行金融研究所，1995 年

日本経済新聞社編『黒田日銀――超緩和の経済分析』日本経済新聞出版社，2018 年

日本財政学会編『グローバル化と現代財政の課題』有斐閣，2005 年

日本証券経済研究所証券経営研究会編『金融市場の変貌と証券経営』日本証券経済研究所，1998 年

「年報・日本現代史」編集委員会編『新自由主義の歴史的射程』年報・日本現代史第 23 号，現代史料出版，2018 年

ノース，ダグラス・C.『ダグラス・ノース 制度原論』瀧澤弘和・中林真幸監訳，水野孝之・川嶋稔哉・高槻泰郎・結城武延訳，東洋経済新報社，2016 年

ノーブル，グレゴリー・W.「政治的リーダーシップと構造改革」杉之原真子訳，東京大学社会科学研究所編『「失われた 10 年」を超えて II 小泉改革への時代』東京大学出版会，2006 年

ノーブル，グレゴリー・W.「政治的リーダーシップと財政投融資改革――成果と限界」豊福実紀訳，東京大学社会科学研究所編『「失われた 10 年」を超えて II 小泉改革への時

代』東京大学出版会，2006 年

野口雅弘『忖度と官僚制の政治学』青土社，2018 年

ハーヴェイ，デヴィッド『新自由主義──その歴史的展開と現在』渡辺治監訳，森田成也・木下ちがや・大屋定晴・中村好孝訳，作品社，2007 年

バーナンキ，ベン『リフレと金融政策』高橋洋一訳，日本経済新聞社，2004 年

バーナンキ，ベン『危機と決断──前 FRB 議長ベン・バーナンキ回顧録』上下巻，小此木潔監訳，石垣憲一・川崎剛・永峯涼・西崎香訳，KADOKAWA ／角川書店，2015 年

橋本賢治「郵政事業の抜本的見直しに向けて」参議院事務局企画調整室編『立法と調査』No. 305，2010 年 6 月

橋本寿朗「経済政策──三和良一説の継承と批判」大石嘉一郎編『日本帝国主義史 2 世界大恐慌期』東京大学出版会，1987 年

橋本寿朗『日本経済論』ミネルヴァ書房，1991 年

橋本寿朗『戦後の日本経済』岩波書店，1995 年

橋本寿朗『現代日本経済史』岩波書店，2000 年

橋本寿朗『戦後日本経済の成長構造──企業システムと産業政策の分析』有斐閣，2001 年

橋本寿朗編『日本企業システムの戦後史』東京大学出版会，1996 年

橋本寿朗・工藤章編『20 世紀資本主義』全 2 巻，東京大学出版会，1995 年

橋本寿朗・中川淳司編『規制緩和の政治経済学』有斐閣，2000 年

橋本寿朗・長谷川信・宮島英昭・斎藤直『現代日本経済』第 4 版，有斐閣，2019 年

橋本龍太郎『政権奪回論』講談社，1994 年

服部茂幸『金融政策の誤算──日本の経験とサブプライム問題』NTT 出版，2008 年

馬場宏二『富裕化と金融資本』ミネルヴァ書房，1986 年

馬場宏二『新資本主義論──視角転換の経済学』名古屋大学出版会，1997 年

馬場宏二編『シリーズ世界経済 IV 日本──盲目的成長の帰結』御茶の水書房，1989 年

馬場宏二・工藤章編『現代世界経済の構図』ミネルヴァ書房，2009 年

早坂茂三『政治家田中角栄』中央公論社，1987 年

林健久「昭和 50 年代財政金融の展開」武田隆夫・林健久編『現代日本の財政金融 II 昭和40 年代』東京大学出版会，1982 年

林健久「60 年代財政金融の展望」武田隆夫・林健久編『現代日本の財政金融 III 昭和 50 年代』東京大学出版会，1986 年

林健久・加藤榮一編『福祉国家財政の国際比較』東京大学出版会，1992 年

林健久・加藤榮一・金澤史男・持田信樹『グローバル化と福祉国家財政の再編』東京大学出版会，2004 年

原朗「被占領下の戦後変革──いわゆる「戦後改革」の歴史的意義」石井寛治・原朗・武田晴人編『日本経済史 4 戦時・戦後期』東京大学出版会，2007 年

原朗編『復興期の日本経済』東京大学出版会，2002 年

原朗編『高度成長始動期の日本経済』日本経済評論社，2010 年

原田泰・岩田規久男編『デフレ不況の実証分析──日本経済の停滞と再生』東洋経済新報社，2002 年

原野翹・浜川清・晴山一穂編『民営化と公共性の確保』法律文化社，2003 年

樋口美雄編『バブル／デフレ期の日本経済と経済政策 6 労働市場と所得分配』慶應義塾大学出版会，2010 年

樋口美雄・財務省財務総合政策研究所編『団塊世代の定年と日本経済』日本評論社，2004 年

平山賢一『戦前・戦時期の金融市場——1940 年代化する国債・株式マーケット』日本経済新聞社，2019 年

樋渡展洋「政治展開・小泉政権の意味——「失われた 10 年」との断絶，「失われた 10 年」以降の端緒」東京大学社会科学研究所編『「失われた 10 年」を超えて II 小泉改革への時代』東京大学出版会，2006 年

樋渡展洋「小泉改革の位相——先進諸国の中の日本の政治変化と政策対応」東京大学社会科学研究所編『「失われた 10 年」を超えて II 小泉改革への時代』東京大学出版会，2006 年

樋渡展洋「長期経済停滞化の財政運営と銀行部門再建」東京大学社会科学研究所編『「失われた 10 年」を超えて II 小泉改革への時代』東京大学出版会，2006 年

樋渡展洋・斉藤淳編『政党政治の混迷と政権交代』東京大学出版会，2011 年

フーコー，ミシェル『ミシェル・フーコー講義集成 8 生政治の誕生——コレージュ・ド・フランス講義 1978-1979 年度』慎改康之訳，筑摩書房，2008 年

深尾京司「日本の貯蓄超過と「バブル」の発生」村松岐夫・奥野正寛編『平成バブルの研究』上巻，東洋経済新報社，2002 年

深尾京司編『バブル／デフレ期の日本経済と経済政策 1 マクロ経済と産業構造』慶應義塾大学出版会，2009 年

深尾京司・中村尚史・中林真幸編『岩波講座 日本経済の歴史』全 6 巻，岩波書店，2017〜2018 年

福島量一・山口光秀・石川周『財政投融資』大蔵財務協会，1973 年

福田慎一『「失われた 20 年」を超えて』NTT 出版，2015 年

福田慎一・堀内昭義・岩田一政編『マクロ経済と金融システム』東京大学出版会，2000 年

福田慎一編『検証アベノミクス「新三本の矢」——成長戦略による構造改革への期待と課題』東京大学出版会，2018 年

福永文夫・河野康子編『戦後とは何か——政治学と歴史学の対話』上下巻，丸善出版，2014 年

藤井良広『縛られた金融政策——検証日本銀行』日本経済新聞社，2004 年

藤村修『民主党を見つめ直す——元官房長官・藤村修・想録』毎日新聞社，2014 年

藤原帰一『新編 平和のリアリズム』岩波書店，2010 年

船橋洋一『通貨烈烈』朝日新聞社，1988 年

フリードマン，ベンジャミン・M.『経済成長とモラル』地主敏樹・重富公生・佐々木豊訳，東洋経済新報社，2011 年

ブレア，トニー『ブレア回顧録』上下巻，石塚雅彦訳，日本経済新聞出版社，2011 年

星岳雄／ヒュー・パトリック編『日本金融システムの危機と変貌』筒井義郎監訳，日本経済

新聞社, 2001 年

星岳雄／アニル・カシャップ『日本金融システム進化論』鯉渕賢訳, 日本経済新聞社, 2006 年

星野興爾『世界のポストバンク』郵研社, 2005 年

星野興爾『世界の郵便改革』郵研社, 2004 年

星浩・逢坂巌『テレビ政治——国会報道から TV タックルまで』朝日新聞社, 2006 年

細溝清史「小口預金金利の自由化——金融問題研究会報告の概要」, 大蔵省財務協会『ファイナンス』22 巻 4 号, 1986 年

堀内昭義『日本経済と金融危機』岩波書店, 1999 年

堀内昭義「高度成長期以後の金融制度改革」橋本寿朗・中川淳司編『規制緩和の政治経済学』有斐閣, 2000 年

ボルタンスキー, リュック／エヴ・シャペロ『資本主義の新たな精神』上下巻, 三浦直希・海老塚明・川野英二・白鳥義彦・須田文明・立見淳哉訳, ナカニシヤ出版, 2013 年

真壁昭夫・玉木伸介・平山賢一『国債と金利をめぐる 300 年史——英国・米国・日本の国債管理政策』東洋経済新報社, 2005 年

升田嘉夫『戦後史のなかの国鉄労使——ストライキのあった時代』明石書店, 2011 年

マゾワー, マーク『国際協調の先駆者たち——理想と現実の 200 年』依田卓巳訳, NTT 出版, 2015 年

町田徹『日本郵政——解き放たれた「巨人」』日本経済新聞社, 2005 年

松田賢弥『逆臣青木幹雄』講談社, 2008 年

松原聡『民営化と規制緩和——転換期の公共政策』日本評論社, 1991 年

真渕勝『大蔵省はなぜ追いつめられたのか——政官関係の変貌』中公公論社, 1997 年

真渕勝『大蔵省統制の政治経済学』中央公論社, 1994 年

間宮陽介・堀内行蔵・内山勝久編『日本経済——社会的共通資本と持続的発展』東京大学出版会, 2014 年

御厨貴『政治の終わり, 政治の始まり——ポスト小泉から政権交代まで』藤原書店, 2009 年

御厨貴『知と情——宮澤喜一と竹下登の政治観』朝日新聞出版, 2011 年

御厨貴『戦後をつくる——追憶から希望への透視図』吉田書店, 2016 年

御厨貴・芹川洋一編『平成の政治』日本経済新聞出版社, 2018 年

御厨貴・牧原出『聞き書武村正義回顧録』岩波書店, 2011 年

宮崎勇『証言戦後日本経済——政策形成の現場から』岩波書店, 2005 年

宮本憲一「大蔵省預金部改革前後」京都大学経済学会『経済論叢』第 113 巻第 1 号, 1974 年

宮本又郎・杉原薫・服部民夫・近藤光男・加護野忠男・猪木武徳・竹内洋『日本型資本主義』有斐閣, 2003 年

三和良一「経済政策体系」社会経済史学会編『1930 年代の日本経済——その史的分析』東京大学出版会, 1982 年

三和良一「書評「日本帝国主義史 (2) 世界大恐慌期」大石嘉一郎編」社会科学研究第 40 巻

第 5 号，東京大学，1989 年

三和良一「近代日本の政策決定機構の変遷」青山学院大学総合研究所経済研究センター研究叢書第 1 号『経済成長と経済政策』1993 年

三和良一『日本近代の経済政策史的研究』日本経済評論社，2002 年

三和良一『日本占領の経済政策史的研究』日本経済評論社，2002 年

三和良一『戦間期日本の経済政策史的研究』東京大学出版会，2003 年

三和良一『経済政策史の方法──緊縮財政の系譜』東京大学出版会，2012 年

迎由理男「大蔵省資金預金部の成立と展開」渋谷隆一編『明治期日本特殊金融立法史』早稲田大学出版部，1977 年

迎由理男「1900 年代における大蔵省預金部の機能と性格」金融経済研究所『金融経済』第177 号，1979 年

迎由理男『郵便預金の発展とその諸要因』国際連合大学，1981 年

迎由理男「大蔵省預金部」加藤俊彦編『日本金融論の史的研究』東京大学出版会，1983 年

村松岐夫「戦後日本における「経済政策と社会的政策」パッケージ」渡邉昭夫編『戦後日本の形成』日本学術振興会，1996 年

村松岐夫・奥野正寛編『平成バブルの研究』上下巻，東洋経済新報社，2002 年

村松岐夫・久米郁男編『日本政治変動の 30 年──政治家・官僚・団体調査に見る構造変容』東洋経済新報社，2006 年

持田信樹『日本の財政と社会保障──給付と負担の将来ビジョン』東洋経済新報社，2019 年

持田信樹・今井勝人編『ソブリン危機と福祉国家財政』東京大学出版会，2014 年

森川英正・米倉誠一郎編『日本経営史 5 高度成長を超えて』岩波書店，1995 年

森武麿・浅井良夫・西成田豊・春日豊・伊藤正直『現代日本経済史』新版，有斐閣，2002 年

森田長太郎『国債リスク──金利が上昇するとき』東洋経済新報社，2014 年

森恒夫『現代日本型公企業の軌跡──公益と私益の対立と融合』ミネルヴァ書房，1992 年

諸富徹編『岩波講座 現代 3 資本主義経済システムの展望』岩波書店，2016 年

八木澤徹『ジャパンポスト──郵政民営化 40 万組織の攻防』日刊工業新聞社，2005 年

矢後和彦『フランスにおける公的金融と大衆貯蓄──預金供託金庫と貯蓄金庫 1816-1944』東京大学出版会，1999 年

矢後和彦編『システム危機の歴史的位相──ユーロとドルの危機が問いかけるもの』蒼天社出版，2013 年

八代尚宏『脱ポピュリズム国家──改革を先送りしない真の経済成長戦略へ』日本経済新聞社，2018 年

八代尚宏・鈴木玲子『家計の改革と日本経済』日本経済新聞社，2005 年

安田常雄編『シリーズ戦後日本社会の歴史』全 4 巻，岩波書店，2012 年

安場保吉・猪木武徳編『日本経済史 8 高度成長』岩波書店，1989 年

柳澤治『資本主義史の連続と断絶──西欧的発展とドイツ』日本経済評論社，2006 年

籔内吉彦・田原啓祐『近代日本郵便史──創設から確立へ』明石書店，2010 年

山崎志郎『戦時金融金庫の研究──総動員体制下のリスク管理』日本経済評論社，2009 年
山崎広明・橘川武郎編『日本経営史 4「日本的」経営の連続と断絶』岩波書店，1995 年
山脇岳志『郵政攻防』朝日新聞社，2005 年
由井常彦・大東英祐編『日本経営史 3 大企業時代の到来』岩波書店，1995 年
吉川洋『日本経済とマクロ経済学』東洋経済新報社，1992 年
吉川洋『高度成長──日本を変えた 6000 日』読売新聞社，1997 年
吉川洋『転換期の日本経済』岩波書店，1999 年
吉川洋「小泉政権下（2001-06 年）の財政政策運営について」東京大学経済学会『経済学論
　　集』第 73 巻第 2 号，2007 年
吉川洋編『バブル／デフレ期の日本経済と経済政策 2 デフレ経済と金融政策』慶應義塾大
　　学出版会，2009 年
吉川洋・大瀧雅之『循環と成長のマクロ経済学』東京大学出版会，2000 年
吉野直行・古川彰編『金融自由化と公的金融』日本評論社，1991 年
米田雅子『田中角栄と国土建設──「列島改造論」を越えて』中央公論新社，2003 年
ラインハート，カーメン・M.／ケネス・S.・ロゴフ『国家は破綻する──金融危機の 800
　　年』村井章子訳，日経 BP 社，2011 年
ラジャン，ラグラム／ルイジ・ジンガレス『セイヴィング・キャピタリズム』堀内昭義・ア
　　ブレウ聖子・有岡律子・関村正悟訳，慶應義塾大学出版会，2006 年
若田部昌澄『危機の経済政策──なぜ起きたのか，何を学ぶのか』日本評論社，2002 年
若月剛史『戦前日本の政党内閣と官僚制』東京大学出版会，2014 年
渡邉昭夫編『戦後日本の宰相たち』中央公論社，1995 年
渡邉昭夫編『戦後日本の形成』日本学術振興会，1996 年
渡辺治『構造改革政治の時代──小泉政権論』花伝社，2005 年
渡辺治編『高度成長と企業社会』吉川弘文館，2004 年

あとがき

　政治や経済に対して，さして興味も関心もなかった子どものころ，それでもメディアを通じ，脳裏に強烈な印象を刻まれたニュースがある。湾岸戦争である。その後，イラク戦争や郵政選挙を目の当たりにしたとき，同じような胸騒ぎを感じた。いまにして思えば，それらはいずれも「是か，非か」という二項対立に還元される「正義」や「改革」が日本の政治や経済，そして社会を席巻し，日本という国をいかにすべきかを決する分岐点であった。しかし当時は，人びとがその「熱狂」を疑いなく受け入れ，容易く受け止めていることにさほど疑問をもたなかった。政治や経済の場における一つの選択が，社会とともに，私たちの営みや生きざまさえも変えていくものであることに想像が及ばなかったのである。本書のテーマである郵政改革は，小泉純一郎政権における構造改革の本丸とされ，熱狂を生み出した自民党総裁選挙，ワン・イシューの総選挙には「郵政」の名が冠され，国民に時代の変化を強烈に印象づけた。「郵政」という言葉は，変化を生み出す合言葉となった感があり，小泉改革によって確かに日本の政治，経済，社会は大きく変化したものと思われる。そうであればこそ，この事実によって「いま」の私たちが得たものと失ったものは何であったのか，歴史的視点から再構成し，検証してみる価値と必然性があると思われた。

　その後の郵政完全民営化の進捗は，実に遅々としたものであった。小泉郵政民営化から12年目を迎えた2019年4月になって，政府は同年秋を目安として，保有義務分を超過している日本郵政の株式をすべて売却し，復興債の償還財源とすると発表した。本書のとりまとめに着手した矢先のことである。しかし，その発表の前後に，ゆうちょ銀行においては社内規則に違反する高齢者への不適切な勧誘が発覚し，かんぽ生命においては顧客に不利益となる保険の乗り換え契約や新旧契約の保険料の二重徴収など計18万件を超える不適切な営業が

判明した。相次いで露呈した日本郵政グループにおける不祥事によって，持株会社である日本郵政にはガバナンス上の責任が問われた。果たしてこれらの問題は，個人の問題であったのだろうか，経営の問題なのだろうか，あるいは個人も経営をも超えた構造的な原因があったのだろうか。それらを一括して，民営化が問題であったというのは簡単である。だが，民営化の何が問題であり，民営化を通じて何が問題となってきたのかということの考察なくして，「郵政」に付随する諸問題の解決はありえないだろう。

　21世紀に入って，ますますグローバル化が進行していく世界には，二つの兆候を感じている。一つは経済学の言葉が強い力を発揮するようになったこと，いま一つは，加速する技術変革により，人びとの生きる時間が足早に進むようになったことである。歴史から聞こえてくる声がとても弱々しく，届きにくくなった気がしてならなかった。このことは，郵政民営化についての史資料，ドキュメントを探るなかにも感ぜざるを得なかった。史資料の一頁一頁，データの一つ一つ，数値の奥底に，本書で直接取り扱えなかった無数のかけがえのない人生があったに違いない。民営化によって「郵政」は変化を求められ，「郵政」が長年担ってきた役割や公共性も変化していくことになる。アメリカの神学者であるラインホールド・ニーバーは，「変えることのできないものを受け入れる平静さと変えるべきものを変える勇気，そしてその両者を見分ける叡智」を求め，祈りとした。歴史から学ぶことが困難となるなか，それでも歴史を学ぶことで想像力や構想力を育んでいくことが大事なことかもしれない。

　本書は，青山学院大学大学院総合文化政策学研究科に提出した博士論文「郵政民営化と郵便貯金——小泉改革の歴史的前提」を土台としている。まずは，筆者の大学院進学を強く動機づけてくださった杉浦勢之先生に感謝を申し上げたい。「就職氷河期」の只中にあって，1990年代末のキャンパスライフには憧れを抱いていたような華やかさはなかった。そんななか，痛みや苦しみを感じるとき，半分は自己の問題であるが，もう半分は社会の問題であること，そして自己の問題の解決には人文学，社会の問題の解決には社会科学，特に現代の諸問題の解決には経済史学が有効であることをご教示くださったのが先生で

あった。実際，先生は学部の授業において，時間軸を軽やかに行き来しながら現代の問題を歴史的視点から熱心に説いてくださった。これが筆者の経済史学との出逢いであり，それに魅了されるのに時間はかからなかった。そしてあろうことか，勢いに乗じ，経済学研究科杉浦研究室の門戸を叩いてしまった。苦難のはじまりである。主指導教授として先生は，「研究とは報われるものとは限らない。悔いを残さないため，まず何よりも自分にとって内的必然性のある研究テーマを見つけてくるよう」にと厳命された。この難題に応えられたかどうかは心もとなかったものの，日本をベースに高等教育費負担の国際比較を進め，「私費＝家計」と「公費＝財政」，そして「日本的経営」の雇用慣行からその負担構造を考察し，教育経済史の修士論文を書き上げた。初めての論文執筆に思い悩む日々ではあったが，ともかくも提出ができたのは三和良一先生，故・田野慶子先生，田付茉莉子先生の懇切丁寧なご指導のおかげであった。修士論文の完成後には，日本の教育の経済的基盤に世界にも稀な制度があることに気づき，いつしかそれが研究の主題となっていった。筆者なりの「内的必然」であったと思う。

　研究の醍醐味，面白さをほんの少しばかり理解できたと思っていたその矢先，指導教授の杉浦先生は，問題の発見と解決という枠組みに収まることなく，経済学や歴史学といったツールを使って総合的に現実に迫り，新しい価値の創造を目指すべきときが来たと宣言された。2008年度新設予定の学部に移籍されるとの予告にいささか呆然としつつ，筆者も5年間在籍した経済学研究科を退学し，編入学試験に臨んだ。結果，総合文化政策学研究科1期生として，故・鈴木博之先生はじめ同研究科の先生方のほか，青木保先生，柏木博先生，河島伸子先生，後藤和子先生，小林真理先生，小林康夫先生，佐藤良明先生による，実に多種多様かつ魅力的なプログラムを堪能させていただいた。さまざまな領域の研究や活動を間近で見聞きし，思考する機会に恵まれたことは，たいへん幸せな，夢のような経験であった。しばらく新たな出逢いに夢見心地でいたところ，博士論文執筆の時が来た。その際，これまでのディシプリンによって研究の完成度を高めつつ，新しい研究科のテーマの一つである公共性について問題提起を行うことが求められた。主指導教授の杉浦先生はもちろんのこと，副

指導教授の梅津順一先生，懸田豊先生，外部審査委員の由井常彦先生に熱意溢れるご指導を賜り，晴れて 2011 年度には博士（総合文化政策学）の学位が第 1 号として授与された。あらためて心より御礼を申し上げたい。振りかえってみると，学部時代に長谷川信先生，三村優美子先生，橘川武郎先生の授業を通し，大学での学びの面白さを味わって以来，これほど本書のテーマに最適な先生方のご指導を受けていた事実に心底驚かされる。諸先生方の無償の贈与と恩寵としかいいようのない学恩に，深謝申し上げたい。

　本書にいたる道のりでは，公益財団法人通信文化協会が運営する郵政博物館（旧逓信総合博物館）に，2008 年 10 月に設立された「郵政博物館の所蔵資料を活用した郵政の歴史・文化に関する研究会」主査の石井寛治先生をはじめ，各分科会主査の杉山伸也先生，杉浦勢之先生，新井勝紘先生，藤井信幸先生，山本光正先生，田良島哲先生に，同会設立時からつねに変わらぬ励ましと親身なご指導をいただいた。諸先生方の歴史と文化，そして研究と史資料に対するご高志に触れることができ，ご厚情に少しでも報いたいという一心が，本書に繋がる研究の原動力であった。研究とその発表の場を与えていただいたこととあわせ，心より御礼を申し上げたい。郵政に関わる資料は，2003 年 4 月の総務省から公社への組織改編時，さらに 2007 年 10 月の民営化時に厳格化された資料保存に関する法律にもとづき内部資料が大量に廃棄され，全国各地の郵政資料についても散逸の危機にさらされた。1902 年に逓信省が開館した郵便博物館に起源をもち，以来，郵政資料の収集・展示・保存機能を担ってきた郵政博物館もまた危機的状況に見舞われた。そうした状況を重くみられた井上卓朗氏（現・郵政博物館館長兼主席資料研究員）によって，後者の史資料の一部は救出のうえ，郵政博物館に収蔵され，保存と再構築が図られた。本書の基礎となる文献・資料の閲覧・収集に際しては，公益財団法人通信文化協会博物館部（郵政博物館）および同資料センターの方々にたいへんお世話になった。特に，井上氏，藤本栄助氏，小原宏氏，倉地伸枝氏には，本書に対しても貴重なご助言と多大なご協力をいただいた。心より感謝を申し上げたい。

　博士論文執筆のきっかけは，日本郵政公社が実施した，総裁をはじめ各セクション，組合といった当事者へのヒアリングに参加する機会を得たことであっ

た。本書においてその記録は直接利用されていないものの，リアルタイムで触れさせていただいた想いや空気は活かされているものと思う。もとよりそれは筆者自身が受け止められた限りでの解釈であることは申し添えておきたい。また同論文は，多くの先達たちが情熱と時間をかけて精緻に張り巡らせた経糸の一本一本に想いを馳せながら，不器用ながらも一本の緯糸を通すことを試みたものであった。しかし，新研究科最初の学位の名に恥じぬよう織りなすことに意気込むあまり，必ずしも意を尽くせていないところが多々あった。この点，本書では，できるだけ尽くせぬところを尽くし，足らぬところを補ったつもりであるが，その成否については読者の皆様のご判断にお任せしたい。糸を紡ぎ，織物に仕上げていく過程では，多くの方々との出逢いにより，思わぬ綾が織り出された。その最後の一人として本書を編みあげてくださったのが，名古屋大学出版会編集部次長の三木信吾氏であった。厚く御礼を申し上げたい。また，緻密な校正において文字通りご尽力をいただいた同会編集部の山口真幸氏にも深謝申し上げたい。なお，本書の出版にあたっては，第30回名古屋大学出版会学術図書刊行助成の恩恵にあずかった。ここに記して深甚の謝意を表したい。

　本書をまとめるに際し，杉山裕先生（大阪産業大学経済学部教授）は，公務多忙の合間を縫って原稿を丹念に読み込んでくださり，随所に建設的なアドバイスを数多くいただいた。また，田原啓祐先生（公益財団法人通信文化協会博物館部（郵政博物館）主任資料研究員，青山学院大学非常勤講師）は，原稿に残されていた誤りをご指摘のうえ，有益なコメントをくださった。林拓也先生（青山学院大学地球共生学部教授），雲大津先生（中国・海南大学社会科学研究センター教授）には，つねに激励を賜った。一方で誠実かつ熱心な研究教育姿勢を示されつつ，他方で親身に支えてくださる諸先輩方に，感謝と御礼を申し上げたい。このほか，日本金融学会，社会経済史学会，日本FP学会，石橋湛山記念財団，日本経営史研究所，企業史料協議会，また奉職した青山学院大学および静岡英和学院大学，現職の平成国際大学において，丁重なご指導や温かいお声がけをいただいた諸先生，諸氏にも，この場をお借りして，心より御礼を申し上げたい。お世話になった方々のお名前をすべて挙げさせていただくことは叶わないが，本書をもって感謝の気持ちを表させていただければ幸甚である。

最後に，私事にわたり恐縮ながら，愛情豊かに育ててくれた家族にも感謝したい。戦時生まれと団塊世代の両親は，豊かに蓄えられた文化資本こそ与えてはくれなかったものの，確固たる信念をもって子どもたちの教育に希望を託し，その機会を定額貯金と学資保険によって支えてくれた。このことは，近代国民国家形成以来，家計の資産形成の中心的役割を担ってきた郵便貯金や簡易保険を「改革」するということによって，家計貯蓄の動態にほのかに透けて映し出されている人びとの営みや生きざまが，何らか変化しうることになるのではないかという本書の問題関心の種ともなった。その根底には，なぜ教育が「いま」を変えていく可能性を秘めており，未来の希望や幸福に繋がっていくものであると人びとが確信しているのか，そして自己の希望や幸福，あるいは「いま」の生産性や効率性からは一見迂遠とも思える，広義の意味での教育が社会で実践され続けてきたのはなぜなのか，という問いがある。いまやこうした問題関心が，「ロスト・ジェネレーション世代」である筆者の研究を後押しし，職業としての教育を支える内的必然性となっている。そのような難題を前に，時として絶望的な気持ちを抱くこともある筆者に対し，さまざまな社会的役割や，温かい笑顔と心強い励ましを与えてくださっている皆様に，衷心より感謝しつつ，本書を結ぶこととしたい。

2019 年 8 月 15 日

伊藤真利子

初出一覧

序　章　郵政民営化と郵便貯金

博士論文「郵政民営化と郵便貯金——小泉改革の歴史的前提」（青山学院大学大学院，2012 年 3 月）序章。

第 1 章　「郵貯増強メカニズム」の誕生

「高度成長期郵便貯金の発展とその要因——郵便貯金増強メカニズムの形成をめぐって」（郵政歴史文化研究会『郵政資料館　研究紀要』日本郵政郵政資料館，創刊号，2010 年）48-65 頁。

第 2 章　郵便局政策の地域的展開

「高度成長期郵便貯金の地域的展開——戦後「郵貯増強メカニズム」の形成・神奈川県の事例を中心として」（郵政歴史文化研究会『郵政博物館　研究紀要』通信文化協会博物館部，第 8 号，2016 年）24-44 頁。

第 3 章　金融構造の変化と郵貯「大膨張」

「安定成長期の郵便貯金——郵便貯金増強メカニズムの変化とその要因」（郵政歴史文化研究会『郵政資料館　研究紀要』日本郵政郵政資料館，第 2 号，2010 年）75-90 頁。

第 4 章　金利自由化と「1990 年ショック」

「バブル経済下の郵便貯金——「90 年ショック」をめぐって」（郵政歴史文化研究会『郵政資料館　研究紀要』日本郵政郵政資料館，第 3 号，2011 年）48-71 頁。

第 5 章　国債問題の顕在化

「郵便貯金の民営化と金融市場——金融変革期における郵便貯金」（『青山社会科学紀要』青山学院大学，第 36 巻第 2 号，2008 年）101-157 頁。

第6章 郵政民営化の政策決定過程

「郵政民営化の政策決定過程——構造改革との整合性」(『青山社会科学紀要』青山学院大学, 第37巻第2号, 2009年) 51-76頁。

第7章 郵政民営化の現在と巨大郵貯のゆくえ

書き下ろし

終 章 郵政民営化とは何だったのか

博士論文「郵政民営化と郵便貯金——小泉改革の歴史的前提」(青山学院大学大学院, 2012年3月) 終章。

＊いずれも本書への採録にあたって, 大幅な加筆修正を施した。

図表一覧

図 1-1	主要経済指標	19
図 1-2	郵便貯金合計および定額貯金の預払の推移	22
図 1-3	個人金融資産残高の推移	25
図 1-4	郵便貯金と都市銀行の年度末残高の推移	27
図 1-5	月別定額貯金の預払の推移	34
図 1-6	定額貯金の歩留率および滞留期間の推移	35
図 1-7	郵便局および銀行店舗の推移	38
図 2-1	転入超過率の推移	63
図 2-2	神奈川県における人口の推移	64
図 2-3	県民所得の推移	66
図 2-4	種類別郵便局数の推移	68
図 2-5	享便人口の推移	76
図 2-6	神奈川県における定期性預貯金残高の推移	78
図 2-7	神奈川県における定期性郵貯残高の推移	80
図 3-1	主要経済指標	88
図 3-2	部門別資金過不足の推移	89
図 3-3	個人金融資産残高の推移	91
図 3-4	預貯金残高シェアの推移	93
図 3-5	郵便貯金および定額貯金残高の推移	93
図 3-6	郵便貯金の預払の推移	95
図 3-7	月別定額貯金の預払と金利の推移	96
図 3-8	定額貯金の歩留率および滞留期間の推移	102
図 3-9	郵便貯金の現金および元加利子増減額の推移	104
図 4-1	公定歩合と日経平均株価の推移	109
図 4-2	主要経済指標	112
図 4-3	家計金融資産残高の推移	116
図 4-4	部門別資金過不足の推移	117
図 4-5	家計現預金残高に占める定期性貯金残高	120
図 4-6	月別定額貯金の預払と金利の推移	124
図 4-7	証券投資信託の推移	125
図 4-8	定期性預貯金残高の月中純増額の推移	127
図 4-9	金利の推移	128
図 4-10	郵便貯金の現金および元加利子増減額の推移	131

図 4-11	郵便貯金および定額貯金残高の推移	132
図 5-1	主要経済指標	148
図 5-2	公定歩合と日経平均株価の推移	149
図 5-3	家計金融資産残高の推移	150
図 5-4	部門別資金過不足の推移	155
図 5-5	家計現預金に占める定期性預貯金の推移	157
図 5-6	金利の推移	163
図 5-7	月別郵便貯金および定額貯金の残高と預払の推移	171
図 5-8	種類別郵便貯金残高の推移	172
図 5-9	預貯金金利の推移	173
図 5-10	郵便貯金の現金および元加利子増減額の推移	174
図 7-1	各種金利および日経平均株価の推移	244
図 7-2	郵便貯金と国内銀行の定期性預貯金残高の推移	245
図 7-3	ゆうちょ銀行の国債運用額と貯金残高の推移	248
図 7-4	金融部門における国債保有額の推移	249
図 7-5	部門別資金過不足の推移	254
図 7-6	ゆうちょ銀行と国内銀行における国債と預け金の推移	255

表 1-1	種類別郵便貯金の推移	21
表 1-2	公社債投信，貯蓄性預金，定額貯金の月別推移	26
表 1-3	預貯金利率の変遷	30
表 1-4	郵便局舎改善計画期の郵便局数	37
表 1-5	郵貯特別会計の運用利回りと貯金コスト	44
表 1-6	財投原資（実績）の推移	46
表 1-7	財投使途別分類における構成比の推移	51
表 2-1	東京大都市圏における人口増減率の順位	60
表 2-2	特定局舎改善の実施状況	70
表 2-3	神奈川県における金融機関店舗数と郵便局数	77
表 3-1	郵貯定額貯金および銀行定期預金の利回りの比較	101
表 4-1	証券発行による資金調達状況	114
表 4-2	預貯金金利自由化の進捗状況	119
表 4-3	国債発行額および残高の推移	134
表 4-4	国債保有の構成	140
表 5-1	国債発行額および残高の推移	159
表 5-2	資金運用部の収支	165
表 5-3	自主運用開始後の郵便貯金運用状況	168
表 6-1	「官業ゆえの特典」の推移（推計額）	207
表 7-1	種類別郵便貯金残高の推移	242
表 7-2	ゆうちょ銀行の保有資産内訳	247

索　引

ア 行

青木幹雄　191
アクションプラン　211, 212
アクション・プログラム　118
アジア金融危機　154, 268, 269
預入限度額（郵便貯金）　33, 99, 100, 124, 129,
　169, 195, 242, 243, 245, 246
麻生太郎　191, 213, 215, 217, 230, 231
安倍晋三　15, 229, 230, 238, 250-252, 270
アベノミクス　13, 15, 239, 246, 250-253, 270
暗黙の保証　243
イールドカーブ・コントロール（長短金利操作）
　255
生田正治　192, 199, 200, 210-214, 216, 217, 219,
　220, 223-227, 261, 262
池田憲人　240
池田勇人　18, 23, 31, 33, 35, 38, 40, 47, 67, 82
井沢吉幸　240
異次元金融緩和　252
石橋湛山　18
一万田尚登　20
インフレ目標　251, 252, 254
植竹春彦　72
失われた 10 年　158, 223, 269
宇野宗佑　181
エクイティ・ファイナンス　113, 117
オイルショック　8, 9, 28, 63, 85, 88-91, 96, 97,
　121, 135, 196, 264, 265
大蔵・郵政合意　123, 132
大平正芳　135-138, 265
小渕恵三　153, 159, 190, 197, 221, 222, 268, 269
オルド自由主義　11

カ 行

カーター，ジミー　89, 97
改革開放路線　183, 267
外国貿易障壁報告書　234
改正預金保険法　153
海部俊樹　181
外務員制度（郵便貯金）　79, 80, 124

隠れた補助金　204, 206
加藤紘一　190
加藤寛　219, 264
株価維持策（PKO）　154
亀井静香　191, 231, 233
川島正次郎　20
簡易生命保険資金　45
官から民へ　179, 182, 212, 254, 261, 262
官業ゆえの特典　204, 206
間接金融優位　14, 24, 27, 53, 54, 74, 86, 92, 94,
　106, 114-116, 143, 145, 150, 152, 193, 258
完全雇用　9, 17, 18, 31, 266
官対民　265, 266
菅直人　233-235, 238
官民ファンド　167
岸信介　18, 31, 69, 82
教育投資　257
緊急経済対策　159, 161, 190, 269
均衡予算主義　7, 35, 48, 49, 89, 134, 144, 264
緊縮財政　109
金融緩和政策　97, 109, 110, 157, 160, 162, 251
金融危機　6, 12, 27, 111, 139, 142, 145, 150-154,
　156, 157, 166, 172, 176, 190, 194, 195, 197, 201,
　209, 223, 250, 251, 260, 269
金融機能安定化緊急措置法　153
金融機能再生緊急措置法（金融再生法）　153,
　215
金融再生プログラム　155, 156, 269
金融機能早期健全化緊急措置法（早期健全化法）
　153
金融資産の多様化　24, 116
金融システム危機　145, 190
「金融・資本市場の自由化，国際化に関する当面
　の展望」　118
金融自由化　15, 54, 87, 107, 114, 116, 129, 139,
　142-145, 149, 151, 169, 177, 193, 194, 196, 204,
　206
金融制度改革　113
金融の証券化（セキュリタイゼーション）
　141-143, 149, 151
金融のユニバーサルサービス　231

金融のグローバル化　12

金融のシステミック・リスク　6, 183

「金融の自由化及び円の国際化についての現状と
　展望」　118

金融の不安定性　6, 153, 160, 178, 185, 186, 269

金融の分野における官業の在り方に関する懇談会
　（郵貯懇）　106, 197

金利決定方式　31

金利自由化　106, 118, 120, 122, 123, 127, 131,
　133, 141, 143, 144, 151, 172, 176, 177

金利調整審議会　28, 31, 97

クリントノミクス　183, 184

クリントン，ビル　11, 183, 184, 186, 197, 267

グローバル金融危機　250, 251

グローバル・スタンダード　11, 186

クロダノミクス　15, 253, 254, 270

黒田東彦　15, 246, 252

経営の自由度　214, 216, 217, 219, 224, 225

経済科学局（ESS）　39

「経済財政運営と構造改革に関する基本方針（骨
　太の方針）」　199, 224, 263

経済財政諮問会議　189-192, 202, 203, 207, 212,
　214, 216, 217, 220, 223, 224, 268

経済社会基本計画　87

経済審議会　17, 268

経済新生対策　159

経済同友会　199, 200, 210, 216, 223, 268

経世会　191

ケインズ主義政策　10, 11, 183-185

現代オーストリア学派　9, 264

小泉純一郎　1-4, 8, 13-16, 148, 155, 173, 176,
　178, 191-193, 198-205, 209, 210, 212, 213, 218,
　220-227, 229, 230, 234, 235, 237, 238, 240, 243,
　250, 252-254, 261-263, 268-270

公営住宅法　82

公益性　20, 35, 54, 69, 70, 73, 79, 81, 211

公企業の民営化　10

公共性　6, 68, 178, 187, 211, 255

公共政策　61, 82

公共選択学派　9, 264

公社　47, 48, 82, 83

公社債投資信託　24-26, 35, 124

公社債流通市場　7, 89, 141

厚生省　41, 42, 81

公明党　190, 235, 238

合理的期待形成学派　9

小金義照　32

国債管理政策　8, 160, 164, 178, 202, 213, 260

国債流通市場　13, 15, 133, 137, 139-142, 144,
　173, 249, 250, 252, 253, 259, 261, 262, 270

国際通貨基金（IMF）　17, 184

国際通貨体制（IMF 体制）　85, 88

国土（開発）政策　81, 82

国土総合開発法　82

国民所得倍増計画　31, 47, 67, 82

国民福祉税構想　138, 181

五五年体制　135, 136, 138, 182, 183, 185, 188,
　189, 192, 196, 197, 209, 263, 265, 270

五島慶太　65

個人向け国債　175, 209

護送船団方式　14, 37, 74, 75, 86, 145, 151, 153,
　193, 207

サ　行

財政健全化　138, 161, 236, 238

財政拡大方針　190

財政構造改革法　190, 221, 267, 269

財政融資資金特別会計国債（財投債）　167,
　179, 215, 262

財テク　113, 114, 118, 151

財投機関債　167

財投金利　167

財投原資　45, 47, 133

斎藤次郎　240

坂篤郎　240

さきがけ　182, 185, 267

「早急に取り組むべきデフレ対応策（総合デフレ
　対策）」　149

サッチャー，マーガレット　8, 11, 12, 184-186,
　265-267

サッチャリズム　8, 10, 11

佐藤栄作　67, 83

サプライサイド経済学　9

産業投資特別会計　41, 45, 47, 48

三公社五現業　264

三事業一体　187, 188, 217, 262

三大金融グループ（3 メガバンク）　156

時間軸政策　251

資金運用部審議会　42

資金運用部ショック　154, 160, 161, 164, 166,
　169, 215, 260

資金運用部資金　7, 15, 19, 39, 41-43, 45, 47, 49,
　81, 132, 144, 157, 161-163, 165, 257, 260

資金運用部資金法　41, 42, 49, 164, 165

資金運用部特別会計法　41, 43
資金の効率的配分メカニズム　53
自公政権　231
自社さ政権　185, 267
市場経済化　183, 266
市場主義宣言──21 世紀のアクションプログラム　268
市場の自由化　13, 85, 133
システム構築問題　219
自民党（自由民主党）　1, 17, 18, 48, 52, 82, 83, 136, 138, 153, 181, 182, 185, 188-192, 197, 199, 203, 209, 212, 220-222, 226, 229-231, 235, 238, 243, 251, 252, 261, 265, 267, 270
社会主義の崩壊　183, 184, 266, 267
社会的人口移動　69, 73
社会党　181, 182, 185, 188, 189, 197, 222, 263, 265, 267, 270
社会保障・税一体改革大綱　238
「社会保障の安定財源の確保等を図る税制の抜本的な改革を行うための消費税法の一部を改正する等の法律案」　238
社債市場　113, 114
自由主義的介入　12
住宅金融公庫　82
集中満期（郵便貯金）　121, 143, 169
首都圏整備法　65
少額貯蓄非課税制度（マル優）　99, 100, 120, 121
証券危機（証券恐慌）　22, 24, 27, 28, 48, 55, 75, 85, 86, 91, 102, 142, 172, 176
証券対金融　55
証券大衆化　24
上場投資信託（EFT）　252
上場不動産投資信託（J-REIT）　251, 252
小選挙区比例代表並立制度　181, 183
消費税　135, 136, 138, 139, 158, 238, 265, 268
消費増税　197, 224, 269
情報スーパーハイウェイ構想　183
白川方明　251, 252
人為的低金利政策　27, 28, 33, 37, 38, 54, 74, 86, 94, 103
人口ボーナス　142
新古典派主流経済学　9, 184
新産業都市構想　82
シンジケート団（シ団）　139, 140, 144
新時代の「日本的経営」　267
新自由主義政策　10, 11, 13, 16, 136, 183-187,

192, 193, 197, 224, 263-267
新中間層（都市新中間層）　19, 52, 55, 62, 83, 182, 257, 263
鈴木善幸　137, 264, 265
スタグフレーション　8, 9, 258, 264, 265
スプロール　61
聖域なき行政合理化　137
聖域なき構造改革　198, 224, 269
生活基盤整備　81, 83, 258
政策パラダイム　11, 13, 186, 199, 222, 265, 268, 270
生産力拡充政策　81
生産力保証政策　10
政治改革関連法案　181
政党交付金制度　183
制度的自由主義　11
政府保証借入金　45, 47, 49
政府保証債　45, 47-49
清和会　191, 222
セーフティヘブン　200
世界銀行　184
積極財政　48, 87, 97
ゼロ金利政策　148, 150, 162, 166, 170, 243, 251
ゼロ・シーリング（概算要求枠）　137
1990 年ショック（郵便貯金）　106, 133, 143, 144, 169, 195
全国銀行協会（全銀協）　86, 95, 143, 194, 201, 204-209, 226, 233
全国総合開発計画　82
仙谷由人　233
全逓信労働組合（全逓）　71
全日本郵政労働組合（全郵政）　270
増強運動（郵便貯金）　19, 20
総合経済対策　108, 153, 159, 161, 190
総需要管理　9
増税なき財政再建　136, 137, 196, 264
総務省郵政企画管理局　187, 188

タ 行

第二次臨時行政調査会（第二臨調）　137, 185, 196, 197, 264
大膨張（郵便貯金）　14, 87, 95, 99, 103-106, 126, 143, 144, 169, 195, 259
高木祥吉　240
竹下登　138, 181, 182
竹中平蔵　15, 155, 191, 192, 202, 203, 209-214, 216-220, 223-227, 235-237, 262, 263

田中角栄　27, 36, 39, 48, 52, 69, 71, 73, 76, 78, 81-84, 87, 88, 135, 136, 182, 191, 198, 258, 269

田中直毅　216, 231

谷垣禎一　213, 215, 216, 238

小さな政府　9, 13, 182, 190, 197, 199, 264

地方還元資金　7, 55

中央省庁再編　3, 13, 190, 199, 224, 261

中央省庁等改革基本法　164, 188

貯蓄から資産形成へ　239

貯蓄奨励（政策）（郵便貯金）　5-7, 19, 20, 39, 55, 100

貯蓄優遇税制　257

通信ネットワーク　68, 80

投資信託販売（郵便貯金）　175

ドーナツ化現象　55, 60, 65

特殊法人改革　201

特定郵便局長会　188, 202, 222, 270

「独立行政法人郵便貯金・簡易生命保険管理機構法の一部を改正する法律」　239

特例＝赤字国債　8, 85, 89, 134, 135, 137, 138, 260, 264, 267

土光敏光　137, 265

都市政策大綱　52, 83

都市問題　52, 61, 83

ドッジライン　40

ナ　行

内務省　7, 81, 82, 84

中曽根康弘　108, 138, 142, 185, 186, 188, 192, 196, 198, 263-265, 270

長門正貢　240

ニクソン・ショック　91

西川善文　225, 226, 232, 240

西室泰三　238, 240

2000 年問題（郵便貯金）　15, 169, 175, 260

日米円ドル委員会　107

日米構造協議　108, 110, 267

日米包括経済協議　267

日本型「金融ビッグバン」　152, 200, 201, 204, 206

日本銀行の独立性　270

日本経営者団体連盟（日経連）　267

日本国有鉄道（国鉄）　3, 4, 7, 12, 18, 185, 186, 188, 194, 196, 197, 262-266

日本債券信用銀行　153, 172, 190

日本住宅公団　65, 82

日本長期信用銀行　41, 153, 172, 190

日本的福祉社会　258

日本電信電話公社（電電）　3, 4, 7, 186, 188, 196

日本郵政ガバナンス問題調査専門委員会　232

日本郵政株式　1, 229, 232, 233, 235

日本郵政株式会社　1, 223, 225, 226, 229, 232, 233, 235

日本郵政株式会社法　210, 211, 233

日本郵政グループの株式売却凍結法　232

日本郵政公社法　210

日本郵政公社労働組合（JPU）　270

日本郵政公社法施行法　211

日本列島改造論　83, 87

ニュー・エコノミー　184, 186

ニュータウン　63

ねじれ国会　230, 234

年金記録問題　230

年金資金等　41, 49

年次改革要望書　184

野田佳彦　235, 238

野中広務　191

ハ　行

バーナンキ，ベン　251

橋本龍太郎　3, 13, 138, 152, 153, 158, 167, 178, 182, 185, 186, 188-192, 197, 199, 202, 209, 221, 222, 224, 261, 267-270

羽田孜　181

八会派　181

鳩山一郎　17, 82, 233, 234

鳩山邦夫　231

鳩山由紀夫　231

バブル経済　91, 111, 113, 115, 118, 138, 142, 147, 149, 197, 267

バブル崩壊　15, 111, 113, 116, 129, 138, 142, 148-150, 152-154, 157, 162, 176, 177, 183, 197, 204, 223, 259, 260, 267

速水優　162

原口一博　233

反ケインズ主義福祉国家　10

万国郵便連合（UPU）　187

東日本大震災　234, 238

「東日本大震災からの復興のための施策を実施するために必要な財源の確保に関する特別措置法」　238

BIS 規制（バーゼル合意）　154, 249

非伝統的金融政策　162, 164, 251

福井俊彦　213, 215, 252

索　引　351

福祉国家体制　9
福田赳夫　89, 97, 135, 191, 198
福田康夫　230
藤村修　222
双子の赤字　90, 107
二つの「コクサイ化」　86, 137
復興金融金庫　40, 82
復興財源　235
ブッシュ, ジョージ・H. W.　11, 183, 184
普天間基地移設問題　234
不動産関連融資の総量規制　112
プラザ合意　99, 107, 108, 110, 197
不良債権　111, 138, 147, 149, 152-158, 161, 223, 269
ブレア, トニー　11, 184
分離課税　100
ペイオフ解禁　200, 201
ペイオフ凍結　201
米国通商代表部（USTR）　234
平成研究会　222
ベーカー, ジェイムズ　107, 110
ベビーブーム　58
変動相場制　12, 85, 88, 153
包括的な金融緩和政策　251
細川護熙　138, 181, 183, 185, 222, 267
北海道拓殖銀行　152, 172, 190
ポピュリズム　198

マ　行

マーカット覚書　40
マーシャル・プラン　40
マイナス金利　246, 254, 255
マイナス金利付き量的・質的金融緩和　254, 255
前川レポート　108
前島密　1
松沢成文　222
松田竹千代　20
マニフェスト　234
マネタリーベース・コントロール　253
マネタリズム　9
満期集中（郵便貯金）　124, 126, 132, 162, 163, 167, 173, 175, 244, 253, 259, 262
満期までの保有（バイ・アンド・ホールド）　169, 175
見返資金　40, 47
三木武夫　89, 97, 135

水田三喜男　31, 32
宮澤喜一　138, 158, 161, 181, 215
民活（民間活力の活用）　108, 136, 186, 265
民自公三党合意　235, 238
民主党　11, 17, 82, 183-185, 222, 230, 231, 233-236, 238, 240, 251, 253, 267, 270
武藤敏郎　252
村山富市　182, 185, 267
メージャー, ジョン　11
森喜朗　158, 169, 190, 191, 197, 221, 222, 261, 269

ヤ　行

山一証券　27, 152, 172, 190
郵政事業に関する特命委員会　243
郵政改革に関する合同部会　220
郵政改革の基本方針　231
郵政改革を考える民間金融機関の会　233
郵政改革関連（3）法案　233, 236
郵政改革法案　232-234, 236
郵政改革法及び日本郵政株式会社法の施行に伴う関係法律の整備等に関する法律案　233
郵政公社化（公社化）　7, 13, 15, 164, 169, 182, 187, 188, 199-201, 261
郵政互助会（互助会）　36, 69, 70, 73
郵政解散　221
郵政三事業の在り方について考える懇談会（郵政懇）　199-201, 214-216, 223
郵政事業改革に関する特命委員会　220
郵政事業庁　186-188, 202, 211, 224, 261
郵政審議会　32, 33, 97
郵政民営化委員会　231, 243, 246, 262, 266
郵政民営化関連6法案　1, 220, 221, 223, 229
郵政民営化基本方針の骨子　203
郵政民営化準備室　203, 207, 217, 220
郵政民営化情報システム検討会議　219
郵政民営化推進本部　231, 238
郵政民営化に関する有識者会議　203, 217
郵政民営化に関する論点整理（論点整理）　203, 207, 217, 218, 236
郵政民営化の基本方針（基本方針）　187, 203, 214, 218-220, 236
郵政民営化の検討に当たってのポイント（竹中5原則）　203, 212, 213, 217, 219, 236
「郵政民営化法等の一部を改正する等の法律案（改正民営化法）」　235-240
郵貯増強メカニズム　14, 38, 39, 58, 81, 83, 84,

87, 94, 99, 100, 105, 144, 167, 176, 194, 257-259
郵便局拡充政策　36
郵便局における国債の窓口販売　141, 174
郵便局ネットワーク　3, 36, 55, 58, 71, 205, 206, 209, 212, 216, 220, 230, 231, 237, 239, 262, 271
郵便貯金・簡易生命保険管理機構　223, 229, 233, 239, 241
郵便貯金簡易生命保険管理・郵便局ネットワーク支援機構　239
郵便貯金資金運用計画　168
郵便貯金特別会計（郵貯特別会計）　42-45, 81, 139, 166, 168, 177
郵便貯金法　23, 31, 32, 43, 99, 122, 168
ユニバーサル（全国一律）サービス　71, 73, 176, 187, 200, 201, 208, 211-213, 216-218, 220, 225, 230-233, 236, 237, 239, 255, 262, 271
預金保険機構　154, 219, 242
預金保険法　153, 201
吉川洋　215
吉田茂　67, 82
預託金利　165, 166
預託制度　41, 164, 167, 172, 176, 186, 188

ラ・ワ行

リクルート問題　182
流動性預金金利自由化に関する大蔵・郵政両省間合意　123
量的緩和政策（QE）　148, 162, 251
量的・質的金融緩和　252, 254, 255
利率決定方法　→「金利決定方法」を見よ
臨時行政改革推進審議会（行革審）　197
臨時金利調整法　28, 74
レーガノミクス　8, 10, 11, 107, 183, 184
レーガン，ロナルド　11, 12, 90, 107, 183-186, 265-267
連邦準備制度理事会　251
労使協調路線　266
労働力の柔軟化　9, 13, 184, 185, 264, 266, 267, 269
ロクイチ国債　98
六大改革（橋本内閣6つの改革）　182, 267
ロッキード事件　182
ワシントン・コンセンサス　13, 184
ワンフレーズ・ポリティクス　198

《著者略歴》

伊藤真利子
(いとうまりこ)

1980 年生まれ
2012 年　青山学院大学総合文化政策学研究科博士課程修了
　　　　青山学院大学総合文化政策学部助教，静岡英和学院大学人間社会学部准教授を経て
現　在　平成国際大学法学部准教授，博士（総合文化政策学）
論　文　「バブル経済下の郵便貯金──「90 年ショック」をめぐって」（『郵政資料館 研究
　　　　紀要』第 3 号，2011 年，第 8 回日本 FP 学会賞審査員賞）
　　　　「郵便貯金の民営化と金融市場──金融変革期における郵便貯金」（『青山社会科学
　　　　紀要』第 36 巻第 2 号，2008 年，第 1 回石橋湛山新人賞）

郵政民営化の政治経済学

2019 年 11 月 10 日　初版第 1 刷発行

定価はカバーに
表示しています

著　者　　伊 藤 真 利 子

発行者　　金 山 弥 平

発行所　一般財団法人　名古屋大学出版会
〒 464-0814　名古屋市千種区不老町 1 名古屋大学構内
電話(052)781-5027 / FAX(052)781-0697

ⓒ Mariko Ito, 2019　　　　　　　　　　Printed in Japan
印刷・製本 亜細亜印刷㈱　　　　　ISBN978-4-8158-0968-3
乱丁・落丁はお取替えいたします。

JCOPY 〈出版者著作権管理機構 委託出版物〉
本書の全部または一部を無断で複製（コピーを含む）することは，著作権
法上での例外を除き，禁じられています。本書からの複製を希望される場
合は，そのつど事前に出版者著作権管理機構（Tel：03-5244-5088，FAX：
03-5244-5089，e-mail：info@jcopy.or.jp）の許諾を受けてください。

田中　光著
もう一つの金融システム　　　　　　　　　A5・360 頁
―近代日本とマイクロクレジット―　　　　本体 6,300 円

中西　聡編
経済社会の歴史　　　　　　　　　　　　　A5・348 頁
―生活からの経済史入門―　　　　　　　　本体 2,700 円

伊藤正直著
戦後日本の対外金融　　　　　　　　　　　A5・424 頁
―360 円レートの成立と終焉―　　　　　　本体 6,600 円

伊藤正直・浅井良夫編
戦後 IMF 史　　　　　　　　　　　　　　　A5・336 頁
―創生と変容―　　　　　　　　　　　　　本体 5,800 円

西川　輝著
IMF 自由主義政策の形成　　　　　　　　　A5・284 頁
―ブレトンウッズから金融グローバル化へ―　本体 5,800 円

村井明彦著
グリーンスパンの隠し絵 上・下　　　　　A5・326 頁
―中央銀行制の成熟と限界―　　　　　　　本体各 3,600 円

梶谷　懐著
現代中国の財政金融システム　　　　　　　A5・256 頁
―グローバル化と中央-地方関係の経済学―　本体 4,800 円

福澤直樹著
ドイツ社会保険史　　　　　　　　　　　　A5・338 頁
―社会国家の形成と展開―　　　　　　　　本体 6,600 円